중세국어 존대법 연구

중세국어 존대법 연구

저자 양 영 희

전남대학교 국어국문학과를 졸업하고 동 대학에서 「15세기국어 존대 체계 연구」로 박사학위를 받음.
이후 「중세국어 공손법 등급에서의 '-닝다'체 위상」 등의 논문을 발표하며 지속적으로 중세국어 존대법을 연구하면서, 연구 범위를 「중세국어 대명사 체계」, 「중세국어 의문형 종결어미」 등으로 넓혀 가고 있음.

중세국어 존대법 연구

초판 인쇄 2010년 4월 20일
초판 발행 2010년 4월 30일

지은이 양영희
펴낸이 이대현
편 집 권분옥
펴낸곳 도서출판 역락
　　　　서울시 서초구 반포4동 577-25 문창빌딩 2층
　　　　전화 02-3409-2058(영업부), 2060(편집부)
　　　　팩시밀리 02-3409-2059
　　　　이메일 youkrack@hanmail.net
　　　　등록 1999년 4월 19일 제303-2002-000014호

I S B N 978-89-5556-832-5 93710
정 가 23,000원

* 잘못된 책은 교환해 드립니다.

중세국어 존대법 연구

양 영 희

역락

머리말

　「15세기국어 존대 체계 연구」로 박사학위를 받은 지 올해로 10년이 되었다. 그 후, 줄곧 당시 잘못 생각했던 부분들이나 놓쳤던 부분들을 나름대로 수정·보충하고, '16세기 존대 체계'까지를 수립하는 작업을 해오면서, 언제부터인가 '이제는 정리를 해야 한다.'는 조바심에 마음 편한 날이 없었다. 그러면서도 머뭇거릴 수밖에 없었던 이유는, '조금만 더, 조금만 더, 생각을 정리하고 가다듬자.'는 욕심 때문이었다.

　이 시간들은 필자를 무던히도 아프게 하였다. 이젠 그 짐을 부려 놓고 싶다. 중세국어 존대 체계의 일단을 완성했다는 안도감을 얻기 위해서가 아니라 앞으로 더 공부해야 할 부분이 무엇인가를 스스로에게 정직하게 되묻고 싶어서이다. 사실 탈고하는 과정에서 부족한 부분들이 제법 선명하게 그 모습을 드러내어서 이를 다듬는 데 많은 시간이 소요되었다. 그럼에도 불구하고 여전히 미완인 채로 남아 있다. 이제 비로소 무엇이 문제인지를 깨닫게 된 셈이니 스스로 생각해도 부끄럽다. 그러나 이를 감당하고 극복하는 과정 또한 오로지 필자만의 몫이리라.

　이 책은 중세국어 존대법 전반에 대한 이해를 돕기 위해 마련되었다. 먼저 제1부에서는 15세기 국어 존대법의 체계와 일반적 사실에 대해 논의하였고, 제2부에서는 16세기 국어 존대법 체계와 특징들에 대해 논의하였다. 그리고 제3부에서는 중세국어 존대법을 보다 깊이 있게 이해하기 위해서라면 한 번쯤 고려해야 할 문제들을 논의하였다.

제1부 1장에서는 중세국어 존대법의 근간을 이루는 선어말어미 '-시-, -숩-, -이' 등의 기능을 밝히는 데 주력하였고, 이를 근거로 하여 2장에서는 중세국어 존대법 체계를 '직접 존대'와 '간접 존대'로 이분하였다. 그리고 3장에서는 지금까지 중세국어 존대법에 대한 대부분의 연구가 '시, 숩, 이'의 기능을 변별하는 데만 중점을 두었던 것을 반성하는 차원에서 당시 존대법의 일반적인 특징을 정리하였다.

제2부 1장에서는 16세기 존대 표지들의 기능을 파악하였고, 이를 근거로 하여 2장에서는 16세기 존대 체계를 구축하였고, 3장에서는 16세기 존대법의 특징을 15세기의 그것과 비교하여 정리하여 보았다.

제3부 1장에서는 15세기의 '닝다'체와 '닉'체의 관련성을 탐색하였고, 2장에서는 15세기 존대법을 연구하는 데 있어 고려해야 할 점들을 정리하였다. 그리고 3장에서는 중세국어 존대법에 대한 사회언어학적인 접근 가능성을 타진해 보았다. 중세국어 자료를 대하다 보면 전통문법의 관점만으로는 당시의 존대법을 설명하기 어려운 경우가 종종 있어서, 이를 극복하기 위한 한 방안으로 '사회언어학'의 연구 방법을 빌려본 것이다.

어설픈 책을 내기까지 여러 분들의 도움을 받았다. 먼저 학위 논문을 심사해 주신 고영근 선생님과 이제는 고인이 되신 김웅배 선생님께는 늘 감사하는 마음이다. 부족한 필자의 많은 부분을 채워주신 분들이어서 그 마음은 평생 이어질 것이다. 이돈주 선생님께서는 학부 때 맺은 인연으로 지금까지 필자의 곁에서 물가에 내놓은 어린 딸을 보듯 노심초사하신다. 그 마음, 익히 헤아리고도 남지만, 필자의 역량 부족으로 짐짓 모른 양만 하고 있어 부끄러울 따름이다. 이런 심정으로 대하는 분이 윤평현 선생님과 서상준 선생님이시다. 공부에서나 일상에서의 소소한 어려움이 있을 때마다 찾아가서 도움을 구하지만, 언제나 번거롭게 생각하지 않으시고 바르고 정확한 길을 제시해 주신다. 그리고 손희하 선생님과 임칠성 선생님은 친근한 선배로서 필자의 부족한 점을 자상하게 챙겨주신다. 이진호 선생님은 언제나 필자에게 객관적인 판단을 하도록 도와주셔서 감사하다.

부모님을 비롯한 집안 어르신들을 생각하면 가슴부터 아파온다. 한량없이 채워주어야만 하는 필자를 단 한 번도 부족하다 여기지 않으시고, 도리어 더 베풀어 주시지 못해서 안타까운 눈빛으로 필자를 지켜주고 계시기 때문이다. '채린, 윤근, 채윤' 삼 남매는 세상이 보석 상자일 수 있음을 일러주었고, '현옥'은 사람의 온기가 무엇인지를 일깨워 주었다.

마지막으로 부족한 원고를 선뜻 출판해 주신 도서출판 역락 이대현 사장님께 감사의 말씀을 올린다.

이제 다시 시작하고자 한다. 그리고 묵묵히 제 길만을 걷고자 한다.

2010년 초봄에

저자 씀

차 례

제1부 15세기 국어 존대법

일반적으로 15세기와 16세기를 아울러 중세국어 혹은 후기 중세국어로 통칭하여
이들을 국어사의 같은 시기로 간주하는 입장을 취하는 것이 보통이다.
그러나 필자는 이들을 각기 다른 시대로 나누어서
각 시기에 해당하는 존대법의 체계와 특징들을 살펴보고자 한다.
왜 그래야 하는가에 대해서는 본 논의를 진행하는 과정에서 자연스럽게 밝혀질 터이지만,
3부에 이르러 보다 명료하게 이해할 수 있으리라 생각한다.*
이런 맥락에서 먼저 제1부에서는 15세기 국어를 담고 있는 문헌에 나타난
존대 표지를 분석하고, 이를 바탕으로 하여 존대 체계를 수립해 보며,
마지막으로는 당대의 존대법의 특징을 조감해 보도록 한다.

---

* 일반적으로 국어 연구는 '고대국어, 중세국어, 근대국어, 현대국어' 시기로 나누어 진
행하거나, 여기에 더하여 중세국어를 '전기'와 '후기'로 이분하여 '고대국어, 전기중세
국어·후기중세국어, 근대국어, 현대국어' 시기로 나누어 진행하기도 한다. 전자는 박
병채(1989), 고영근(2006), 안병희(1992) 등이 대표적으로 '중세국어' 시기를 훈민정음
이 창제된 이후로 보는 관점이다. 이에 비해 후자는 이기문(1961·1988), 김미형(1990)
등의 견해로, 중세국어 시기를 '전기'와 '후기'로 나누어서 전자에는 10세기 말부터 13
세기까지를 포함시키고, 후자에는 14세기부터 16세기 말까지를 포함시키는 입장이다.
따라서 이 글의 관심 대상인 15세기와 16세기는 박병채(1989) 등에 의하면 '중세국어'
에 해당하고 이기문(1990) 등에 의하면 '후기중세국어'에 해당한다고 할 수 있다.

제1장 ▌존대 표지

15세기 국어에서 존대의 기능을 담당하는 형태소가 '-시-·-숩-·-이'임은 주지의 사실인바, 본 장에서는 이들의 기능을 각각 '화자의 존대·화자의 겸양·화자의 공손'으로 규정하기로 한다. 이는 '누가(화자), 누구에게(대상), 어떻게 존대하느냐(방법)' 가운데 존대 사용 주체인 '화자'에 초점을 맞춘 관점으로, 기존 입장처럼 존대 대상만을 중시해서는 놓칠 수 있는 문법적 사실이 많다는 것을 깨달은 결과이다. '시, 숩, 이'를 이와 같이 규정한 이후에는 각각의 고유한 기능은 무엇인가를 살펴 그 변별성을 찾아보기로 한다.

1. 기능

1.1. '시'

그동안 '시'는 '주체 존대'나 '존경'의 표지로 이해되어 왔다. 전자는 존대 받을 대상을 중시한 견해로 허웅(1962)가 대표적이고, 후자는 문장의 주술 관계에 초점을 둔 견해로 이숭녕(1964)가 대표적이다. 존대 대상을 '주체'로 보기는 후자 역시 마찬가지여서 그간 '시'에 대한 견해는 '주체를 존대하는 표지'로 정리할 수 있다.[1]

그런데 15세기 문헌을 대하다 보면 '시'는 '주체'뿐 아니라 목적어나 여격어 등으로 실현된 인물이나 청자를 존대할 경우도 많아서 일방적으로 그것을 '주체 존대' 표지로 이해하기가 쉽지 않다는 사실을 깨닫게 된다.[2] 물론 기존 입장을 고수하여, 주체 이외의 대상을 존대한 경우를 비문으로 처리할 수도 있겠지만, 그 전에 언중들이 왜 이와 같은 용례를 사용하였는가를 다시 한 번 생각해 보는 것이 좋을 듯하다.

이런 맥락에서 그렇다면 '시'로 존대할 수 있는 대상이 이처럼 다양하다는 사실을 인정하면서도 그 기능을 일관되고 간결하게 설명할 방안은 없을까를 생각해 보게 되는데, 본 장에서는 해결의 실마리를, '시'를 사용하는 편에서 찾고자 한다. 이는, 위에서 언급했듯이 그것을 '화자'의 측면에서 이해하자는 취지로, 사용 여부는 전적으로 화자의 결정에 의한 것이라는 생각

---

1) 현 시점에서 존대 대상을 '주체'로 단정하기에 주저되는 바가 없지 않다. 이에 대한 그동안의 견해 차가 심상치 않았던 까닭이다. 그간의 견해들을 간략하게나마 살피면 다음과 같다. 허웅(1961)이 '시'의 존대 대상을 '주체'로 간주한데 비해, 이숭녕(1964)은 '주어'로 본다. 그러나 허웅 역시 "「말」의 소재로서의 「주어」로서 지시되는 것"을 '주체'로 보는 입장이어서 이들이 지시하는 대상은 다르지 않다. 그러다 "선생님이 키가 크시다"와 같은 'NP₁ + NP₂'의 구문에 관심이 모아지면서 그렇다면, 이런 구문에서 '시'와 호응하는 대상이 무엇이냐에 대한 논란이 일기 시작하였다. 이를 이중 주어문으로 파악하는 편에서는 서술어와 호응하는 주어가 둘이므로 이 두 성분을 모두 존대할 수 있다는 입장을 취한다. 그리고 그들은 '키'와 같은 NP₂의 존대를 '간접 존대(허웅, 1961)' 혹은 '존대파급(장석진, 1973)'의 현상으로 설명한다.
그러나 단일주어문으로 보는 편에서는 서술어와 호응하는 대상은 하나뿐이라는 입장이어서, 위를 '주제 + 주어'의 구문으로 파악함으로써 여전히 '주어'을 존대한다는 입장을 취한다(서정수, 1972 ; 성기철, 1984 · 1985). 그러나 이상의 논지에 만족하지 못한 편에서는 '주어'나 '주체'를 '경험주(임홍빈, 1976)'라는 용어로 대치하기도 한다. 이런 입장을 취하면서 윤용선(1986)은 '시' 자체에는 [존대]의 의미가 없고 화자와의 신분상 대비에 의하여 발생된 존칭성이 문장의 기저 구조에서 최상의 NP가 지칭하는 인물에 주어지면 그에 호응하여 서술어에 '시'가 나타나는 표지로 해석한다.
따라서 본문에서 존대 대상을 '주체'로 명명한 이상, 이에 대한 우리의 입장을 밝히는 편이 좋으리라 생각한다. 그러나 이는 본고의 주된 관심사가 아니므로, 여기서는 그것을 '서술어와 호응하는 대상'으로 규정하는 대부분의 의견을 따르기로 한다.
2) 이에 대한 자세한 논의와 다음 항에서 다루어질 것이다.

에서이다.

1.1.1. '시'의 정의와 용례

'시'가 '화자의 존대'임을 밝히기 위해서는 다음과 같은 몇 가지 사항을 고려해야 한다. 첫째, '시'를 존대 표지로 보는 정당한 이유가 있어야 할 것이고, 둘째, 그것이 '주체' 외에 '여격, 비교격, 목적격' 등으로 실현된 인물과 '청자'를 존대할 경우에도 사용되었음을 구체적으로 예증하는 자리가 있어야 할 것이다.

1.1.1.1. 정의

그동안 '시'는 높임 혹은 존대를 나타내는 표지로 정의되어 왔지만, 필자는 후자의 관점에서 이해하고자 한다. 다음 예문을 점검하는 과정에서 이와 같은 생각이 그르지 않다는 사실을 입증할 것으로 기대하는바, 우선 다음을 보도록 하자.

> (1) 가. (미륵이 문수에게) "世尊이 엇던 젼츠로 이런 光明을 <u>펴시ᄂ뇨</u> … 부톄 道場애 <u>안즈샤</u> <u>得ᄒ샨</u> 妙法을 닐오려 <u>ᄒ시논가</u> … 므슴 饒益으로 이런 光明을 <u>펴거시뇨</u> … " (석상 13, 25ㄴ)
>
> 나. (신하가 정반왕에게) "大王이 모딘 이롤 즐기디 <u>아니ᄒ샤</u> 彈指홀 시예도 德 심고몰 ᄒ나 낟비 <u>너기샤</u> 百姓을 어엿비 <u>너기실ᄊ</u>ᅵ … 오ᄂᆞᆯ나래 엇더 시르믈 <u>ᄒ시ᄂ니잇고</u>" (월석 10, 4ㄱ)
>
> 다. (세존이 미륵에게) 波羅捺 大王이 <u>어디르샤</u> 正法으로 나라홀 <u>다스리시더니</u> 여훤 小國에 <u>위두ᄒ얫더시다</u> 王이 아ᄃ리 <u>업스실씨</u> 손소 神靈을 <u>셤기샤</u> 열두히롤 누흙디 <u>아니ᄒ샤</u> 子息올 求ᄒ더시니 (석상 11, 17ㄴ-18ㄱ)

위 이야기에 등장하는 인물은 화자보다 상위자란 점이 공통된다.[3] 예컨

---

3) 이 글에서 소개된 인물들 간의 위계에 대해서는 제2부 3장에 자세하게 언급되어 있으므로

대 (가)에 등장하는 세존은 화자인 미륵의 상위자이며, (나)에 등장하는 정반왕 역시 화자인 신하의 상위자이다. 그런데 '펴시ᄂᆞ뇨'나 '즐기디 아니ᄒᆞ샤'와 같은 표현에서 화자들이 자신의 이야기에 등장하는 세존과 정반왕의 행위를 '시'로 표현함을 알 수 있다. 여기서 우리는, '시'란 화자가 자신보다 상위자를 거론할 때 사용하는 표지임을 시사받는다. 그러면 이번에는 위와 상반되는 상황을 찾아보자.

> (2) 가. (미륵이 세존에게) "이 사ᄅᆞ민 功德이 <u>그지 업스며 ᄀᆞᆺ 업스니</u> 이 施主ㅣ 衆生의그에 一切 즐거ᄫᆞᆫ 것 布施ᄒᆞᆯ <u>만ᄒᆞ야도</u> … " (석상 19, 4ㄱ-ㄴ)
>
> 나. (신하가 왕에게 말하기를) "毗奢波密多羅ㅣ샤 몯 <u>어디니이다</u>" (석상 3, 7ㄱ)
>
> 다. (세존이 문수에게) "이 地藏菩薩이 久遠ㅿ브터 오매 ᄒᆞ마 <u>度脫ᄒᆞ며</u> 이제 度脫ᄒᆞ며 度脫 몯ᄒᆞ며 ᄒᆞ마 <u>일우며</u> 이제 일우며 일우디 몯ᄒᆞ니둘히라 (월석 21, 14ㄱ-ㄴ)

위에 소개된 예문의 화자는 (1)과 동일하지만, 그가 거론하는 인물이 화자 자신보다 하위자이거나 대등하다는 점에서 차이를 보인다. 즉 (가)의 '이 사람'은 일반 대중으로, 화자인 미륵보다 하위자이며, (나)의 바사파밀다라는 화자인 신하와 대등한 신분이다. 그런데 여기의 화자는 이들을 거론하면서 '그지업스며, 어디니이다' 등처럼 '시'를 사용하지 않고 있다. 이 점은 앞서 살핀 예문 (1)과 좋은 대조를 보이면서, '시'를 '화자가 자신보다 상위자에게 보이는 표지일 것'이라는 우리의 추측이 정당했음을 말해 준다.

하지만 '시'는 다음처럼 화자 자신보다 높지 않은 인물을 거론할 경우에도 사용되었다.

> (3) 가. (定自在王 보살이 부처에게) "世尊하 地藏菩薩이 여러 劫브터 오

여기서는 자세한 설명을 피하기로 한다. 이후 역시 마찬가지임을 미리 밝혀둔다.

　　　매 각각 엇던 願을 <u>發ᄒ시관ᄃᆡ</u> 이제 世尊ㅅ 브즈러니 讚歎ᄒ샤
　　　ᄆᆞᆯ 닙습ᄂᆞ니잇고" (월석 21, 49ㄴ-50ㄱ)
　나. (정반왕이 백반왕에게) "世尊이 샹녜 神通 <u>三昧</u>ᄒ샤 天眼ᄋᆞ로 ᄉᆞ
　　　<u>ᄆᆞᆺ 보시며</u> 天耳로 ᄉᆞᄆᆞᆺ <u>드르샤</u> 大慈悲心ᄋᆞ로 衆生ᄋᆞᆯ <u>濟渡</u>ᄒ샤 百
　　　千萬億衆이 므레 ᄌᆞ맷거든 慈愍心ᄋᆞ로 비ᄅᆞᆯ 밍ᄀᆞ라 <u>벗겨내시ᄂ</u>
　　　<u>니</u> 내 世尊 보ᅀᆞᆸ고져 ᄇᆞ라미 ᄯᅩ 이 ᄀᆞᆮᄒ니라" (월석 10, 5ㄱ-ㄴ)
　다. (석가가 사리불에게) "舍利弗아 이제 阿彌陀佛ㅅ 不可思議 功德
　　　利ᄅᆞᆯ 讚歎ᄒᅀᆞᄫᅩᆷ ᄀᆞᆮᄒ야 東方애도 妙音佛이 <u>ᄀᆞᄐᆞ신</u> 恒河沙 諸佛
　　　이 각각 그 나라해 廣長舌相ᄋᆞᆯ <u>내샤</u> 三千大千 世界ᄅᆞᆯ 다 <u>두프</u>
　　　<u>샤</u> … " (아미, 18ㄴ-19ㄱ)

　　(가)의 화자인 정자재왕보살은 자신과 대등한 신분인 지장보살을 거론하
면서 '발ᄒ시관ᄃᆡ'로 표현하고, (나)의 화자인 정반왕은 자기의 아들인 세존
을 이야기하면서도 '삼매ᄒ샤'처럼 표현하고 있다.

　　이상을 참조하면, '시'는 화자보다 상위자는 물론이고 하위자나 대등한
인물을 거론할 경우에도 사용된다는 사실을 깨닫게 되고, 더 나아가 그것
에 대한 정의는 이 같은 모든 상황을 포괄할 수 있어야 한다는 결론에 도
달하게 되는데, 필자는 이에 부응하는 용어는 '높임'이 아니라 '존대'라 생
각한다.

　　그렇다면 '존대'와 '높임'은 어떤 차이가 있는가? '존대'는 [받들어 대접
하거나 대함]을 뜻하고, '높임'은 '높다'의 사역형으로 [높지 않은 것을 높
게 함]을 뜻하는 만큼, 존대의 대상은 화자보다 상위자는 물론이고 하위자
도 가능하다. 하위자일지라도 그가 '받들어 대접할' 의사만 있으면 '존대'할
수도 있기 때문이다. 그러나 높임의 대상은 화자보다 높지 않은 인물이어야
만 한다. 그래야 그를 '높일 수' 있는 까닭이다. 따라서 '시'를 존대 표지로
보면 지금까지 살핀 용례 (1)과 (3)의 모든 경우를 포괄할 수 있지만, 높임
의 표지로 보면 (2나)만을 수용할 수 있을 뿐이다. 이와 같은 점들을 참조한
다면, '시'는 '존대' 표지여야 마땅하다는 것이 필자의 생각이다.4)

1.1.1.2. 용례

본 항은 '시'로 존대할 수 있는 대상의 성분이 다양함을 확인함으로써, 화자에 초점을 맞추어 '시'를 이해해야 하는 근거를 마련하기로 한다. 지금까지 '시'는 주체를 존대할 경우에만 활용되는 표지로 생각해 왔었다. 허웅(1962 : 2)가 주체를 '동작의 상태나 동작자의 주인공'으로 정의한 이래, 그것은 주어로 표현된 '인물'로 간주되어 왔다. 그런데 화자가 이 주체를 존대하려 할 경우에 '시'를 사용한다는 것이 일반적인 견해이었다. 예컨대,

> (4) 가. 世尊이 象頭山애 <u>가샤</u> 龍과 鬼神 위ᄒ야 <u>說法ᄒ더시다</u> (석상 6,
>   1ㄱ)
>   나. (정반)王이 太子ᄅᆞᆯ <u>셰오려</u> ᄒ샤 臣下 모도아 <u>議論ᄒ샤</u> 二月ㅅ 여
>   드랫 나래 四海 바ᄅᆞᆯ믈 <u>길유려ᄒ거시ᄂᆞᆯ</u> (석상 3, 5ㄴ)
>   다. (마야가) 부텻 棺애 <u>禮數ᄒ시고</u> 올ᄒᆞᆫ 녀그로 닐굽 번 <u>값도ᄅᆞ시고</u>
>   목노하 <u>우르샤</u> 하ᄂᆞᆯ해 <u>도라가시니라</u> (석상 23, 36ㄴ)
>   라. 그 ᄢᅴ 世尊이 威德自在菩薩ᄃᆞ려 <u>니ᄅᆞ샤딕</u> (원각 하2-1, 7ㄱ)
>   마. (석가가 사리불에게) "舍利弗아 西方 世界예 無量壽佛無量相佛
>   … 淨光佛 ᄀᆞᄐᆞ신 恒河沙 諸佛이 각각 그 나라해 <u>廣長舌相ᄋᆞᆯ 내</u>
>   <u>샤</u> 三千大千 世界ᄅᆞᆯ 다 <u>두프샤</u> … " (아미, 18ㄴ-19ㄱ)

위 이야기에 거론되는 인물들은 화자보다 상위자란 점이 공통적이다. 곧 (가), (나)에 거론되는 석가와 정반왕은 서술자보다 상위자이고, (다), (라)에

---

4) 이와 비슷한 논의가 이숭녕(1964 : 253)에서 개진되었다. 물론 그는 존경법에서 '높인다'라는 개념이 부적절한 이유를 " … 요컨대 「높인다」라는 관념은 actor나 청자의 신분성을 상위자로 잡는다는 것이 되지만 문장구조에서 추출되지 않는 grammatical relation인 것"으로 보고 있어 필자와 생각이 완전히 일치되지는 않는다. 곧 그의 발언은, 존대 표지를 존대할 대상의 '신분성의 표시'로 보려는 시각에서 비롯되었기 때문이다. 그러나 그가 '높인다'를 부적절한 표현으로 보는 근본적인 이유는, '높인다'의 의미인, [신분성을 상위자로 잡는다]에 불만을 품은 까닭이다. 즉 그는, '시'란 상위자인 actor의 신분성을 표지하는 것이지, '상위자를 더 상위자로 높이는' 표지가 아니라는 입장이다. 이 생각이 필자와 같은 점이다. 신창순(1984) 또한 '대우법에서 낮춤이란 용어가 적절치 않음'을 말하고 있는바, 그의 이런 논리도 필자와 같은 생각에서 출발한 것으로 보인다.

거론되는 부처와 세존 역시 서술자보다 상위자들이다. 상황이 이럴 경우,
화자는 서술어에 존대 표지 '시'를 삽입함으로써 석가와 정반왕, 부처와 세
존 등을 존대한다는 입장이 기존의 '주체존대설'이다. 그러나 다음 자료를
주시할 필요가 있다.

(5) 가. 象온 ㄱ툴씨니 부텻 양ㅈ롤 <u>ㄱ트시긔</u> 그리숩거나 밍ㄱ숩거나
　　　홀씨라 (월석 2, 66ㄴ, 협주)

　　나. 大臣이 모디라 德을 새오ᅀᄫᅡ (태자를) <u>업스시긔</u> 꾀롤 ᄒ더니
　　　(월석 21, 211ㄴ : 월곡 426)

　　다. 사룸둘콰 하눌둘히 내내 기리숩디 몯ᄒ숩논 배시니라 (월석 2
　　　ㄱ, 석상서)

　　라. 第一淸淨 求홀뗸 世尊 ᄀᆮᄒ시니 업슬씨 得고져 <u>願ᄒ시니라</u> (법화
　　　3, 187ㄴ)

　　마. … 菩薩온 智 기프샤 가줄 비건댄 큰 象이 <u>ᄀᆮᄒ시니</u> … (영가 하,
　　　61ㄱ)

　　바. … 이 山이 녯 부텨 겨시던 ᄯᅡ힐씨 靈鷲山이라 ᄒᄂ니라 說法ᄒ
　　　시논 ᄯᅡ히 각각 물롤 <u>조ᄎ시니</u> 華嚴 열 곧 올ᄆ샤ᄆ 法界롤 두
　　　려비 나토노라 ᄒ시고 (월석 11, 11ㄱ-ㄴ)

　　사. (선록왕이 범마달왕에게) "오ᄂᆶ 次第예 ᄒᆫ 암 사ᄉ미 삿기 비여
　　　셔 後에 죽가지라커늘 목수믈 뉘 아니 앗길 껏 아니라 갑새 오
　　　리 업슬씨 구틔여 ᄎ마 보내디 몯고 <u>供上闕ᄒ실까</u> ᄒ야 내오이
　　　다" (월석 4, 64ㄴ-65ㄱ)

　　아. (목련이 야수에게) "太子 羅睺羅ㅣ 나히 ᄒ마 아호빌씨 出家ᄒ여
　　　… 羅睺羅ㅣ 道理롤 得ᄒ야ᅀᅡ 도라와 … 네가짓 受苦롤 여희여
　　　涅槃 得호믈 부텨 <u>ᄀᆮ트시긔</u> ᄒ리이다" (석상 6, 3ㄱ-4ㄱ)

　　자. (백성들이 석가에게) "됴ᄒ실쎠 摩耶ㅣ 如來롤 나ᄊᆞᄫᆞ실쎠 天人
　　　世間애 ᄀᆞᄫ리 <u>업스샷다</u>" (석상 11, 24ㄱ)

　　차. 淨飯王 아ᄃᆞ님 悉達이라 <u>ᄒ샤리</u> 나실 나래 하눌로셔 셜흔 두 가
　　　짓 祥瑞 ᄂ리며 一萬 神靈이 侍衛ᄒᅀᆞᄫᆞ며 (석상 6, 17ㄱ)

　　카. 그 쁴 모둔 中에 ᄒᆫ 菩薩摩訶薩 일후미 救脫이라 <u>ᄒ샤리</u> 座애셔
　　　니르샤 올ᄒᆫ 엇게 메밧고 (월석 9, 49ㄱ-ㄴ)

> 타. (야수가 목련에게) " … 慈悲는 衆生을 <u>便安케 ᄒ시는 거시어늘</u>
> 이제 도ᄅ혀 ᄂᆞ미 어ᅀᅵ 아ᄃᆞᆯ 여희에 ᄒ시ᄂᆞ니 셜본 잃 中에도
> 離別 ᄀᆞᄐᆞ니 업스니 일로 혜여 보건덴 므슴 慈悲 겨시거뇨" (석
> 상 6, 5ㄴ-6ㄱ)
> 파. 하ᄂᆞᆯ 우 하ᄂᆞᆯ 아래 부텨 <u>ᄀᆮᄒ시니 업스시며</u> … 世界예 잇는 거
> 슬 내 다 보더 一切 부텨 <u>ᄀᆞᄐᆞ시니 업스샷다</u> (월석 1, 52ㄱ-ㄴ)

단적으로 말해서 위의 '시'가 존대하는 대상은 주체가 아니다. 예컨대 (가) '象온 ᄀᆞ톨씨니 부텻 양ᄌᆞ를 ᄀᆞᄐᆞ시긔 그리ᅀᆞᆸ거나 밍ᄀᆞᅀᆞᆸ거나 홀씨라'는 '象'에 대한 정의이므로 여기의 주체는 당연히 '象'이라 할 수 있다. 그런데 화자는 이 '象'을 설명하면서 'ᄀᆞᄐᆞ시긔'로 표현하고 있어서, '시'를 주체 존대 표지로 보면, 그는 '象'을 존대한다고 해야 한다. 그러나 서술자가 [본뜨다]를 뜻하는 '상'을 존대할 이유는 없어 보인다. 그래서 혹시 이 문장을 [상은 (사람들이) 부처의 모습과 같으시게 그리거나 만들다]로 풀이하여 사람을 존대하는 것으로 이해하지 않을까라는 추측을 해보지만, 화자가 수양대군임을 상기한다면 이런 추측도 타당치 않다는 것을 알 수 있다. 왕족인 그가 일반인을 존대할 이유는 없을 듯하기 때문이다. 이 점은 '그리ᅀᆞᆸ거나, 밍ᄀᆞᅀᆞᆸ거나'와 같은 표현에서도 충분히 짐작할 수 있는 대목이다.

이런 맥락에서 다시 한 번 (가)를 점검하면 여기서 서술자가 존대할 만한 대상은 '부처의 모습'뿐임을 알게 된다.5) 이와 같은 점을 참작하여 상식과 통하는 해석을 하기위해서는 'ᄀᆞᄐᆞ시긔'를 '부처'에 대한 존대 표지로 이해해야 할 것이다. 그렇다면 여기의 '시'는 '목적격으로 표현된 대상'을 존대하기 위한 표지라는 결론에 도달한다.

(나) '大臣이 모디라 德을 새오ᅀᆞᄫᅡ 업스시긔 … ' 또한 동일 선상에서 이해하야 할 예문이라 할 수 있다. 여기의 주체는 '대신'인데, 화자는 '대신의

---

5) 이현희(1994 : 151)도 필자의 생각과 같다. 그는 본문의 (가)를 예로 제시하면서 "'-으시-'가 'ᄀᆮᄒ-'의 주어가 아니라 비교 대상이나 비유 대상을 표현하는 명사구와 통사적으로 관련 있는 것으로 보인다."는 의견을 제시한 바 있다.

행위'를 진술하면서 '업스시긔'란 표현을 하고 있어, 일견 그가 대신을 존대하는 것처럼 생각하기 쉽지만, 이 역시 화자가 수양임을 안다면 그렇게 단정할 수만 없다는 점을 고려할 때 그러하다. 그러면 '업스시긔'는 누구를 염두에 둔 표현인가가 의문시 되는데, 전후 발화 상황을 참작하면 '태자'가 아닌가 한다. 이 문장은 [대신들이 모질어서 (태자의) 덕을 시세워 (태자를) 죽이려 꾀를 내더니]로 해석되는 까닭이다. 그러면 이 경우의 '시' 역시 주체가 아닌 '목적격으로 실현된 대상'을 존대하는 표지로 해석하는 편이 옳을 것이다.

한편 (다)는 비교격으로 실현된 인물을 존대한 예이다. 이 문장은 [하늘 위와 하늘 아래 부처와 같으신 이가 없으시다]를 뜻하는바, 여기의 주체는 '부처와 같은 이' 즉 일반 사람으로 이해되는데, 이 일반 사람과 호응하는 서술어에 '시'가 연결되어 있다. 따라서 기존 시각으로 보면, 화자가 일반인을 존대한다고 해석해야 할 것이다. 그러나 예문 (가)에서도 살폈듯이 화자인 수양대군은 일반인을 존대하지 않음이 예사이다. 이 점을 감안한다면 (다)의 '시'는 서술자가 '부처'를 존대하기 위해 사용한 표지로 보는 해석함이 더 타당할 듯하고, 이에 동의한다면 이 경우의 '시'는 공동격으로 표현된 '부처와'를 존대하는 표지로 해석해야 옳을 것이다.

만약 '시'를 주체 존대 표지로만 보면, (사) ' … 구틔여 츠마 보내디 몯고 供上闕ᄒ실까 ᄒ야 내 오이다'는 화자 자신을 존대하는 것으로 해석해야 한다. (사)는 '선록왕'이 '범마달왕'에게 하루에 사슴 한 마리씩을 상납하는데, 어느날 자신의 차례가 된 새끼 밴 사슴이 선록왕을 찾아와 '새끼를 낳은 다음에 죽겠노라'고 하였다. 그래서 선록왕이 범마달왕을 찾아와 "새끼 밴 사슴을 임금에게 보내지 못하면 (제가 임금에게) 상납하는 것이 끊어지실까 하여 대신 왔습니다."라는 사연을 이야기하고 있다. 여기서 주목해야 할 것은 '시'로 표현된 '공상궐'의 행위자는 화자 자신이지 범마달왕이 아니라는 것이다. 그러므로 기존 입장처럼 '시'를 주체존대 표지로만 간주한다면, 이 경우는 부탁을 하는 화자가 스스로를 존대하는 것으로 해석해야 하는데, 이는 상식 밖의 일이다. 그러므로 이와 같은 우를 범하지 않기 위해서는 이 경우는 화자인 선록왕이 범마달왕을 존대하기 위해 ‘시’를 사용한 것으로 해석해야 할 것이다. 이런 맥락에서 본다면 결국 이때의 ‘시’는 ‘범마달왕에게’라는 여격을 존대한다고 해야 할 것이다.

이제는 (아) ‘太子 羅睺羅ㅣ 나히 ᄒᆞ마 아호빌ᄊᆡ 出家ᄒᆞ여 … 涅槃 得호ᄆᆞᆯ 부텨 ᄀᆞᆮ시긔 ᄒᆞ리이다’를 보자. 여기는 목련이 야수다라를 찾아가 “라후라를 출가시켜 (나후라가) 열반의 경지에 이르기를 부처와 같으시게 하십시오”라 청하는 대목으로 이야기의 주체는 라후라라 할 수 있다. 그런데 화자인 목련은 라후라와 호응하는 서술어를 ‘ᄀᆞᆮ시긔’로 표현하고 있어, 이 점만을 보면 목련이 라후라를 존대하기 위해 ‘시’를 사용한 것으로 오해하기 쉽다. 라후라가 한 나라의 태자이면서 석가 아들임을 고려하면 일견 그럴듯한 생각이지만 목련이 라후라를 ‘나히 ᄒᆞ마 아호빌ᄊᆡ’나 ‘열반 득호ᄆᆞᆯ’처럼 표현하였음을 고려한다면, 목련은 평소 라후라를 존대하지 않아도 된다고 보는 편이 더 정당할 듯하다. 그렇다면 여기의 ‘시’는 누구를 위한 존대 표지인가가 의문시 되는데, 여기서 목련의 말을 다시 한 번 보면, 그가 ‘부처’를 거론하고 있다는 사실을 깨닫게 된다. 그리하여 우리는 이 문장의 ‘시’는 ‘부처’를 존대하기 위한 표지라는 결론에 도달하는바, 만약 이 점이 사실이라면 여기의 ‘시’는 ‘비교격으로 실현된 대상’을 존대하기 위한 표지가 될 것이다.

(자) ‘ … 天人 世間에 (마야와) 굴ᄫᆞ리 업스샷다’도 위와 같은 맥락으로 이해해야 할 문장이다. 이는 [마야와 대적할 사람이 없으시다]를 뜻하는 것으로, ‘시’를 ‘주체 존대 표지’로만 보면 ‘마야와 대적할 사람’을 존대하는 것으로 해석할 도리밖에 없는데, 이 같은 생각이 이치에 맞지 않다는 점이 지금까지 살핀 예문들과 맥을 같이 하기 때문이다. 따라서 이 경우 역시 화자가 마야라는 공동격으로 실현된 인물을 존대하는 표지로 해석해야 옳을 듯하다.

이상에서 ‘시’의 존대 대상이 ‘주체’만이 아님을 확인한바,[6] 주체의 동작

이나 상태와 관련된 성분을 객체라 한다면, 위에서 살핀 목적어나 여격어

---

6) 이와 관련하여 필자는 다음 사항을 살펴보고자 한다. 고영근(1997 : 299-230)에서는 "15세기 국어에는 형태는 주체높임법의 '시'와 같으나 기능상으로 주체 높임이 아닌 것이 있다"는 설명을 하고서, 이를 다음과 같이 부류하고 있다.

    (1) 가. 이제 내 ᄒ마 阿羅漢道롤 得ᄒ야 오래 病홀 <u>여희얏가시니</u> 엇뎨 오눌 믄득 ᄆ숨 알포미 나거뇨 (능엄경언해 권5, 72장)

       나. 네 … 如來ㅅ 三十二相올 브토라 <u>커시니</u> 뉘 愛受ᄒ뇨 (능엄경언해 권1, 45장)

       다. 故園엣 버드리 이제 이어 <u>뻐러디거시니</u> 엇뎨 시러곰 시름 가온디 도로 다 나ᄂ니오 (두시언해 권 16, 51장)

    (2) 가. 여희므론 아즐가 여희므론 질삼뵈 <u>브리시고</u> … 괴시란디 우러곰 좃니노이다 (악장가사, 서경별곡)

       나. 즈믄 ᄒ룰 외오곰 <u>녀신돌</u> … 신잇돈 그츠리잇가 (악장가사, 서경별곡)

       다. 雙化店에 雙化 사라 <u>가고신더</u> 回回 아비 내 손모글 주여이다 (악장가사, 쌍화점)

                      (이상은 고영근의 번호와 순서를 그대로 재인용한 것임)

그런 후에, "(1)의 '시'는 선어말어미 '-거- / -어-'와 연결어미 '-니' 사이에서 나타나는데 대하여 (2)의 '시'는 그런 제약을 받지 않는다는 차이점이 있다"는 설명을 한다. 문제는, 예문 (1)의 '시'가 나타난 환경이 '거'와 '니' 사이라는 공통성으로 인하여 이들을 굳이 예문 (1)의 '시'와 차별화시킬 필요가 있느냐는 것이다. 그것은 물론 '거'를 '아 / 어'의 이형태로 간주하고, 이 형태들의 뒤에 오는 '시'를 존재동사 '이시'와 전혀 무관한 형태로 볼 수 없음을 염두에 둔 결과이겠지만, 이 생각이 타당치 않음은 이미 임동훈(1994 : 159)에서 지적된 바 있다. 그렇다면 (1)과 (2)의 '시'를 달리 생각해야 할 근거는 무엇인가라는 의문이 제기된다. 더욱이 (1)과 관련된 것으로 보이는 다음과 같은 자료가 존재하기도 한다.

(마왕이 국다존자에게) "尊者ㅣ 날 爲ᄒ야 <u>절ᄒ거시니</u> 어드리 내그에 절ᄒ시ᄂ다 아니ᄒ리잇고" (월석 4, 36ㄱ)

위의 밑줄 친 부분의 '절ᄒ거시니'는 예문 (1)과 똑같은 상황의 '시'로 생각되는데, 여기의 '시'는 [존대] 표지로 사용됨이 분명하다. 왜냐하면 화자인 마왕이 상대하는 대상은 '국다존자'뿐인데, 위의 강조된 부분을 보면 마왕이 이 국다존자를 존대함을 알 수 있기 때문이다. 이런 자료가 비단 위 예문만은 아닐 것으로 생각되는데, 그렇다면 위의 예문을 그저 예외로 처리할 문제만은 아니라고 생각한다.

이상에서 살핀 대로, (1)의 '시'를 '안 높임의 시'로 간주하여 (2)의 '시'와 다른 표지로 상정했을 때의 문제점이나 예문 가)를 합리적으로 해결할 방법은, (1)과 (2)의 '시'를 아울러 존대 표지의 범주로 처리한 다음, 그 안에서 존대하지 않아도 되는 인물에게 '시'를 사용한 이유를 해명하는 편이 좋지 않을까 한다. 그래야만 형식이 같은 {시}를 [높임의 시]와 [안높임의 시]라는 각기 다른 형태소로 처리해야 하는 번거로움을 피할 수 있을 뿐만 아니라, 이에 대한 이유를 명쾌하게 설명해야 하는 부담도 덜 수 있으리라 생각한다.

등은 객체에 해당할 만한 것이어서, 이상을 고려한다면 '시'는 객체를 존대할 경우에도 사용된다는 사실을 인정해야 할 것이다.

후에 상세히 언급하겠지만, 객체를 존대하려면 서술어에 겸양 표지를 삽입함이 일반이다. 그런데 지금까지 살핀 예문 (5)에서는 왜 '시'를 선택했을까? 그것은, 언중들이 '시'를 이용한 방식을 존대 표현의 전형으로 생각한 때문으로 풀이된다. 필자는, 어떤 대상을 존대해야겠다는 판단이 서면, 제일 먼저 서술어에 '시'를 연결시키려 한다. 물론 서술어가 존대하려는 대상과 호응되는가를 면밀히 따져보기 전에 그러한데, 이런 현상이 비단 필자에게만 국한되지는 않을 듯하다. 위에서 살핀 예문 (5)의 화자도 이와 같은 맥락에서 위처럼 표현한 것이 아닐까 하는 생각을 해 본다.[7]

그럼에도 불구하고 왜 지금까지는 '시'를 '주체 존대' 표지로만 인식해 왔을까? 그것은 발화(문장)의 구조적 특성과 밀접하게 관련되어 있을 것으로 판단되는데, 주지하다시피 발화(문장)의 근간 성분은 '주체(주어)'와 '서술어'이고 서술어는 주체(주어)의 행위나 상태를 진술한 것이다. 그런데 존대소 '시'는 이 서술어에 연결되므로 그것과 호응하는 대상, 즉 주체와 관련하여 이해하게 되어 종국에는 주체를 존대하는 것으로 이해되기 마련이다. 따라서 화자가 설령 객체를 존대할 목적에서 '시'를 사용했을지라도 그 맥락을 이해하는 제삼자들은 주체를 존대하는 것으로 인식하기 쉬어서 결국은 '시'가 주체만을 존대하는 양으로 이해한 결과가 아닌가 한다.

그러나 위와 같은 예들까지를 참조한다면, 지금까지 생각했던 만큼 '존대 대상'과 '존대 표지'의 관계가 밀접하지 않다는 것을 알게 되는데, 이 점은 다음 예문을 참조할 때 더욱 분명해진다.

---

7) 그러면 여기서 다시 이런 유형의 예에 대한 문법성의 적합 여부가 거론될 수도 있다. 앞서 필자는 연구자의 명분을 내세워, 언중들이 실제 사용하는 형식인 만큼, 있을 법한 예로 간주하기로 하고, 이후에 그 원인을 규명하자는 쪽이었다. 이 같은 생각이 보편·타당하게 받아들여지기 위해서는 그에 합당한 충분한 사유가 있어야 할 것인데, 이에 대해서는 차후에 본격적으로 해명하는 기회가 있을 것이다.

   (6) 가. (마왕이 국다존자에게) “尊者ㅣ 날 爲ᄒ야 <u>절ᄒ거시니</u> 어드리 내
       그에 <u>절ᄒ시ᄂ다 아니ᄒ리잇고</u>” (월석 4, 36ㄱ)
     나. (비구가 왕에게) “大王하 엇더 나를 <u>모ᄅ시ᄂ니잇고</u>” (월석 8,
       92ㄴ)
     다. (아난이 세존에게) “世尊하 엇던 因緣으로 <u>우연ᄒ시ᄂ니잇고</u>”
       (석상 24, 9ㄱ)
     라. (바라문이 호미에게) “舍衛國에 ᄒ 大臣 須達이라 호리 잇ᄂ니
       <u>아ᄅ시ᄂ니잇가</u> (석상 6, 14ㄴ-15ㄱ)
     마. (수보제가 여래에게) “世尊하 如來[청자]ㅣ 니ᄅ샴 <u>업스시니이다</u>
       (금강 67ㄱ)
     바. (아난이 부처에게) “ … 엇데 如來ㅣ 因緣과 自然과 둘흘 다 미
       러 <u>ᄇ리시ᄂ니잇고</u> (능엄 3, 64ㄱ)

위의 청자와 주체는 동일인이다. 즉 (가)의 국다존자는 화자인 마왕의 이
야기를 듣는 청자임과 동시에 서술어인 ‘절하다’의 주체이며, (나)의 대왕
역시 화자인 비구의 이야기를 듣는 청자임과 동시에 서술어인 ‘모르다’의
주체이다. 그리고 (다)의 세존과 (라)의 호미도 해당 화자의 이야기를 듣는
청자임과 동시에 서술어 ‘모르다’와 ‘우연하다’의 주체이다. 그런데 밑줄 친
부분을 보면 이들의 행위에 ‘시’와 ‘이’가 동시에 실현되어 있음을 알 수 있
는바, 기존의 관점에 입각하며 이런 현상을 해석한다면, 여기의 ‘시’와 ‘이’
는 각각 다른 대상을 존대하는 표지로 이해해야 할 것이다. 주지하다시피
지금까지 ‘시’는 ‘주체’만을, ‘이’는 ‘청자’만을 존대하는 표지로 간주했기
때문이다.

여기서 우리는 다음과 같은 질문을 해 볼 수 있다. 그렇다면 위의 화자들
은 한 인물을 상황에 맞춰 ‘주체’와 ‘청자’라는 각기 다른 인물로 생각한다
고 해야 하는가? 다시 말하면 위 (가)의 마왕은 국다존자를 주체로 생각할
경우에는 ‘시’로써 존대하고, 청자로 생각할 경우에는 ‘이’로써 존대한다고
해야 하는가라는 것이다. 그러나 이와 같은 해석은 어쩐지 석연치 않다는
생각이다. 자신의 말을 들어 주는 상대를 청자가 아닌 화제에 등장하는 제

삼의 인물로 간주할 화자가 어디에 있겠는가를 고려할 때 그러하다. 상식적으로, 화자들은 자신이 청자와 이야기한다고 생각하지 또 다른 인물 즉, 주체와 이야기한다고 생각하지는 않을 것이기 때문이다. 이 같은 회의에 대해 위의 청자들은 결국 주체이기에 '시'와 '이'가 동시에 출현했다고 말할지도 모른다. 그러면 다음은 어떻게 이해할 것인가가 문제로 제기될 수밖에 없다.

> (7) 가. (一切 天人이 석가에게) "부톄 어서 드외샤 衆生울 <u>濟渡ᄒ쇼셔</u>"
>   (월석 2, 42ㄴ)
> 나. (야수가 목련에게) "도라가 世尊끠 내 ᄠᅳ들 펴아 <u>술ᄫᅥ쇼셔</u>" (석
>   상 6, 6ㄱ)
> 다. (아난이 부처에게) "世尊하 … 내 이제 이 ᄠᅳ들 앗논 딜 아디 몯ᄒ
>   노니 願ᄒᅀᆞ오디 큰 慈悲롤 드리우샤 날 爲ᄒ샤 펴 불어 <u>니르쇼
>   셔</u>" (능엄 2, 40ㄱ-ㄴ1)
> 라. (諸梵天王이 석가에게) "오직 어엿비 너기샤 우릴 饒益ᄒ샤 받ᄌ
>   온 宮殿을 願ᄒᅀᆞ오디 바ᄃ샤믈 <u>드리우쇼셔</u>" (법화 3, 114ㄴ)
> 마. (바라문이 호미딸에게) "그ᄃᆞᆺ 아바니미 잇ᄂᆞ닛가 … 내 보아져
>   ᄒᄂᆞ다 <u>술ᄫᅥ써</u>" (석상 6, 14ㄴ)
> 바. (수달이 호미에게) "엇뎨 부톄라 ᄒᄂᆞ닛가 그 ᄠᅳ들 <u>닐어써</u>" (석
>   상 6, 16ㄴ-17ㄱ)

위 예문은, 청자와 주체가 동일인으로서 앞서 살핀 예문 (6)과 다르지 않은 상황이다. 예컨대 (가)의 석가는 '천인'의 말을 듣는 '청자'일 뿐만 아니라 '제도ᄒ다'와 호응하는 '주체'이며 (나)의 목련은 야수의 이야기 상대자인 청자임과 동시에 서술어의 '숣다'이기도 하다. 그리고 (다), (라)의 부처와 석가도 아난과 여러 범천왕의 이야기 상대자이면서 '니르다'와 '드리우다'의 주체이기도 하다는 것이다. 다만 앞서 살핀 예문 (6)과 달리 명령형이라는 점에서 차이를 보인다.

여기서 우리는 잠시 위의 명령형 '-쇼셔'나 '-어써'에서 존대 표지를 무엇으로 보아야 할 것인가를 생각해 보아야 할 듯한데, 그것이 '이'가 아닌

'시'임은 자명하다. 이들이 '시'의 화합형임은 익히 알려진 사실이다.[8] 그러면 여기의 화자들은 청자에게 명령하는 것이 아니라 '주체'에게 명령하는 것으로 해석해야 하는가? 만약 기존 입장처럼 '시'를 주체존대 표지로만 간주한다면 그렇게 해석할 도리밖엔 없다. 그러나 화자가 명령할 수 있는 대상은 청자 이외의 어떤 인물도 불가하다는 사실을 우리는 잘 알고 있다.

이상에서 살핀 예문 (6), (7)과 관련하여 제기되는 문제들을 해결할 방안은, '시'가 '청자 존대' 표지로 사용될 수 있음을 인정하는 것일 터이다. 그러한 전제가 되어야만 다음에서 취한 화자의 태도도 이해할 수가 있을 것이다.

> (8) 가. (옥졸이 목련에게) "스승넚 어마니미 姓은 므스기시고 일후믄 므스기신고" "스승님 위호숩바 相考호야 <u>보리이다</u>" (월석 23, 82ㄴ)
>
> 나. (毗首羯摩天이 釋帝 桓因에게) "天主ㅣ 엇데 시름호야 겨신고" … "훈 菩薩이 겨샤딕 … 아니 오라 당다이 부텨 <u>드외시리이다</u>" (월석 11, 3ㄴ)
>
> 다. (용왕이 석가에게) "부텨하 엇더 나룰 ㅂ리고 가시논고 내 부텨를 몯 보슨ᄫᅡ면 당다이 모딘 罪를 <u>지수려이다</u>" (월석 7, 54-3ㄴ)
>
> 라. (마왕이 국다에게) "尊者ㅣ 모ᄅ시ᄂᆞᆫ가 내 菩提樹 아래브터 (부처가) 涅槃호시드록 如來ᄭᅴ 여러번 <u>어즈리숩다이다</u>" (월석 4, 26ㄱ)

---

8) '-쇼셔'와 달리 '-어쎠'를 '시'의 화합형으로 단정하기가 주저된다. 왜냐하면 '-어쎠'가 매우 제한된 상황에서 출현한 탓에, 지금까지의 연구자들이 이 형의 형태소 분석을 꺼려 이렇다 할 의견을 제시하지 않고 있는 형편이기 때문이다. 다만 오영두(1984 : 30-31)만이 '-어(강조 선어말 어미) + 시(첨가소) + 시(존칭 선어말 어미) + 어(청유법 어말 어미)'로 분석했을 따름이다.

분석의 옳고 그름을 떠나, 그는 '호아쎠'에서 '시'를 석출하고 있는데, 박영준(1994 : 90), 김영욱(1997 : 131)도 같은 입장이다. 특히 김영욱(1997)은 이 형의 사용 상황을 점검하여, '시'의 '화합형'으로 결론짓고 있는데, 본고는 잠정적으로 이 입장을 취하기로 한다. 차후에 알게 되겠지만, '-쇼셔'와의 관련성이나, '-어쎠'의 평서형인 '-호닝다형'이 [+공손]의 태도로 간주되어 왔음을 고려해서이다. 즉 평서형이 [존대]의 의미를 담고 있는 '공손형'이라면 의문형 역시 이에 상응하는 정도의 [존대성]을 지녀야 할 터인데, 그러려면 '시'가 실현된 것으로 보아야 자연스럽기 때문이다.

화자가 자신을 공손하게 표현함으로써 청자를 존대하려 할 경우 사용하는 표지가 '이'임은 주지의 사실이다. 이에 의하면 (가)의 옥졸은 청자인 목련을 존대할 목적에서 종결어에 '이'를 연결하여 '보리이다'처럼 표현하고, (나)의 비수갈마천은 청자인 환인을 존대하기 위해 종결어에 '이'를 사용하여 '드외시리이다'처럼 표현하고 있다는 뜻이 된다. 그런 차원에서 우리는 지금까지 '이'를 '공손법 형태소'라 명명하고, 그 기능을 '청자 존대'로 파악하여 왔다. 그러므로 이 '이'를 사용한 위의 화자가 상대하는 인물이 청자라는 사실은 재론의 여지가 없을 터이다.

그런데 위의 강조된 부분에서 화자는 '이'를 사용하지 않고 있다. 여기서 만약 기존 입장처럼 청자 존대 표지로 '이'만을 고집한다면, '므스기신고'와 같은 표현은 비문으로 처리할 수밖에 없으며, 더 나아가 위 화자는 일관성을 상실한 것으로 볼 수밖에 없다. 그러나 '시'가 청자 존대 표지로 사용될 수 있다는 본고의 견해를 받아들인다면, 위 화자의 표현 방식은 충분히 납득되고도 남는다. 위 화자들은 강조된 부분에서는 '시'로써 청자를 존대하고 밑줄 친 부분에서는 '이'로 존대한 경우로 해석되기 때문이다. 다시 말하면, (가)의 화자인 옥졸이 강조된 부분에서 '므스기시니잇고' 대신 '시'만을 사용하여 '므스기신고'로 표현할 수 있었던 것은, 옥졸은 '므스기신고'와 같은 표현도 청자인 '목련'을 존대하는 데 사용된다고 생각한 때문이란 말이다.9) 이와 같은 점을 받아들이지 않고 '시'를 '주체 존대' 표지로만 간주한

---

9) 김정아(1985 : 295-197)는 본문 (8)과 같은 예문을 간접의문문으로 규정하고, 여기의 강조된 부분과 같은 표현을 '공손법 표시가 중화된 것'으로 설명한다. 그녀의 이같은 주장은, '-ㄴ가'가 '亽랑ᄒ다, 너기다, 의심ᄒ다'와 같은 불확실한 사유의 내용을 표현하는 동사를 상위문으로 하는 내포문이라는 사실에 근거한다. 그러므로 (8)의 경우처럼 '무로ᄃᆡ', '니ᄅᆞᄃᆡ'와 같은 동사를 동반하고서 표현되는 "간접의문문의 '-ㄴ가' 역시 화자가 청자에게 대답을 요구하는 질문과는 현격히 다른, 화자의 사유로만 머무는 의심의 단계"로 보아야 하고, 그렇기 때문에 공손법이 중화될 수 있다는 논리이다. 요컨대 (8)의 강조된 부분은, 화자의 생각이나 독백을 표현한 것이므로, 이 경우의 화자는 청자를 상대로 할 때 사용되는 공손표지를 생략할 수 있다는 것이다.

그러나 필자는 (8)과 같은 예문이 간접의문문으로 표현된 것은 서술자의 서술 방식에서 비

다면 강조된 부분(므스기신고)은, 동일 인물을 주체로서만 존대하고 청자로서는 존대하지 않은 것처럼 해석해야 한다. 이런 설명이 무리임은 말할 필요도 없다. 다시 말하지만, 이상의 상황을 자연스레 설명할 방법은 '시'가 '청자 존대' 표지로 사용될 수 있음을 인정하는 것이다.

이와 관련하여 김영욱(1997)의 의견을 참조할 필요가 있다. 그는 주체와 청자가 동일인인 경우를 '특수한 발화 상황'으로 규정하고서, 존대 체계에서 이런 경우를 중시해서는 안 된다는 입장을 취하고 있어, 지금까지 논의한 본고의 태도와 상반되는 까닭이다. 이같은 생각이 비단 김영욱(1997)에만 한정되지 않는다는 데 더 큰 문제가 있을 듯한데, 필자가 생각하는 한, 대부분의 연구자가 그와 같은 태도를 취하지 않나 한다. 여기서는 김영욱(1997 :

롯된 결과라 생각한다. 필자가 과문한 탓인지 모르지만, 본고의 연구 대상에서 직접의문형의 형식을 찾을 수 없었기 때문이다. 김정아(1985 : 296)에서도 이를 시인하고 있음을 알 수 있다. 즉 그녀는 다음을 15세기 문헌에서 찾아볼 수 있는 직접의문문으로 규정하고서, 그러나 이들은 "시 작품이란 점을 감안할 때, 실제 대화의 화자−청자의 관계와 달리 간접적인 관계이므로, 이 예들이 대화적 의문문인지의 여부는 확신하기 어렵다"는 말을 하고 있다.

(3) 가. 비론 바볼 엇데 좌시ᄂᆞᆫ가 (월곡 상 : 기 122)

　　　나. 便安히 잇ᄂᆞᆫ가 高詹事ㅣ여(두시 21 : 12) (같은 책 296 재인용)

따라서 그녀의 생각이 타당함을 입증하려면, 최소한 서술자가 동일시되는 문헌에서라도 직접 의문문에서 '−ㄴ가'가 사용된 예를 간접의문문에서의 '−ㄴ가'와 대비시켜 그 차이를 명시해 주어야 할 것이다. 그런데 그녀는 극히 드물게 나타나는 위의 예문마저도 직접의문문으로 단정 짓기를 꺼리는데, 어떻게 직접의문문과 간접의문문의 '−ㄴ가'의 기능을 구별할 수 있을지 의문이다.

사실, 간접의문문과 직접의문문의 차이는 어떤 의문이 화자의 머릿속에 사유의 단계에 있으냐, 그렇지 않느냐에 있는 것이 아니라, 화자가 어떤 대상에게 던진 질문을 제삼자가 직접화법으로 전달하느냐 간접화법으로 전달하느냐에 있다고 생각한다. 더군다나 본문에 제시된 예문들은 화자와 청자의 존재가 선명하고, 그리고 화자의 질문 내용은 다분히 청자의 답변을 요구하는 것이고, 또 실제로 청자는 이에 대해 답하고 있다는 점도 간과할 수 없는 사실이다.

요컨대 필자는, 이상의 논의를 근거로 본문 (8)의 강조된 부분은 간접의문문이어서, 공손 표지가 중화된 것이 아니라, 여기서의 청자 존대의 기능은 '시'가 담당하고 있다고 해석하고자 한다.

201)의 다음과 같은 견해를 대표로 들어보기로 하자.

> (9) 가. 높임법의 경우에 발화 상황에 따라 주체와 상대(청자)가 겹칠
>   수도 있고 객체와 상대(청자)가 겹칠 수도 있다. 이러한 입장에
>   서 높임법을 기술할 수도 있으나 필자는 이러한 임시 변동에 기
>   준을 두는 입장을 따르지 않는다.
>   나. 만일 이러한 임시 변동 혹은 특정 발화시에 기준을 둔다면 상대
>   높임의 등급이 매우 혼란 스러워질 것이다. 예를 들어 15세기
>   국어의 명령형 'ᄒᆞ쇼셔'에서의 '-쇼셔'가 상대 높임의 표지일
>   뿐 아니라 'ᄒᆞ-'의 동작 주체가 상대(청자)이므로 주체 높임의
>   표지라고도 해야 할 것이다. 우리가 높임법의 체계를 세울 때는
>   특정 발화 상황에 기준을 두는 것이 아니라 일반적인 발화 상황
>   에 근거해야 한다. 'ᄒᆞ쇼셔'체의 정립이란 위와 같은 명령형만
>   을 기준으로 삼을 것이 아니라 평서형, 의문형 등 모든 문체법
>   (문장 종결법)의 경우를 포괄해야 할 것이다.

위의 (가)는 존대법을 기술하면서 '주체와 청자'가 겹치는 상황을 중시해서는 안 된다는 그의 입장을 피력한 것이고, (나)는 각주 형식을 빌려, 그 이유를 'ᄒᆞ쇼셔'체로써 설명한 것이다.

우선, 그가 왜 '주체'와 '청자', '객체'와 '청자'가 겹치는 상황을 '특정 발화 상황'으로 파악했는지가 의문시된다. '주체'와 '객체'는, 설명의 편의상, 발화(문장)의 서술어와 호응하는 대상을 지칭하는 용어라고 생각한다. 즉 화제에 거론된 청자를 문법적으로 설명하기 위해서 '주체'와 '객체'라는 용어로 지칭하지 않았느냐는 것이다. 이는, 그동안 국어의 문법 단위를 문장으로만 간주하고, 화자와 청자를 고려한 발화 상황(화맥)을 문법 외적 단위로 인식해온 결과로, 필자 역시 문장만을 분석 대상으로 할 경우라면 여기에 등장하는 성분을 '주체', '객체'로 지칭할 것이다. 그러나 우리에게 문제로 인식되는 상황 안에는 이미 청자라는 인물이 포함되어 있으므로 그것을 문장으로만 간주할 수는 없다고 생각한다. 주지하다시피 '청자'는 문장이 아

닌 대화 장면 속에서만 인지되기 때문이다. 그러므로 이 점을 인정하고 들어간다면, 청자와 주체·객체가 겹치는 경우를 무조건 '특정 발화 상황'으로 규정해서는 안 된다는 논리가 성립하게 된다. 사실 실제 언어생활에서는, 도리어 이런 경우가 더 보편적일 수도 있다. 청자가 화제의 대상이 얼마든지 될 수 있으며, 또 그가 화제의 중심인물과 관련하여서도 얼마든지 등장할 수 있음을 우리는 익히 알고 있다. 이런 상황에서 화자가 청자를 문장의 구성 성분인 주체와 객체, 청자로 분리해야 하는 것이 더 특수한 것은 아닌가를 숙고해 볼 일이다.

여하튼 위의 (나)를 고려할 때, 김영욱이 (가)의 태도를 취한 이유는, '-쇼셔'체에 해당하는 'ㅎㄴ이다', 'ㅎㄴ니잇가'를 의식한 결과로 짐작된다. 즉 청자만을 상대로 출현하는 '-쇼셔'가 '시'의 화합형임은 분명한데, 그래서 '시'를 청자 존대 표지로 보면, 이 '-쇼셔'와 같은 등급으로 파악되는 'ㅎㄴ이다'와 'ㅎㄴ닛가'와의 관련성을 설명하기가 쉽지 않음을 주목한 결과가 그로 하여금 (가)와 같은 태도를 취하도록 한 것 같다는 뜻이다. 후자의 두 형식에는 '-쇼셔'에 내재해 있는 '시' 대신 '이'만이 존재하는 까닭이다. 그리고 그는 이와 같은 모순을 해결할 대안으로, 'ㅎ쇼셔'체의 정립은 명령형이라는 특수한 상황만을 고려할 수는 없고, 평서형이나 의문형까지를 고려해야 한다는 견해를 제시한 것으로 생각된다.

요컨대 (9)의 주장은, 'ㅎ쇼셔'체는 명령형에서 보이는 '시'와 평서형, 의문형에서 보이는 '이'를 모두 고려하여 정립해야 한다는 것인데, 이 점이 바로 필자의 생각이다. 비단 '시'만을 '주체 존대' 표지로, '이'만을 청자 존대 표지로 간주하지 말고, 청자를 상대로 하는 명령형 '-쇼셔'에 내재해 있는 '시'도 청자 존대 표지일 수 있음을 인정하자는 말이다. 그 또한 '시'를 청자 명령형의 존대 표지로 인정하면서, 왜 동일 대상에게 보이는 평서형이나 의문형에서는 '시'가 존대 표지로 사용될 수 없다고 보는 것인지, 쉽게 납득되지 않은 부분이 있다.

결국 그의 생각에 내재된 모순의 시발점은 지금까지의 대부분의 연구자가 그러하듯, 청자와 주체, 청자와 객체를 이분하려는 데에 있다고 생각한다. 그러나 이와 같은 이분법적인 선입관을 조금만 배제하면, 필자와 그를 포함한 그동안의 견해는 일치점을 찾을 것으로 기대한다.

1.1.2. 화자 존대 표지 '시'

필자는 지금까지 '시'의 존대 대상을 주체, 객체, 청자로 규정하였다. 결국 대화에 참여하거나 등장하는 모든 대상을 '시'로 존대할 수 있다는 말이다. 이와 같은 관점에 의하면 '대상'에 초점을 맞춰 '시'를 이해하면, '시'가 출현한 상황에 따라 '주체 존대', '객체 존대', '청자 존대' 표지로 정의해야 할 것이다. 물론 이러한 기술 태도가 전혀 바람직하지 않다고 단정할 수는 없지만, 설명의 번잡을 피하기 어려운 것은 사실이다.

그렇다면 이들을 합리적으로 설명할 방안은 없을까? 문제는 '시'로 존대할 대상이 일정치 않다는 데 있으므로 이해의 초점을 '시'의 사용주인 '화자'에 맞춰보기로 하자. 그러면 지금까지 살핀 예문에 나타난 '시'는 모두 '화자 존대' 표지로 정의할 수 있는데, 이렇게 하면 설명의 간결성과 일관성을 확보할 수 있을 듯도 하다. 그러나 여기서 분명히 밝혀두고 싶은 것은, 필자가 이처럼 '시'를 '화자의 존대'의 표지로 규정하려는 것이 비단 설명의 편의만을 도모해서는 아니고, 이보다 '시'의 사용은 전적으로 화자의 소관임을 주목하였기 때문이라는 것이다. 이런 맥락에서 다음의 예를 검토해 보도록 하자.

(10) 가. 敎는 醫方이 <u>곧ᄒᆞ시고</u> 理는 妙藥이 <u>곧ᄒᆞ시고</u> (월석 17, 16ㄱ 협주)
　　나. 正遍知는 正히 ᄀᆞ초 <u>아ᄅᆞ실씨라</u> 無上士는 尊ᄒᆞ샤 더은 우히 <u>업스신</u> 士ㅣ라 (석상 9, 3ㄱ-ㄴ 협주)
　　다. 經에 아홉 喩ㅣ <u>겨시니</u>(법화 2, 2ㄴ)
　　라. 金剛經은 相 업수므로 宗 <u>사ᄆᆞ시고</u> 住 업수므로 體 <u>사ᄆᆞ시고</u> 微妙ᄒᆞᆫ 有로 用 <u>사ᄆᆞ시니</u> (금강 서 5ㄴ)
　　마. 眞 <u>니ᄅᆞ샨</u> 敎ㅣ 잢간 너브며 져거 緣올 <u>조ᄎᆞ시나</u> (심경 8ㄱ)

서술자는 위의 예문 (10가)와 (10나)에서 '敎'와 '理', '無上士'와 '正遍知'의 정의를 시도하고 있다. 그런데 이 과정에서 그가 '교'나 '리'를 존대한다는 사실이 주목되는바, '굳ㅎ시다'나 '업스신 土ㅣ다'와 같은 표현이 그 증거이다. 그의 이런 태도가 보편적이지 않음은 물론이어서, 우리로서는 그리해야 했던 타당한 이유를 추정해 보아야 할 터인데, 이를 위해서는 먼저 이들의 출처가 '협주'라는 사실에 주목할 필요가 있을 듯하다. 박금자(1994 : 2)의 지적대로 15세기 불경언해서의 협주 자료는 "다른 한글 자료와는 분명히 구별되는 특성을 가진 별도의 하위 자료로 볼 수 있기 때문이다."[10) 따라서 위 예문의 (가)와 (나)를 정확하게 해석하기 위해서는 고영근(1999 : 245)처럼, 이 두 예가 제시된 협주를 '가지 텍스트'[11)로 상정하고서, '敎'나 '理'가 가리키는 대상이 무엇인지는 본 텍스트를 참고하여 결정해야 할 것으로 생각된다. 그래야만 위의 예문을 타당하게 분석할 수 있을 것이기 때문인데, 여기에 해당하는 본문이 바로 다음이다.

---

10) 박금자(1994 : 2)는 협주자료와 언해문의 차이를 다음처럼 언급한다. 즉 "협주자료는 언해문 등의 다른 한글 자료와 활자의 크기나 조판 형식 등의 외적인 체제에서 차이날 뿐만 아니라, 15세기 불경언해서에서 본문에 해당하는 구결문이나 언해문과 그 글의 성격, 저술의 의도를 완전히 달리"한다는 것이다.

   따라서 위와 같은 내용을 중시한다면, 본고의 연구 대상에서 협주는 제외되어야 마땅하다. 그러나 어떤 대상에 대한 존대의 여부만큼은 본문과 협주가 일치하는 것으로 생각된다. 예컨대 본문은 마야와 정반왕을 존대하고 석가제자와 태자 등을 존대하지 않음이 일반인데, 협주 역시 같은 태도를 보이고 있다는 말이다. 이런 차원에서 이 책에서는 특별한 설명을 필요로 하는 본문의 예문 (10가), (10나)와 같은 경우를 제외하고는 협주와 본문을 구별하지 않기로 한다.

11) 협주를 '가지텍스트'로 명명함은 고영근(1999 : 244-245)를 참고한 결과이다. 여기서 그는 "하나의 텍스트는 그 자체만으로는 자족적인 단위가 되지 않음"을 명시하고, 하나의 텍스트가 자족성을 띠기 위해서는 본텍스트 외에 복선 텍스트(plurilineale Text) 내지 기생텍스트(Paratext)까지를 아우른 텍스트공동체(Textgemeinschaft)를 이루어야 한다고 하였다. 여기서 그는, '복선텍스트'니 '기생텍스트'니 하는 용어는, 한국어로는 [分枝]의 의미를 지닌 '가지 텍스트'로 규정함이 좋겠다는 의견을 개진하였다. 그런데 불경언해에 나타나는 협주가 바로 '가지 텍스트'의 성격을 지닌 것으로 파악되어 이 글에서는 그의 의견을 수용하여 협주를 본 텍스트의 분지에 해당하는 '가지텍스트'로 명명한 것이다.

(10-1) 가. (석가가 대중에게) "諸佛 如來 法이 다 이 곧ᄒᆞ야 … 가줄 비건
 댄 良醫 智慧 聰達ᄒᆞ야 方藥ᄋᆞᆯ 볼기 아라 한 病을 이대 고티더니
 (월석 17, 15ㄴ-16ㄱ)
 나. (석가가 문수사리에게) " … 부텻 일후믄 藥師琉璃光 如來 應供
 正編知 明行足 善逝世間解 無上士 調御 丈夫 天人師 佛世尊이시
 니" (석상 9, 2ㄴ-3ㄱ)

먼저, (가)의 강조된 부분을 보면, 석가가 대중에게 부처들의 신통력을 비유적으로 설명하고 있음을 알 수 있다. 이 과정에 등장하는 용어가 바로 밑줄 친 부분의 '醫'와 '藥'인데, 이를 예문 (10)과 견주어 보면, 협주에서는 본문의 '醫'을 부처들이 대중들을 가르치는 기술인 '敎'로, '藥'을 '醫'의 근본이 되는 '藥'으로 설명하고 있음을 알 수 있다. 그러면 결국 '교'와 '약'은 부처와 무관하지 않다는 말이어서, 그런 까닭에 협주에서 '교'와 '리'를 존대한 것으로 생각할 수 있겠다.

이런 해석은 예문 (10나)에도 그대로 적용되어, 여기서 존대한 '正編知'와 '無上士'는 (10-1나)를 참조하면, 결국 약사여래의 명칭에 다름 아님을 알게 된다. 다만 협주에서는 이 명칭의 뜻을 풀어서 설명하고 있을 뿐이다. 그러므로 서술자는 '정편지'나 '무상사'라는 개념을 정의하면서도 존대표지 '시'를 연결하였던 것으로 추정된다. 평소 그가 부처들을 존대하였다는 점을 감안할 때 당연한 태도로 생각된다.

이와 함께 고려할 예문이 바로 (10다)로, 여기서 '시'로써 존대한 대상은 '喩' 즉, [비유]인데, 상식적으로 생각해도 서술자가 '비유'라는 단어를 존대할 이유는 없어 보이기 때문이다. 그런데 여기의 '喩'는 석가의 가르침의 하나인 '비유'라는 점을 유념할 필요가 있다. 다시 말하면『법화경』은 석가가 제자들에게 아홉 가지의 비유를 들어 설법한 것을 모아 놓은 경전이어서, 결국 여기의 '喩'는 '부처의 가르침'인 것이다. 이와 같은 사실을 서술자는 잘 알고 있으므로 이 '喩'를 존대한 것으로 풀이된다.

이상의 유형을 우리가 주목하는 이유는, 화자가 존대할 의향만 있으면 어

떤 대상이라도 존대할 수 있음을 잘 보여 주어서, 종국에는 '존대법'에서 '화자'가 얼마나 중요한 요소인가를 인식시켜 주기 때문이다. 이와 같은 사실은 다음 예문을 참조할 때 더욱 분명해지는 것으로 생각된다.

(11) 가. 그 쁴 坐 遮頗國과 … 摩竭王 阿闍世왜 다 四兵 니르봐다 와 香姓엣 婆羅門올 狗尸城에 브려 <u>安否호고</u> 닐오딕 (석상 23, 52ㄴ-53ㄱ)

나. 難頭禾龍王이 여러 龍 <u>더블오</u> 사르미 <u>두외야</u> 泥洹호신 따해 <u>오다가</u> 길헤 阿闍世王을 <u>보아</u> (석상 23, 57ㄱ-ㄴ)

다. 그 쁴 持國天王이 이 會中에 <u>잇더니</u> … 乾闥婆 衆과로 恭敬 <u>圍繞</u>호야 부텻긔 술오딕 (법화 7, 115ㄱ-ㄴ)

라. 周 昭王 嘉瑞롤 蘇由ㅣ 아라 술바눌 南郊애 돌흘 <u>무드시니</u> (월석 2, 47ㄱ : 월곡 27)

마. 漢 明帝ㅅ 吉夢올 傳毅 아라 술바눌 西天에 使者 <u>보내시니</u> (월석 2, 47ㄴ : 월곡 27)

바. 首 楞嚴王이 미리 그러훓 둘 <u>아르샤</u> 秘密혼 經典올 크게 <u>펴샤</u> (능엄 서, 3ㄱ)

사. 須彌産王이 因緣 업디 아니호며 因緣 젹디 아니호야 뒤에 툿하야 般若教 <u>이르와드샴도</u> 坐 이곤호야 한 因緣이 <u>ᄀᄌ시니</u> (심경, 11ㄴ)

위의 주체는 모두 왕이다. 그런데 주체를 대하는 서술자의 태도가 같지 않은바, 그는 (가)~(다)의 왕은 존대치 않고, (라)~(사)의 왕만을 존대하고 있다. 왕이 한 나라의 지배자임을 생각하면 후자의 태도가 더 정당해 보이지만, 자료에 충실한다면 전자처럼 대할 수도 있었음을 부인하기 어려워서, 여기서 우리는 아무리 높은 신분일지라도 화자가 존대할 의사가 없으면, '시'는 실현되지 않다는 사실을 다시 한 번 확인하게 된다. 그러므로 다음과 같은 표현도 가능한 것이다.

(12) 가. (성녀가 무독에게) "내 어미 <u>죽건디</u> 아니 <u>오라니</u> 넉시 어느 趣

예 간 동 몰라이다 … 내 어미 <u>邪見ᄒᆞ야</u> 三寶롤 <u>譏弄ᄒᆞ야</u> 헐며
비록 잢간 <u>信ᄒᆞ야도</u> 도로 쏘 <u>恭敬티 아니터니</u> 죽건디 비록 아니
여러 나리라도 아모 고대 간 디 모ᄅᆞ노이다” (월석 21, 27ㄱ-ㄴ)
나. (성녀가 무독에게) “아바님 어마니미 다 **婆羅門種**이시고 … 어
마님 일후믄 悅帝利러시니이다” (월석 21, 28ㄱ)
다. (부처가 아난에게) “그 어미 … 스싀로 <u>가</u> 밥 <u>어더</u> 스싀로 <u>먹고</u>
ᄯᄂᆞ님끠 <u>밥 보내요ᄆᆞᆯ</u> 날마다 <u>그리 ᄒᆞ다가</u> 홀른 ᄢᅦ 계ᄃᆞ록 아니
<u>받ᄌᆞᄫᅡᄂᆞᆯ</u> 그 ᄯᄂᆞ미 애ᄃᆞ라 <u>니ᄅᆞ샤ᄃᆡ</u>” (석상 11, 40ㄴ-41ㄱ)

위 예문의 (가)와 (나)는 지장보살의 전생 인물인 성녀가 자신의 어머니를 찾는 중에 지옥의 간수인 무독에게 어머니에 대해 이야기하는 장면이다. 그런데 어머니를 대하는 성녀의 태도가 일정치 않음을 알 수 있다. 곧 성녀는 자신의 어머니를 (가)에서는 존대치 않고, (나)에서만 존대하고 있다. 만약 이들의 관계를 고려하면 (나)만이 옳을 터인데, 그렇다고 무작정 (가)를 예외로 처리할 수도 없다. 왜냐하면 앞의 예문 (11)도 같은 경우이긴 하지만, 이런 유형의 대우법이 중세문헌에서 상당히 발견되는 까닭이다. 그러므로 필자는 지금까지와 같은 태도로써 (가)와 같은 표현을 당시에 사용했던 상황으로 인정하기로 한다.

필자의 생각이 이와 같다면, 당연히 여기서 어머니를 대하는 성녀의 태도가 왜 이렇게 불안정한가를 따져보아야 할 것인데, 먼저 그녀가 어머니를 존대한 (나)는 생각해 볼 필요도 없을 터여서, 정작 필자가 관심을 기울여야 할 상황은 (가)로 압축된다. 다른 사람도 아닌 자신의 어머니를 존대치 않았을 때에는 그럴 만한 이유가 있어야 하기 때문이다. 우선 청자를 의식한 태도로 해석할 수 있겠다. 즉 청자인 무독을 존대하려고 그녀의 어머니를 일부러 존대하지 않았을 수도 있다는 말이다. 그러나 이 같은 생각은, (나)에서도 성녀는 무독을 상대로 자신의 어머니를 이야기하는데, 여기서는 어머니를 존대하고 있다는 점에서 어려움에 봉착한다. 보다시피 거기서는 ‘ … 어마니미 다 婆羅門種이시다’처럼 표현하고 있는 것이다. 이런 점을 보면, 무

독을 존대하기 위하여 성녀가 자신의 어머니를 일부러 존대하지는 않았을 것이라는 생각에 도달한다.

그러면 그 원인을 어디서 찾아야 할 것인가. 우선 (가)의 대화가 오가는 상황을 생각해 보자. 성녀는 불교를 매우 숭상하여 후생에 지장보살이 된 인물이고, 무독은 생전에 불교를 업신여긴 자들을 가두어 놓은 지옥의 간수이다. 그런데 위 성녀의 이야기에 의하면, 그녀의 어머니는 생전에 '三寶[부처, 불경, 스님]'를 공경하지 않았을 뿐더러 업신여기기까지 하였던 인물로, 불교 신자라면 당연히 그녀의 이와 같은 행동을 쉽사리 용서할 수 없었을 것이다. (가)는 불교 신자로서의 성녀의 이런 심정이 반영된 표현이 아닌가 한다. 다시 말하면 여기의 성녀는 자신의 어머니에 대해 이야기한다기보다 불교의 입장에서 볼 때 죄인이 저지른 죄목을 이야기하는 하는 것으로 해석할 여지가 있다는 뜻이다. 그러므로 그녀를 존대할 필요가 없었던 것이 아닌가 한다.

이와 같은 해석의 타당성 여부를 떠나, 여기서 우리는 중요한 사실을 깨닫게 되는데, 자신의 어머니를 어머니로서 상대할 것이냐, 아니면 죄인으로서 상대할 것이냐는 성녀만이 선택할 문제인데, 그 결과에 따라 어머니를 대하는 태도가 달라진다는 것이다. 그래서 우리는, 여기서 다시 한 번 '존대 표지' 사용의 결정 인자는 '화자의 존대 의지'라는 사실을 실감하게 되는 것이다.

(다) '그 어미 … 스싀로 가 밥 어더 먹고 … 그 ᄯᆞ니미 애ᄃᆞ라 니르샤ᄃᆡ' 역시 마찬가지로 해석할 만한 예문이 아닌가 한다. 여기서 화자인 석가는, 자신의 어머니인 마야 부인이 전생에 사슴의 딸로 태어났던 이유를 말하고 있다. 화제 속의 'ᄯᆞᆯ'이 바로 '마야부인'의 전생 인물이고, '그 어미'는 마야 부인의 어머니를 지칭하므로, 석가로 보면 '외할머니'인 셈이다. 그런데 석가가 'ᄯᆞᆯ'은 존대하면서도 '그의 어미'를 존대하지 않음이 밑줄 친 부분과 강조된 부분에서 확인된다. 그가 'ᄯᆞᆯ'을 이야기할 적에는 '니르샤ᄃᆡ'처럼 존대 표지 '시'를 사용하지만, 'ᄯᆞᆯ 어미'를 이야기할 적에는 '스싀로 가 밥 어

더 스싀로 먹고'처럼 존대 표지 '시'를 사용치 않고 있다는 접이 이를 입증해 준다. 어쨌든 이는 곧 석가가 자신의 어머니는 존대하면서도 외할머니는 존대하지 않는다는 뜻이어서, 이 같은 태도가 일반적인 생각과 거리가 있는 것만은 분명하다. 그러나 석가의 탄생 과정을 생각하면, 일견 수긍되는 면도 없지 않는데, 즉 석가는 자신이 탄생할 나라와 어머니를 스스로 선택한 인물이어서 그는 마야를 자신이 '선택한 인물' 정도로 생각할 법하다.12) 그러나 그가 (다)에서 마야를 존대한 점으로 보아, 그녀만큼은 자신의 어머니로 생각하는 듯하다. 하지만 '마야의 어머니'는 자신과 무관한 사람으로 간주한 듯하다. 그렇기 때문에 그녀를 존대할 필요가 없었던 것이다. 석가는 대중의 정신적 지주로서 그의 부모에게도 존대 받는 인물인 만큼 자신과 무관하다고 생각하는 인물에게 존대할 필요를 느끼지 못한 것은 어찌 보면 당연할 수도 있다.

여하튼 우리가 석가의 탄생과 관련된 이와 같은 배경들을 알지 못한다면, (다)에서 석가가 보인 태도를 이해할 수 없을 것이어서, 그만큼 '시'의 사용은 화자와 밀접하게 관련되어 있음을 보여준다고 하겠다. 다음 예문도 같은 맥락에서 이해해야 할 것으로 생각된다.

> (13) 가. (왕이 선인에게) "ᄯᆞᄅᆞᆯ <u>두겨시다</u> 듣고 혼인ᄋᆞᆯ 구ᄒᆞ노이다" (석상 11, 28ㄱ)
>
> 나. (야수가 목련에게) "<u>안ᄌᆞ쇼셔</u> … 므스므라 <u>오시니잇고</u>" (석상 6, 3ㄱ)
>
> 다. (왕이 비구에게) "어드러셔 <u>오시니잇고</u>" (월석 8, 91ㄱ)

---

12) 석가가 자신이 태어날 나라와 부모를 직접 선택하였음은 다음에서 확인된다.

  (가) (하ᄂᆞᆯ 幢英이 석가에게) "어누 나라해 가샤 나시리잇고" (월석 2, 11ㄴ)
  (나) (석가가 대답하기를) "釋種이 ᄆᆞᆺ 盛ᄒᆞ니 녀름 ᄃᆞ외오 快樂이 그지 업고 百姓도 만ᄒᆞ며 有德ᄒᆞ고 釋種ᄃᆞᆯ히 다 부텻 法을 울월며 王도 어디ᄅᆞ시며 夫人도 어디ᄅᆞ시고 아래 五百 世예도 菩薩母ㅣ ᄃᆞ외시니 그 나라해 가 나리라" (월석 2, 11ㄴ- 12ㄱ)

  여기서 왕은 정반왕을, 보살모는 마야부인을 일컫는다.

라. (선우태자가 옥녀에게) "그듸 龍王ㅅ 각시 <u>아니시니</u>" (월석 22, 43ㄴ)

마. (정반왕이 백반왕에게) "世尊이 샹녜 神通 <u>三昧</u>ㅎ샤 天眼ㅇ로 ᄉ
ᄆᆺ <u>보시며</u> 天耳로 ᄉᄆᆺ <u>드르샤</u> 大慈悲心ㅇ로 衆生ᄋᆯ <u>濟渡</u>ㅎ샤 百
千萬億衆이 므레 ᄌ맷거든 慈愍心ㅇ로 비를 밍ᄀ라 <u>벗겨내시ᄂ</u>
니 내 世尊 보ᅀᆸ고져 ᄇ라미 ᄯ 이 ᄀᆮㅎ니라" (월석 10, 5ㄱ-ㄴ)

바. (마야가 아난에게) "如來 乃終에 므슴 마롤 <u>ㅎ더시뇨</u>" (석상 23,
31ㄱ)

위에서 소개한 예문 (13)의 화자는 자신보다 하위자를 상대하고 있다는
점에서 일치한다. 예컨대 (가)의 화자인 왕이 상대하는 인물은 평민의 신분
인 선인이고, (나)의 화자인 야수가 상대하는 인물 역시 자신보다 하위자인
목련이다. 그런데 이들의 화자인 왕과 야수는 선인과 목련의 행위를 '大師ㅎ
샤·두겨시다, '안ᄌ쇼셔·오시니잇고'로 표현하고 있다. 곧 자신보다 하위
자를 존대하고 있음을 뜻한다.

이런 태도가 일반적인 견해와 차이가 있음은 물론이어서, 여기서 그 이유
를 생각해 봄직한데, 결론부터 말하면, 그것은 다분히 화자의 의도가 반영
된 '전략'이나 '예우'적 태도로 해석된다. 예컨대 (가)의 선인은 화자인 왕이
왕비로 삼고 싶어 하는 여인의 아버지이므로 왕은, 선인이 자신보다 낮은
신분임을 잘 알고 있을지라도 그에게 부탁해야 할 처지로 이해된다. 지위
고하를 막론하고 일단 부탁하는 처지가 되면 부탁할 사람에게 평소보다 잘
대우하려 함이 인지상정인데, (가)에서 취한 왕의 태도는 이런 맥락으로 이
해해 봄직하다는 것이다. 요컨대 그는 선인의 딸을 자신의 아내로 받아들이
려는 '전략'에서 선인을 존대한 것으로 풀이된다는 것이다.[13]

이와 동일선상에서 볼 수 있는 것이 (라)로 생각된다. 여기의 화자는 태자

---

13) 이와 관련하여 이정복(1998 : 1090)이 참조된다. 그는 경어법 사용의 전략 가운데 하나로
'수혜자 공손의 전략'을 들고서, 그것을 "부탁을 할 때 부탁하는 사람이 공손한 말을 사
용함"으로 설명한다. 그의 이런 견해는, '수혜자는 부탁하는 사람을 홀대할 수 없다'는
필자의 생각과 맥을 같이 한다.

이고 화제의 인물은 용궁의 하녀인 옥녀이므로, 전자가 후자보다 상위자임이 확실하다. 그럼에도 불구하고 태자는 그녀에게 '그듸 용왕 각시 아니시니'처럼 존대형을 사용하여 묻고 있다. 태자가 사용한 이때의 '시' 역시, 위와 같은 맥락에서 부탁할 사람이 자신의 뜻을 관철시키기 위해 부탁받을 사람을 존중하는 '전략'적 차원에서 사용한 것으로 풀이할 만하다. 태자는, 옥녀의 허락이 있어야만 용궁으로 들어갈 수 있음을 판단했기 때문에 그녀를 존대했다는 뜻이다.

그러나 (나)는 해석을 약간 달리 해야 할 필요가 있다. 지금까지 살핀 상황과 달리, 여기서는 화자인 야수는 부탁해야 할 처지가 아니라 목련의 부탁을 들어주어야 할 처지임에도 불구하고 도리어 야수가 목련에게 '시'를 사용하고 있기 때문이다. 필자가 생각하기에 이 경우는 야수가 목련을 '예우'하는 뜻에서 '시'를 사용한 것이 아닌가 한다. 야수는 자신이 석가의 아내일지언정 종교적으로 보면 세속인에 불과하다고 생각하고, 목련을 불교에 입문한 '종교인'으로 대하기에 충분하여 그를 '격식'과 '예'로써 대할 마음에서, 이처럼 존대 표현을 한 것으로 보인다는 것이다.

(다)의 왕이 평민의 신분인 비구를 존대한 이유도 방금 살핀 (나)의 야수와 같은 맥락으로 이해된다. 즉 왕은 스스로를 세속인으로 간주하고, 비구를 종교인으로 생각한 것이다. 그래서 자신이 숭앙하는 불교에 입문한 비구를 격식과 예로써 대하고자 '그듸 어디러셔 오시니잇고'처럼 묻고 있다는 뜻이다. (라)와 (마)의 정반왕이나 마야부인이 석가를 존대하는 이유 역시 마찬가지여서, 만약 그들이 석가를 단지 자식으로만 본다면 존대할 이유가 없을 것인데, 그들은 석가를 해탈의 경지에 이른 불교의 창시자로 간주한 까닭에 그를 예우하는 뜻에서 '시'를 사용하지 않았나 한다.14)

---

14) 그러므로 만약 이들이 석가를 종교인으로서가 아닌 아들로 대할 때는 다음처럼 대한다.

(가) (파라날 대왕이 태자에게) "지조롤 어루홇다" (석상 3, 12ㄱ)
(나) (왕이 태자에게) "이 므슴 먹디 말라 나라해 니스리 업스니라" (석상 3, 21ㄱ)
(다) (왕이 대신에게) "太子ㅣ 이제 어듸 잇ᄂᆞ뇨" (석상 11, 21ㄱ)

이상에서 우리는, '시' 사용 여부는 전적으로 화자의 생각 여하에 달려 있음을 확인하였다.[15] 그리고 그가 존대할 의지만 있다면, 존대하려는 대상

위의 파라날 대왕은 정반왕의 전생 인물이며, 태자는 석가의 전생인물이다. 그런데 여기서 대왕은 석가를 '시'로써 존대하지 않을 뿐만 아니라, 다른 인물에게 그를 거론할 때 (나)도 존대하지 않음을 알 수 있다. 이는 대왕이 석가를 종교인이 아닌 아들로써 대하기 때문이다.

15) 이쯤에서, 필자가 '화자의 의지'를 너무 중시한 나머지 '시'가 문법 표지임을 망각한 것은 아니냐는 비난을 받을 수도 있다는 사실을 인식해야 할 듯한데, 우선 다음 자료를 주목하자.

(가) (국다가 여래의 화신을 보고) "눚 비치 蓮ㅅ 곳 <u>ᄀᆞᄐᆞ시며</u> 눈 조호미 明珠 <u>ᄀᆞᄐᆞ시며</u> <u>端正ᄒᆞ샤미</u> 日月 두고 <u>더으시며</u> <u>됴오샤미</u> 곳 수플 두고 <u>더으시며</u> … 便安히 <u>겨샤미</u> 須彌山 <u>ᄀᆞᄐᆞ시며</u> 威嚴ㅅ 光明이 히 두고 <u>더으시며</u> 조늑조늑기 <u>거르샤미</u> 獅子ㅣ <u>ᄀᆞᄐᆞ시며</u> <u>도라 보샤미</u> 牛王 <u>ᄀᆞᄐᆞ시며</u> 비치 紫金 <u>ᄀᆞᄐᆞ시니</u> … " (월석 4, 34ㄱ-ㄴ)

(나) (四方天王이 부처에게) "世尊하 地藏菩薩이 久遠劫브터 <u>오매</u> 이 ᄀᆞᆮᄒᆞᆫ 大願을 <u>發ᄒᆞ샤ᄃᆡ</u> 엇뎨 이제ᄃᆞ록 순지 度脫호ᄆᆞᆯ 몯 <u>그쳐</u> 다시 넙고 큰 盟誓ᄅᆞᆯ <u>發ᄒᆞ시ᄂᆞ니잇고</u>" (월석 21, 62ㄴ-63ㄱ)

위에서 제시한 (가)와 (나)를 비교하면, (가)는 '시'가 전혀 생략되지 않았지만, (나)는 그렇지 않음을 알 수 있다. '시'가 존대할 대상의 행위나 상태 등에 연결됨이 원칙이라면, (가)가 더 정당하다고 할 수 있다. 게다가 (나)의 '시' 생략에는 어떤 일관된 법칙이 있는 것 같지도 않다. 그럼에도 필자는 (나)와 같은 표현이 비문으로 생각되지 않고, 실제 대화에서 오히려 더 많이 쓰이는 것처럼 생각된다. 이는 비단 필자만의 생각은 아닐 것이다.
만약 '시'가 통사적 제약 하에 있다면, 위의 (가)와 (나) 가운데, 어느 표현이 정당한가를 문법적으로 설명할 수 있어야 하나 실제로는 그렇지 못하다. 우리가 '시'를 통사적으로 접근하지 않은 이유도 여기에 있을 터이다. 즉 '시'의 삽입 여부는 통사적 규칙만으로 설명할 수 없는 그 이상의 것이 있다는 뜻이다. 예컨대 '아버지가 왔다'는 통사적으로 완전한 문장이다. 다만 우리 문화가 용인할 수 없을 따름이다.
그러면 우리는 이런 차이를 어떻게 설명할 수 있는가? 이 역시 화자의 의지적 차이로 풀수 있다. 즉 어떤 대상을 존대하려는 의지가 강할수록 (가)처럼 표현하고, 그렇지 않을수록 (나)처럼 표현한다는 것이다. 다시 말하면, (가)의 '국다존자'는 석가를 존대하려는 의지가 강하기 때문에 '시'를 전혀 생략하지 않았지만, (나)의 '사방천왕'은 '지장보살'을 존대하려는 의지가 그리 강하지 않기 때문에 '시'의 생략이 잦은 것으로 해석할 수 있다는 것이다. 석가는 우리 문헌에서 최상위자로 대접 받지만, 지장보살은 그렇지 않음을 고려할 때, 충분히 가능한 논리로 생각되는데, 이의 당위성은 다음 자료에서도 확인할 수 있다.

(가) (마왕이 석가에게) "너옷 니러 <u>가디 아니ᄒᆞ면</u> 너를 자바 바롨 가온디다가 더 <u>듀리라</u>" (월석 4, 10ㄴ)

이 비록 '주체'가 아닐지라도 서술어에 '시'를 연결시킨다는 사실도 알게 되었다. 따라서 지금까지 살핀 바를 종합할 때, '시'의 기능은 화자 편에서 규명함이 정당하다는 결론에 도달한다. 그래서 필자는 '시'를 '화자 존대' 표지로 정의하려는 것이다.

본 항은 '시'를 '화자 존대' 표지로 정의하였다. 그러기 위해 먼저 '시'를 '존대' 표지로 규정하였다. 이는 기존의 '높임'이라는 용어를 수용치 않음을 시사한다. '존대'는 [존중하여 대함]의 의미여서 이를 수용하면 상위자는 물론 그렇지 않은 대상에게 사용한 '시'까지를 설명할 수 있다. 이에 비해 '높임'은 [높지 않은 인물을 높게 함]의 의미여서, 이를 취하면 화자보다 높지 않은 인물에게 사용한 '시'만을 설명할 수 있기 때문이다.

기존에 '시'를 '대상 중심적' 시각으로 파악하려 했던 것과는 달리, 필자는 '시'를 '화자 중심적' 시각에서 이해하려 하였다. 그 이유는 다음과 같다. '시'의 대부분은 '주체'를 존대하는 경우에 사용되지만, '객체'나 '청자'를 존대할 경우에도 사용된다. 그래서 '시'의 존대 대상에 '객체'와 '청자'를 포함시켜 정의하면, '주체 존대·객체 존대·청자 존대'처럼 규정해야 함은 물론, 그 실현 조건도 일일이 밝혀 주어야 하는데, 필자는 이런 설명 방식에

(나) (마왕이 석가에게) "부텻 勢力이ᅀᅡ 어드리 그지ᄒᆞ료 나ᄅᆞᆯ 소교려 ᄒᆞ살 ᄣᅦᅀᅡ 므슷 이ᄅᆞᆯ <u>몯ᄒᆞ시료</u> 마ᄅᆞᆫ 큰 慈悲心ᄋᆞ로 나ᄅᆞᆯ 어엿비 <u>너기샤</u> 내그에 셜본 이ᄅᆞᆯ 아니ᄒᆞ시닷다 오ᄂᆞᆯ날 如來ㅅ 德이 크샨 주를 아ᅀᆞᆸ과라" (월석 4, 25ㄱ-ㄴ)

위의 (가)와 (나)의 화자는 마왕으로 같음에도 불구하고, 밑줄 친 부분을 보면, 그가 석가를 대하는 태도는 전혀 다르다는 것을 알 수 있다. 곧 (가)에서는 석가를 '너'로 호칭하는 한편, '가지 아니하면'처럼 표현하는 등 전혀 존대하지 않는다. 그러나 (나)에서 그가 석가를 대하는 태도는 판이하다. 즉 석가를 '부텨'라 호칭하는 한편, '나를 소기려 하시다', '너기시다'처럼 깍듯이 존대하고 있다. 여기에 더하여 (가)와 (나)는 같은 장면에서 이루어진 표현이라는 사실까지를 감안해야 할 것으로 생각된다. 곧 마왕은 (가)를 말한 조금 후에 연이어 (나)를 말한 것이다. 물론 이런 차이를 통사적 규칙으로 밝혀 낼 수 없음은 물론이다. 그것은 마왕의 심리 상태에 따른 표현의 차이로만 해결할 수 있는 문제이기 때문이다. 이런 점들을 감안한다면 (가)는, 마왕이 '석가'를 원수로 생각할 때의 표현으로 생각되고, (나)는 석가가 그에게 보여준 너그러운 행실에 감복했을 때의 표현으로 생각된다.

동의할 수 없기 때문이다. 더 나아가 '시'의 출현은 '화자의 존대 의지'와 밀접히 관련된다는 사실을 인식하였기 때문이기도 하다. 즉 동일 대상일지라도 화자가 그를 어떻게 생각하느냐에 따라 '시'의 출현 여부가 결정되기도 하고, 생략의 정도에도 차이가 있었다.

이상이 본고가 '시'를 '화자 존대' 표지로 정의하기에 이른 취지이다. 이렇게 정의한 결과 기존의 시각으로는 예외로 처리해야 했던 자료들을 아울러 설명할 수 있었고, '시'의 사용주인 화자의 의도를 충분히 반영할 수 있었다.

1.2. '습'

지금까지 '습'은 화자 또는 주체가 객체에게 '겸양'하는 표지로 인식되어 왔다.[16] 그러나 여기서는 '화자의 겸양' 표지로 이해하고자 하는바, 이와 같

---

16) 이는 안병희(1961·1982)의 견해이다. 그러나 '습'에 대한 그간의 견해는 '겸양설', '객체 존대설', '주체 겸양설', '주체·화자 겸양설' 등으로 다양하다. 그럼에도 현재는 안병희의 견해가 정설화되다시피 한다. 여기서 그간의 견해를 간략하게 살피면 다음과 같다. 먼저 김형규(1947·1948)로 대표되는 '겸양설'은, '습'을 '겸양' 표지로 간주한다. 이는 곧 '습'으로 존대할 대상이 '객체'로만 한정되지 않고 화자가 겸양할 의향이 있는 모든 대상에게 '습'을 사용할 수 있다는 입장이다.

그러나 허웅(1954·1961·1962·1963)으로 대표되는 '객체 존대설'은 '습'은 철저히 '객체'만을 높이는데 사용된다는 입장이다. 이런 주장의 이론적 토대는, 대우법은 화자 중심으로 파악되어야 하며, 그가 누구를 높이느냐에 따라 '주체 존대·객체 존대·상대 존대'로 나뉜다는 데 있다.

'주체 겸양설'은 허웅에 대한 반박으로는 안병희(1961), 이숭녕(1962·1964)가 대표적이다. 이숭녕(1963 : 333)은 '객체 존대설'에 대해 "'습'을 국어의 문장구조인 subject-verb의 관계 속에서 찾으려 하지 않고, object-verb인 word sequence 속에서 찾으려 한다"고 비난한다. 즉 국어 문장의 근간 성분은 주어와 서술어이므로 '습' 또한 주어의 행위와 관련되는 것이지 목적어로 대표되는 객체의 행위와는 무관하다는 것이다. 때문에 '습'은 서술어와 호응하는 주체가 낮음을 표시하는 '주체 겸양'의 표지로 보아야 한다는 견해이다. 이렇게 보면, 굳이 문장에도 없는 객체를 찾을 필요도 없으며, 화자의 자의적인 의도를 고려하지 않아도 된다고 보는 입장이 '주체 겸양설'이다.

안병희(1982)로 대표되는 '화자·주체 겸양'설은 기존의 '객체 존대설'과 '주체 겸양설'의

은 견해는 기존의 입장과 다음과 같은 점에서 차이가 있다. 첫째, 기존 입장은 '습'으로써 겸양할 대상을 객체로 한정하지만 필자는 객체와 청자로 본다. 둘째, 기존 입장은 '습'을 사용하여 겸양하는 주체를 화자와 주체로 보지만, 필자는 화자로만 간주한다.

이와 같은 생각이 타당함을 입증하기 위해서는 먼저 '습'이 청자와도 호응함을 예증함과 아울러, 지금까지 '주체 겸양'으로 이해해 왔던 예들도 결국은 '화자의 겸양'으로 해석될 수 있음을 입증해야 할 것이다.

1.2.1. 정의와 용례

본격적인 논의에 들어가기 전에, 먼저 '습'을 '존대'가 아닌 '겸양' 표지로 해석해야 하는 이유를 해명해야 하고, 그 다음에는 '습'을 대상보다 화자에 초점을 맞추어 설명해야 하는 이유를 제시해야 하기로 한다.

1.2.1.1. 정의

'습'이 '존대' 표지이냐, '겸양' 표지이냐가 쟁점화 되던 때가 있었다. 이미 전항에서 밝혔던 바와 같이 본고는 후자의 입장을 취하는데, 그 정당성은 다음 자료를 살피는 과정에서 밝혀질 것으로 기대한다.

(14) 가. 그저긧 燈照王이 普光佛을 <u>請ᄒᆞᅀᆞᄫᅡ</u> (월석 1, 9ㄱ)

　　 나. 그 ᄢᅴ 善慧 부텻긔 가아 出家ᄒᆞ샤 世尊ㅅ긔 <u>솔ᄫᅡ샤ᄃᆡ</u> (월석 1, 17ㄱ)

　　 다. 이 比丘ㅣ 주긇 時節에 虛空 中에 威音王佛이 아래 니르시던 法華經엣 二十千萬億 偈를 다 <u>듣ᄌᆞᆸ고</u> (석상 19, 31ㄴ)

　　 라. 그 ᄢᅴ 忍辱太子ㅣ 긧거 어마넔긔 드러가 <u>솔ᄫᅩᄃᆡ</u> (석상 11, 20ㄱ)

장점을 취한 견해로 보인다. 즉 그는 안병희(1982 : 21)에서 '습'을 "객어가 주어보다 상위자인 동시에 화자보다도 상위자일 때 객어를 지배하는 동사에 사용되는 경어법"으로 정의하고, "겸양법이 객어와 주어나 객어와 화자의 상하관계 중의 어느 1조건으로만 설명된다는 견해를 지양하고 그 2조건의 충족으로써 설명된다."는 입장을 표명한다.

위 예문은 주체가 객체[17]보다 하위자란 점이 공통적이다. 예컨대 (가)의
주체인 등조왕은 객체인 보광불보다 하위자이며, (나)의 주체인 선혜는 객체
인 세존보다 하위자이다. 또 (다)의 주체인 비구는 객체인 이십천억불보다
하위자이며, (라)의 주체인 인욕태자는 그의 어머니보다 하위자이다. 그런데
주체의 행위를 나타내는 '청ᄒᆞᇫᄫᅡ, 술ᄫᅥ샤더'나, '듣ᄌᆞᆸ고, 술ᄫᅩ더' 등의 동
사에 '습'이 연결되어 있음이 주목된다. 이런 정황에 주목하면 그것이 '상위
자를 대하는 하위자의 태도'와 관련되리라는 추정을 하게 되는데, 그러면
이번에는 이와 상반되는 상황을 찾아보자.

> (15) 가. 그ᄢᅴ 燈照王이 臣下와 百姓과 領코 種種 <u>供養</u>가져 城의 <u>나아</u> ⋯
>   (월석 1, 13ㄴ)
>   나. 善慧 니ᄅᆞ샤더 그러면 네 願을 <u>從호리니</u> (월석 1, 12ㄴ)
>   다. 이 比丘ㅣ나 比丘尼나 優婆塞나 優婆夷나 보니마다 다 <u>절ᄒᆞ고</u> <u>讚</u>
>   <u>嘆ᄒᆞ야 닐오더</u> (석상 19, 29ㄱ-ㄴ)
>   라. 그 ᄢᅴ (인욕)太子ㅣ 大臣과 小國王ᄃᆞᆯᄒᆞᆯ <u>블러</u> 大衆 中에 <u>닐오더</u>
>   (석상 11, 20ㄴ)

위의 주체는 앞서 살핀 예문 (14)와 동일하지만 객체보다 상위자란 점이
다르다. 즉 (가)의 주체인 등조왕은 객체인 신하와 백성보다 상위자이고,
(나)의 주체인 선혜는 '네'로 표현된 구이보다 상위자이다. 또 (다)의 주체인
비구는 우파색, 우파리보다 상위자이고, (라)의 주체인 인욕태자는 대신이나

---

17) 사실, 필자는 '습'의 사용 대상을 '객체'로 단정하기를 주저하는 입장이다. 또 그것의 사
   용주를 '주체'로 보지도 않는다. 그러나 여기서는 '습'의 기능을 밝히는데 논의의 초점을
   모아야 하므로, 용어 사용 문제는 잠시 접어 두고 기존 입장을 따름으로써 설명의 편의
   를 도모코자 한다.
   그러나 여기서 객체를 정의할 필요는 있겠다. 일반적으로, 객체는 '주체의 행위와 관련된
   성분'을 말한다. 예컨대 본문 (가)는 '등조왕이 보광불을 청하다'라는 사건을 진술한 것으
   로, 여기의 주체는 당연히 등조왕이다. 등조왕은 서술어인 '청하다'라는 행위의 주체인
   까닭이다. 그런데 주체의 이런 행위는 궁극적으로 보광불 때문에 생긴 것이라 할 수 있
   다. 곧 객체인 보광불을 '청하기' 위한 행위로 이해되는 까닭이다. 이처럼 보광불과 같이
   주체의 행위와 밀접한 관련이 있는 대상을 객체라 한다.

자신의 나라가 거느리는 소국왕보다 상위자이다. 그런데 주체의 행위가 '숩'으로 연결되어 있지 않음이 밑줄 친 부분에서 확인되는 만큼, 이는 앞서 살펴본 예문 (14)와 좋은 대조를 보이면서, '숩'을 '하위자가 상위자에게 보이는 태도'로 파악했던 필자의 추정이 정당했음을 말해준다.

그러면 '숩'은 무엇을 표지하기 위함인가? 지금까지 살핀 용례들을 참조할 때, 그것은 상위자로 향하는 하위자의 '겸양' 표현으로 간주함이 옳을 듯하다. 안병희(1961), 이숭녕(1964)도 지적했다시피, 국어는 객어(객체)와 서술어보다 주어(주체)와 서술어의 관계가 더 밀접한 언어이므로, 서술어에 연결된 '숩' 역시 객체보다 주체와의 관련 속에서 구명되어야 할 것인데, 그러면 그것은 '겸양' 표지로 보아야 하기 때문이다. 상위자를 상대한 하위자의 행위에 '존대' 표지가 연결될 리 없기 때문이다. 이와 같은 생각이 설득력을 갖는다면, '숩'을 '객체 존대'로 규정했던 기존의 입장은 재고의 여지가 있는 것으로 간주되고, 결국 그것은 '겸양'을 표지하는 문법소로 귀착된다.

1.2.1.2. 용례

여기서는 '숩'의 겸양 대상이 객체만이 아님을 예증함으로써, 설명의 초점을 화자에 두어야 하는 근거를 마련하기로 한다. 그러면 우선 객체로 상정되는 대상과 호응하는 경우부터 점검하도록 하자.

(16) 가. 仙人ᄃᆞᆯ히 '하ᄂᆞᆳ 神靈이샷다' 너겨 제 물 ᄃᆞ리고 太子ᄅᆞᆯ <u>請ᄒᆞᅀᆞᄫᅡ</u>다가 <u>안치ᅀᆞᄫᅡ니</u> (석상 3, 35ㄱ)

나. 그저긧 燈照王이 普光佛을 <u>請ᄒᆞᅀᆞᄫᅡ</u> (월석 1, 9ㄱ)

다. 目連이 그 말 듣ᄌᆞᆸ고 즉자히 入定ᄒᆞ야 펴엣던 ᄇᆞᆯ홀 구필 ᄉᆞᅀᅵ예 迦毗羅國에 가아 淨飯王ᄭᅴ 安否 <u>ᄉᆞᆲ더니</u> (석상 6, 1ㄴ-2ㄱ)

라. (富樓那 彌多羅尼 子가 부처에게) "내 부텻 알ᄑᆡ 부터 <u>돕ᄉᆞ와</u> 轉輪ᄒᆞ야 獅子吼ᄅᆞᆯ 因ᄒᆞ야 … 내 梵音으로 魔寃을 降伏호미 이 第一이로소이다" (능엄 5, 58ㄴ-59ㄱ)

마. (장자들이 부처에게) "'우리 … 부텻 敎化애 道 得호미 虛티 아

니ᄒᆞ니라’ ᄒᆞ야 ‘부텻 恩惠 <u>갑ᄉᆞ오ᄆᆞᆯ</u> ᄒᆞ마 得호미 ᄃᆞ외야라’ ᄒᆞ
다이다” (법화 2, 251ㄱ)

바. (석가가 아난과 위제희에게) (無量壽佛의) 光明이 하 盛ᄒᆞ야 …
百千 閻浮檀 金ㅅ 비치 (무량수불의 광명에) 몯 가줄 <u>비슷ᄫᅳ리러</u>
라 (월석 8, 17ㄱ)

사. 勇猛 精進ᄒᆞ야 晝夜 六時에 三寶ᄅᆞᆯ <u>禮拜ᄒᆞᅀᆞ오며</u> 眞心으로 懺悔
ᄒᆞ며 勸ᄒᆞ야 <u>請ᄒᆞᅀᆞ오며</u> … (영가 139ㄱ)

지금까지의 견해대로 ‘주체’와 관련된 성분을 ‘객체’라 한다면, 위 예문에
서 실현된 ‘ᅀᆞᆸ’의 겸양 대상은 객체라 할 만하다. 그런데 그 상황을 좀더 세
밀히 기술하자면 문제는 달라진다. 왜냐하면 객체로 포괄할 성분이 그렇게
단순하지만은 않기 때문이다. 예컨대 (가), (나)의 선인이나 등조왕이 겸양하
는 대상은 목적격이고, (다)의 목련이 겸양하는 대상은 여격이다. 그리고
(바)의 석가가 ‘염부제의 빛’을 겸양시킨 대상은 ‘∼에’라는 ‘부사격’이다.

한편으로 생각하면, 위 예문의 ‘ᅀᆞᆸ’이 겸양하는 대상을 객체로 일괄해도
그렇게 크게 문제될 것 같지 않지만, 기존 입장이 ‘ᅀᆞᆸ’의 겸양 대상을 객체
만으로 한정한 것은 재고의 여지가 있는 것으로 생각되는데, 그것은 바로
다음과 같은 자료가 존재하는 까닭이다.

(17) 가. (외도인이 명제에게) “ … 弟子 褚善信ᄃᆞᆯ히 주긂 罪로 말ᄊᆞᄆᆞᆯ <u>엳</u>
<u>ᄌᆞᆸ노이다</u>” (월석 2, 69ㄴ)

나. (喜見菩薩이 日月淨明德佛에게) “容顏 [日月淨明德佛의 容顏]이
甚히 奇妙ᄒᆞ시며 光明이 十方ᄋᆞᆯ 비취시ᄂᆞ니 내 아래 供養ᄒᆞᅀᆞᆸ다
가 이제 ᄯᅩ <u>親近ᄒᆞᅀᆞᆸ과이다</u>” (석상 20, 15ㄱ)

다. (수보제가 석가에게) “唯然 世尊하 듣ᄌᆞᆸ고져 <u>願樂ᄒᆞᅀᆞᆸ노이다</u>”
(금강 13ㄴ)

라. (왕자들이 세존에게) “<u>願ᄒᆞᅀᆞ오ᄃᆡ</u> (우리가) 세존ㅅ 慧眼 第一淸淨
걷ᄌᆞ오ᄆᆞᆯ 得ᄒᆞ야지이다” (법화 3, 187ㄱ)

마. (大樂說 보살이 세존에게) “世尊하 우리 이 부텻[寶塔 안에 있는
부처] 모ᄆᆞᆯ <u>보ᅀᆞᆸ고져</u> <u>願ᄒᆞᅀᆞᆸ노이다</u>” (법화 4, 116ㄱ)

　우선 밑줄 친 부분의 '이'를 보아, 위의 화자가 상대하는 청자가 화자보다 상위자라는 점을 알게 된다. 그런데 문제는 이들의 객체와 청자가 동일인이라는 사실이다. 곧 (가)의 대화에서 객체로 등장하는 '명제'는 외도인의 이야기 상대자인 청자이기도 하며, (나)에서 객체로 등장하는 일월정명덕불 역시 희견보살의 이야기를 듣는 청자이기도 하다. 그리고 (다)에서 객체로 등장하는 석가는 수보제의 이야기 상대자이며 (라)의 객체인 세존 역시 화자인 왕자의 이야기 상대자이다.

　이런 상황이라면, 여기의 화자인 외도인과 희견보살은 명제와 일월정명덕불을 객체와 청자로 분리하여 이들을 별개의 인물로 상대하는 것으로 보아야 하는가, 아니면 같은 인물로 상대하는 것으로 보아야 할 것인가가 문제로 대두될 수 있다. 지금까지는 전자의 관점을 취해서 '습'의 겸양 대상을 '객체'로만 한정하였기 때문이다. 그러나 필자는 후자의 입장을 지지하기로 하는데, 그 이유는 객체란 성분은 화제 속에 거론되는 문장 성분에 불과하지만, 청자는 화자 앞에 존재하여 그와 이야기를 나눌 수 있는 대상이므로 화자는 자신이 '청자'와 이야기한다고 생각하지 객체와 이야기한다고는 생각하지 않을 것으로 생각되는 까닭이다. 곧 (가)의 외도인은 명제를 청자로 생각하고 그와 이야기를 나누고 있다고 생각하지, 그를 자신 앞에 존재하지도 않는 문장 성분인 객체로 상정하고서 이야기를 나눈다고는 생각하지 않을 것이란 뜻이다. 이에 더 나아가 외도인이 명제라는 한 인물을 두 성분으로 파악해야 할 이유도 없을 터이다.

　생각을 위와 같이 정리할 때, 여기의 '습'은 화자가 청자에게 보이는 겸양 표지로 해석해야 옳다. 이 점은 위에 제시된 예문 (마)에서 더욱 분명하게 드러나는데, 여기의 화자인 대악설 보살은 세존에게 "보탑 안에 있는 부처를 보기를 원한다"는 의사를 전달하면서 밑줄 친 부분과 강조된 부분과 같이 '습'이 동시에 연결하고 있다. 강조된 부분의 '습', 즉 '보줍다'는 화자인 대악설 보살이 객체로 표현된 '이 부텨'에게 겸양을 표하기 위한 것이라면 밑줄 친 부분의 '원ᄒ줍노이다'에 내재된 '습'은 누구를 겸양하기 위한 표지이겠는가를 숙고해 보아야 할 것이다. 이것은 청자인 세존에게 보이는 표지로 밖에 해석할 수 없다. 군이 '습'을 중복시켜 객체에게 겸양을 표지할 필요가 없을 것으로 생각되기 때문이다.

그렇다면 다음과 같은 의문이 제기될 법하다. 즉 위 예문의 화자가 상대하는 인물이 청자 한 사람이라면, 그리고 '습'과 '이'의 기능이 같다면,[18] 군이 한 사람에게 이들을 동시에 사용할 필요가 있겠느냐는 것이다. 그것은 화자가 청자를 존대하려는 의지가 강한 데서 비롯한 태도로 보인다. 즉 위의 화자들은 청자를 존대할 목적에서, 자신을 겸손하게 표현하기 위하여 '이'를 사용한 것인데, 이로써 청자에 대한 화자의 공손한 태도는 충분히 전달된 셈이지만, 그가 청자를 좀더 공손히 대할 의사가 있어 기능이 같은 '습'을 다시 연결시킨 것은 아닐까 한다는 것이다.

이런 방법은 청자에게 '시'와 '이'를 함께 사용한 취지와 흡사할 것으로 생각된다. 공손의 등급에서 '이'와 '시'가 동시에 실현된 경우를 '이'만 실현된 경우보다 더 높이 보려는 경향이 있는데,[19] 그 까닭은 존대소를 동시에 연결시켰다는 데에 있을 것이어서, 위와 같은 경우도 이런 효과를 기대한 것으로 간주되는 까닭이다. 지금까지 펼친 생각이 정당하다면, '습'의 겸양 대상에는 당연히 '청자'도 첨가해야 할 것인바,[20] 이는 다음을 보아도 그러하다는 것을 알게 된다.

> (18) 가. (諸天이 허공에서 사람들에게) "너희 ᄆᆞᅀᆞ매 ᄀᆞ장 隨喜ᄒ고 釋迦
>   牟尼佛끠 저ᅀᆞ바 <u>供養ᄒᅀᆞᄫᆞ라</u> (석상 19, 41ㄱ)
>   나. (석가가 위제희에게) "네 念佛을 몯 ᄒ거든 無量壽佛을 <u>일ᄏᆞᄌᆞᄫ</u>

---

18) '이'에 대해서는 차후에 자세히 살펴겠지만 지금까지의 의견을 수용한다면 그것은 '공손' 표지이다. '공손'은 [예의바르고 겸손함]을 의미한다. 그리고 '겸양'은 [겸손하게 사양함]을 의미한다. 따라서 화자가 자신의 행위에 이런 표지를 연결시킨 이유는 상대를 '겸손하게' 대하기 위해서일 것이다. 이와 같은 사실을 화자 편에서 해석하면, '공손'과 '겸양'의 기능은 결국 동일하다는 결론에 도달한다.

19) 이런 태도는 이기갑(1978), 김정수(1984) 등에서 발견된다.

20) 김형규(1947·1974) 등도 필자와 같은 견해이다.

    라 (월석 8, 75ㄱ)

다. (부처가 아난에게) " … 酥蜜을 블 퓌운 火爐 안해 더뎌 스라 니
    ᄃᆞᆼ게 ᄒᆞ야 佛菩薩ㅅ긔 <u>받ᄌᆞ오라</u>" (능엄 7, 16ㄴ)

라. (부처가 대중에게) " … 너희 반ᄃᆞ기 一心으로 觀世音菩薩ㅅ 일
    후믈 <u>일쿨ᄌᆞ오라</u> (법화 7, 58ㄴ)

우선 위의 용례들이 '∼라'로 끝나는 점으로 보아 명령형임을 알 수 있다. 여기서 우리는 다시 한 번 앞서 살펴보았던 대로 화자가 명령할 수 있는 대상은 주체가 아니라 청자뿐이라는 사실을 상기해야 할 듯하다. 예컨대 (가)의 화자인 제천이 "너희는 석가모니를 잘 공경하라"는 명령을 할 수 있는 대상은 그의 이야기를 듣고 있는 대중이며, (나)의 화자인 석가가 "네가 염불을 못 한다면 무량수불을 일컬어라"는 명령을 할 수 있는 대상도 그의 이야기를 듣고 있는 '위제희'일 뿐이라는 것이다. 그런데 서술어에 '숩'을 연결하여 '공양ᄒᆞᅀᆞᄫᆞ라, 일쿨ᄌᆞᄫᆞ라'로 표현하고 있다. 이런 점을 감안한다면 여기의 '숩'은 화자가 객체로 상정되는 존대 대상에게 청자를 겸양시키기 위한 표지로 이해해야 마땅할 터여서, 생각이 여기에 미치면 '숩'의 겸양 대상에 청자를 포함시켜야 할 것이다.

지금까지 살핀 예는, 비록 겸양 대상을 객체로만 한정할 수 없었지만, 그래도 문맥 안에서 겸양 대상을 확인할 수 있었다. 하지만 다음은 그마저도 파악하기가 쉽지 않은 경우이다.

(19) 가. 本來 볼ᄀᆞᆫ 光明에 諸佛도 비취시며 明月珠 <u>도ᄃᆞᅀᆞᄫᆞ니이다</u> (월석
    2, 30ㄱ : 월곡 18)

나. 梵王ᄋᆞᆫ 白拂 자바 두 녀긔 <u>셔ᅀᆞᄫᆞ며</u> (월석 2, 39ㄱ)

다. (九地知識이 스스로에게) "부텻 졋어미 <u>ᄃᆞ외ᅀᆞ와</u> 처섬 나샤매 親히 받ᄌᆞ와 자세히 보ᅀᆞ오디 (능엄 7, 4ㄴ)

라. (비구ㅣ 대답ᄒᆞᅀᆞᄫᆞ디) " … 聖人이 ᄯᅩ 나ᄅᆞᆯ 브리샤 '大王 모믈 請ᄒᆞᅀᆞᄫᅡ 오나ᄃᆞᆫ 찻믈 기를 維那ᄅᆞᆯ 삼ᅀᆞᄫᆞ리라' ᄒᆞ실ᄊᆡ 다시 <u>오ᅀᆞᄫᆞ이다</u>" (월석 8, 92ㄴ)

마. (화색비구가 대중에게) " … 내 <u>기쏜밧</u> 大愛道 憍曇彌 比丘尼ㅅ
　　그 가 出家ᄒ야 次第로 닷가 즉자히 道果를 得ᄒ야 … " (월석
　　10, 26ㄱ)

바. 그제사 須達이 <u>설우ᅀᄫᅡ</u> 恭敬ᄒᅀᆸᄂᆫ 法이 이러ᄒᆫ 거시로다 ᄒ야
　　즉자히 다시 니러 네 사ᄅᆞᆷ ᄒᄂᆫ 양ᄋᆞ로 禮數ᄒᅀᆸ고 ᄒᆞ녀긔 안ᄌ
　　니라 (석상 6, 21ㄱ-ㄴ)

사. (아난과 나운이 부처에게) "世尊하 우리도 이에 ᄯᅩ 반ᄃᆞ기 分이
　　잇ᄂ니 오직 如來옷 우리 <u>가ᅀᆞᆯ</u> 떠시니이다" (법화 4, 48ㄴ)

아. (왕자들이 세존에게) "願ᄒᅀᆸ오ᄃᆡ (우리가) 세존ㅅ 혜안 第一淸
　　淨 <u>곧ᄌᆞ오몰</u> 得ᄒ야 지이다" (법화 3, 187ㄱ)

위에 소개한 (가)~(라)의 '돋다, 서다, ᄃᆞ외다, 오다'는 자동사인데, 여기
에 'ᅀᆸ'이 연결되어 있음이 밑줄 친 부분에서 확인된다. 또 (마)~(아)의 '짒
다, 섧다, 가ᅀᆞ멸다, 곧다'는 형용사인데, 이 역시 'ᅀᆸ'으로 연결되어 있음이
밑줄 친 부분에서 확인된다. 문제는 자동사나 형용사는 객체를 전혀 필요로
하지 않는다는 사실이다. 그럼에도 여기에 'ᅀᆸ'이 연결되어 있는 만큼, 기존
입장처럼 'ᅀᆸ'의 겸양 대상을 '객체'로만 한정한다면 이 유형들은 예외로 처
리할 수밖에 없다. 그것은 주지하다시피 형용사와 자동사가 객체를 필요로
할 이유가 전혀 없는 까닭이다.[21]

만약 지금까지 개진한 우리의 생각을 받아들인다면 'ᅀᆸ'의 겸양 대상 또
한 '객체'만으로 한정할 수 없다는 사실을 인정해야 할 듯하다. 이미 살폈던
대로 그것은 청자를 대상으로 활용되기도 하고, 객체가 전혀 필요 없는 자
동사나 형용사에 연결되기도 하였기 때문이다. 그리고 '객체'로 통칭한 성
분들을 보다 엄격하게 말한다면 '여격', '공동격' 등으로 세분되는 것도 사

---

21) 이 점은 이미 안병희(1961)이 지적한 바 있다. 즉 그는 위처럼 객체가 존재할 수 없는 상
　　황에서도 'ᅀᆸ'이 출현하기 때문에, 허웅(1954)와 같이 'ᅀᆸ'을 '객체 존대' 표지로 볼 수 없
　　음을 말하고, 그 대안으로써 '주체 겸양'설을 제시하였다. 이후에 그는, '화자'의 입장을
　　중시한 '화자 겸양설'을 아우르지만, 어쨌든 'ᅀᆸ'의 특성을 '겸양 대상'보다 '누가 겸양하
　　느냐'의 측면에서 살피려 했던 점은 같다.

실이다. 따라서 '습'을 대상 편에서 설명하려면, '여격 겸양·공동격 겸양·청자 겸양'처럼 기술하고서, 그 실현 조건을 일일이 제시해야 할 것인데, 이런 태도에서 설명의 일관성과 간결성을 기대하기란 쉽지 않다. 설령 이와 같은 기술 방식을 취한다 하더라도 자동사나 형용사에 연결된 '습'을 설명할 수 없음은 물론이다.

그렇다면 이 문제를 해결할 방안은 없을까? 이미 예견했겠지만 우리는 그 해결 방안을 화자 편에서 구하고자 한다. 다시 말하면 설명의 초점을 화자에 두자는 것이다. 그 이유는 첫째, 겸양 대상은 '객체, 청자' 등으로 다양하지만, 화자는 한 사람으로 일정하므로 그를 기준으로 하면 일관되고 간결한 설명을 할 수 있기 때문이다. 둘째, 화자는 어떤 대상에게 겸양할 것인가, 말 것인가를 최종적으로 결정하는 인물이므로 '습'의 실현 여부 또한 그의 결정에 기댈 수밖에 없기 때문이다.

1.2.2. '화자 겸양'으로서의 '습'

지금까지의 고찰을 전제로 본 항에서는 '습'을 '화자 겸양' 표지로 규정하고자 한다.[22] 화자는 말(문장)의 종결부(서술부)에 '습'을 연결시킴으로써 겸양할 의사를 표명하므로 서술어로 진술된 행위의 주체가 누구이냐에 따라 표현 방식도 달라지기 마련이다. 즉 행위의 주체가 화자 자신이라면, 자신을 '겸양하려는 대상'에 바로 겸양시킬 수 있을 것이다. 이 경우의 서술어는 바로 화자 자신의 행위인 까닭에 바로 '습'만을 연결시키면 되기 때문이다. 하지만 행위의 주체가 제삼자라면, 화자는 제삼자를 자신이 '겸양하려는 대상'에 겸양시키는 절차를 거쳐야 한다. 이 경우는 제삼자의 행위만이 서술되어 있어서 화자 자신의 생각을 직접 전달할 방법이 없는 까닭이다. 그러므로 이때는 제삼자의 행위를 겸양시킴으로써, 이를 통해 자신의 의사를 간접적으로 표명해야 할 것이다. 이와 같은 생각을 전제로 하여 먼저 화자

22) 김현주(2006 : 104)에서는 필자의 논지를 '청자 존대'로 오해한 바 있다. 그러나 필자는 시종일관 '습'을 '화자의 겸양' 표지로 이해하였음을 밝혀둔다.

자신의 행위가 진술된 경우부터 살펴보기로 하자.

> (20) 가. 네 丙寅年에 이셔 昭憲王后ㅣ 榮養올 섈리 브려시눌 셜버 <u>슬쓰</u>
>   <u>보매</u> 이셔 호욣바롤 아디 몯호다니 (월석 서, 10ㄱ-ㄴ)
>   나. 내 [수양대군] 慈命을 <u>받즈바</u> 더욱 스랑호몰 너비호야 僧 祐 道
>   宣 두 律師ㅣ 각각 譜 밍ㄱ로니 잇거늘 시러 보디 詳略이 혼가
>   지 아니어늘 (월석 서, 11ㄴ-12ㄱ)
>   다. 두 글월올 어울워 釋譜詳節을 밍ㄱ라 일우고 正音으로 飜譯호야
>   사롬마다 수비 알에 호야 <u>進上호ᅀᆞᄫᆞ니</u> (월석 서, 12ㄴ-13ㄱ)
>   라. (아난이 석가에게) "世尊하 堂에 이셔 如來 보디 몯 <u>호ᅀᆞᆸ고</u> 能히
>   林泉 보미 이런 고디 업스이다 (능엄 1, 50ㄴ)
>   마. (비구가 부처에게) "마순 다ᄉᆞᆫ 내 成佛호야 녀느 나랏 菩薩이
>   내 일훔 듣고 諸佛을 <u>供養호ᅀᆞᄫᆞᆷ</u>과 菩提예 므르리 이시면 正覺
>   일우디 아니호리이다" (월석 8, 68ㄱ-ㄴ 협주)
>   바. (富樓那彌多羅尼子가 석가에게) "나는 오란 劫브터 오매 辯才ㅣ
>   ㄱ료미 업서 … (세존이) 音聲 轉輪으로 나롤 펴 내요몰 ㄱᄅ쳐
>   시눌 내 부텻 알픠 부텨 <u>돕ᄉᆞ와</u> … " (능엄 5, 58ㄴ)
>   사. (臣下들히 술보디) " … 우리 가아 (태자)를 <u>推尋호ᅀᆞᄫᆞ리이다</u>"
>   (석상 3, 36ㄴ)
>   아. (사리불이 부처에게) "世尊하 오직 <u>願호ᅀᆞ오디</u> 니ᄅᆞ쇼셔 오직 <u>願</u>
>   <u>호ᅀᆞ오디</u> 니ᄅᆞ쇼셔 (법화 1, 166ㄴ)

　위에서 소개한 (가)~(다)의 출처는 『월석』의 서문이다. 서문은 화자의 생
각을 펼치는 장이어서, 서술어는 그와 관련되기 마련이다. (가)와 (나)의 밑
줄 친 '슳다'와 '받다'는 화자인 수양 자신의 감정이나 행위를 서술한 것이
다. 이처럼 자신의 행위나 감정을 서술하는 과정에 존대해야 할 대상을 거
론할 수도 있는데, 위의 상황이 그러하다. 예컨대 (가)의 수양은 "소헌왕후
가 빨리 돌아가셔서서 내가 (그 때문에) 슬퍼서 어찌할 바를 몰랐다"라는 내
용을 이야기하면서 '소헌왕후'를 거명하게 되었던바, 소헌왕후는 물론 수양
이 존대해야 할 인물이다. 그러므로 그는 '昭憲王后ㅣ 榮養올 섈리 브려시눌'

처럼 존대소를 사용하고 있는 것이다. 그런데 문제는 다음이다. 즉 그가 소헌왕후를 대하는 태도라면 앞의 진술에 이어지는 '셜버 슳다'에도 존대소를 연결해야 하는데, 여기의 '슳다'는 화자 자신에 대한 진술이지 정작 존대하려는 소헌왕후에 대한 진술은 아니어서 서술어에 '시'를 연결시키기가 곤란할 것이다. 만약 이와 같은 방식을 취한다면 화자 자신을 존대하는 결과를 초래할 것이기 때문이다.

상황이 이와 같을 경우 화자는 자신을 겸양하여 표현하는 것으로 보인다. 그가 자신의 감정이나 행위인 '슳다'나 '받다'에 '습'을 연결시켜, '슬쏘바매'나 '받줍고' 등으로 표현한 것을 볼 때 그러하다. 곧 자신의 행위를 겸양시킴으로써 존대하려는 대상을 간접적으로 존대하는 방식이다. 그렇다면 위 예문에 실현된 '습'은 '화자의 겸양' 표지라는 결론에 도달하는데 그것은, 화자가 존대하려는 대상을 존대할 목적에서 자신을 겸양시키기 위해 사용한 표지로 간주되는 까닭이다.

어쨌든 위의 예는 존대할 대상의 행위가 서술되지 않아서 화자 자신을 스스로 겸양시키는 방식을 취하긴 했지만, 그래도 서술어가 화자 자신과 관련되므로 화자의 존대 의지를 표명하기가 쉬웠다. 그러나 다음과 같은 상황은 그럴 수도 없는 형편이다.

(21) 가. 그 쁴 善慧 부텻긔 가아 出家ᄒ샤 世尊ㅅ긔 <u>솔바샤디</u> (월석 1, 17ㄱ)

나. 難陁ㅣ (부텻긔) <u>솔바디</u> (월석 7, 14ㄱ)

다. 그저긧 燈照王이 普光佛을 <u>請ᄒᅀᄫᅡ</u> 供養호리라 ᄒ야 (월석 1, 9 ㄱ-ㄴ)

라. 仙人ᄃᆞᆯ히 … 太子ᄅᆞᆯ <u>請ᄒᅀᄫᅡ</u> 다가 <u>안치ᅀᄫᆞ니</u> (석상 3, 35ㄱ)

마. 그 쁴 文殊師利 世尊끠 <u>솔바샤디</u> (석상 9, 1ㄴ)

바. 이 諸菩薩이 釋迦牟尼ㅅ 니ᄅ시논 音聲 <u>듣ᄌᆞ오시고</u> 아래ㄹ 從ᄒ샤 나오시니 (법화 5, 83ㄱ)

사. 부톄 이 經을 닐어시ᄂᆞᆯ 舍利弗와 모든 比丘와 一切 世間앳 天人

阿修羅둘히 부텻 니른샤믈 <u>듣즙고</u> 歡喜ᄒ야 (부처의 말씀을) 미
더 <u>받즈바</u> <u>禮數ᄒ습고</u> 가니라 (아미 29ㄱ)
아. 이에 普賢菩薩이 大衆 中에 겨샤 … 부텻 바롤 頂禮ᄒ시고 … 長
跪叉手ᄒ샤 부텻긔 <u>솔오사ᄃᆡ</u> (원각 상, 2-1 4ㄱ)

위의 예문은, 대화 내용에 화자의 존대 대상이 존재하지만, 정작 화자 자
신의 행위가 진술되지 않는 경우이다. 예컨대 (가)는 "선혜가 부처께 가서
출가하셔서 부처께 말씀을 아뢰오기를"이란 내용인데, 여기의 선혜는 석가
의 전생 인물이므로 서술자는 그를 당연히 존대해야 한다. 그러므로 선혜의
행위에 '시'를 삽입하여 '출가ᄒ샤, 솔ᄫ샤ᄃᆡ'처럼 표현했을 것인데, 이 과
정에 또 세존이 거명되고 있는 만큼 서술자의 입장에서 보면, 이 세존 역시
존대해야 할 인물이다. 그러나 여기에는 세존의 행위는 제시되어 있지 않다.
이런 상황은 앞서 살핀 예문 (20)과 비슷하다. 때문에 여기의 화자 역시 서
술어에 '습'을 활용해서 화자 자신이 존대하려는 세존에게 존대 의향을 표
명해야 할 것인데, 그럴 수도 없는 형편이다. 왜냐하면 여기의 서술어는 선
혜의 행위이지 화자 자신의 행위가 아닌 까닭이다.

상황이 이와 같다면 서술자가 세존을 존대할 방법은 전혀 없는 것일까?
위로 미루어 보아, 그는 서술어와 호응하는 인물을 겸양시키는 방식을 선택
한 것으로 보인다. 곧 행위가 제시된 인물을 존대하려는 대상에게 겸양시킴
으로써 이를 통해 자신의 존대 의지를 간접적으로 표현하는 것이다. 그럴
의향에서 선혜의 행위인 '니르다'를 '솗다'처럼 표현한 것으로 생각된다.

이와 같은 방식은 현대 국어의 압존법에 비유될 만하다. 청자가 화자보다
상위자일 경우, 화제의 주체가 화자 자신보다 상위자일지라도 청자 앞에서
그를 존대하지 않음이 압존법이라면, 결국 청자를 극진히 존대할 목적에서
자신보다 상위자를 일부러 겸양시킴에 다름 아닌데, 위의 화자가 주체를 겸
양시킴도 같은 맥락으로 이해되기 때문이다.

여하튼 위와 같은 유형들은 '<u>주체 겸양</u>'으로 오해한 적도 있었는데,[23] 그

것은 '습'이 연결된 서술어와 호응하는 대상이 주체라는 점만을 유념한 결과가 아닌가 한다. 그러나 이렇게 단정하기 전에, 주체의 행위를 겸양시킨 자가 과연 누구인가를 숙고할 필요가 있겠다. 사실, 화제 속에 거론되는 주체는 스스로 판단할 능력이 전혀 없는 문장의 구성 성분이어서 주체를 객체에게 겸양시켜야겠다는 판단은 바로 화자의 판단인 것이요, 겸양시킬 수 있는 능력을 지닌 자도 화자 자신일 것이다. 이와 같은 점들을 조금이라 주목한다면 '습'은 '화자의 겸양' 표지라는 결론에 도달하게 된다.24) 이 점은 다음 예문에서 더욱 명료해진다.

> (22) 가. 王이 太子끠 <u>묻ᄌᆞᄫᆞ샤ᄃᆡ</u> "지조를 **어루ᄒᆞᇙ다**" (석상 3, 12ㄱ)
>
> 　　가-1. 太子ㅣ (왕께) <u>니르샤ᄃᆡ</u> "네 가짓 願을 일우고져 ᄒᆞ노니 늘굼 모르며 病 업스며 주금 모르며 여희욤 모르고져 **ᄒᆞ노이다**" (석상 3, 21ㄱ-ㄴ)
>
> 　　나. 道士 六百 아혼 사ᄅᆞ미 各各 靈寶眞文과 太上玉訣와 三元符 等 五百 아홉卷을 <u>자바</u> 西ㅅ녁 壇 우희 <u>엱고</u> 茅成子와 許成子와 老子 等 三百 열다ᄉᆞᆺ 卷으란 가온딧 壇 우희 <u>엱고</u> 됴ᄒᆞᆫ 차반 ᄆᆡᇰᄀᆞ라 버려 … 부텻 舍利와 經과 佛像과란 긼 西ㅅ 녀긔 <u>노ᄉᆞᆸ고</u> (월석 2, 72ㄴ-73ㄴ)
>
> 　　다. 長者ㅣ 듣고 세흘ᄃᆞ려 드러오라 ᄒᆞ야 ᄠᅳᆯ헤 <u>안치ᄉᆞᆸ고</u> <u>묻ᄌᆞᄫᆞᄃᆡ</u> (월석 8, 94ㄴ 협주)

---

23) 대표적인 경우가 안병희(1961)이다.

24) 이와 관련하여 이현희(1994 : 153)의 의견을 참조할 필요가 있다. 그는 다음을 예로 들어서 존대소 사용에 있어서의 화자의 중요성을 강조하였다.

(가) 大慈悲 世尊ㅅ긔 버릇 업습던 일올 魔王이 뉘우츠니이다 (월곡 기 75)

"이 문장을 쓴 세종의 입장에서 생각할 때 자기가 마왕이라면 세존께 존대를 표시해야 한다고 판단하여 '업습고'로 표현하였다. 이러한 존대의향은 항상 화자나 필자에 의해 발생되기 때문에 실제 상황에서 문장의 주어 인물과 객어 인물 사이에 관계가 어떻게 정립되느냐 하는 것은 문제가 되지 않는다."

그의 이와 같은 언급은 '습'을 이해하는데 있어 '주체'와 '객체'의 상하 판단 여부는 그리 중요한 역할을 하지 못한다는 우리의 입장과 같음을 알 수 있다.

　라. (비구ㅣ 대답ᄒᆞᅀᆞᄫᅩ디) “ … 聖人이 ᄯᅩ 나ᄅᆞᆯ 브리샤 ‘大王 모ᄆᆞᆯ
　　　請ᄒᆞᅀᆞᄫᅡ 오나든 찻믈 기를 維那ᄅᆞᆯ 삼ᅀᆞᄫᅩ리라’ ᄒᆞ실쌔 다시 오
　　　ᅀᆞᄫᅩ이다” (월석 8, 92ㄴ)
　마. (부톄가 아난에게 말하기를) “ … 그 아비 죽거늘 그 어미 이 ᄯᅳ
　　　니ᄆᆞᆯ 기르더니 나히 ᄌᆞ라거시ᄂᆞᆯ 그 어미 이 ᄯᆞ니ᄆᆞᆯ 東山 딕희오
　　　고 스싀로 가 밥 어더 스싀로 먹고 ᄯᆞ님끠 밥 보내요ᄆᆞᆯ 날마다
　　　그리ᄒᆞ다가 ᄒᆞ론 ᄣᅢ 계드록 아니 받ᄌᆞᄫᅡᄂᆞᆯ 그 ᄯᆞ니미 니ᄅᆞ샤디”
　　　(석상 11, 40ㄴ)
　바. (왕 계가 문왕에게) 진지 믈으ᅀᆞ와든 자신(문왕) 바를 무르시고
　　　(소학 4, 12ㄱ)
　사. (소군이 표선에게) 아비 … 賤ᄒᆞᆫ 妾으로 ᄒᆡ여곰 (군자를) 뫼ᅀᆞ와
　　　셔 슈건과 비슬 잡게 ᄒᆞ시니 이믜 군자ᄅᆞᆯ 받ᄌᆞ와시란디 오직 명
　　　ᄒᆞ신대로이 졷ᄌᆞ오리이다 (소학 6, 54ㄴ)

　(가)와 (가-1)의 태자는 부처의 전생인물이고, 왕은 부처 아버지의 전생인
물로, 여기서 아버지가 아들보다 상위자임은 말할 필요조차 없다. 그런 까
닭에 여기의 왕 역시 태자에게 “재주를 겨눌 것이냐?”로 묻고, 태자는 왕에
게 “네 가지 소원을 이루고자 하니 겨루겠습니다”로 대답하고 있는 것이다.
그런데 정작 앞 부분을 보면, 주체인 아버지는 아들에게 겸양하지만(王이 太
子끠 묻ᄌᆞᄫᆞ샤디), 아들은 아버지에게 겸양하지 않고(太子ㅣ 니ᄅᆞ샤디) 있음을 알
수 있다. 따라서 기존 입장처럼 ‘ᄉᆞᆸ’을 주체와 객체의 상하 관계로만 파악한
다면, 위 예문의 (가)와 (가-1)의 경우, 아버지는 아들을 존대하지만 아들은
아버지를 존대하지 않는다고 해석해야 한다. 이와 같은 해석이 우리의 상식
과 맞지 않음은 재론의 여지가 없다.
　이에 비하여 본고의 관점을 취하면 위의 상황은 훨씬 자연스럽게 해석되
지 않나 한다. 우리는, 문제가 되는 앞 부분을, 서술자가 태자를 존대하기
위한 장치로 해석하는 까닭이다. 즉 서술자는 태자를 존대하기 위해 왕을
태자에게 겸양시켜 “왕이 태자끠 묻ᄌᆞᄫᆞ샤디”처럼 표현한 양으로 풀이한다
는 것이다. 이렇게 해석하면 서술자의 개인적인 정서에 의하여 아버지를 아

들에게 겸양시킨 것이지, 정작 아들이 아버지에게 겸양하지 않은 것으로 이해할 이유가 없어 위와 같은 부담은 덜게 된다.

다만 이때, 왜 그러면 서술자는 아버지와 아들의 관계를 무시하고 이처럼 표현하였겠는가가 문제시 되는데, 이는 여기의 아들은 '부처'의 전생인물이기 때문으로 풀이된다. 즉 서술자인 수양은 불교를 신봉하는 인물이어서 어느 누구보다도 부처를 존대하려는 의지가 강할 터인데, 위와 같은 경우에는 부처에 대한 존대 의향을 종결어미에 나타낼 수 없는 관계로, 주체의 행위를 겸양시키는 방법을 취한 것으로 이해된다는 뜻이다. 여기서 우리는 화자의 존대 의향이 주체와 객체의 객관적 위상보다 우선하다는 것을 깨닫게 된다. 만약 서술자가 태자를 존대하려는 의향보다, 이들이 부자지간이라는 사실을 우선시했다면 결코 가)처럼 말하지 않았을 것이기 때문이다.

(나) '道士 六百 아훈 사르미 … 아홉卷을 자바 西ㅅ녁 우희 壇 엱고 … 부텻 사리와 經과 佛像과란 긼 西ㅅ녀긔 <u>노숩고</u>'는 이런 견해를 적극적으로 뒷받침해 준다. (나)는 後漢 明帝가 도교를 버리고 불교를 신봉하려 하자 도사들이 그에게 상소문을 올릴 준비를 하는 장면으로, 화제의 주체는 도사이다. 그런데 도사들은 자신의 경전인 '靈寶眞文, 太上玉訣, 三元符등 오백 아홉권'에는 겸양하지 않고, 도리어 부처와 불교 경전에 겸양하고 있음이 밑줄 친 부분에서 확인된다. '영보진문, 태상옥결 … 아홉권을 자바 … 서녁 위에 엱고'처럼 표현하고 있음에 비해, '부처 사리와 경과 불상과란 서녁 위에 <u>노숩고</u>'로 표현하고 있음이 이를 증명해 준다. 따라서 이런 표현을 주체와 객체의 관계로 파악하면, 도사의 태도를 이해하기가 쉽지 않다. 하지만 화자와 객체의 관계에서 살펴보면, 이를 좀더 자연스럽게 해석할 수 있는데, 왜냐하면 서술자는 불교를 숭배하기에 도사들을 그들이 신봉하는 경전에 겸양시키지 않고, 도리어 그들을 부처와 불경에 겸양시킨 것으로 해석할 수 있기 때문이다. 여기의 서술자는 이와 같이 표현함으로써 부처에 대한 자신의 존대 의지를 실현시키려 했던 것이다. 이유야 어찌됐든 (나)에서 부처와 불경에 겸양을 표한 인물은 서술자이지 주체인 도사는 아니라 할 수 있다.

이상에서 주체가 객체를 상위자로 모시는 처지일지라도 화자가 객체에게 겸양할 의지가 없으면 '습'은 실현되지 않는(예문 나) 반면, 주체가 객체보다 상위자일지라도 화자가 객체에게 겸양할 의지만 있으면 '습'이 실현됨(예문 가)을 확인하였다. 이는 화자가 존대하려는 의지가 개입되지 않은 주체와 객체의 객관적 상하 판단은 무의미함을 시사한다.

위에 소개한 (다) '長子ㅣ 세흘ᄃ려 … 안치ᅀᆞᆸ고 묻ᄌᆞᄫᅩᄃᆡ' 역시 같은 맥락으로 해석해야 할 예문이다. (다)는 원앙부인과 왕, 비구가 광유성인이 있는 범마라국으로 향하다가 원앙부인이 다리가 아파 더 이상 갈 수 없자 자신을 장자에게 팔아 그 대가를 성인에게 보시하려는 상황에서 장자와 대화하는 장면이다. 원앙부인과 왕이 장자에게 아쉬운 처지임을 감안하면, 이들은 장자를 존대해야겠지만, 그는 그럴 필요가 전혀 없는 인물이다. 이는 아래 예문에서 사실로 확인된다.

> (23) 가. 長者ㅣ 鴛鴦夫人끠 무로ᄃᆡ "이 두 사ᄅᆞ미 眞實로 네 항것가[1]"
>   (월석 8, 94ㄴ)
> 나. (鴛鴦夫人이 對答ᄒᆞᄃᆡ "眞實로 올ᄒᆞ니이다[2]" (월석 8, 94ㄴ-ㄱ)

위의 예문 (가)와 (나)의 " " 안은 장자와 원앙부인의 대화로, 먼저 " "[1]을 보면 장자는 원앙부인을 'ᄒᆞ라'체로 상대하고, " "[2]를 보면 원앙부인은 장자를 'ᄒᆞ쇼셔'체로 상대함을 알 수 있다. 그런데 앞서 살펴본 예문 (22다)에서는 "長者ㅣ 듣고 세흘ᄃ려 드러오라 ᄒᆞ야 ᄠᅳᆯ에 안치ᅀᆞᆸ고 묻ᄌᆞᄫᅩᄃᆡ"로 표현되어 있어, 마치 주체인 장자가 원앙부인을 포함한 세 분에게 겸양하는 것처럼 서술되어 있다. 이는 장자가 원앙부인 등을 상위자로 대우함을 뜻하는데, 상식적으로 생각할 때 장자와 원앙부인의 관계는 위의 예문이 더 정당하다.

그렇다면 (22다)를 어떻게 받아들여야 할까? 만약 이 문제를 기존 입장처럼 주체와 객체의 관계로 풀려한다면 어려움에 봉착한다. 그러나 서술자와 객체의 관계에 입각하여 이들을 해석하면 의외로 쉽게 풀리는데, 즉 서술자는 장자보다 원앙부인을 상위자로 인정하므로 장자를 원앙부인에게 겸양시킨 것으로 해석하면 되기 때문이다. 이쯤 되면, 장자와 세 인물의 위상 정립은 전적으로 서술자의 판단에 의한 것임을 인정하지 않을 수 없다. 여기 원앙부인은 관음보살의 전신이며, 왕은 아미타불의 전신이고 비구는 문수보살의 전신이라는 사실을 알게 된다면, 그가 이들에게 겸양한 이유를 훨씬 쉽게 이해할 수 있을 것이다.

그렇지 않고 기존 입장만을 고수하여 '습'을 '주체 겸양' 표지로 간주하면, 예문 (라) "聖人이 쏘 나를 부리샤 '大王 모물 請ᄒᆞᅀᆞᄫᅡ 오나든 … 維那롤 삼ᅀᆞᄫᆞ리라' … "를 해석하는 데도 어려움이 따른다. 왜냐하면 여기의 경우는 주체인 성인이 왕에게 겸양하는 양으로 해석해야 하는데, 다음을 보면 성인은 왕을 '물긷는 심부름꾼'으로 삼을 정도로 높은 신분이어서 주체인 성인이 왕에게 겸양할 이유가 전혀 없기 때문이다.

> (24) 가. 光有聖人이 勝熱婆羅門 比丘ᄃᆞ려 무르샤ᄃᆡ "沙羅樹王이 八婇女 보낼 나래 앗가ᄫᆞᆫ 뜨디 업더녀" (비구가) 對答ᄒᆞᅀᆞᄫᅩᄃᆡ "大王이 앗가ᄫᆞᆫ 뜨디 곧 업더시이다" 聖人이 니ᄅᆞ샤ᄃᆡ "그러커든 다시 가 大王ㅅ 모물 請ᄒᆞ야 오라 찻믈 기를 維那롤 사모리라"ᄒᆞ야시ᄂᆞᆯ (월석 8, 91ㄴ)

위에서 알 수 있다시피, 성인은 결코 왕을 존대하지 않는 만큼, 여러 정황을 참작할 때 이들의 상하 관계는 성인이 왕보다 상위자로 보아야 옳을 것이다. 그러므로 성인이 왕에게 겸양할 이유 또한 없는 것이다. 그렇다면 위의 예문 (22라)의 '습'을 '주체 겸양'으로 봄은 명백한 오류라 할 수 있다. 필자는 이런 오류를 피할 방법은 여기의 '습'을 '화자의 겸양' 표지로 해석하는 것이라 생각한다. 다시 말하면 화자인 비구가 성인을 왕에게 겸양시킨 표지로 보아야 우리의 상식에 부합하지 않느냐는 것이다. 그렇다면 왜 이와 같은 표현이 존재하게 되었을까라는 의문에 제기되는데, 그 이유는 다음처럼 생각해 볼 수 있을 듯하다. 즉 성인과 왕의 관계를 참작할 때 성인은 비구에게 "대왕 모몰 <u>청ᄒᆞ야</u> 오나ᄃᆞᆫ 찻믈 기를 유나롤 <u>삼으리라</u>"로 말했는데, 비구가 이 말을 왕에게 그대로 전달하면, 마치 자신이 왕을 존대치 않을 것으로 오해받기가 쉬워서, 비구가 자신과 왕의 처지에 입각하여 "대왕 모몰 <u>청ᄒᆞᅀᄫᅡ</u> 오나ᄃᆞᆫ 찻믈 기를 유나롤 <u>삼ᅀᆞᄫᆞ리라</u>'"처럼 성인의 말을 재구성한 결과가 결국은 예문 (22다)처럼 표현되었을 듯하다는 것이다.

지금까지의 논지에 어느 정도 타당성이 존재한다면, 'ᅀᆸ'의 기능은 '화자' 편에서 파악함이 가장 합리적이라는 사실을 인정해야 할 듯한데, 이 같은 생각은 다음 자료에서 더욱 확실해질 것으로 기대한다.

> (25) 가. 우리 世尊이 뭇 처ᅀᅥ미 釋迦牟尼佛로셔 闞那尸棄佛ㅅᄀᆞ장 七萬五
> 千佛을 <u>맛나ᅀᆞᄫᆞ시니</u> … 闞那尸棄佛로셔 燃燈佛ㅅᄀᆞ장 七萬六千
> 佛을 <u>맛나ᅀᆞᄫᆞ시니</u> (월석 2, 9ㄴ)
> 나. 彌勒이 補處主ㅣ 두외샤 當來옛 利益을 짓고져 ᄒᆞ실ᄊᆡ 疑心을 뵈
> 샤 文殊ᄭᅴ <u>묻ᄌᆞᄫᆞ시니라</u> (월석 11, 40ㄱ 협주)
> 다. 그 ᄢᅴ 彌勒菩薩이 ᄌᆞ개 疑心 決코져 ᄒᆞ시며 比丘 比丘尼 … 諸天
> 龍 鬼神 等 모ᄃᆞᆫ 會옛 ᄆᆞᅀᆞ몰 보시고 文殊舍利ᄭᅴ <u>묻ᄌᆞ와</u> … (법
> 화 1, 66ㄴ)

우선 위 예문에 소개된 주체와 객체의 위상이 대등하다는 사실에 주목하자. 즉 (가)의 주체인 석가와 객체인 칠만오천불은 부처의 신분으로 사회적 위상이 대등한 처지이고, (나)의 주체인 문수와 객체인 미륵 역시 보살의 신분으로 대등한 입장이다. 그럼에도 여기에 'ᅀᆸ'이 활용되어 있음이 밑줄 친 부분에서 확인되는바, 이런 정황을 '주체 겸양'으로 설명하기에는 어색한 점이 없지 않다. 특별한 경우를 제외하고는 자신과 대등한 신분에게 겸양하기란 쉽지 않다. 이는 결국 자신과 대등한 처지의 사람을 존대한 경우에 다름 아니기 때문이다. 필자는 이와 같은 부담을 덜기 위해서는 위의 'ᅀᆸ' 역시 '화자 겸양' 표지로 해석해야 한다고 생각한다. 그러면 앞서 살핀 예문

(22)의 경우와 마찬가지로, 서술자가 자신의 판단에 따라 객체를 존대할 목
적에서 행위가 제시된 주체를 겸양시킨 것으로 해석할 수가 있기 때문이다.
　지금까지 펼친 생각이 어느 정도 타당하다면, '습'을 '화자 겸양' 표지로
결론하여도 큰 무리는 없을 것으로 생각되지만,[25] 그러나 다음 자료는 이와

---

25) 이승재(1997), 백두현(1995), 고영근(1998) 등은 필자의 생각을 적극 지지해 준다. 우선 이
　　승재(1997 : 199-202)는 이두문의 '白'을 '습'의 전신으로 간주하고서, '객체 존대설'로는
　　'습'을 설명하기 곤란한 예들이 있는데, 이를 '화자 겸양'의 시각으로 보면 쉽게 설명될
　　수 있음을 다음 예로써 증명하고 있다.

　　王旨內 … 功臣 職名單字 申 <u>聞爲白叱乎亦中</u> 科科以 分例 敎矣(龍天奇開國原從功臣錄券 1395年
　　42-45행) (밑줄은 필자의 것임)

　　그리고 위 자료에 대해 "聞爲白叱乎亦中'의 주체는 왕이고 객체는 신하들의 申이며 화자는
　　錄券을 작성한 관리들이다. … 신하들의 신이 객체이긴 하되 상을 받을 功臣에 대한 申이
　　기 때문에 왕이 이에 대하여 겸양하여야 한다고 화자인 녹권 작성자들이 판단하였으리라
　　는 것이다."로 설명한다.
　　이러한 언급은 '습'이 '객체 존대'뿐 아니라 '주체 겸양'이 아님을 시사한다. 주체인 왕을
　　신하에게 겸양시켜야 한다고 판단한 이는 그의 말처럼 위 문서의 화자인 녹권 관리자들
　　이지, 주체인 왕은 아니기 때문이다. 그의 이런 의견을 통해 우리는 이두 자료에서도 '습'
　　이 '화자 겸양'의 표지로 활용되었음을 확인할 수 있다.
　　이와 같은 논의가 백두현(1995 : 57-64)에서 개진되었다. 여기서 그는 고려시대의 석독구
　　결인 白을 15세기의 '습'의 전신으로 간주하고, "고려 시대의 석독구결에 쓰인 '-白-'의
　　일부 용법은 문장 속의 객어와 관련되지 않고, 화자(懸吐者)와 주어인 관계를 고려해야만
　　설명될 수 있는 특이한 양상을 나타낸다"는 사실에 주목한다. 그리고 그는 이런 문제를
　　해결하기 위해서는 "높임 자질이 화용론적 원리에 의해 결정되며 화자가 가장 중요한 역
　　할을 한다는 사실"을 인식할 필요가 있음을 주장하였다. 그의 이 같은 견해는, '습'을 대
　　상이 아닌 화자 편에서 파악하려는 우리의 입장과 맥을 같이하는 것으로 풀이된다.
　　고영근(1998 : 14)은 다른 측면에서 우리의 주장을 지지해 준다. 즉 그는 석독구결의 가치
　　를 논하는 자리에서 다음을 예로 들고, 중세어라면 '시'가 선택되는 자리에 '白'이 사용되
　　었음을 지적하였다. 예문을 그대로 재인용해 보이면 다음과 같다.

　　(가) (釋迦牟尼佛ㄱ) 復ㅅㄱ … 千寶蓮花ㄴ 出ㅅ白ㅎㄱㅿ … (구역인왕경 02, 12)

　　그는 이와 같은 현상을 백두현(1995)의 의견을 빌려 현토자와 관련된 특이한 용법으로 설
　　명한다. 우리는 이와 다른 측면에서 위의 예문을 주시하고자 한다. 즉 위 자료는 존대 대
　　상과 존대 표지가 엄격하게 일 대 일의 대응관계를 이루고 있지 않았음을 시사해 주는
　　것으로 보이기 때문이다.

같은 주장을 재고케 한다.

(26) 가. 부톄 文殊舍利끠 <u>니르샤딕</u> (석상 9, 2ㄴ)
　　　나. 그 쁴 世尊이 金色 볼홀 펴샤 … 地藏菩薩摩訶薩ㅅ 頂을 문지시
　　　　　며 <u>니르샤딕</u> (월석 21, 31ㄴ)

위 예문에 드러난 객체는 주체보다는 하위자이지만, 화자보다는 상위자이다. 즉 (가)의 객체인 문수사리는 주체인 부처보다 하위자이지만, 서술자인 수양보다는 상위자이고, (나)의 객체인 지장보살 역시 주체인 세존보다 하위자이지만, 서술자인 수양보다 상위자이다. 어찌됐든 화자가 객체를 존대해야 할 처지임은 분명하므로 본고의 주장대로라면 (가)와 (나)는 각각 '부톄 문수사리끠 <u>슣보딕</u>', '그 쁴 世尊이 地藏菩薩ㅅ 頂을 문지시며 슣보딕'처럼 서술되어야 한다. 그러나 보다시피 '부톄 … <u>니르샤딕</u>', '世尊이 … <u>니르샤딕</u>'로 표현되었을 뿐이다. 따라서 이 점만을 생각하면, '숩'이 '주체 겸양' 표지임을 인정해야 할 것으로 보인다. 왜냐하면 주체가 객체에게 겸양해야 할 이유가 없어 '숩'이 출현하지 않았다 함은, 역으로 '숩'은 주체가 객체에게 겸양해야 할 상황에서만 출현한다는 의미로 해석될 가능성이 높기 때문이다.

그러나 이런 시각으로는 (가)의 '文殊끠'나 (나)의 '地藏菩薩ㅅ'과 같은 표현을 설명할 수가 없음은 물론이다. 이 '끠'나 '-ㅅ'이 '여격'과 '소유격'의 존대 표지임은 주지의 사실인데, 화자가 존대할 필요가 없어 겸양하지 않은 대상에게 이와 같은 존대형 조사를 사용했을 리가 없을 것이기 때문이다.[26]

---

26) 이는 안병희(1982 : 6)의 의견을 염두에 둔 말이다. 즉 그는 '숩'을 객어와 화자의 관계로만 규정지을 수 없는 근거로 위와 유사한 예문을 들고 다음처럼 말하고 있다.

文殊師利法王子ㅣ 이 蓮華보시고 슣ᄫ샤딕 … 釋迦牟尼佛이 文殊師利ᄃ려 니르샤딕 (월석)

"객어와 화자의 관계만으로 겸양법이 사용된다면 위 문례는 동일화자가 문수보살이란 동일 명사구를 주어일 때는 상위자로 대우하고 객어일 때는 상위자로 대우하지 않았다고 해석해야 한다. … 그러나 우리의 설명은 주어와의 상하관계로 쉽게 이루어진다. 곧, 명사구 문수보살은 위의 화자에게 있어서는 언제나 상위자로 대우된다. … 주어인 석가에

혹자는 이에 대해 서술자가 주체와 객체의 관계를 고려해서는 '숩'을 사용하지 않았지만, 자신과 객체의 관계를 참작하여 '끠'와 '-ㅅ'을 사용한 것이라 할 수 있다. 그렇기 때문에 '숩'은 주체와 객체의 관계를 고려한 '주체 겸양' 표지로 이해해야 한다는 논리이다. 그러면 다음 자료는 어떻게 해석해야 하는가?

> (27) 가. 그 쁴 佛母 摩耶 夫人이 恭敬 合掌ㅎ샤 地藏菩薩끠 <u>묻ㅈ방샤더</u>
>   (월석 21, 37ㄱ)
> 나. 摩耶 夫人이 (지장) 菩薩끠 다시 <u>술ᄫ샤더</u> (월석 21, 38ㄱ)
> 다. 王이 太子끠 <u>묻ㅈ보샤더</u> "지조롤 어루홇다" (석상 3, 12ㄱ)

위 예문은 주체와 객체가 서술자보다 상위자인 점에서는 일치하지만, 주체가 객체보다 상위자라는 점에서 차이를 보이는 경우이다. 예컨대 (가), (나)의 주체인 마야와 객체인 지장보살은 서술자가 상위자로 모시는 인물이지만, 주체인 마야가 객체인 지장보살보다 상위자라 할 수 있다. 이런 점은 (다) 역시 마찬가지여서, 여기의 왕은 석가의 아버지로, 서술자보다 상위자이면서 객체인 석가보다도 상위자이다. 그런데 밑줄 친 부분을 보면 종결어미에 '숩'을 연결하고 있음이 주목되는데, 이는 서술자가 주체를 객체에게 겸양시키고 있는 것으로 풀이해야 할 것이다. 그렇지 않고 기존의 입장처럼 '주체가 객체에 겸양하는 표지'로 이해한다면 석가의 어머니가 석가의 제자

게는 상위자가 아니므로 겸양법이 사용되지 않았을 뿐인 것이다."

안병희(1982)가, '문수가 객체일 경우에는 존대하지 않았다'함은 위의 '문수ᄃ려'와 같은 표현을 보고 이름이다. 그러나 위와 비슷한 상황, 즉 화자가 주체와 객체를 상위자로 대우해야 할 상황에서 객체에 대한 여격 표지가 'ᄃ려'만 사용된 것은 결코 아니다. 이는 본문의 예만을 보아도 알 수 있다. 그리고 사실 위처럼 'ᄃ려'로 표현하기보다 본문처럼 '끠'로 표현하는 경우가 더 많다.
먼저 위 상황만을 가지고 화자가 문수를 객체일 경우에는 상위자로 존대하지 않았다고 단정하기는 섣부른 감이 없지 않다. 그러므로 그는, 위의 예문으로써 '숩'을 '주체와 객체'의 대비로 보아야 한다는 주장을 펼치려면, 먼저 화자가 본문의 예문에서 문수에게 '끠'를 사용한 이유를 설득력 있게 설명해야 할 것으로 생각된다.

에게 겸양을 표한 것으로 해석해야 하고, 아버지가 아들에게 겸양한 것으로 해석해야 하기 때문이다. 이보다는 서술자가 위에 실현된 주체보다 객체를 존대하려는 의지가 더 강하여 '주체를 객체에게 겸양시키는 방식'을 취한 것으로 해석하는 것이 더 자연스럽지 않나 한다.

(27)은 또 다른 차원에서 우리에게 의미하는 바가 크다. 이들을 비문으로 처리하지 않는 한, 앞서 살핀 예문 (26가), (26나)도 '부톄 文殊舍利끠 술보디', '그 쁴 世尊이 地藏菩薩摩訶薩ㅅ 頂을 문지시며 술보디'로 표현될 가능성이 존재할 수 있음을 시사하는 까닭이다.

이를 전제할 때, 그러면 왜 이들을 (27)과 같은 양식을 취하지 않았을까라는 의문이 제기된다. 그리고 또 이런 의문을 명쾌하게 해명할 수 있을 때, 우리의 논지는 더욱 견고해질 것이다. 우선 (26)과 (27)의 가장 큰 차이는, 서술자가 겸양시켜야 할 대상이 다르다는 점을 생각해 볼 수 있겠다. 즉 그 대상이 전자는 '석가'이고, 후자는 '마야'와 '정반왕'이라는 것인데, 여기서 우리는 석가는 서술자에게 각별한 인물이라는 점을 놓쳐서는 안 될 듯하다. 서술자가 억불숭유를 국시로 삼은 조선의 왕족 신분임에도 불구하고, 불교를 믿었다는 점만 보아도 알 수 있다. 따라서 그는 누구보다도 석가를 깍듯이 존대하려 할 것이다. 그런데 때로는 위처럼 석가가 주체로 등장하는데, 객체 또한 그가 존대해야 할 대상일 수도 있을 것이다. 주체가 다른 인물이라면, 당연히 주체를 겸양시킴으로써 객체에 대한 자신의 존대 의지를 실현시키겠지만, 그러나 위와 같은 상황은 그렇게 간단하게 생각할 수만은 없을 듯하다. 만약 주체를 겸양시키면, 자신이 가장 존대하는 석가를 다른 인물에게 겸양시키는 결과를 초래할 것이기 때문이다.

그렇다고 객체를 존대하지 않을 수도 없는 상황일 경우, 그는 예문 (27)처럼 "부톄 文殊舍利끠 니르샤디"로 표현하는 방식을 택하지 않았나 한다. 즉 주체로 등장한 석가를 문수에게 겸양시키지 않음으로써 석가에 대한 화자 자신의 마음이 각별함을 표명하고, 객체인 문수에게는 존대 표지 '끠'를 사용함으로써 그를 존대하려는 자신의 마음을 실현시켰다는 뜻이다. 이와 같은 주장이 어느 정도 개연성이 있음을 입증해 줄 자료가 이미 제시한 바 있는 다음과 같은 자료이다.

> (28) 우리 世尊이 못 처서믜 釋迦牟尼佛로셔 闅那尸棄佛ㅅㄱ장 七萬五千佛을 <u>맛나ᅀᄫᅵ시니</u> … 闅那尸棄佛로셔 燃燈佛ㅅㄱ장 七萬六千佛을 <u>맛나ᅀᄫᅵ시니</u> (월석 2, 9ㄴ)

여기의 세존은 석가인데, 밑줄 친 부분에서 이 석가의 행위가 '습'으로 연결되어 있음을 확인할 수 있다. 이는 곧 서술자가 객체인 칠만오천불을 존대하기 위하여 행위가 제시된 석가를 겸양시키고 있다는 뜻이어서, 필히 우리의 설명을 요구한다고 하겠다. 이에 대해 우리는, 여기의 객체는 칠만오천불로 부처의 신분이어서 서술자로서는 이 역시 석가와 다를 바 없는 존대의 대상이므로 굳이 주체로 실현된 석가를 의식할 필요 없이 칠만오천불에게 겸양을 표지한 것으로 답할 수 있을 듯하다. 여기에는 이렇게 할지라도 석가에 대한 존대 의향은 '맛나시니'처럼 '시'로써 충분히 표현할 수 있다는 의도도 깔려 있을 것이다.

여하튼 이상의 용례들을 감안할 때, 석가를 문수나 지장에게 겸양시킬 수 없다고 판단한 인물은 '주체'가 아니라 '서술자'라는 사실이다. 앞에서도 언급했듯이 문장 성분인 주체가 이런 판단을 할 수는 없다. 그것은 순전히 화자의 판단인 것이다. 같은 맥락에서 예문 (27)의 주체를 객체에게 겸양시키지 않아야 한다고 판단한 것도 화자라 할 수 있다. 지금까지 펼친 논의를 고려할 때, '습'은 전적으로 화자의 판단에서 말미암은 '화자 겸양' 표지로 보아야 옳다는 것이 필자의 생각이다.

본 항은 '습'을 '화자 겸양' 표지로 정의하였던바, 이는 '습'을 '객체 존대' 표지로 보았던 기존 입장과 다른 태도이다. 우선 '습'을 '존대'가 아닌 '겸양' 표지로 간주한 이유는, 국어 문장의 구조적 특성을 고려한 때문이다.

주지하다시피 국어는 주어와 서술어의 호응이 근간을 이루는데, 서술어에 연결된 '습'에 대한 이해는 먼저 '객체'가 아닌 '주체'와 관련지어 이해함이 마땅하다는 것이다. 그런데 이 '습'은 주체가 객체보다 하위자인 상황에서 출현하는바, 이 점을 고려한다면, 그것을 하위자 자신을 겸손하게 표현할 취지에서 실현시킨 표지로 이해된다. 본고에서는 이와 같은 태도를 '겸양'으로 명명하고, 그것을 표지하는 '습'을 '겸양' 표지로 결론지었다.

이에 더하여 필자는 '습'을 정의하면서 '객체'를 드러내지 않았는데, 그 이유는 종전의 생각처럼 '습'의 겸양 대상이 '객체'만이 아님을 깨달았기 때문이다. 그것은 청자를 겸양시킬 목적에서 사용되기도 하고, 심지어 객체를 전혀 필요로 하지 않은 형용사나 자동사에도 연결되기도 하였던 것이다. 따라서 설명의 초점을 '대상'에 맞추면 '객체 겸양·청자 겸양'으로 정의함과 동시에, 그 상황을 일일이 설명해야만 한다. 설령 이와 같은 번거로움을 감안한다 하더라도 형용사나 자동사에 연결된 '습'을 설명할 수 없음은 물론이다. 이런 문제점을 해결하기 위하여 필자는 설명의 초점을 '화자'에 맞추기로 하고, 그 결과 '습'을 '화자 겸양' 표지로 결론하기에 이르렀다.

이와 같은 결론은 지금까지 '습'의 기능을 '주체 겸양'으로 보았던 견해와도 같지 않다. 때문에 이 글에서는 필자의 생각이 타당함을 입증하기 위해, 기존에 '주체 겸양'으로 보았던 예들을 '화자의 겸양'이라는 시각에서 해명하려고 노력하였다. 이 과정에서 주체가 객체를 상위자로 대해야 할지라도 화자가 그 객체를 겸양할 의사가 없으면 '습'이 출현하지 않은 예들을 제시하였고, 역으로 주체가 객체를 상위자로 대할 이유가 전혀 없는데도 화자가 객체에게 겸양할 의지만 있으면 '습'이 출현하는 예들을 제시하였다.

1.3. '이'

본 항에서는 '이'를 '화자 공손' 표지로 규정한 다음, 공손법의 등분을 시도하고자 한다. 다른 존대 표지와 달리 '이'의 활용 대상은 '청자'뿐이다. 그러므로 이 점에 있어서만큼은 연구자들의 의견은 일치한다. 그러나 공손의 정도를 가늠하는 시각은 사뭇 달라서, 이에 대한 지금까지 견해는, 'ᄒᆞ쇼셔체, ᄒᆞ야쎠체, ᄒᆞ라체'의 세 등급으로 보는 입장과, 여기에 '반말(-니)'을 더하여 네 등급으로 보는 입장으로 나뉜다. 전자는 안병희(1965·1992)가 대표적이고, 후자는 고영근(1997)이 대표적이다. 그렇다고 해서 안병희(1965·1992) 등이 '반말(-니)' 그 자체를 부정하는 것은 아니었다. 고영근(1997) 등이 '반말'의 공손 정도를 'ᄒᆞ야쎠체'와 'ᄒᆞ라'체 중간으로 설정함에 비하여, 안병희(1965·1992)는 이 형의 공손 정도를 'ᄒᆞ야쎠체'와 같이 볼 뿐이었다. 따라서 공손법에 대한 지금까지의 견해는, 'ᄒᆞ쇼셔'체, 'ᄒᆞ야쎠'체, '반말'까지를 [+공손]의 말씨로, 'ᄒᆞ라'체만을 [−공손]의 말씨로 간주하는 것으로 정리된다.

필자는 이와 같은 시각에 회의적이다. 그 이유는 첫째, 그동안 'ᄒᆞ야쎠'체의 공손 표지를 'ᄒᆞ쇼셔'체의 공손 표지와 달리 '-ㅇ·-ㅅ'으로 설정하였다는 점이다. 그럼으로써 '-ㅅ'이 공손법 그 가운데에서도 'ᄒᆞ야쎠'체에서만 왜 [공손]을 표지하는가를 설명해야 하는 부담을 안게 되었다. 둘째, 반말로 통칭되는 '-니'형을 [+공손]의 말씨로 파악하였다는 점이다. 서정목(1990)도 지적했다시피, 어떤 형이 공손형인가 아닌가는 공손 표지 '이'의 출현 여부를 보고 판단해야 할 문제이므로,27) 공손형에는 반드시 '이'가 있어야 한다

---

27) 이와 관련된 서정목(1990 : 566)의 생각을 좀더 자세히 들어 볼 필요가 있다.

" … 즉 '청자를 대우한다'는 문법적 의미는 하나의 형태소에 의하여 표시되는 것으로 그리고 청자를 대우하지 않을 때에는 그 형태소를 선택하지 않은 것으로 기술되어야 하는 것이다. 왜냐하면 한국어 통사 구조의 일반적인 질서는 어떠한 문법적 의미이든 그것을 나타내는 하나의 형태소가 있고, 그 형태소의 문장 내 출현은 그러한 의미를 문장에 포함시키며, 그 형태소의 결여는 그러한 의미가 그 문장 속에는 들어있지 않음을 나타내는 것으로 이루어져 있기 때문이다. 따라서 화자는 어떤 경우이든 청자를 대우할 때에는 청자 대우 형태소를 문장 속에 선택하여야 하는 것이고, 청자를 대우하지 않을 때에는 그 형태소를 선택하지 않아야 하는 것이다.

위에서 서정목(1990)은, 화자가 상위자인 청자를 대하는 태도를 '존대'로 본다. 하지만 본고는 그 태도를 '공손'으로 본다. 때문에 간단하게 생각하면 그와 필자의 태도는 근본적

고 생각하는데, 지금까지 공손형으로 보아온 '반말'에는 공손 표지 '이'가 없다. 그럼에도 이 형을 어떻게 공손형으로 생각할 수 있었는지가 의문시 되는 까닭이다.[28] 본 항에서는 이상의 문제를 해결할 방안을 모색할 것이다.

1.3.1. 개념 규정과 기존 공손법 등분의 검토

본격적인 논의에 들어가기 전에, 우리는 다음 사항을 고려해야 할 것이다. 첫째, '이'가 '존대'가 아닌 '공손' 표지임을 분명히 해야 하고, 둘째 공손법에 대한 그동안의 견해에서 문제시되는 점을 되짚어 보아야 한다는 것이다.

1.3.1.1. 정의

'이'는 존대 표지인가, 공손 표지인가라는 물음은 그것을 화자 편에서 이해할 것인가, 청자 편에서 이해할 것인가라는 물음과 무관하지 않다. '이'를 화자의 관점에서 이해하면, 공손 표지가 되고, 청자의 관점에서 이해하면 존대 표지가 될 것이다. 필자는 전자의 입장을 취하기로 하는데, 그 이유에 대해서는 다음 자료를 점검하는 과정에서 밝혀질 것이다.

으로 다른데, 어떻게 그의 생각을 필자의 입장대로 해석하느냐는 이의를 제기할 수 있다. 그러나 그와 필자의 견해 차이는, '이'를 청자 편에서 이해하느냐, 화자 편에서 이해하느냐의 시각 차이에서 비롯될 뿐이고 근본적인 생각은 다르지 않다. 즉 '이'를 청자 편에서 보면, 화자가 청자를 '존대'하는 표지가 되고, 화자 편에서 보면 화자가 청자에게 스스로를 공손히 표현하는 표지가 된다. 따라서 그의 '청자 대우'라는 표현은, 결국 우리의 '화자 공손'이란 표현과 같을 수밖에 없다.

이런 맥락을 전제로, 위에서 언급한 그의 생각을 필자의 시각대로 해석하면, 화자가 청자를 공손하게 대하느냐, 그렇지 않느냐는 문장 내의 '이' 출현 여부를 보고 판단해야 한다는 결론에 도달한다.

28) 물론 '반말'을 공손형으로 보아온 입장에서는, 이 형이 "높이기도 어렵고 낮추기도 어려운 상대에게 쓰이기" 때문이라고 한다. 곧 이런 상황이라면, 상대를 '흐라체'로 대할 수도 없고, 그렇다고 '흐쇼셔체'로 대할 수도 없으므로, 그 가운데 정도의 '높임' 형이라는 식의 주장이다. 그러나 이런 주장은 주관적일 소지가 다분하다. '높이기도 어렵고 낮추기도 어려운' 정도에 대한 인식이 연구자마다 같을 리가 없기 때문이다. 이에 대한 문제점은 장을 달리하여 살필 기회가 있을 것이다.

(29) 가. (문수가 석가에게) "世尊하 내 神力으로 즈믄 劫에 혜아려도 몯
　　　 <u>알리로소이다</u>" (월석 21, 14ㄱ)
　　나. (아난이 구탈보살에게) "뎌 藥師琉璃光如來 恭敬 供養ㅎᄉ봉를
　　　 엇뎨ㅎ며 續命幡과 燈과롤 엇뎨 <u>ᄆᆡᇰᄀᆞ리잇고</u>" (월석 9, 52ㄱ-ㄴ)
　　다. (善宿 비구가 석가에게) "世尊하 엇던 젼ᄎ로 나롤 어리다 ᄒᆞ샤
　　　 釋子ㅣ로라 호몰 몯 ᄒᆞ리라 <u>ᄒᆞ시ᄂᆞ니잇고</u>" (월석 9, 35중ㄴ-35
　　　 하ㄱ)

위에 등장하는 화자는 청자보다 하위자이다. 즉 (가)와 (나)의 화자인 문
수와 아난은 청자인 석가와 보살을 상위자로 섬기는 처지이고 (다)의 화자
인 선수비구는 석가를 상위자로 모시는 입장이다. 그런데 밑줄 친 부분을
보면, 화자의 말에 '이'가 실현되어 있음을 알 수가 있다. 여기에서 우리는
화자가 자신보다 상위자를 상대할 경우에 '이'를 사용할 것이라는 추측을
하게 되는데, 그러면 이번에는 위와 반대의 상황을 살펴보자.

(30) 가. (文殊가 善男子에게) "내 혜여 호니 이제 世尊이 큰 法을 니르시
　　　 며 … 큰 法義롤 <u>펴려 ᄒᆞ시ᄂᆞ다</u>" (석상 13, 26ㄱ-ㄴ)
　　나. (아난이 가섭에게) "<u>들아지라</u>" (석상 24, 3ㄱ)
　　다. (선수가 구라제에게) " … 네 모로매 밥 조리 머거 뎌 (부처의)
　　　 말쓰미 올티 <u>아니케 ᄒᆞ라</u>" (월석 9, 35하ㄴ-36상ㄱ)

위의 화자는 앞서 살핀 예문 (29)와 동일하지만 청자보다 하위자가 아니
다. 예컨대 (가)의 화자인 문수는 청자인 선남자보다 상위자이며, (나)의 화
자인 아난은 청자인 가섭과 대등한 처지인 것이다. 그런데 여기에는 '이'가
출현하지 않았다. 이 점은 이미 살핀 예문 (29)와 좋은 대조를 보이면서,
'이'를 '화자가 자신보다 상위자를 상대할 때 사용하는 표지'로 추측했던 필
자의 생각이 정당했음을 말해준다.
이 점에 주목하면, '이'를 청자 존대 표지로 규정할 수 있다. 그것을 하위
자인 화자가 상위자인 청자를 존대하기 위해 사용한 표지로 생각할 법하기

때문이다. 그러나 이렇게 단정하기 전에 여기서 '이'로 연결된 서술어와 호
응하는 주어가 누구이냐를 생각해보아야 할 것이다. 이숭녕(1964)에서도 지적
했다시피, 국어는 주어와 서술어의 호응이 중시되는 언어인 만큼 서술어에
표지된 '이'와 일차적으로 관련지어 생각해야 할 대상은 청자가 아니라 주어
로 실현된 화자일 터이기 때문이다. 이와 같은 사실을 감안하면, 이곳의 '이'
는 화자 편에서 이해해야 한다. 그렇다면 '이'는 상위자인 청자를 상대로 하
는 화자가 자신을 '공손히' 표현하는 표지로 귀결된다. 여기서 '이'를 '존대'
표지로 보았던 기존의 태도는 재고의 여지가 있는 것으로 생각된다.

　이쯤에서 또 'ㅎ쇼셔'와 같은 명령형을 공손의 대표형으로 삼을 수 있는
지에 대해서도 생각해 보아야 할 듯하다. '명령'이라는 행위 자체가 공손할
수 있겠는가를 문제 삼지 않더라도, 이 형식에는 공손 표지 '이'가 없음을
주목해야 한다. 오히려 존대 형태소 '시'가 화합되어 있을 뿐이다. 따라서
이들을 공손형으로 처리하면, '시'를 공손 표지로 해석해야 하는 어려움에
봉착한다.29) 이 난점을 피할 일시적인 방안은, '이'가 외현된 평서형을 대표
형으로 삼는 것으로 생각하는바, 지금부터는 기존의 'ㅎ쇼셔'체를 '-ᄂᆞ이다'
체로, 'ㅎ야쎠'체를 '-닝다'체로, 반말을 '-니'체로, 'ㅎ라'체를 '-ᄂᆞ다'체로
명명하고자 한다.30)

---

29) 이와 같은 시각은 앞서 논의했던 1.1장과 맥락을 같이하는바, 거기서도 살폈다시피 '시'
　　는 그것을 활용할 대상이 누구이냐와 상관없이 '존대' 표지라 할 수 있어, 공손 등급의
　　대표형을 '시'가 화합된 '-쇼셔'형으로 삼을 수는 없다고 생각한다. 왜냐하면 '공손 표지'
　　는 '이'일 따름이기 때문이다. 이에 대해서는 서정목(1983), 한동완(1988), 임홍빈(1986),
　　김영욱(1997) 등에서도 지적한 바 있다.
　　그러나 이 가운데 김영욱(1997 : 201)은 다른 연구자들과 의견을 약간 달리한다. 이 점에
　　대해서는 이미 살핀 바 있지만, 그는 명령형을 각 등급의 대표형으로 간주하는 자체를 부
　　정하지는 않고, 다만 공손법의 체계는 명령형과 같은 특정 발화 상황에 기준을 두어서는
　　곤란하고 평서형, 의문형 등과 같은 모든 문체법의 경우를 포괄해야 한다는 입장을 취하
　　고 있다.
30) 이미 지적했다시피 '니'체는 지금까지 반말로 일컬어져 왔다. 사실, 이 형의 외현된 모습
　　이나 현대 서울 방언에 남아 있는 '니'와의 말씨 등을 고려하면, 반말이라는 용어가 타당
　　하다. 그러나 본고에서는 이를 '니'체로 명명하기로 한다. 그것은 다른 공손형의 명칭과

1.3.1.2. 기존 공손법 등분의 재고

본 항은 공손법을 등분했던 지금까지의 태도에는 재고의 여지가 있음을 밝힘으로써, 새로운 등분 설정의 필요성을 제고하고자 하는데, 이에 먼저 생각해 보아야 할 등분이 바로 '닝다'체와 '니'체가 아닌가 한다. 그러면 그 이유를, 우선 '닝다'체에서부터 살펴보기로 하자.

(31) 가. (수달이 호미에게) "主人이 므슴 차바ᄂᆞᆯ 손소 ᄃᆞᆫ녀 ᄆᆡᇰᄀᆞ노닛가 太子ᄅᆞᆯ 請ᄒᆞᅀᆞᄫᆞ 이받ᄌᆞᄫᆞ려ᄒᆞ노닛가 大臣ᄋᆞᆯ 請ᄒᆞ야 이바도려 ᄒᆞ노닛가" (석상 6, 16ㄱ)
(호미가 수달에게) "그리 아닝다" … "그리 아니라 부텨와 즁과ᄅᆞᆯ 請ᄒᆞᅀᆞᄫᆞ려 ᄒᆞᄂᆞᆼ다" (석상 6, 17ㄴ)
나. (難頭禾龍王이 阿闍世王에게) "釋迦文 佛이 겨싫 저긔 내 부텨ᄭᅴ 말ᄊᆞᄆᆞᆯ ᄒᆞᅀᆞᄫᆞᄃᆡ '涅槃ᄒᆞ신 後에 劫 다ᄋᆞᇙ 時節에 經과 袈裟와 바리와ᄅᆞᆯ 내 다 가져다가 이 塔애 녀허뒷ᄉᆞᆸ다가 彌勒이 나거시든 내야 받ᄌᆞᄫᆞ리이다' **ᄒᆞᅀᆞᄫᆞ이다**" (석상 24, 31ㄴ)
(아도세왕이 용왕에게) "내 그런 ᄠᅳ들 몰라ᄒᆞ댕다" (석상 24, 32ㄱ)
다. (바라문이 호미의 딸에게) "그듸 아바니미 잇ᄂᆞ닛가" (석상 6, 14ㄴ)
(호미의 딸이 바라문에게) "잇ᄂᆞ니이다" (석상 6, 14ㄴ)
(바라문이 호미의 딸에게) "내 보아져 ᄒᆞᄂᆞ다 ᄉᆞᆯᄫᅡ쎠" (석상 6, 14ㄴ)

균형을 맞추기 위함이고, 또 '-니'라는 형태를 밝혀야 본고의 주장을 밝히기에도 용이하기 때문이다.
여하튼 각 등급의 대표형은 고영근(1997 : 153)을 수용하였다. 아울러 그가 제시한 공손형의 서법 체계를 보이면 다음과 같다.

	ᄒᆞ라	ᄒᆞ야쎠	ᄒᆞ쇼셔
평서형	-ᄂᆞ다	-닝다	-ᄂᆞ이다
의문형	-ᄂᆞ녀	-ᄂᆞ닛가	-ᄂᆞ니잇가
명령형	-라	-어쎠	-쇼셔
청유형	-져 / 져라	○	-사이다

사실 15세기 문헌에서 발견된 '닝다'체는 위 예문이 전부이다시피 한다. 허웅(1995), 성기철(1979)이 '닝다'체를 자립적인 등분으로 인정하지 않은 이유도 여기에 있다. 그들은 출현 빈도가 극히 낮은 '닝다'체를 독립된 등급으로 설정하는 것은 무리라고 생각한 것이다. 하지만 그 외 대부분은 이 말씨를 'ᄂ이다'체와 'ᄂ다'체의 중간 등급으로 간주하는데, 이렇게 보는 이유는 다음과 같다.

우선, 안병희(1965·1992)는 '닝다'체가 '그듸'와 호응한다는 사실을 발견하였다. 그리고 이 그듸가 '대명사를 안 쓰는 대상'보다 낮고 '너'로 부르는 대상보다 높은 인물을 지칭한다는 사실에 착안하여, 이 '닝다'체를 '대명사를 안 쓰는 대상'과 호응하는 'ᄂ이다'체보다 낮고 너와 호응하는 'ᄂ다'체보다 높은 정도의 공손을 표지하는 말씨로 규정하기에 이르렀다. 그러나 위에서도 확인되다시피, 이 말씨가 그듸와 호응하는 경우는 극히 드물다. 게다가 다음을 보면, 그듸가 반드시 'ᄂ다'체를 사용할 대상보다 높은 인물만을 지칭하지도 않았음을 알 수 있다.

> (32) 가. (利師跋 공주가 선우 태자에게) "아ᄂ다 모ᄅᆞᄂ다 내 <u>그듸와</u> 夫
>   婦 ᄃᆞ외요려ᄒᆞ노라" (월석 22, 55ㄴ)
>   나. (沙門天王이 세 天王에게) " … 後에 ᄒᆞᆫ 如來 나시리니 일후미 釋
>   迦牟尼시리니 그제ᅀᅡ <u>그듸내</u> 이 네 바리를 받ᄌᆞᄫᆞ라" (월석 4,
>   57ㄴ)
>   다. (정반왕이 대애도에게) " … <u>그듸</u> 가아 아라 듣게 니르라" (석상
>   6, 6ㄴ)

위처럼, 그듸는 'ᄂ다'형과도 호응을 이루기도 한다. 이와 관련하여 김정아(1984 : 27)의 의견이 참조되는바, 여기에는 "'그듸'는 공손법의 세 등급에 모두 쓰일 수 있으나 'ᄒᆞ쇼셔'체보다는 'ᄒᆞ라'체에 쓰이는 예가 훨씬 많다"고 언급하고 있다. 이와 같은 견해나 위에서 살핀 예문 (32) 등을 참고할 때, '닝다'체가 그듸와 호응하므로 'ᄂ다'체보다 높고 'ᄂ이다'체보다 낮은 등급

으로 파악했던 안병희(1965 · 1992)의 주장은 재고를 요하지 않을까 한다.

이에 비해 고영근(1981 : 9)은 '화자와 청자 사이의 사회적' 관점에서 공손법을 분류해야 함을 명시하고, 차후에 살필 소위 '반말(-니)'체와 '닝다'체의 차이를 다음처럼 설명한다. 즉 "중세어의 [i] 계통의 어미는 화자가 청자를 아주 낮출 수도 없고 그렇다고 썩 높일 수도 없는 처지일 때 쓰이므로 ᄒᆞ야쎠체와 비슷한 점이 많다. 그러나 ᄒᆞ야쎠체와는 형태적 특성이 다른 바가 많고 외현되지 않은 어미 [i]의 석출 가능성을 고려하면 ᄒᆞ라체와 ᄒᆞ야쎠체의 중간을 왕래하는 반말 정도의 가치를 띤 것이 아닌가 한다." 이와 같은 그의 입장은, '닝다'체와 '니'체의 쓰임은 같지만 외현된 형태가 다르므로 달리 취급해야 한다는 것이다. 따라서 '화자와 청자 사이의 사회적 관계'로 공손법을 등분하려 했던 그의 당초 취지에서 보면, '닝다'체와 '니'체의 공손 정도는 같다는 결론에 도달한다.

이상의 여러 의견을 참조할 때 필자는, '닝다'체를 '니'체나 'ᄂᆞ이다'체와 달리 취급하려면, '닝다'체가 쓰인 상황만을 점검하는 것으로는 부족하다는 생각을 하게 된다. 즉 위와 같은 생각 이외에도 외현된 모습까지를 고려하여, '닝다'체는 'ᄂᆞ이다'체나 '니'체와 모습이 다르므로, 그 용도 또한 다를 것이라는 식의 논리를 펴야 할 것 같다는 말이다.

물론 '닝다'체와 '니'체의 차이는 확연하게 인식된다. 전자에서는 공손 표지를 확인할 수 있음에 비하여, 후자에서는 그것을 석출하기가 쉽지 않기 때문이다.31) 그러나 'ᄂᆞ이다'체와 '닝다'체의 경우는 다르다. 왜냐하면 이 두 형은 모두 공손 표지를 갖추고 있기 때문이다. 'ᄂᆞ이다'체에서는 '이 · 잇'을, '닝다'체에서는 '-ᅌ · -ㅅ'을 공손 표지로 간주해 오고 있으므로 이 두 형은 일단, 공손형으로 처리할 수 있다. 여기서 그렇다면 이들의 차이점은 무엇인가와 같은 의문이 제기될 법한데, 이에 대해서는 현재 다음과 같

---

31) 물론 고영근(1981), 장윤희(1997), 김영욱(1997) 등은 '-니'체에서도 공손 표지를 석출할 수 있다는 견해를 제시한 바 있지만, 우리는 이런 시각에 회의적이다. 이에 대한 자세한 논의는 다음 항으로 미룬다.

은 두 가지 견해가 제시되어 있다.

첫째, 허웅(1995)처럼 이 두 형의 쓰임을 같게 보는 것으로, '니이다'체와 '닝다'체의 공손 정도를 대등하게 간주하는 입장이다. 이런 시각은 '닝다'체의 공손 표지 '-ᅌᅵ·-ㅅ'을 '니이다'체의 공손 표지 '이·잇'의 축약이나 생략형으로 간주한 데서 근거한다. 둘째, 고영근(1997), 안병희(1965·1992) 등처럼 '닝다'체를 '니이다'체보다 덜 공손한 등급으로 보는 것인데, 이는 '닝다'체의 '-ᅌᅵ·-ㅅ'을 '니이다'체의 '이·잇'과 다른 표지로 간주하려는 시각에서 비롯한 견해이다.32)

어쨌든 이상의 두 입장은 각각 다음과 같은 문제점을 안고 있다. 허웅 (1995)로 대표되는 전자의 경우는 '이'와 '잇'이 어떤 경로를 밟아 각각 '-ᅌᅵ'와 '-ㅅ'으로 축약 또는 생략되었는지를 밝히기가 쉽지 않다는 것이 다.33) 특히 '니이다'체의 명령형인 '쇼셔'가 어떻게 '닝다'체의 명령형인 '어쎠'로 축약되었는지를 밝히기는 더욱 어렵다. 이에 비해 고영근(1997)로 대표되는 후자의 경우는 '닝다'체의 '-ᅌᅵ'과 '-ㅅ'이 과연 한 형태소로 인 정받을 만큼 자립적인가라는 의문을 제기토록 한다. 예컨대 대부분의 연구 자들은, '-ㅅ'을 '니닛가'체의 공손 표지로 간주하는데, 정작 이 '-ㅅ'은 다 른 존대 표지와 비교될 만큼 매우 제한된 환경에서만 출현한다는 점에서 문 제시 될 수 있다. 다시 말하면 '-닝다'체 그 중에서도 의문형에서만 출현하 므로 자립도로 보면, '습, 시, 이' 등과 현격한 차이를 보여서 이 '-ㅅ'을

---

32) 사실 '-닝다'체의 공손 표지에 대한 연구자들의 견해는 같지 않는데, 여기서는 대표적인 입장을 제시하기로 한다.

서법＼학자	안병희(1992)	허웅(1995)	장윤희(1998)
설 명 법	-ㅣᅌᅵ-	ᅌᅵ	잉다
의 문 법	-ㅅ-	ㅅ가(고)	닛가, 릿가
명 령 법	(아/어)쎠	(아/어)쎠	(아/어)쎠

33) 허웅(1995 : 666)은 '닝다'체를 "서술법에 있어서는 「-이」의 /ㅣ/가 줄어져서 /ᅌᅵ/만으로 높임을 나타내는 일이 있었는데, 「ㅅ가」가 연결된 물음법의 높인 「-잇가」에서 이러한 현 상이 일어나게 될 경우에는 /ᅌᅵ/마저 줄어진 것"으로 설명한다.

'습·시·이'와 대등하게 다룰 수 없음은 물론이다. 그럼에도 불구하고 만약 이 '-ㅅ'을 공손 표지로 보면, 'ᄂ이다'체의 의문형인 'ᄂ니잇가'의 '잇'은 공손 표지 '이'와 '-ㅅ'이 중첩된 형으로 보아야 할 터인데, 이와 같은 생각은 문법 기술에 부담만을 안겨줄 뿐이다. 왜냐하면, 이런 시각에서 보면, 'ᄂ니잇가'체의 평서형인 'ᄂ이다'체에는 공손 표지가 하나밖에 없는데, 공손 표지가 둘인 'ᄂ니잇가'체와 어떻게 같은 등급으로 볼 수 있겠느냐는 의문이 제기될 법하기 때문이다.

결국, '닝다'체와 'ᄂ이다'체에 대한 그간의 입장은 이 두 말씨의 공손 정도를 같게 볼 것인가, 아니면 다르게 볼 것인가라는 의견 차이로 귀결된다고 할 수 있는데, 여기서 필자는 후자의 입장을 취하기로 한다. 요컨대 이 두 말씨를 다른 등급으로 간주하고자 한다는 뜻이다. 그렇다고 해서 이런 입장을 취할 경우에 문제시되는 사항들까지를 인정하려는 것은 결코 아니다. 다만 'ᄂ이다'체와 '닝다'체를 같은 등급으로 볼 경우에 발생되는 문제들은 문법적으로 해결하기 어려운 반면, 이들을 다른 등급으로 간주할 경우에 발생되는 문제들은 충분히 문법적으로 해결할 수 있다는 생각에서, 후자의 입장을 따르려는 것이다.

그렇다면 그 해결 방안은 무엇이고, 이들을 다른 등급으로 간주할 만한 근거는 무엇인가? 먼저 해결 방안부터 생각해 보자. 필자는 '닝다'체의 '-ㆁ'과 '-ㅅ'을 'ᄂ이다'체의 '이'와 '잇'의 형태론적 이형태로 간주하고자 한다. 곧 '-ㆁ'과 '-ㅅ'을 음운론적으로 설명할 수 없지만 형태론적 특성에 의해서 출현한 '이'와 '잇'의 변이형으로 간주하고, '-ㆁ·-ㅅ'의 기본형을 '이·잇'으로 보고자 함을 의미한다. 이렇게 생각한 이유는 다음과 같다. 차후에 살펴보겠지만, 사실 '닝다'체는 화자가 상대방을 존대할 경우에 사용하므로 이 말씨의 '-ㆁ'과 '-ㅅ'은 [공손]의 의미를 지니고 있음이 분명하여, 공손 표지가 확실한 '이·잇'과의 관련성을 배제하고 이들을 이해할 수는 없을 터이다. 생각이 이에 미치면, 허웅(1995)의 견해처럼 이들을 '이·잇'의 생략이나 축약형으로 간주하면 간단할 것 같지만, 문제는 앞서 지적한 대로 축약이나 생략의 과정을 음운론적으로 설명하기가 용이하지 않다는 것이다. 이런 난점을 극복할 방안은 '-ㆁ·-ㅅ'을 '이·잇'의 형태론적 변이형으로 설정하는 것이 아닌가 한다. 그러면 이들의 관련성을 충분히 드러낼 수 있음과 동시에 각 형의 명령형인 '쇼셔'와 '아쎠'의 관련성도 무난하게 밝힐 수 있다고 생각한다. '아쎠'를 형태론적으로 규정할 만한 '쇼셔'의 변이형으로 설명하면 되기 때문이다.34)

그러면 여기서 'ㄴ이다'체와 'ㅇ다'체의 차이는 무엇인가라는 의문이 필연적으로 제기된다. 위에서 'ㅇ다'체의 '-ㆁ'과 '-ㅅ'을 'ㄴ이다'체의 '이'와 '잇'의 변이형으로 간주한 이상, 어차피 이들이 표지하는 의미는 같다고 해야 할 것이다. 그래서 본고는 일단 이들을 공손형으로 처리하고, 이후에 그 변별성을 격식체와 비격식체에 두고자 한다. 곧 'ㄴ이다'체를 격식체로 'ㅇ다'체를 비격식체로 일컫고자 한다는 것이다. 그리고 지금까지 'ㅇ다'체를 'ㄴ이다'체보다 덜 공손한 말씨로 보았던 이유 역시 이와 같은 맥락에서 연유한 것으로 보고자 한다. 이에 대해서는 차후에 자세한 논의가 있겠지만, 일반적으로 상대에게 격식체를 사용할 경우를 비격식체를 사용할 경우보다 더 공손히 대하는 것으로 생각하기 마련인데, 이 두 형에서 인지되는 공손의 차이도 여기서 비롯되었을 것으로 짐작된다.

그럼에도 불구하고 'ㅇ다'체가 'ㄴ이다'체보다 공손의 정도가 미치지 못하는 이유를 문법적으로 설명하기가 쉽지 않음이 사실이다. 이런 차이는 '-ㆁ·-ㅅ'과 '이·잇'이 사용되는 상황을 비교할 때만 파악될 터인데, 어

---

34) 이와 같은 생각의 타당성은 고영근(1993ㄱ : 112)에서 찾아진다. 그는 "현대어의 명령토는 '아라/어라/거라/여라/너라'와 같은 이형태"를 갖는데, 여기서 "'아라/어라'는 모음조화 규칙의 적용을 받기 때문에 음운부의 소관이지마는 나머지는 형태론적인 제약을 받기 때문에 형태론의 소관"이라는 생각을 개진하면서 "이럴 때에는 두 군데서 부분적으로 중복·서술하는 것이 가장 합리적이라 하였다.
그의 이와 같은 의견에 기대면, 위의 '쇼셔'와 '아쎠'를 형태론적으로 규정된 이형태로 간주하려는 필자의 생각이 무리는 아니라고 본다. 그렇다면 이들의 다른 서법인 '이·잇'과 '-ㆁ·-ㅅ' 역시 형태론적 이형태의 관계에 놓인 것으로 유추가 가능하다.

떤 문법 사실을 객관적인 문법소가 아닌 발화 장면에 기대어 구명한다는 것은 다분히 주관적이고 임의적인 판단이 개입될 소지가 많기 때문이다. 그러나 문법적 사실은 어차피 발화 장면 안에서 실현된다는 점을 감안한다면, '닝다'체와 'ᄂ이다'체의 차별성을 드러내고자 하는 필자가 현 시점에서 취할 방안은 이들이 쓰인 장면을 고려해 볼 수밖에 없다고 생각하고, 또 이를 위안삼아, '닝다'체가 쓰인 상황을 점검해 보면, 이 형은 비격식체일 가능성이 높다.35)

요컨대 필자는 '-ᅌ · -ᄉ'과 '이 · 잇'를 별개의 형태소로 간주하여 '닝다'체와 'ᄂ이다'체의 공손 정도가 다른 것으로 해석하는 기존의 태도를 지양하고, 전자를 후자의 형태론적 변이형태로 간주하여 이들을 공히 공손형으로 처리하고, 등급의 차이를 격식체와 비격식체의 차이에서 연유한 것으로 해석하고자 한다.

이번에는 소위 반말로 일컬어온 '니'체에 대한 기존 입장을 살펴보기로 하자. 이를 맨 처음 '반말'로 규정하고 하나의 독립된 등급으로 처리한 이는 고영근(1981 : 9)로, 그는 다음에서 소개한 (다)를 예로 제시하면서, 여기서 사용된 '쓰시리'와 같은 말씨를 "화자가 청자를 아주 낮출 수도 없고 그렇다고 썩 높일 수도 없는 처지일 때 쓰이는" 말씨로 보고, "'ᄒ라'체와 'ᄒ야쎠체'의 중간을 왕래하는 반말 정도의 가치를 띤 것"으로 규정하였다.

그러면 그가 생각하는 '반말'은 어떤 말씨인가? 고영근(1997 : 307)을 보면, 위의 '니'체를 설명하면서, "현대 국어의 반말과 차이가 없다."는 언급을 하고 있을 뿐 반말에 대해 이렇다할 언급을 하지 않고 있다. 그런데 고영근(1974 : 82)에서는 현대국어의 반말을 "상대를 높이기도 어렵고 낮추기도 어려울 때, 말끝을 분명히 맺지 않은 형식으로, 특별히 종결어미 뒤에 '요'가 통합할 가능성이 있는 말씨"36)로 규정하고 있어, 15세기 국어 '니'체에 대

---

35) 이에 대한 더 자세한 논의는 다음 항에서 이루어질 것이다.

36) 고영근(1974 : 82)는, 기존 연구자들의 '반말'에 대한 쓰임새를 고찰하여 "전기 문법가들의 견해는 … '토를 똑똑히 달지 아니하여 높고 낮추는 뜻을 드러내지 않고 어름어름 하

한 특별한 언급이 없는 한, 그는 이 말씨도 위와 같은 뜻으로 정의한 것으로 간주하여도 무방할 듯하다. 그러면 여기서 잠시 현대국어의 반말에 해당하는 예를 생각해 보자.

(33) 가. 어디 <u>갔었어?</u>
　　　나. 응, 시골 집에 <u>다녀왔어.</u> 요즘 시골 경치 참 <u>좋대.</u>

　　　가-1. 어디 <u>갔었냐?</u>
　　　나-1. 응, 시골 집에 <u>다녀왔다.</u> 요즘 시골 경치 참 <u>좋더라.</u>

　　　가-2. 어디 <u>갔었어요?</u>
　　　나-2. 예, 시골 집에 <u>다녀왔어요.</u> 요즘 시골 경치 참 <u>좋더라구요.</u>

　위에 소개된 (가), (나)의 밑줄 친 부분이 반말로 보아온 말씨이다. 이런 말씨를 반말로 처리한 이유는 (가-1), (나-1)처럼 표현할 수 있는데, 종결어미 ‘-냐’를 확실하게 드러내지 않음으로써 (가-2), (나-2)처럼 ‘-요’를 통합할 수 있는 여지를 남겨두기 때문이다. 반말의 이런 특성 때문에 김웅배(1991 : 29)에서는 ‘반말’을 ‘상황 의존적’ 형식으로 규정하고, 여기에 [-고정]의 자질을 부여한 것이다. 어쨌든 고영근(1981 : 9)에서 위와 같은 기능을 지닌 15세기 국어 말씨로 간주한 것이 바로 다음과 같은 말씨이다.

(34) 가. (迦葉이 婆羅門에게) “그듸는 어드러셔 <u>오시ᄂ니</u>” (석상 23, 40ㄴ)
　　　　(바라문이 가섭에게) “부톄 涅槃ᄒ야시ᄂᆯ 내 스스ᇰ 爲 ᄯᅡᄒ로셔
　　　　오노라” (석상 23, 40ㄴ)
　　　　(가섭이 바라문에게) “이 고존 므슴 곳고” (석상 23, 40ㄴ)

　는 말’이란 정의에 대체로 부합되는 것 같다. … 그러나 50년대 이후의 문법가들의 ‘요 통합가능형’에 대한 정의와 명칭에는 독특한 점이 있다.”라 결론하고, “ … 전기의 요통합 가능형을 종전과 같이 반말이라 부르되 … ”로 반말을 정의하고 있다. 위의 정황을 미루어 보면, 그의 정의는, 50년대 이전과 이후의 견해를 통합한 것이라 할 수 있다.

　　나. (利師跋 공주가 태자에게) "아는다 모ᄅ는다 내 그듸와 夫婦ᄃ외
　　　요려ᄒ노라" (월석 22, 55ㄴ)
　　　(태자가 공주에게) "그듸는 王ㄱ ᄯ리오 나는 빌머긇 사ᄅ미어
　　　니 어듸썬 서르 恭敬ᄒ시리" (월석 22, 55ㄴ-56ㄱ)
　　　(공주가 태자에게) "엇더닛가 그듸 나ᄅᆯ <u>미드시ᄂ니</u> 몯 <u>미드시</u>
　　　<u>ᄂ니</u>" (월석 22, 57ㄱ)

　　다. (선혜가 구이에게) "사아지라" (월석 1, 10ㄱ)
　　　(구이가 선혜에게) "大闕에 보내ᅀᆞᄫᅡ 부텻긔 받ᄌᆞᄫᇙ 고지라 몯
　　　ᄒ리라" … "므스게 <u>쓰시리</u>" (월석 1, 10ㄱ-ㄴ)
　　　(선혜가 구이에게) "부텻긔 받ᄌᆞᄫᅩ리라" (월석 1, 10ㄴ)
　　　(구이가 선혜에게) "부텻긔 받ᄌᆞᄫᅡ 므슴 호려 <u>ᄒ시ᄂ니</u>" (월석
　　　1, 10ㄴ)

　선, 그의 말대로 위의 종결형들이 반말이라면, (가)와 (나)의 '오시ᄂ니',
'미드시니' 뒤에 통합할 만한 표지를 무엇으로 보아야 할까? 물론 15세기에
는 '요'가 없었으므로, 현재로서는 공손 표지 '이'의 통합 가능성을 고려해
볼 수밖에 없을 터인데, 그러면 이 '니'체는 허웅(1995)처럼 '잇가'나 '이다'
가 생략된 형이란 말이 되어 결국 '니'체와 'ᄂ이다'체의 공손 정도는 같다
는 결론이 나온다. 그러나 이런 생각이 옳지 않음은 장윤희(1997 : 108)에서
이미 지적한 바 있다.

　따라서 고영근(1981)의 의견을 수용하고자 한다면 15세기 국어의 반말을
현대국어와 약간 다르게 해석하여, '말끝을 분명히 끝맺지 않은 형식'으로
만 간주하는 것도 한 방법일 수 있겠다. 하지만 고영근(1981)은 '니', '리' 자
체를 종결어미로 보는 입장이고, 또 사실, 그렇게 보아야 옳다.[37) 이상의 정
황을 참조할 때, 예문 (34)와 같은 말씨를 15세기 국어의 '반말'로 규정하려

---

37) 이에 대해서는 차후에 자세히 살필 기회가 있을 것이다. 허웅처럼 '니, 리'를 종결어미로
　　인정하지 않을 경우에 나타나는 문제점은 안병희(1992), 김영욱(1997), 장윤희(1998) 등에
　　자세히 서술되어 있다.

면, 현대국어와는 완전히 달리 정의해야 한다는 결론에 도달한다.

그럼에도 불구하고 '니'체를 독립적인 등급으로 간주하려면, 현 시점에서는 외현된 모습에 관심을 쏟을 수밖에 없다. 즉 '니'라는 모습이 'ᄂᆞ이다'체나 '닝다'체와 다르기 때문에 그 용도도 다르리라는 식의 논리를 펼 수밖에 없다는 말이다. 그러나 이런 태도는 본고의 시각과 맞지 않다. 왜냐하면 이 '니'에는, 앞서 살핀 '닝다'체와 달리, [공손]을 의미할 만한 표지가 전혀 없으므로 이 말씨를 '청자를 존대하기 위한' '공손'의 태도로 보려면, '니' 자체에 [공손]의 의미를 부여하든지, 아니면 '니' 뒤에 공손 표지가 생략된 것으로 보아야 하기 때문이다.38) 만약 전자의 관점을 취하면, 15세기 국어 공손 표지에 '니'를 첨가해야 하는 어려움이 있다. 그렇다고 후자의 관점을 취할 수도 없다. 곧 알게 되겠지만, 이 같은 분석 태도는 여러 가지 문제를 안고 있기 때문이다.

---

38) 이런 입장은 허웅(1995), 배석범(1996), 황문환(1998)이 대표적이다. 먼저 배석범(1996 : 87)은 산문과 운문의 자료를 엄격하게 분리하여 '니'의 기능을 고찰해야 함을 전제로, 『용비어천가』와 같은 운문 자료에 나타난 '니'체를 "운율적 특성으로 문법 형태가 생략'된 형으로 보고 있다. 곧 그는 '니'체를 '잇가'나 '잇고'의 생략형으로 간주한다는 말이다.

배석범(1996)이 운문의 자료만을 연구 대상으로 하여 '니'를 '잇가·잇고'의 생략형으로 결론한데 비하여, 황문환(1998 : 87)은 그 대상을 산문으로 확대하여, '니'를 "임의의 형태가 생략된" 형으로 결론한다. 그는 '니' 뒤의 생략된 어미를 '잇가'나 '잇고' 등으로 한정짓지는 않았지만, 그의 이런 태도는 15세기 문헌에 존재하는 '-로소이다 / -러이다 / -라스이다' 등을 염두에 둔 것에 불과하므로 결국 배석범이나 허웅의 입장과 다르지 않다고 해야 한다.

어찌됐든 이들은 '니'를 종결어미로 보지 않는다는 점에서 공통되는데, 이런 입장을 취할 경우의 문제점에 대해서는 장을 달리하여 살필 기회가 있을 것이다. 그러나 여기서 지적하고 싶은 사항은, 황문환(1998 : 89)이 15세기 국어의 "'니'를 반말로 규정하는 데는 대체로 수긍하지만 이들 종결형의 형태 성격은 앞서 상정한 것과 동일한 형태 원리[즉 '-니'는 임의의 형태가 생략된 형이다]를 상정하여 이해하고자 한다."는 언급이다.

만약 그가 '니'를 위에서 언급한 대로 '-로소이다'나 '-러이다'와 같은 형태의 생략형(단정하지는 않았지만)이라 한다면, 그의 입장에서는 '니'체를 'ᄂᆞ이다'체와 같은 등급으로 보아야 한다. 그럼에도 불구하고 그는 어떻게 '니'체를 'ᄂᆞ이다'체보다 낮은 등급인 반말로 볼 수 있는가 하는 점이다. 따라서 그가 '니'를 반말로 간주하려 한다면, '니'를 '잇가'의 생략형이 아닌 종결형으로 보는 편이 더 타당하리란 생각이다.

지금까지 본고는 '니'체를 '공손형'의 '반말'로 인정하기 위해, 여러 측면에서 방법을 강구해 보았지만 이 말씨에는 [공손]의 의미를 부여하기가 쉽지 않음을 확인하였을 뿐이다. 요컨대 지금까지의 논의에 의하면, 이 종결형을 '반말'로 인정하는 데에는 회의적인 시각을 던질 수밖에 없다는 것이다.

1.3.2. 공손의 등분

본 항은 앞서 펼친 논지를 전제로 하여 공손의 등분을 시도한다. 이미 언급했듯이, 우리가 공손의 정도를 가늠하는데, 가장 믿을 만한 표지는 '이'이라 생각한다. 화자는 '이'를 실현시킴으로써만 상대에게 '공손'을 표지할 수 있기 때문이다. 이 같은 맥락에 의하면 공손의 태도는 '이'를 실현시킨 '공손'형과 '이'를 실현시키지 않은 '비공손'형으로 분류될 수 있다.39)

사실 공손의 태도에 '정도'란 있을 수 없을 것이다. 상대를 어느 정도로 얼마만큼 공손히 대할 것인가를 따지는 사람은 없을 것이고, 일단 상대를 공손하게 대하려는 의향만 있으면, 화자로서는 주어진 상황 안에서 자신을 공손히 표현할 생각만 하는 것이지, 상대방의 위상을 다른 인물과 비교하여 덜 공손히 대하려 하지는 않을 것이기 때문이다. 이런 이유에서 본고에서는 공손의 태도를 '공손'과 '비공손'으로만 이분하고자 한다.40)

---

39) 혹자는 이와 같은 시각에 부정적일 수 있다. 왜냐하면 현대국어의 '하게', '하오'에는, 공손(존대)을 의미하는 특정 형태소를 발견할 수 없다. 그럼에도 이들을 '공손(혹은 청자 존대)형'으로 간주하고 있기 때문이다. 그러나 명백한 공손 표지 '이'를 갖춘 15세기 국어는, 이렇다할 공손 표지를 갖추지 않은 현대국어와 사정이 다르다는 것을 유념할 필요가 있다. '-ㅂ니다'와 '오', '게'가 어떻게 공손을 표지하게 되었는가는 통시적 접근을 한 후에야 밝힐 수 있는 문제이다.

40) 이와 관련하여 서상준(1994)를 참조할 필요가 있다. 그는 현대국어의 청자 높임 등급을 먼저 [+높음]과 [−높음]으로 구별하고, 이들을 다시 [+높임]과 [−높임]으로 세분하였다. 여기의 [+높음]과 [−높음]은 객관적 요인으로 예컨대 나이, 서열, 항렬과 같은 것을 말하고, [+높임]과 [−높임]은 화자의 높이려는 의사를 말한다. 이런 요소를 토대로, 기존의 '합쇼·해요·하게·해체'를 '+높임'의 등급으로, '해라체'를 '−높임'의 등급으로 판정한다.
여기서 우리는, 그의 등급 역시 '화자'에 초점을 맞춘 결과임을 알 수 있다. 일반적으로 그런데 대화는 특정 장면 속에서 이루어지고, 그 장면은 화자의 말씨에 영향을 주기 마련이다. 즉 공적인 자리나 친하지 않은 사람끼리 나누는 말씨와 사적인 자리나 친한 사람끼리 나누는 말씨에는 차이가 있다는 것이다. 여기서 일반적으로 앞 상황에서의 말씨를 '격식체'로, 뒤 상황에서의 말씨를 '비격식체'로 명명하는바, 본고에서도 이 같은 장면에 따른 말씨의 차이까지를 아울러 15세기 공손형을 등분하기로 한다.

그러나 이때 장면에 따른 표현 상의 차이는, 공손하려는 화자의 의지가 같은 상황 안에서 허용된다는 사실을 유의하여야 할 듯하다. 예컨대, 화자가 공손히 대해야 할 인물에게 공손 표지 '이' 자체를 사용하지 않은 경우에는 지탄의 대상이 되지만, 화자가 공손히 대해야 할 인물에게 일단 '이'를 사용했다면, 설령 격식체를 사용치 않았을지라도 그리 큰 문제는 되지 않는다. 물론 격식체까지를 아울러 사용한 경우와 다르기는 하지만, 앞의 실수보다는 덜 심각하게 생각된다는 말이다. 이는 무엇을 의미하는가? 공손의 등분은 공손 표지 '이'의 사용 여부가 격식체의 사용 여부보다 더 중요하다는 사실을 뜻하는 것으로 해석되는바, 이런 생각에서 필자는 '공손형의 사용 여부'를 공손 등급의 변별 표지로, '격식체와 비격식체의 사용 여부'를 같은 등급 안에서의 표현 양상으로 간주하기로 한다.

1.3.2.1. 공손형

'공손형'은 'ᄂ이다'체와 '닝다'체처럼 공손 표지 '이'를 실현시킨 형식을 말하는데, 여기서는 이 가운데 전자를 격식체로, 후자를 비격식체로 간주한다. 필자는 앞서, 현재로서는 '닝다'체의 'ㅇ·ㅅ'을 'ᄂ이다'체의 '이·잇'의 형태론적인 이형태로 간주함이 타당하다는 의견을 개진한 바 있다. 이에 근거한다면, 이 두 형을 먼저 공손 표지를 실현 시킨 '공손형'으로 대

'하게'나 '해'체를 [−높임]으로 간주함에도 불구하고, [+높임]으로 간주한 점이 바로 그 증거이다. 즉 그는, 화자가 자신보다 하위자에게 '하게체'나 '해체'를 사용한 이상, 화자는 하위자를 높인 것으로 보아야 한다는 것이다.

등하게 처리한 다음, 같은 태도 안에서 보일 수 있는 장면에 따른 말씨의
차이로 보는 것이 좋을 듯한데 물론 이와 같은 태도는 객관적인 문법 표지
를 중시하자는 취지에서 비롯하였다.

1.3.2.1.1. 공손형 격식체 : '느이다'체

'공손형 격식체'는 다음의 '호리이다', '녀시느니잇고'처럼 공손 표지 '이'
가 생략되거나 줄지 않고 실현된 형을 일컫는 것으로, 이는 화자가 청자에
게 공손한 태도를 취하려 하거나 격식을 갖추려 할 경우에 사용하는 것으로
확인된다.

> (35) 가. (문수가 석가에게) "내 盟誓롤 ᄒᆞ노니 … 淨信ᄒᆞᆫ 善男子 善女人
>   둘히 … 이 부텻[藥師瑠璃光 如來] 일후므로 들여 씨둗긔 <u>호리이
>   다</u>" (월석 9, 38ㄴ-39ㄱ)
>
> 나. (보현보살이 세존에게) " … 므슴 方便을 지서 漸漸次第로 닷가
>   니겨아 한 衆生ᄋᆞ로 한 幻올 永히 여희에 <u>ᄒᆞ리잇고</u>" (원각 상
>   2-1, 11ㄱ)
>
> 다. (보현보살이 세존에게) " … [내가] 그 ᄢᅴ 여슷 엄 가진 象올 타
>   모물 百千에 分ᄒᆞ야 다 그 고대 가노니 비록 데 障이 기퍼 나롤
>   보디 몯ᄒᆞ야도 내 그 사롬과 그슥ᄒᆞᆫ 中에 뎡바기 문져 … 일우
>   게 <u>ᄒᆞ노이다</u>" (능엄 5, 54-55ㄱ)
>
> 라. (미륵보살이 석가에게) "世尊하 … 우리 阿鞞跋致地예 住ᄒᆞ디 이
>   잀 中에 ᄯᅩ ᄉᆞ못디 몯홀 ᄠᅵ니 世尊하 이 곧ᄒᆞᆫ 諸世界 <u>無量無邊토
>   소이다</u>" (법화 5, 131ㄴ-132ㄱ)
>
> 마. (비구가 阿育王에게) "내 부텻 弟子ㅣ로니 諸漏 업수믈 得ᄒᆞ야
>   죽사릿 큰 저푸믈 이제 다 <u>버서나이다</u>" (석상 24, 16ㄴ)
>
> 바. (수달이 舍利弗에게) "世尊이 ᄒᆞᄅ 몃 里롤 <u>녀시느니잇고</u>" (석상
>   6, 23ㄱ)

위 대화에 등장하는 청자들은 화자보다 상위자이다. 예컨대 (가)의 청자
인 석가는 화자인 문수가 보좌하는 인물이며, (나), (다)의 청자인 세존 역시

화자인 보현보살이 상위자로 모시는 인물이다. 그리고 (마)에서 청자로 등장하는 아육왕은 화자인 비구를 통치하는 왕의 신분이다. 그러므로 여기의 화자들은 당연히 청자를 존대하려 할 터인데, 그의 말에는 자신의 행위나 생각만이 서술되어 있을 뿐이다. 예컨대 (가)는 '선남자 선여인들이 부처를 깨닫도록 하겠다'는 화자 문수의 맹세가 진술되어 있고, (나)에는 '자신이 죽고 사는 윤회의 탈을 벗어났다'는 화자 비구의 생각이 진술되어 있다. 따라서 이와 같은 경우는 존대 표지 '시'를 연결시킬 수 없다. 만약 그리하면 화자 스스로를 존대하는 우를 범하기 때문이다. 이 경우 화자들은 청자 앞에서 자신을 공손히 표현하는 방법을 취한 것으로 보이는데, 밑줄 친 부분의 공손 표지 '이'가 바로 그 증거이다.

그러나 위의 대화 장면이나 화자와 청자의 관계를 참작할 때, 여기서 실현된 '이'는 [+공손] 이상의 의미를 내포하는 것으로 보아야 할 것 같다. 예컨대 (가)~(라)의 상황은 석가의 제자와 보살들이 석가에게 불교의 교리에 관련된 것들을 묻거나 석가의 가르침을 잘 따르겠다는 맹세를 하고 있는데, 이들의 관계를 고려하면, 석가의 제자나 보살들이 석가에게 공손을 표해야 마땅하지만, 이외에도 격식을 갖추어 대해야 할 듯하다는 것이다. 다시 말하면 (가)의 문수가 사적인 자리에서 석가를 대할 때의 마음가짐과, 위 상황처럼 공적인 자리에서 대할 때의 마음가짐은 아무래도 차이가 있을 것이고, 또 (나)의 보현보살 역시 석가에게 "일반 대중들이 무슨 방편을 써서 자신을 수행해야 '幻'을 영원히 떨쳐 버릴 수 있습니까"라는 질문을 하는 상황에서는 사적인 자리에서 사담을 이야기할 때와는 달리 격식을 갖추어서 말해야 할 상황으로 이해된다는 것이다. 그러므로 위 예문 (35)에서 사용된 '이'를 해석할 경우에는 이러한 상황들까지 고려하는 것이 보다 합리적일 듯한데, 그렇게 본다면 여기의 '이'는 [+공손] 외에 [+격식]의 의미까지를 갖춘 말씨로 해석해야 할 것이다.[41]

---

41) 이와 관련하여 Martin(1996 : 1012)의 견해가 참조된다. 그는 여기서 15세기 국어 'ngi (이)'를 격식표지(politeness marker)로 규정하고서, 형태론이나 음운론적 측면에서 다른 공

  (마)와 (바)의 '이' 역시 [+격식]을 표지한다. 그러나 이 경우는 방금 살펴 (가)와 다른 차원에서 접근해야 할 면이 있는데, 우선 이들의 화자인 비구나 수달 역시 청자인 아육왕과 사리불을 상위자로 모셔야 할 처지라는 점에서는 (가)와 다르지 않지만, 이들의 대화가 오가는 자리는 (가)처럼 격식을 요하지 않는다는 것이다. 곧 (마)에서 왕과 비구가 대화를 나누는 장소는 '비구의 집'이고, (바)에서 사리불과 수달이 대화를 나누는 장소 역시 '길거리'이어서 (가)에 비하면 이들의 대화 장면은 격식을 요한다고 볼 수 없다. 거기에 더하여 이들 사이에 오가는 대화 내용 역시 (가)의 석가와 문수가 나눈 대화와는 차이가 있다. 예컨대 (마)의 경우는 아육왕이 사사로이 비구의 집을 찾아가 비구의 정체를 묻자 비구가 "자신은 석가의 제자"이라 말하고 있으며, (바)는 수달이 석가를 위해 길을 닦으면서 사리불에게 "석가가 하루에 몇 리를 걷느냐"고 묻고 있다. 이와 같은 사실을 앞에서 살핀 (가)~(마)와 비교한다면, 여기의 화자인 비구와 수달이 사용한 '이'에 [+격식]의 의미까지를 부여할 필요는 없을 것으로 생각된다.

  그러나 이들이 서로 처음 만난 사이이면서 위상이 같지 않다는 사실을 감안하면, 상황은 또 달라진다. 요컨대 이들은 신분에 차이가 있을 뿐 아니라 친밀하지도 않다는 것인데, 이와 같은 경우에 우리는 일반적으로 상대에게 함부로 '느다형'을 사용하지 않는다. 이는 상대를 자신보다 상위자로 간주해서가 아니라, 다만 친밀한 감정이 없기 때문에 격식을 갖춰 상대를 대하기 위함이다. 위의 상황도 이런 측면으로 해석해야 하지 않나 한다. 더욱이 상대가 위의 상황처럼 자신보다 상위자일 경우에는 더욱 격식을 갖추려 할 것이다. 이와 같은 상황이 위의 (마)~(바)가 아닌가 한다. 즉 여기의 '느이다'체에는 상대가 화자 자신보다 상위자여서 공손형의 의미로 사용하였기도 하였겠지만, 서로가 처음 만난 까닭에 친밀하지 않아서 [+격식]을 갖추고자 하는 의도에서 사용하였을 것으로 해석하는 것이 단순히 '공손형'으로

  손형과의 구별을 시도한다.

해석하는 것보다 정확할 수 있다는 것이다. 다음 예문에 사용된 '이'는 [+격식]의 의미가 더 짙은 것으로 해석된다.

> (36) 가. (정반왕이 석가에게) "如來 소놀 내 모매 다히샤 나롤 便安케 ᄒ
> 쇼셔 내 이제 世尊올 ᄆᄌ막 보ᅀᆸ보니 측ᄒᆞᆫ ᄆᅀᄆ미 <u>업거이다</u>"
> (월석 10, 8ㄴ)
> 나. (마야가 석가에게) "죽사릿 어리예 解脫올 ᄒᆞ마 <u>證롸이다</u>" (월석
> 21, 8ㄱ)
> 다. (대애도가 석가에게) "나는 드로니 겨집도 精進ᄒᆞ면 沙門ㅅ 四道
> 롤 得ᄒᆞᄂ다 홀씨 부텻 法律을 受ᄒᆞᆸ봐 <u>出家ᄒᆞ야지이다</u>" (월석
> 10, 16ㄴ)

위 예문의 화자는 청자보다 확실한 상위자이다. 즉 (가)와 (나)의 화자인 정반왕과 마야는 청자인 석가의 부모이며, (다)의 화자인 대애도 역시 청자인 석가를 길러준 이모이다. 그런데 밑줄 친 부분을 보면, 위의 화자들은 자신의 행위를 '이'로 표현하고 있다. 따라서 이 점만을 보면, 상위자인 화자가 하위자인 청자에게 스스로를 공손히 표현하는 것으로 생각하기 쉽다.

어찌됐든 그들이 '이'를 사용한 점은 분명하므로, 자신들을 객관적으로는 하위자인 상대에게 공손히 표현한 것만은 사실이다. 그렇지만 왜 그들이 공손한 태도를 취했겠는가에 대해서는 반드시 의구심을 품어야 할 문제라고 생각한다. 위에서도 언급했다시피 위의 화자와 청자의 관계는 부모와 자식 간의 관계이어서 절대적이고 객관적인 위상일 수밖에 없음에도 불구하고 부모가 자식에게 공손 표지 '이'를 사용하고 있기 때문이다. 만약 여기서 그 이유를 밝히지 않는다면, 객관적 자료에 충실해야 하는 우리로서는 부모가 자식을 상위자로써 존대한다고 해석할 수밖에는 없다.

이미 예견했겠지만 필자는 여기서 사용된 '이'에 [+격식]의 의미를 부여함으로써 위와 같은 우를 피하고자 하는데, 이는 이들 사이에 오가는 대화 내용을 고려하면 이해할 수 있을 것이다. 예컨대 (가)의 정반왕은 죽음에 임

박하여 석가에게 '석가가 자신의 몸을 만져주어 편히 죽을 수 있도록 해 달라'는 부탁을 하고 있으며, (나)의 마야는 석가에게 '죽고 사는 윤회의 굴레에서 벗어나는 해탈의 경지를 알았습니다.'라는 고백을 하고 있는데, 이러한 부탁이나 고백은, 부모가 자식에게 할 만한 것이 못된다. 그것은 죽음에 임박했거나 이를 두려워하는 '평범한 사람'이 죽고 사는 고통에서 해탈하여 이를 관장한다고 생각하는 '신'에게나 할 수 있는 성질의 것이다. 이 점은 (가)의 정반왕이 석가의 이름을 부르지 않고 여래 혹은 세존으로 존칭한 것만 보아도 알 수 있는바, 이런 상황을 참작하면, 위의 마야와 정반왕은 석가를 자신의 아들로서 대한다기보다 지존의 대상으로 대한다고 해석하는 편이 타당하리라 생각한다.

만약 위와 같은 해석이 어느 정도 타당하다면, 우리 역시 위 화자들의 이러한 취지를 충분히 살려 해석해야 할 터여서, 이런 맥락에서라면 위의 정반왕이나 마야가 사용한 '이'는 진정으로 존경하는 인물에게 최대한의 격식과 예우를 갖추기 위한 표지로 이해하는 것이 보다 정당할 것이다. 그리하여 결국 위의 '이'는 [+공손]의 의미 외에 [+격식]의 의미까지 내포한 것이라는 결론에 도달하게 된다.

1.3.2.1.2. 공손형 비격식체 : '닝다'체

'공손형 비격식체'는 공손 표지 '-ㆁ'와 '-ㅅ'을 실현시킨 형으로, 다음에 제시한 예문의 '밍ㄱ노닛가', '아닝다'처럼 표현한 형식을 말한다. 비격식체라는 점에서 앞서 살핀 'ㄴ이다'체와 다소 차이를 보이지만, 공손 표지를 사용하여 상대를 공손히 대한다는 점은 일치한다. 이 '닝다'체 역시 'ㄴ이다'체와 마찬가지로 공손 표지를 뚜렷하게 실현시키고 있는 까닭에, 필자가 이를 '공손형'으로 간주하는 데는 별다른 이견이 있을 수 없다. 그러나 이 말씨를 '비격식체'로 설정한 태도에는 다소 이견이 있을 수 있다. 따라서 이에 대한 합당한 근거를 마련해야 할 것인데, 우선 '닝다'체를 '공손형'으로 보아야 하는 이유부터 살펴보기로 하자.

(37) 가. (수달이 호미에게) "主人이 므슴 차바늘 손소 돌녀 <u>밍ᄀ노닛가</u>
　　　　太子를 請ᄒᅀᄫᅡ 이받ᄌᆞᄫᅧ려ᄒᆞ<u>노닛가</u> 大臣을 請하야 이바도려
　　　　<u>ᄒᆞ노닛가</u>" (석상 6, 16ㄱ)
　　　　(호미가 수달에게) "그리 <u>아닝다</u>" … " 그리 아니라 부텨와 즁과
　　　　를 請ᄒᅀᄫᅩ려 ᄒᆞ<u>녕다</u>" (석상 6, 17ㄴ)
　　나. (難頭禾龍王이 阿闍世王에게) "釋迦文 佛이 겨싫 저긔 내 부텨ᄭᅴ
　　　　말ᄊᆞ물 ᄒᅀᆞᄫᅩ디 '涅槃ᄒᆞ신 後에 劫 다ᇯ 時節에 經과 袈裟와 바
　　　　리와를 내 다 가져다가 이 塔애 녀허뒷ᅌᅳᆸ다가 彌勒이 나거시든
　　　　내야 받ᄌᆞᄫᅩ리이다' ᄒᅀᆞᄫᅩ이다" (석상 24, 31ㄴ)
　　　　(아도세왕이 용왕에게) "내 그런 ᄠᅳ들 <u>몰라ᄒᆞ댕다</u>" (석상 24,
　　　　32ㄱ)
　　다. (바라문이 호미의 딸에게) "그딋 아바니미 <u>잇ᄂᆞ닛가</u>" (석상 6,
　　　　14ㄴ)
　　　　(호미의 딸이 바라문에게) "잇ᄂᆞ니이다" (석상 6, 14ㄴ)
　　　　(바라문이 호미의 딸에게) "내 보아져 ᄒᆞᄂᆞ다 <u>술ᄫᅥ써</u>" (석상 6,
　　　　14ㄴ)

　　지금까지 위에서 살펴지는 '닝다'체는 'ᄂᆞ이다'체보다 덜 공손한 형으로
이해되어 왔는데, 그것은 이 '닝다'체가 화자 자신과 대등한 처지이거나 자
신보다 하위자에게 사용되었다는 사실에 주목한 결과로 생각된다. 예컨대
(가)에서 대화를 나누는 수달과 호미의 신분은 장자로 대등하며, (나)의 용
왕과 아육왕의 신분 역시 왕으로 같다. 그런데 이들은 피차 '-닝다'체를 사
용하고 있다. 또 (다)의 바라문과 호미의 딸은, 서로의 나이만을 비교하면,
바라문이 호미의 딸보다 상위자라 할 수 있는데, '닝다'체를 사용하는 인물
은 바라문으로, 즉 여기서는 상위자인 바라문이 하위자인 호미의 딸을 상대
로 '닝다'형을 사용하고 있다. 그동안 '닝다'체를 'ᄂᆞ이다'체보다 공손의 정
도가 낮은 말씨로 규정했던 것은 '닝다'체의 이와 같은 쓰임을 주목한 결과
로 간주된다는 뜻이다.
　　그러나 우리는, 상위자에게만 가장 공손한 태도를 취하지 않음을 잘 안

다. 곧 상황에 따라서는 대등한 처지나, 하위자에게도 상위자에 버금가는 정도의 공손한 태도를 취할 수도 있다고 생각되는데, 위 상황이 그러하지 않나 하는 생각을 한다. 즉 (가)의 수달과 호미는 바라문의 중매로 사돈이 되기로 한 후 처음 상면하였음을 고려할 때, 이들은 초면인 데다가 사돈이 될 관계로 이해되는 만큼, 피차 최대한 공손히 대하려 할 것으로 추측된다. 현재 우리의 입장에서 생각해 볼 때, 상황이 이러한데, 단순히 서로의 신분이 같음을 앞세워, 상대를 '보통으로 높이거나 보통으로 낮추어' 대한다든지, 'ᄂᆞ이다'체보다 덜 공손히 대할 수는 없을 듯하다.[42] 그러므로 이와 같은 불필요한 오해를 불식시키기 위해서는 위에서 관찰되는 '닝다'체를 굳이 'ᄂᆞ이다'체보다 공손의 정도가 낮은 형으로 보지 말고, 이 둘을 아울러 '공손형'으로 간주함이 좋을 듯하다.

이와 같은 생각은 위 예문의 (나)에서 아도세왕이 용왕을 대하는 태도를 참조할 때 더욱 강해지는 듯한데, 여기의 용왕과 아도세왕은 같은 신분인데도, 용왕은 아도세왕에게 'ᄂᆞ이다'체를 사용하여 "내가 부처에게 […]라고 ᄒᆞ보이다"처럼 말하지만, 아도세왕은 용왕에게 '닝다'체를 사용하여 "내 그 뜻을 몰라ᄒᆞ댕다"로 대꾸하고 있다. 여기서 우리는 '닝다'체와 'ᄂᆞ이다'체는 혼용할 수 있는 말씨임을 시사 받는다. 만약 서로가 대등한 사이라면, 피차 'ᄂᆞ이다'체를 사용하든지 'ᄂᆞ다'체를 사용해야지, 자신을 'ᄂᆞ이다'체로 대해주는 상대에게 'ᄂᆞ다'체로 응수할 수는 없기 때문이다. 그런데 위의 아육왕은 자신을 'ᄂᆞ이다'체로 대해주는 용왕에게 '닝다'체를 사용하고 있어, 만약 '닝다'체가 'ᄂᆞ이다'체보다 덜 공손한 형으로 보는 기존의 견해가 사실이라면, 위의 용왕은 아도세왕의 태도를 쉽사리 용납하기 어려울 것이다. 이들의 대화는 위 예가 전부이므로 그 뒤 용왕이 아육왕을 어떻게 상대했는

---

42) 앞서 살핀 바 있지만, 전자의 관계(상대를 높이거나 낮추려는 관계)로 파악한 이는 고영근(1988)이 대표적이고, 후자의 관계('ᄂᆞ이다'체보다 덜 공손히 대하는 관계)로 파악한 이는 안병희(1965 · 1984)가 대표적이다. 즉 고영근은 '닝다'체를 '보통으로 낮추거나 보통으로 높이는' 등급으로 처리한 반면, 안병희는 'ᄂᆞ이다'체보다 보다 낮은 등급으로 간주한다.

지를 확인할 길은 없다. 그러나 아도세왕은 최소한 '닝다'체와 '느이다'체의 공손 정도를 같게 보았을 것이란 추정은 충분히 할 수 있다. 그랬기 때문에 자신을 '느이다'체로 대해 주는 용왕에게 '닝다'체를 사용할 수 있었을 것으로 생각되는 까닭이다.

(다)의 '닝다'체 역시 지금까지 살핀 경우와 마찬가지로 해석되는데, 여기 (다)는 바라문과 호미의 딸 사이에 오가는 대화이다. 이때 바라문은 성인이고 호미의 딸은 혼기에 다다른 처녀임을 감안하면, 바라문이 더 연장자라 할 수 있다. 그래서 바라문은 호미의 딸에게 '닝다'체로 묻고, 그 딸은 '느이다'체로 답하였을 것이다. 여기서 만약 이 점만을 고려하면, '닝다'체를 '느이다'체보다 낮게 대우해야 할 인물에게 사용하는 말씨로 단정할 수 있을 것이지만 이와 같은 판단은 피상적인 관찰의 결과일 뿐으로 간주된다. 여기서는 우선 바라문의 말 상대자는 그가 상위자로 모시는 호미의 딸이란 사실을 주목해야 할 것이고, 그러므로 그녀가 아무리 자신보다 어릴지라도 바라문은 그녀를 함부로 대할 처지라는 사실 또한 유념해야 할 것이다. 게다가 이들은 초면이기까지 하다. 상황이 이러하다면 바라문이 호미의 딸을 '보통으로 높이거나 보통으로 낮춘다'고는 생각되지 않는다. 자신보다 하위자에게 공손을 표할 경우에도 '느이다'체를 사용함이 예사인데, 하물며 함부로 상대할 수도 없는 인물에게 '느이다'체보다 덜 공손한 말씨를 사용할 것으로 생각되지는 않기 때문이다. 그러므로 이와 같은 시각보다는 바라문이 호미의 딸을 아주 공손히 대하는 것으로 보는 편이 자연스럽지 않나 한다. 이 글에서 '닝다'체와 '느이다'체를 공히 '공손형'으로 처리한 이유는 이상에 밝힌 이유에서이다.

그렇다면 이들의 차이는 무엇인가라는 의문이 필연적으로 제기되는데, 필자는 그것을 같은 태도 안에서 보일 수 있는 말씨의 차이로 간주하고자 한다. 즉 '느이다'체는 전 항에서 살핀 대로 '격식체'로, '닝다'체는 '비격식체'로 이해하고자 한다는 뜻으로, 지금까지 '닝다'체를 '느이다'체보다 낮은 등급으로 처리했던 이유도 여기에 있지 않을까 한다. 다시 말하면 '닝다'체가 비격식체인 까닭에 격식체인 '느이다'체보다 덜 공손한 태도로 간주되어 왔다는 것이다. 비격식체가 격식체보다 덜 공손한 말씨임은 사실이어서, 그런 까닭에 이기갑(1978 : 13)은 '닝다'체와 '느이다'체의 차이를 심리적인 영향으로 생기는 등급의 차이로 규정했을 것이다.[43]

'닝다'체가 비격식체일 가능성은 이 형식이 출현한 문헌의 특성을 고려해 볼 때도 개연성이 있는 것으로 생각된다. 위에서 언급한 바 있듯이 '닝다'체가 출현한 문헌은 『석상』의 권 6과 24로만 국한되는데,[44] 이들의 저경이 『석가보』임은 주지의 사실이다.[45] 수양은 이를 저경으로 하여 석가의 일대기나 사상을 서술하고 있다. 그런데 그는 이런 내용들을 석가와 그의 주변 인물을 등장시켜, 그들이 서로 대화하는 과정을 통하여 전달하는 방식을 취한다. 더욱이 주목할 사실은 여기에 등장하는 인물들의 신분이 정반왕, 마야부인, 대애도부터 왕, 수달, 바라문, 비구 등의 각계 각층으로 매우 다양하

---

43) 이와 관련하여 이기갑(1978 : 13)이 참조된다. 즉 여기서 그는 '느이다'체와 '닝다'체의 차이를 "/이/ 음소의 탈락으로 말미암은 심리적 영향으로 생기는 등급"으로 규정하고 있는데, 그가 굳이 이 두 형의 차이를 '심리적 등급'의 차이로 보았던 이유는, 이들이 [공손]을 표지한다는 점에서 공손형으로 묶일 수 있지만, 그 차이를 문법적으로 정확히 설명할 수 없음을 인식한 결과가 아닌가 한다.

44) 물론 고영근(1997 : 304-305)에 의하면 이 '-닝다'체는 『내훈』에도 사용되었음을 알 수 있다. 다음은 그의 예문을 재인용한 것이다.

(가) 어제 그디 마롤 드로니 므슷매 왕래ᄒ야 닛디 몯ᄒ리로쇵다 (내훈 하, 37장)
(나) ᄯᅩ 안보호미 어려우니이다 (같은 책, 36장)

고영근(1997 : 305)은, "(가)는 황제가 황후에게 하는 말이고 (나)는 황후가 황제에게 하는 말인데, 이들의 대화를 볼 때, 황후와 황제는 같은 신분의 인물로 파악되지 않았다."는 말을 한다. 물론 그럴 수도 있지만, 황제가 황후를 자신보다 낮은 신분으로 파악하여 덜 공손하게 대하는 것이 아니라 상대가 여자이고, 그녀와 친밀하다고 생각하기 때문에 비격식체를 사용했다고 볼 수도 있겠다는 생각이다.
이와 관련하여, 『내훈』의 서술자가 성종의 생모인 인수대비라는 점도 간과할 수 없는 사실로 생각된다. 즉 다른 문헌에서 찾아보기 힘든 '-닝다' 형이 왜 이 문헌에 출현하는가는 고려해 봄직한 사항으로 인지되는데, 그것은 현대국어에서 비격식체로 간주되는 '-요'의 주요 사용층이 여자라는 사실과 무관하지 않을 듯하기 때문이다.

45) 고영근(1995 : 343)에는 『월석』과 『석상』의 저경에 대해 자세히 언급하고 있다.

다는 것이다. 따라서 이런 문헌에는 상대의 위상에 따른 공손형이 다양하게 등장할 것이고, 이들의 대화 내용을 기술하다 보면, 구어체적 속성이 가미될 확률 또한 높을 것으로 생각된다.[46]

이와 같은 특성은 다른 문헌에 비견될 만하다고 생각한다. 즉 『법화경언해』나 『능엄경언해』 등은 원본 『불경』에 토만을 표지한 경우여서 번역투이면서 문어체로 서술되었을 가능성이 짙을 것인데, 위의 두 문헌은 수양이 『석가보』만을 참조하여 자신이 직접 서술한 까닭에 수양 개인의 어투가 많이 반영되었을 것으로 보이기 때문이다. 그렇다면 여기에는 당대의 구어적 속성이 투영되었을 확률도 크다고 생각한다. 어차피 수양이 그 당시의 모국어 화자임을 감안하면, 그의 말씨는 당대의 말씨에서 크게 벗어나지 않을 것이기 때문이다.

요컨대, '닝다'체가 출현한 『석상』은 구어체가,[47] 다른 『불경언해』들은 문어체가 사용되었을 것으로 보인다는 것으로,[48] 그렇기 때문에 구어체적

---

46) 여기서 이 두 문헌의 구성 내용을 참조할 필요가 있다. 먼저 『석상』 권 6에는 다음과 같은 내용이 있다. ① 석가가 목련을 시켜, 야수에게 나후라를 출가시키도록 권유함, ② 수달이 호미의 집을 방문하는 것을 계기로 불교에 입문함, ③ 석가가 여러 나라를 돌아다니며 설법함, ④ 석가가 아함경을 설법함. ①에는 야수와 목련, 야수와 대애도, 정반왕과 대애도, 석가와 야수의 대화가 등장한다. 그리고 ②에는 수달과 호미, 파라문과 호미, 파라문과 호미의 딸, 수달과 가섭, 석가와 수달 등의 대화가 등장한다.

그리고 『석상』 24의 내용을 보면, ① 세존의 열반, ② 아난이 석가의 제자가 된 인연, 아육왕의 불교에 대한 신심, ③ 아육왕의 태자 법익이 84000탑을 세운 인연 등이다. ①에는 마야와 가섭, 마야와 석가, 석가와 제자, 가섭과 아난, 석가제자들과 왕들의 대화가 등장한다. 그리고 ②와 ③에는 아육왕과 신하, 아육왕과 태자, 용왕과 아육왕, 아육왕의 비와 태자, 태자와 일반백성들의 대화가 등장한다.

이상에서 알 수 있듯이, 이들의 등장인물들의 신분은 매우 다양하다. 그리고 그들 대부분이 일반 백성이란 사실이 주목된다. 왜냐하면 석가와 보살, 석가와 제자들이 서로를 격식을 갖추어 상대하는 말씨와는 아무래도 차이가 있을 것이기 때문이다.

47) 여기서 『석가보』를 저경으로 한 문헌이 『석상』의 권 6과 24로 국한되지 않는다는 사실을 분명히 해 둘 필요가 있다. 고영근(1995 : 343)에 의하면, 『석가보』를 저경으로 한 문헌으로는 『월석』(권 1, 2, 7, 10)과 『석상』(권 3, 6, 9, 23, 24) 등이 있다. 따라서 이 문헌들도 『법화경언해』나 『능엄경언해』 등의 문헌에 비해, 상대적으로 구어체적 특성이 드러날 확률이 많을 것으로 생각된다.

특성이 드러날 소지가 많은 한정된 자료에 등장하는 '닝다'체도 구어체일 가능성이 많다는 것이다. 이는 "'닝다'체가 15세기, 그 가운데에서도 한정된 문헌에만 출현하다가 16세기에는 거의 찾아볼 수 없는 상태에 이르다가 17세기에는 완전히 소멸되었다(이영경, 1992 : 26)"는 점을 참조할 때도 충분히 개연성이 있는 생각일 듯하다. 화자가 존대법을 구사함에 있어, 가장 의식해야 할 대상이 청자임은 주지의 사실인데, 이 청자에 대한 존대의 등급이 겨우 한 세기를 지나 완전히 소멸했다는 것은 여러 가지 점에서 의문을 제기한다. 더군다나 국어 공손법을 사적으로 고찰해 보면, 공손의 등급은 그동안 미세하게 분화되어 왔음을 알 수 있는바,49) 이는 우리 문화의 특성을 고려할 때도 자연스런 현상으로 생각된다. 그럼에도 불구하고 이 '닝다'체는 왜 소멸한 것일까라는 의문이 제기되는데, 위에서 제시한 정황들을 고려할 때, 필자는 이 형이 15세기 당시에 유행하던 말씨였지 않았나 하는 생각을 해 본다. 곧 '닝다'체가 혹시 현대국어의 '-요'에 비견될 만한 말씨는 아니었을까하는 생각에 도달한다는 것이다.50) 그러나 이 말씨는 '-요'와 달리

---

48) 그렇다고 해서 『석가보』를 저경으로 하는 문헌의 모든 대화 장면이 구어체적 속성을 지닌다고 하기는 어렵다. 역으로 이에서 제외되는 다른 문헌의 모든 대화 장면이 문어체적 속성만을 지닌 것으로 단정할 수도 없다. 우리가 여기서 주목하려는 것은 서술자가 원본을 그대로 직역한 경우와, 자신의 생각을 써 내려 간 경우의 문체는 분명한 차이가 있을 것이고, 그렇다면 후자의 경우가 전자보다 구어체적 속성이 강하지 않겠느냐는 것이다.

49) 현대국어의 공손법 체계는 여러 연구자들에 의해 다양한 각도에서 연구되어 오고 있다. 여기서는 성기철(1985 : 157)의 견해만을 제시하도록 한다.

	1차 화계	2차 화계
높임	아주 높임	(두루) 높임
	예사 높임	
낮춤	예사 낮춤	(두루) 낮춤
	아주 낮춤	

위 표에 제시된 현대국어의 공손 체계와 15세기 공손 체계를 비교해 보면, 공손의 등급이 그동안 얼마나 미세하게 나뉘어져 왔는가를 일별할 수 있다.

50) 고영근(1974)는 우선 화계를 '사원적 체계'와 '이원적 체계'의 둘로 나누어, 전자에서는 '해라체, 하게체, 하오체, 합쇼·하소서체'의 넷을 구분하고, 후자에서는 '요통합 가능형'과 '요 통합형'의 둘을 구분하였다. 고영근(1974 : 81)는 '요 통합형'의 사용 동인에 대해

생명력을 얻지 못하여 겨우 한 두 세기도 못 미치고 소멸한 것은 아닌가 한다. 결론적으로 필자는 지금까지의 생각을 정리하여, '넝다'체를 언중들 사이에서 일정 기간에 유행하는 구어적인 말씨로 추정하고자 한다.[51]

이상의 생각이 어느 정도 타당하다면, 이 '넝다'체는 비격식체일 가능성이 높다. 장소원(1986 : 197)에서 지적했다시피 구어체가 문어체보다 격식성이 부족한 것이 사실이기 때문이다.[52] 이 점은 앞에서 제시한 예문 (37)의

"화가 난다든지 취중이라든지 갑자기 친밀감을 갖게 되는 것"으로 파악한다. 필자가 '-넝다' 형을 '요'에 비견한 점이 바로 여기에 있다. 논의가 진행되어 가는 과정에서 알게 되겠지만, 본고는 '-넝다' 형을 비격식체로 간주하고자 하는데, 고영근이 위에서 지적한 '친밀감'은 비격식체의 두드러진 특성으로 인지되고 있기 때문이다. 이는 서정수(1984), 박영순(1976), 성기철(1985) 등을 참고하면 알 수 있다.

그런데 고영근(1974 : 83)는 '요 통합형'이 "후반기 문법가[1950년대 이후 문법가]들에게 부각되지 못했던 것은 사원적인 체계만이 당시의 사회체제와 부합하는 이상적인 것이요, '요 통합형'은 어린이나 여성들이 기호하는 바라고 믿었기 때문이 아닐까 한다."라는 생각을 피력하였다. 여기서 우리는 그가 '요 통합형'을 비격식체로 간주한 이유를 파악할 수 있는 중요한 단서를 얻을 수 있는데, 먼저 이 형이 당시 사회 체제와 부합하는 이상형이 아니라는 점, 그리고 어린이나 여성들이 주로 사용하는 말씨라는 점이 그것이다.

이는 곧 '요 통합형'의 출발이 당대에 유행하는 말씨였을 가능성이 높다는 사실과 구어로써 사용되었을 가능성이 높다는 사실을 시사해 주어 우리 논지를 뒷받침해주는 강력한 논거라 할 수 있을 것이다. 필자는 이 점이 바로 '넝다'체와 공통점이라 생각하기 때문이다. '넝다'체가 한정된 자료에서만 문증된다는 점, 물론 어린이나 여자들이 사용한 말씨는 아니였지만, 어느 한정된 계층에서만 사용되었다는 것은 그만큼 유행어일 가능성과 구어체일 가능성이 높다는 의미로도 해석할 수 있을 것이다.

51) '넝다'체의 이와 같은 속성 때문에 성기철(1979 : 5), 한재영(1998 : 157) 등은, 이 말씨를 공손의 한 등분으로 설정하기에 주저하지 않았나 한다. 사실 먼저 전자는, '-넝다'체의 예가 극히 희소하다는 사실을, 후자는 '넝다'체가 출현한 문헌이 한정될 뿐만, 이를 사용하는 인물들도 극히 제한되어 있다는 점을 이유로 들고 있기도 하다. 특히 후자는 "'ᄒᆞ야쎠체 [넝다]'체를 공손법이 아닌 감탄이나 독백을 나타내는 문체의 한 종류일 가능성이 짙다는 가정을 남겨 놓았다.

그러나 필자는 적은 수일지라도 15세기에 '넝다'체가 문증된 이상, 그리고 이것이 서법임이 분명한 이상, 15세기 문법 체계에서 이 형을 도외시할 수는 없다고 생각한다. 이런 맥락에서 필자는 또 이 말씨를 공손법의 한 유형으로 인정한 후에, 왜 한정된 문헌과 상황에서만 출현하는 지를 구명함이 더 타당하다고도 생각하는 바이다. 이와 같은 취지에서 이 글에서는 '넝다'체를 공손형으로 인정하고, 후자의 이유를, 구어체였을 가능성에서 찾고자 하였다.

대화 내용을 고려해 보아도 알 수 있다. 이들의 대화는, 그야말로 사사로운 개인의 생각이나 사건들을 주제로 하고 있어, 예를 들면 (가)의 화자인 수달은 호미의 집에 도착하여 그에게 음식을 장만한 이유를 묻고 있고, (나)의 용왕은 석가의 사리를 그의 용궁에 안치하게 된 경위를 말하고 있다. 그런데 이와 같은 장면은 전항에서 살핀 '느이다'체와 비교해 볼 때, 사뭇 대조적이라 할 수 있어 그 기능 역시 그와 대비되는 것으로 이해할 법하다.

생각이 여기에 미치면 이 말씨는 '격식체'에 대비되는 '비격식체'일 가능성이 높다는 결론에 도달하는데, 실제 대화 내용을 볼 때도 그들처럼 개인의 생각을 스스럼없이 주고받는 사이라면 굳이 상대에게 격식적인 말씨를 사용할 필요는 없을 듯도 하다. 게다가 이미 상대에게 공손한 태도를 취한 바에는 더욱 그러하리라고 생각한다.

또 '넝다'체가 비격식체임은, 이 형을 서로 대등한 처지나 자신보다 어린 상대에게 사용하고 있다는 점을 통해서도 알 수 있다. 예컨대 (가)와 (나)의 수달과 호미, 용왕과 아도세왕의 위상은 서로 같고, (다)에서 바라문이 '넝다'체를 사용한 대상은 자신보다 어린 처녀이다. 그런데 앞서도 지적했다시피 이들에게 이미 공손한 태도를 보인 상황이라면, 이런 경우 일반적으로 서로에게 깍듯한 격식을 갖출 필요는 없다고 생각한다. 물론 상대를 덜 공손하게 생각해서가 아니라 서로의 신분이 비슷하기 때문에 친밀감의 표시로 그러하다는 말이다.

그렇다면 위 인물들은 서로 초면인데, 어떻게 비격식체를 사용할 수 있겠느냐는 또 다른 의문이 제기될 수 있다. 초면이므로 격식을 차려야 한다는 생각도 타당하겠으나, 역으로 초면이기 때문에 '느이다'체 정도의 말씨를 사용해야 한다는 논리도 가능하지 않나 한다. 상대에게 격식을 갖추려는 이들이 어떻게 '느이다'체보다 낮은 정도의 말씨를 사용할 수 있겠는가를 고

---

52) 장소원(1986 : 197)은 "구어체는 문어체보다 더 확실한 상관적 장면에서 나타나며 격식성이 부족하고, 문장 구성의 필요 요소가 갖추어지지 않아도 별 무리 없이 화자의 의사가 전달된다."고 하였다.

려할 때 그러하다.

이와 같은 모순을 범하지 않으려면, 위 상황을 피차가 최대한 공손의 태도를 보인 다음 친밀감을 드러내는 말씨로 보아야 합당하겠다는 것이 필자의 생각이다. 물론 서로가 초면인 점은 분명하나, (가)의 수달과 호미는 이미 사돈이 되기로 하였고, (나)의 용왕과 아육왕은 피차 불교를 숭배한다는 점을 감안하면 서로에게 남다른 정을 느낄 법하다. 이와 같은 생각은 (다)에도 마찬가지로 적용되는데, 여기서 '닝다'체를 사용하는 인물은 바라문인 반면에 호미의 딸은 'ᄂ이다'체를 사용하는바, 이는 바라문은 호미의 딸이 누구인 줄도 알고, 또 내심 수달의 며느리감으로 정한 상태이어서 다른 처녀보다 친밀하게 생각할 수 있기 때문으로 풀이할 수 있기 때문이다. 이에 비하여 바라문은 호미의 딸에게 생면부지의 인물일 뿐이어서 그녀는 바라문에게 'ᄂ이다'체를 사용한 것으로 추정할 수 있겠다.

요컨대 본고는 '닝다'체를 공손형의 비격식체로 간주하고자 하는데, 이런 입장을 취하면 다음과 같은 이점이 있다. 첫째, 기존의 입장처럼 '닝다'체를 'ᄂ이다'체보다 낮은 등급으로 파악하면, '이·잇'보다 '-ㅇ·-ㅅ'이 덜 공손한 표지라는 것을 문법적으로 증명해야 하는데, 현재로서는 이를 명쾌하게 설명할 수 없다. 그러나 본고처럼 '-ㅇ·-ㅅ'을 '이·잇'의 형태론적 이형태로 처리하여 이들을 '공손형'으로만 처리하면 기존 입장이 직면한 문제를 해명할 필요가 없다는 것이다.

둘째, 이 두 형식에서 인지되는 공손의 정도 차이를 격식체와 비격식체의 특성에서 말미암은 것으로 해석하면, '닝다'체에 대한 지금까지 연구자들의 의견과 일맥상통할 수도 있다는 것이다. 즉 지금까지 '닝다'체를 'ᄂ이다'체보다 덜 공손한 형으로 처리했던 가장 주된 이유는, 이 '닝다'체가 대등한 위치의 인물이나 그보다 낮은 대상에게만 사용되었다는 점을 주목한 결과이다. 그리고 이미 살핀 바 있듯이, 이는 사실이기도 하다. 필자는 '닝다'체의 이런 쓰임을 비격식체의 특성에서 찾고자 한 것이다. 화자가 상대하는 인물이 자신과 대등하거나 높지 않으므로 상위자보다 더 친밀감을 느껴 비격식체를 사용한 것인데, 우리는 지금까지 이와 같은 상황을 상대에게 덜 공손하게 대하는 경우로 이해하여 왔다는 것이다.

1.3.2.2. 비공손형

'비공손형'은 'ᄂ다'체나 '니'체처럼 공손 표지 '이'를 실현시키지 않은 형식을 일컫는 것으로, 여기서는 전자를 격식체로, 후자를 비격식체로 간주하고자 한다. 'ᄂ다'체는 표현이 직접적이고 단정적인 느낌을 주는 반면, '니'체는 'ᄂ다'체에 비해 훨씬 부드럽고 비단정적인 느낌을 준다. 때문에 'ᄂ다'체는 격식체로, '니'체는 비격식체로 사용될 가능성이 많다.[53]

1.3.2.2.1. 비공손형 격식체 : 'ᄂ다'체

'비공손형 격식체'는 다음의 '드르라', 'ᄒ눈다'처럼 공손 표지 '이'가 없는 형을 말하는데, 우선 다음에 제시한 예부터 살피도록 하자.

(38) 가. (석가가 미륵에게) "阿逸多 [미륵보살]아 그 쉰 차힛 善男子 善女人의 隨喜 功德을 내 닐오리니 네 이대 <u>드르라</u>" (석상 19, 2ㄱ-ㄴ)

　　나. (석가가 목련에게) "네 迦毗羅國에 가아 아바닚긔와 아ᄌ마닚긔와 아자바닚긔 다 安否ᄒᆞᆸ고 ᄯᅩ 耶輸陀羅ᄅᆞᆯ 달애야 恩愛ᄅᆞᆯ 그처 羅睺羅ᄅᆞᆯ 노하 보내야 샹재 <u>ᄃᆞ외에 ᄒᆞ라</u>" (석상 6, 1ㄱ-ㄴ)

　　다. (석가가 선수 비구에게) "네 ᄠᅳ디 어린 사ᄅᆞ미 엇뎨 네 釋子ㅣ로라 <u>ᄒᆞᆫ다</u>" (월석 9, 35-중ㄱ)

　　라. (부처가 미륵에게) "彌勒아 반ᄃᆞ기 <u>알라</u> … (왕자들이) 다 王位 ᄇᆞ리고 ᄯᅩ (아버지를) 조차 出家ᄒᆞ야 大乘ㅅ ᄠᅳ들 發ᄒᆞ야 … 法師ㅣ ᄃᆞ외니 ᄒᆞ마 千萬佛ㅅ게 여러 가짓 善 미틀 <u>시므시니라</u>" (법화 1, 99ㄱ-ㄴ)

　　마. (부처가 대중에게) "이 일후미 <u>므스고</u>" (능엄 5, 18ㄴ)

　　바. (부처가 사리불에게) "舍利弗아 내 이런 利ᄅᆞᆯ 볼써 이 마ᄅᆞᆯ ᄒᆞ노

---

53) 이는 남기심(1996 : 663)의 견해를 참조하였다. 그는 여기서 비격식체는 '표현이 직접적이고 단정적이며 객관적'이지만 비격식체는 '부드럽고 비단정적이며 주관적'이라 하였다.

니 衆生이 이 말 드르니는 뎌 나라해 나고져 <u>發願홇</u> 디니라” (아
미 18ㄱ)

위 예문의 화자는 모두 석가이지만, 청자는 각각 미륵, 목련, 선수로 석가
보다 하위자이다. 따라서 석가는 자신의 말에 공손 표지 ‘이’를 실현시킬 필
요가 없다. 그런데 흥미로운 사실은, 청자들의 위상이 같지 않음에도 불구
하고 석가는 이들을 공히 ‘ᄂ다’체로만 상대하고 있다는 점이다. 다시 말하
면 미륵과 목련, 선수의 상하 관계는, 보살인 미륵이 제일 위이고, 제자인
목련이 그 다음이다. 그리고 비구인 선수가 제일 낮다. 그런데 석가는 이들
을 똑같이 ‘ᄂ다’형으로 대하고 있어 우리의 주의를 끄는데, 이는 결국 공손
의 태도는 화자 편에서 살펴야 정당함을 시사하는 것으로 생각된다. 만약
석가가 미륵이 목련보다 상위자라거나 목련이 선수보다 상위자라는 사실을
중시했다면, 이들에게 동일한 말씨를 사용하지는 않았을 것임에도 불구하고
이와 같은 태도를 취한 이유는 석가가 자신을 중심으로 미륵이나 목련 등의
위상을 가늠하였음을 의미하는 것으로 추정되는 까닭이다. 그러므로 이런
점을 고려한다면, 공손의 등급은 화자를 중심으로 분류함이 마땅하다고 생
각한다.

더 나아가 여기서 우리는, 화자가 청자를 ‘ᄂ다’체로 상대하였다고 해서
그것이 곧바로 낮춤을 의미하지 않는다는 사실도 깨닫게 되는데, 서상준
(1994 : 111)에서도 지적했지만, 이 ‘ᄂ다’체는 ‘청자에게 특별히 높임이나 낮
춤의 의도를 드러내지 않고 대우하는 말씨’이지, 그를 의도적으로 낮추기
위한 말씨는 아니기 때문이다. 이런 입장에 설 때, 우리는 다음과 같은 예문
도 자연스럽게 이해할 수 있을 것이다.

    (39) 가. (문수가 미륵에게) “彌勒아 <u>아라라</u> 첫 부텨 後ㅅ 부톄 다 ᄒᆞᆫ 가
          짓 字로 일후미 日月燈明이시고 열 號ㅣ ᄀᆞᄌᆞ시고 … 샹녜 조ᄒᆞᆫ
          ᄒᆡᆼ뎍 다까 다 法師ㅣ ᄃᆞ외샤 ᄒᆞ마 千萬 부텨끠 믈읫 됴ᄒᆞᆫ 根源
          을 <u>시므시니라</u>” (월석 11, 44ㄴ-46ㄱ)

가-1. (미륵이 문수에게) “文殊舍利여 導師 [석가모니] ㅣ 엇던 전추로
眉間 白毫앳 大光이 너비 비취시니 … 四部衆이 다 기꺼 몸과 뜯
괘 훤ᄒ야 네 업던 이룰 <u>얻ᄌᆞᄫᆞ뇨</u>” (석상 13, 16ㄱ-ㄴ)

나. (아난이 난타에게) “네 바리를 어듸 가 <u>어든다</u> 도로 다가 <u>두어
라</u>” (월석 7, 8ㄱ-ㄴ)
나-1. (가섭이 아난에게) “내 부러 너를 어셔 得道ᄒ게 ᄒ다니 츠기
<u>너기디 말라</u>” (석상 24, 3ㄱ-ㄴ)

위에서 소개한 예문 (가)의 문수와 미륵은 보살로 같은 신분이고, (나)의
아난과 가섭, 난타는 석가 제자로 역시 같은 신분이다. 그런데 밑줄 친 부분
을 보면, 서로를 ‘ᄂᆞ다’체로 상대하고 있음을 알 수 있다. 그러므로 만약 이
‘ᄂᆞ다’체를 낮춤의 말씨로만 간주한다면, 이들은 서로를 일부러 낮춘다고
해야 할 것인데, 이는 다소 무리한 설명이고 이보다는 서로가 평대할 처지
여서 굳이 공손 여부를 생각하지 않고 대하는 것으로 보아야 자연스러울 듯
하다.54)

그런데 위에서 느껴지는 ‘ᄂᆞ다’체는 객관적이고 단정적인 설명 투의 느낌
을 주는 듯한데, 이는 이 말씨의 외현된 모습이 설명문의 종결형과 같기 때
문이 아닌가 한다. 이와 같은 생각을 보다 많은 예문을 참조함으로써 구체
적으로 생각해보도록 하자.

(40) 가. 受用은 바다 <u>쓰다</u> 혼 ᄠᅳ디라 (월석 2, 53ㄴ 협주)

---

54) 이와 관련하여 안병희(1992 : 128)의 다음 견해가 참조된다.

상하 관계는 상위자와 비상위자의 관계로 규정한다. 특히 후자에서 비상위자를 사용하고,
하위자란 용어를 배격하고 있음에 유의할 것이다. 가령 화자가 존경법을 사용한다면, 주
어가 화자에 의하여 상위자로 대우되었을 뿐이고, 화자가 하위자란 의미는 아니다. … 존
경법을 사용한 화자나 존경법이 사용되지 않은 주어는 상하관계에서 중립적이라 할 것이
다. 따라서 상하관계란 굳이 말한다면 상위자와 중립적인 것의 관계다.

이런 입장은 신창순(1984), 김종택(1981), 염선모(1981) 등도 취한 것으로 확인된다.

나. 王이 怒ᄒᆞ야 니ᄅᆞ샤ᄃᆡ … 夫人ㅅ 벼슬 아ᅀᆞ시고 그 蓮花ᄅᆞᆯ ᄇᆞ리라 <u>ᄒᆞ시다</u> (석상, 11, 31)

다. 오직 出世ㅅ ᄆᆞᅀᆞᄆᆞᆯ 머거 塵을 조차 더러움 업스면 곧 일후미 <u>丈夫ㅣ라</u> 男 女를 論홀 띠 <u>아니니라</u> (영가 상, 25ㄱ)

라. 般若波羅蜜多ᄂᆞᆫ 이 큰 神奇ᄒᆞᆫ 呪ㅣ며 이 큰 ᄇᆞᆯᄀᆞᆫ 呪ㅣ며 이 우 업슨 呪ㅣ며 이 ᄀᆞ줄벼 ᄀᆞᆯ오리 업슨 <u>呪 ㅣ라</u> (심경 59ㄱ-60ㄱ)

위 예문은 대화에 오가는 내용이 아니라, 서술자가 개념이나 어떤 상황을 설명한 것이어서, 이를 진술하는 서술자는 단정적이고 객관적인 태도를 취할 것으로 추측된다. 이런 관점에서 보면, 여기에 쓰이는 종결어미 'ᄂᆞ다'체 역시 객관적이고 단정적인 성격이 짙은 것으로 인식되기 마련인데, 그러나 이 형식은 '비공손'의 'ᄂᆞ다'체와 같은 형식을 지니고 있음에 주목할 필요가 있을 듯하다. 이때 다음과 같은 예문을 참조할 수 있겠다.

(41) 가. (현각이 대중에게) "ᄂᆞᆷ 주겨 몸 살오미 ᄀᆞ장 <u>셟도다</u>" (영가 상, 23ㄱ)

나. (대중이 도사에게) "舍利弗이 <u>이긔여다</u>" (석상 6, 31ㄴ)

다. (석가가 사리불에게) "내 즉재 念을 호ᄃᆡ 如來 나ᄆᆞᆫ 佛慧 닐오ᄆᆞᆯ 爲ᄒᆞᆫ 젼ᄎᆞ니 이제 正히 그 <u>時節이로다</u>" (법화 1, 242ㄱ)

라. (미륵이 문수에게) " … 天人 鬼神ᄃᆞᆯ콰 사ᄅᆞᆷ과 사ᄅᆞᆷ 아닌 것괘 香華伎樂ᄋᆞ로 샹녜 供養ᄒᆞᅀᆞᆸᄂᆞᆫ 야ᅌᅵ 다 <u>뵈ᄂᆞ다</u>" (석상 13, 24ㄴ)

방금 언급했다시피 위에 제시한 예문 (41)의 밑줄 친 부분에 나타난 종결형은 앞서 살핀 예문 (40)과 같은 어형을 지니고 있는 까닭에 비공손형의 'ᄂᆞ다' 역시 직설적이고 객관적이며 단정적인 말씨로 느껴지는 것이 아닌가 한다. 그리고 또 이러한 느낌 때문에, 격식을 요하는 자리에서는 'ᄂᆞ다'체를 사용하였으리라 생각한다. 장윤희(1998 : 115-116)에서는 설명형에 쓰이는 '-다'는 '관념적 · 객관적 · 사전적' 기능을 지니기 때문에 "이 '-다'에 상대높임의 형태소가 통합하면 강한 통보성"을 띠게 된다고 하였는데, 우리로서는 참조할 만한 내용이라 생각한다. '통보적' 기능은 다분히 격식적이고 공적인 성격이 짙다고 생각하는 까닭이다. 필자는 이런 맥락에서 '느다'체를 격식체로 결론하고자 한다.

1.3.2.2.2. 비공손형 비격식체 : '니'체

'비공손형 비격식체'는 다음의 '오시니', '아니시니'처럼 공손 표지 '이'가 실현되지 않은 형을 말한다. 비격식체라는 점에서 앞서 살핀 '-느다'체와 다소 차이가 있지만, '이'를 사용하지 않은 비공손형이라는 점에서는 '느다'체와 일치하는데, 우선 다음 예부터 살펴보도록 하자.

(42) 가. (迦葉이 婆羅門에게) "그듸는 어드러셔 <u>오시느니</u>" (석상 23, 40ㄴ)
　　　　(바라문이 가섭에게) "부톄 涅槃ᄒ야시놀 내 스숭롱 짜ᄒ로셔 오노라" (석상 23, 40ㄴ)
　　　　(가섭이 바라문에게) "이 고존 므슴 곳고" (석상 23, 40ㄴ)
　　나. (선우태자가 옥녀에게) "그듸 龍王ㅅ 각시 아니시니" (월석 22, 43ㄴ)
　　　　(옥녀가 선우태자에게) "龍王ㅅ 中門 자본 죠이로라" (월석 22, 44ㄱ)
　　　　(선우 태자가 옥녀에게) "그듸 날 爲ᄒ야 大海 龍王끠 술보디 '閻浮提ㅅ 波羅捺 王ㅅ 善友太子ㅣ 보ᄉᆞᆸ라 왯다' ᄒ고라" (월석 22, 44ㄴ)
　　다. (선혜가 구이에게) "사아지라" (월석 1, 10ㄱ)
　　　　(구이가 선혜에게) "大闕에 보내ᅀᆞᄫᅡ 부텻긔 받ᄌᆞᆸ롱 고지라 몯 ᄒ리라" … "므스게 <u>쓰시리</u>" (월석 1, 10ㄱ-ㄴ)
　　　　(선혜가 구이에게) "부텻긔 받ᄌᆞᄫᅩ리라" (월석 1, 10ㄴ)
　　　　(구이가 선혜에게) "부텻긔 받ᄌᆞᄫᅡ 므슴 호려 <u>ᄒ시느니</u>" (월석 1, 10ㄴ)
　　라. (利師跋 공주가 태자에게) "아ᄂᆞᆫ다 모ᄅᆞᆫ다 내 그듸와 夫婦 드외요려ᄒ노라" (월석 22, 55ㄴ)
　　　　(태자가 공주에게) "그듸는 王ㄱ ᄯ리오 나는 빌머긇 사ᄅᆞ미어

니 어듸쩐 서르 恭敬ᄒ시리” (월석 22, 55ㄴ-56ㄱ)
(공주가 태자에게) “엇더닛가 그듸 나롤 <u>미드시ᄂ니</u> 몯 <u>미드시ᄂ니</u>” (월석 22, 57ㄱ)

　위에 소개된 ‘쓰시리’, ‘엇더시니’ 등을 비공손형으로 간주함은 ‘니’, ‘리’를 ‘잇가’나 ‘잇고’의 생략형이 아닌 종결어미로 본다는 의미를 함축하고 있는데,55) 그것은 이와 같은 입장을 취해야지만 위에서 취한 화자의 태도를 일관되게 설명할 수 있기 때문이다. 예컨대 (가)의 가섭이 바라문에게 질문하는 양상은 두 가지로, 밑줄 친 부분과 같은 ‘오시ᄂ니’와 강조된 부분의 ‘므슴 곳고’가 그것이다. 만약 여기의 ‘오시ᄂ니’를 ‘잇고’의 생략형이라면, 가섭은 강조된 부분에서도 ‘므슴 곳고’로 물어서는 안 되고, 당연히 ‘므슴 곳이니잇고’로 물어야 할 것이다. 왜냐하면 평소 ‘ᄂ다’체로 상대하는 사람에게는 ‘ᄂ이다’체를 사용할 수 있지만, ‘ᄂ이다’체로 상대하는 사람에게는, 특별한 의도가 없는 한, 어떤 경우에도 ‘ᄂ다’체를 사용할 수 없기 때문이다. 그러므로 ‘오시ᄂ니’를 ‘오시ᄂ니잇고’의 생략형으로 본다면, 가섭은 ‘ᄂ이다’체를 사용하여 공손히 대해야 할 인물을 때때로 ‘ᄂ다’체를 사용하여 공손하게 대하지 않은 양으로 해석해야 하는데, 이는 상식에 맞지 않은 생각이라 할 수 있을 것이다. 위 예문을 보다시피 이와 같은 혼용 양상은 하나의 문장 단위 안에서 이루어지고 있기 때문이다. 이와 같은 모순을 초래하지 않기 위해서는 고영근(1988), 안병희(1992)와 같이 ‘-니’를 종결 어미로 보아야 한다고 생각한다.

　어찌됐든 이 ‘니’체에는 공손 표지 ‘이’가 없다는 점만은 확실한데, 이 점은 앞서 살핀 ‘ᄂ다’체와 같은바, 이 글에서는 이 점에 주목하여 ‘ᄂ다’체와 ‘니’체를 같은 비공손형으로 간주하기로 한다. 그리고 이후부터는 이런 생

---

55) 이는 허웅(1995) 등을 고려한 말로, 그는 ‘니’체를 ‘-잇가’나 ‘-잇고’의 생략형으로 간주한다. 그런데 이렇게 간주해서는 곤란하다는 의견이 장윤희(1997 : 108)에서 제기된 바 있어 우리는 이를 따르기로 한다. 그러나 이 글에서는 이에 대해 본격적으로 다룰 여유가 없는 것이 사실이어서, 이에 대한 보다 자세한 논의는 장윤희(1997)로 미루기로 한다.

각이 타당함을 입증하는 데 주력하기로 한다.

> (43) 가. (미륵이 문수에게) "佛子 文殊아 모든 疑心을 <u>決ᄒ고라</u> (석상 13,
>   25ㄱ)
>
>   가-1. (미륵이 문수에게) "文殊師利여 … 天龍鬼神들과 사룸과 사룸
>   아닌 것괘 香華伎樂으로 샹녜 供養ᄒ습ᄂ 야이 다 <u>뵈ᄂ다</u> (석상
>   13, 24ㄱ-ㄴ)
>
>   나. (구이가 선혜에게) "그딋 말다히 호리니 … 두 줄기를 조처 맛디
>   노니 부텻긔 받ᄌᄫᅡ 生生애 내 願을 일티 아니케 <u>ᄒ고라</u>" (월석
>   1, 13ㄱ-ㄴ)
>
>   나-1. (구이가 선혜에게) "내 願을 아니 從ᄒ면 고졸 몯 <u>어드리라</u>"
>   (월석 1, 12ㄴ)

  우선 위의 (가)와 (나)에서 '고라'라는 종결어미를 볼 수 있는데, 이 '고라'
는 지금까지 '니'체의 명령형으로 인식되어 왔다. 그런데 위를 보면, 동일
대상에게 '고라'와 'ᄂ다'가 함께 사용되고 있음을 알게 된다. 예컨대 미륵
은 문수에게 (가)에서는 "文殊야 … 모든 疑心을 決ᄒ고라"로 명령하다가,
(가-1)에서는 "天龍 鬼神들과 사람들이 … 世尊에게 항상 供養하는 양이 다
뵈ᄂ다"로 말하기도 한다. 이런 현상은 (나)에서도 마찬가지로 나타나서, 여
기의 구이는 선혜에게 " … ᄒ고라"로 명령하다가 (나-1)에서는 "몯 어드리
라"라는 단정을 하고 있다.56)
  이 같은 현상은 'ᄒ고라'의 의문형과 'ᄒ라'의 의문형이 같은 인물을 상

―――――――――

56) 이는 다음의 『육조법보단경』에서도 나타난다.

   (가) (혜능이 別駕에게) 쏘 ᄒ 偈를 뒷노니 ㅂ란ᄃ 別駕ㅣ 위ᄒ야 스고라 (육조 상, 25ㄱ)
   (나) (혜능이 別駕에게) 無上菩提를 비호고져 홀딘댄 初學을 가비야이 너기디 말라 (육조 상,
       25ㄱ)

   위에서 보다시피 여기의 혜능은 별감에게 (가)에서는 " … 별감이 석가를 위하여 이 偈를
   사용ᄒ고라"로 명령하다가 (나)에서는 "초학을 가볍게 여기지 말라"로 명령하고 있다.

대로 쓰일 수 있음을 시사하는 것으로 풀이할 수 있는데, 이 점은 앞서 살핀 예문 (42)의 (라)에서도 확인된다. 즉 거기서는 이사발 공주가 태자에게 "아는다 모르는다"처럼 묻기도 하고, "나를 미드시니 몯 미드시니"처럼 묻기도 했던 것을 기억할 수 있을 것이다. 이와 같은 일련의 맥락을 고려할 때, 결국 'ᄒᆞ고라'의 의문형인 '니'와 'ᄂᆞ다'는 혼용할 수 있다는 생각에 도달하여, 결국에는 '니'체 역시 비공손형으로 결론짓게 된다.[57]

그러면 '니'체는 어느 경우에 사용하는가라는 의문을 제기할 수 있는데, 현재로서는 '니'체가 쓰인 장면을 살펴 짐작할 방법밖엔 없을 듯하다. 그럴 때, 우리가 우선적으로 주목할 만한 사실은 '니'체가 사용된 위 예문의 공통점은 등장인물들이 생면부지라는 것이다. 예컨대 (가)의 가섭은 부처가 열반하였다는 소식을 듣고 부처의 시신이 안치된 곳을 가다가 바라문을 처음 만났으며, (나)의 선우태자 역시 용궁을 찾아가 그곳에서 옥녀를 처음으로 보았다. 따라서 이곳의 화자인 가섭과 선우태자는 바라문과 옥녀의 위상을 제대로 파악하지 못한 상태에서 그들에게 말을 걸고 있다고 할 수 있을 것이어서, 이런 상태라면 이들은 '상대를 높이기도 어렵고 낮추기도 어려운 상황'에 직면했다고 해석할 수 있다. 사실 기존 입장이 이 '니'체를 '반말'로

---

57) 최명옥(1997 : 15), 김정수(1980 : 399), 김웅배(1991 : 27)은 필자의 입장을 뒷받침해 준다. 먼저 최명옥의 견해부터 들어보기로 하자. 그는 16세기 『노걸대 상』에 나타난 '고라, 고려, 우디여'의 비교를 통해 '고라'가 높이기도 어렵고 낮추기도 어려운 상황에서 쓰이는 '반말'이 아니라 '낮춤'의 등급임을 밝힌 바 있다.

김정수 역시 이와 비슷한 의견을 제시했다. 그는, 17세기 초의 종결어미 '니'와 '리'는 그것이 쓰인 상황이나 문맥으로 볼 때, 상대를 높이는 뜻이 전혀 들어있지 않다는 것이다. 이 당시에 '니·리'는 '존대'의 의미를 지닌 '안맺음씨끝'이 아니라 '낮춤'의 의미를 지닌 새로운 '맺음씨끝'으로 보아야 한다는 것이다.

물론 위의 최명옥(1997)과 김정수(1980)의 연구 대상이 본고가 같지 않은 16세기, 17세기 자료라는 점이 문제될 수 있지만, 필자는 이들의 주장을 참조할 때 다음과 같은 의문이 제기될 만하다고 생각한다. 즉 15세기 외형을 그대로 간직한 16세기, 17세기의 '니·리' 형이 어떻게 갑자기 '비존대'형으로 변할 수 있겠느냐는 것이다. 더군다나 외형만을 보면, 김웅배(1991 : 41)의 지적처럼, 이 '-니'는 현대국어 의문형 종결어미 '-니'의 전신이라 할 만한데, 현재 이 형은 '비공손'의 말씨로 사용될 뿐이다. 따라서 이들을 통시적으로 고찰하면 15세기의 '니·리'도 '비공손'의 태도로 봄이 옳지 않을까 한다.

처리했던 이유도 이 점 때문이었다.

그러나 위 대화 장면을 면밀히 검토하여 보면, '니'체의 쓰임은 화자와 청자의 상하 관계와 무관하다는 사실을 알 수 있다. 곧 (라)의 이사발 공주는 처음부터 선우태자가 거지임을 알고 있었으므로, 그를 자신보다 하위자로 생각했을 것은 당연하다. 그런데도 공주는 태자에게 '아ᄂᆞᆫ다 모ᄅᆞᆫ다'처럼 묻기도 하고 '그듸 나ᄅᆞᆯ 미드시니 몯 미드시니'처럼 묻기도 한다. 또 화자가 청자를 상위자로 알았다가, 후에 하위자임을 알았을지라도 변함없이 '니'체를 사용한 경우도 있는데, 그것이 바로 위에 소개한 (나)이다. 여기의 선우태자는 옥녀를 처음에는 '용왕의 각시'로 알았지만 그녀가 '자신은 용왕 각시가 아니고 용왕의 종임을 밝힌 이후에도 선우태자는 옥녀에게 변함없이 '니'체를 사용하고 있다. 예컨대 처음에도 "그듸 용왕 각시 아니시니"로 물었고, 그녀가 용왕의 종임을 안 다음에도 "그듸 날 위ᄒᆞ야 … 閻浮提ㅅ 波羅㮈 大王ㅅ善友太子ㅣ 보ᅀᆞᄫᅵ라 왯다ᄒᆞ고라"로 묻고 있는 것이다. 따라서 상대의 신분이 불확실하거나, 화자와 청자의 관계가 '높이기도 어렵고 낮추기도 어렵기' 때문에 '니'체를 사용한다고 보았던 기존의 태도는 여기서 재고의 여지가 있는 것으로 판명된다.

그러면 위 예문에서 '시'를 제외하고서 상황을 재현해보자. 그래야 같은 태도인 'ᄂᆞ다'체와의 비교가 용이할 것이기 때문이다.

(44) 가. "그듸는 어드러셔 *오니"[58] : "그듸는 어드러셔 <u>오ᄂᆞ다</u>"
　　　 나. "그듸 龍王ㅅ각시 *아니니" : "그듸 용왕ㅅ각시 <u>아닌다</u>"
　　　 다. "부텻긔 받ᄌᆞᄫᅡ 므슴 호려 *ᄒᆞ니" : "부텻긔 받ᄌᆞᄫᅡ 므슴 호려
　　　　　 <u>ᄒᆞᄂᆞ다</u>"

---

58) '오니'나 '미드니'와 같은 형식이 문증되지 않은 까닭에, 본문과 같은 재구에 자신이 없는 것이 사실이다. 그러나 이 형의 '-니'를 종결어미로 처리한 태도라면, 어간 '오-'나 '믿-'에 '니'가 개입될 가능성을 전혀 배제할 수는 없을 것이다. 이는 어간 '오-'와 '믿-'에 의문형 어미가 결합된 '온다'와 '미든다'와 같은 형식이 존재하는 것을 보아도 알 수 있다. 그러므로 '오니', '미드니'와 같은 형식이 있을 법한 개연성은 충분하다고 생각한다.

라. "엇더닛가 그듸 나롤 *미드니 몯 미드니" : "그듸 나롤 믿논다
　　몯 믿논다"

　필자만의 생각인지 모르나, 그리고 현재 언어 직관으로 15세기 국어를
분석하는 것이 위험할 수 있으나, 이들은 분명한 차이가 있다. 즉 '니'체가
'-ᄂ다'체보다 덜 단정적이고 부드러우며 친근한 느낌을 준다는 것이다. 이
는 객관적이고 단정적인 설명의 말투인 '-다'가 실현되지 않은 까닭으로 생
각되는데, 그러면 '니'체는 비격식체일 가능성이 높아진다.

　문제는, 위의 등장인물들은 초면인데 어떻게 격식을 갖추지 않고 상대할
수 있느냐는 것인데, 처음 말을 꺼내는 편에서 친밀하고 허물없게 대할 요
량이라면 충분히 비격식체를 사용할 수 있다고 생각한다. 또 위 대화 장면
은 앞서 살핀 '닝다'체가 활용된 장면과 같다는 점 또한 중요한 사실이라
할 수 있을 것이다. 위에서 보다시피 이들의 대화는 설교의 문답이 오가는
공적인 장면이 아닌, 길거리(가, 나, 다)라든지 가정집인데, 이와 같은 상황이
라면 굳이 격식적인 말투를 사용할 필요는 없으리라 생각한다. 이와 같은
사실들을 종합할 때, '니'체는 '비격식체'로 간주된다.

　본 항은 먼저 '이'가 '화자의 공손' 표지임을 입증하고, 이를 근거로 하여
공손의 등분을 시도하였다. 이에 대한 지금까지 견해는, 'ᄂ이다(ᄒ쇼셔)'체,
'닝다(ᄒ야쎠)'체, 'ᄂ다(ᄒ라)'체로 보는 입장과 여기에 소위 반말 '니'형을 추
가하는 입장으로 요약된다. 이 태도들은 다음과 같은 문제점이 있다.

　첫째, 그들은 '닝다'체의 공손 표지를 '-ㅇ·-ㅅ'으로 설정했다는 점이다.
그럼으로써 'ㅅ'이 공손법, 그 중에서도 'ᄂ닛가'체에서만 왜 [공손]을 표지
하는가를 설명해야 하는 부담을 안게 되었다. 둘째, '반말'로 통칭되는 '니'
체를 [＋공손]으로 파악하였다는 점이다. 여기에는 공손 표지가 없음에도
불구하고, 이를 '공손' 형으로 설정함으로써 문법 기술 태도에 객관성을 의
심토록 하였다.

이런 문제들을 해결하기 위해, 본고는 공손 표지 '이'를 공손의 정도를 등분하는 기준으로 삼기로 하였는데, 이는 곧 '이'를 사용한 화자의 의사를 존중하자는 취지에 의지한 것이다. 이와 같은 생각을 논리적으로 입증하기 위해서는 먼저 '이'가 '화자 공손' 표지임을 확실히 해 둘 필요가 있었다. 만약 이런 논지에 의지한다면, '이'로 연결된 서술어가 호응하는 성분은 '화자'이므로, '이' 역시 다른 존대 표지처럼 화자 편에서 이해함이 마땅할 터여서, 우리는 결국 '이'를, 상위자를 상대하는 화자가 스스로를 '공손'히 표현하는 표지로 귀결하기에 이르렀다.

이상의 정의를 바탕으로 필자는 공손의 등분을 '공손'과 '비공손'으로 이분하였던바, 이는 공손의 표지는 '이'이므로, 화자가 이를 사용한 경우만을 '공손'하려는 의지가 있는 것으로 해석한 결과이다. 이와 같은 생각에 의지하여 공손의 태도 역시 '이'를 사용한 '공손형'과 '이'를 사용치 않은 '비공손형'으로 이분하였고, 여기에 더하여 말씨는 상황에 따라 달라질 수 있다는 사실까지를 고려하여 '격식체'와 '비격식체'로 나누었다.

그 결과 공손형과 비공손형을 등분의 중심 축으로 삼고, 다시 이들을 격식체와 비격식체로 나누어 다음처럼, 크게는 이등분, 작게는 4등분으로 나누었다. 즉 ① '공손형 격식체(ㄴ이다체)와 ② '공손형 비격식체(닝다체), ③ '비공손형 격식체(ㄴ다체)'과 ④ '비공손형 비격식체(니체)'가 그것으로, 이를 표로 제시하면 다음과 같다.

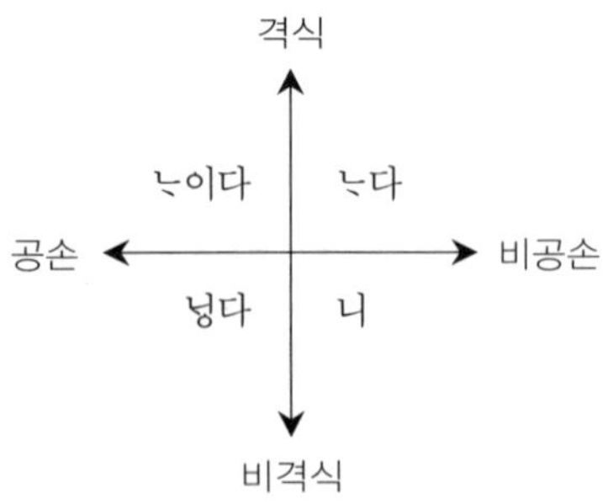

결국 본고의 공손 등급은 ‘ᄂᆞ이다’체, ‘닝다’체, ‘니’체, ‘ᄂᆞ다체’의 4분 체계로 요약된다. ‘여기서 ‘-닝다’체를 공손형으로 처리한 이유는, 이 말씨에 내재한 ‘-ㆁ’과 ‘-ㅅ’을 공손 표지 ‘이’와 ‘-잇’의 형태론적 변이형으로 간주했기 때문이다. 또 ‘니’체를 비공손형으로 처리한 이유는 ‘니’체 자체를 종결어미로 인정하고, 여기에 공손 표지가 없음을 주목한 결과이다.

2. 변별성

지금까지 논의를 통해 우리는 ‘시·습·이’를 ‘화자 존대·화자 겸양·화자 공손’으로 정의하기에 이르렀다. 굳이 말할 필요도 없이 이 정의에서 공통되는 요소는 ‘화자’인바, 이에 초점을 맞추어 이들을 다시 정의하면, ‘존대·겸양·공손’ 표지가 된다.

그러면 이들의 변별 자질은 무엇인가라는 의문이 필연적으로 제기된다. [존대]를 상위 개념으로 하지만, 그 나름의 고유한 기능이 있을 것으로 생각되는 까닭이다. 지금까지 살핀 대로라면, 그것은 화자가 취한 ‘존대의 방식’이 아닐까 한다. 주지하다시피 ‘존대’는 [받들어 대접하거나 대함]을, ‘겸양’은 [겸손하게 사양함]을, ‘공손’은 [예의 바르고 겸손함]을 의미하므로 이를 존대법과 결부시키면, 화자가 누군가를 존대하기 위해, 존대할 대상을 받들어 대접하거나, 스스로를 겸손하고 공손하게 표현하는 것으로 이해되는데, 이와 같은 태도는, 화자가 어떤 대상을 존대하기 위해 선택한 방식으로 생각되는 까닭이다.

한편 ‘겸양’과 ‘공손’, ‘존대’를 비교해 볼 때, 전자의 두 경우는 후자에 비해 서로 비슷한 태도로 인식된다. 다시 말하면 ‘겸양’과 ‘공손’은 어떤 대상을 존대하기 위하여 화자가 자신을 [−존대]로 표현하는 방식[59]임에 비하

---

59) 여기서 화자 자신을 낮춘다는 표현을 하지 않고, 굳이 ‘[−존대]로 표현하는 방식’이라는

여, [존대]는 화자가 존대하려는 대상을 [+존대]로 표현하는 방식으로 이해
된다는 뜻이다. 이런 맥락에서 보자면 결국 화자가 취할 수 있는 존대 방식
은 '존대'와 '겸양·공손'으로 다시 분류될 듯한데, 이를 알기 쉽게 도표로
보이면 다음과 같다.

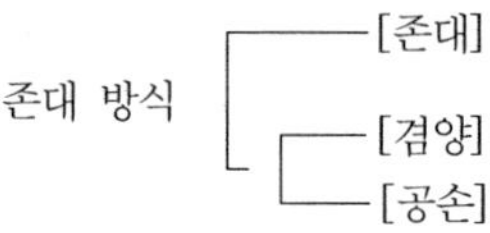

　　위의 도표는 일반적인 존대의 방법에는 [존대·공손·겸양]이 있는데, 존
대는 존대하려는 대상을 직접 존대한다는 점에서 화자 자신을 낮추어 그 대
상을 존대하는 방식을 취하는 '겸양', '공손'과 차이를 보인다는 것을 뜻한
다. 물론 이와 같은 분류는 존대 대상이 아닌 존대법을 운용하는 당사자라
할 수 있는 화자의 측면에서 볼 때 그러한 것으로, 이들의 고유한 기능을
'존대 대상'에서 찾으려 했던 입장과는 다른 관점에서 내린 결론이라 할 수
있다.

　　주지하다시피 지금까지는 '시'는 '주체'만을, '습'은 '객체'만을, '이'는
'청자'만을 존대하는 데 사용된다는 식으로 설명함으로써, 각 존대 표지의
차별성을 그들이 활용되는 대상의 다름에서 찾으려 했던 것이 사실이다. 그
러나 지금까지 논지를 이끌어 오면서 우리가 다시 한 번 확인할 수 있었던
것은, 화자가 [존대]의 방식으로 존대해야 할 대상이 반드시 '주체'여야 한
다든지, [겸양]의 방식으로 존대해야 할 대상이 반드시 '객체'여야 한다는
식의 관점이 보편·타당성을 획득하기는 어렵다는 것이다. 여기에 더 나아
가 화자가 청자를 존대하는 방식이 반드시 [공손]으로 한정될 이유도 없다.

표현을 쓴 이유는, 필자는 존대법에서 '낮춤'의 태도를 인정하지 않기 때문이다. 이에 대
해서는 이미 살핀 바 있다. 즉, 대등한 관계에 있는 사람들이 서로에게 '+시'나 '+이'를
사용하지 않았다고 해서, 서로를 일부러 낮추는 것으로 보는 것은 타당치 않다는 의견을
제시했었다.

일반적으로 우리는 상대를 존대하려 한다면, 자신을 공손히 표현하면서 그 상대를 존대함이 예사이다. 그러므로 이와 같은 경우는 한 대상에게 [공손]과 [존대]의 방식을 아울러 사용하는 것으로 보아야 자연스럽다.

그런데 지금까지는 상대가 청자이므로 [공손]의 방식만을 사용하여 존대해야 옳다는 식이었던바, 과연 이와 같은 이해가 언중들의 언어 직관과 얼마나 부합할 수 있는가를 고려해 본다면, 존대법에 대한 지금까지의 태도가 그렇게 합리적이지만은 않다고 보는 필자의 생각에 조금은 수긍할 수 있으리라 생각한다.

이 같은 생각에 동의함을 전제할 때, 그렇다면 화자가 위에서 제시한 존대 방식을 선택하는 기준은 무엇인가라는 질문을 할 수 있을 것인데, 이는 존대소를 연결할 서술어가 누구와 관련되느냐에 따라 자연히 결정될 문제일 듯하다. 곧 서술어가 존대하려는 대상의 행위나 상태를 진술한 경우라면, [존대]의 방식을 사용할 수 있을 것이다. 이렇게 하면 결국 행위주를 존대하는 결과를 낳기 때문이다. 그러나 서술어가 존대하려는 대상의 행위나 상태와 무관하다면, [존대]의 방식을 사용할 수는 없는데, 그렇게 하면 존대할 의향이 전혀 없는 서술어와 호응하는 대상을 존대하는 결과를 초래하기 때문이다. 따라서 이와 같은 경우라면 서술어에 [겸양]이나 [공손]의 표지를 연결시켜야 한다. 그러면 존대하려는 대상을 위해, 서술어와 호응하는 대상을 겸양시키거나 공손히 표현하는 것으로 이해되어서, 결국 존대하려는 대상을 간접적으로 존대하는 결과로 이어지기 마련이다.

이상의 생각을 토대로 하여 필자는 [존대]의 방식을 취한 존대 양상을 '직접 존대'로, [겸양]과 [공소]의 방식을 취한 존대 양상을 '간접 존대'로 일컫기로 하고,[60] 직접 존대에 활용되는 표지를 '직접 존대소'로, 간접 존대에 활용되는 표지를 '간접 존대소'로 명명하고자 한다. 물론 '직접 존대'는

---

60) 이 용어는 허웅(1961)의 '간접 존대'와 혼동할 여지가 있다. 그러나 그의 간접 존대는 '높임의 대상이 되는 사람에 관한 일이나 물건을 높여 표현하는' 형식을 일컫는 것으로 필자가 설정한 개념과는 차이가 있다.

화자가 존대할 대상을 직접 존대함을, ‘간접 존대’는 화자 자신이나 다른 대상을 겸손하게 표현함으로써 존대하려는 대상을 간접적으로 존대함을 의미한다.

　이때 ‘직접 존대’ 표지로는 ‘시’가, ‘간접 존대’ 표지로는 ‘습’과 ‘이’가 활용되는바, 지금까지 개진한 논의를 표로 정리하면 다음과 같다.

<pre>
                  ┌─ 직접 존대─존대 (시) : 직접 존대소─대상의 행위가 제시된 경우에 활용
존대 방식 ┤   ┌ 겸양 (습)┐
                  └─ 간접 존대┤   ├ 간접 존대소─대상의 행위가 제시되지 않은
                                    └ 공손 (이)┘   경우에 활용
</pre>

제2장 | 존대 체계

　지금까지 우리는 화자가 취할 수 있는 존대 방식을, ‘직접 존대’와 ‘간접 존대’로 구분하였다. 그럼으로써 존대법 연구에서 고려해야 할 세 요소 가운데, ‘누가’와 ‘어떻게 존대하느냐’의 측면을 고려한 결과가 되었다. 이제는 ‘누구를’이라는 ‘존대 대상’을 고려해야 시점이라 생각한다.

　화자의 존대 대상으로 우선적으로 고려해 봄직한 인물은 청자이다. 그 다음 화제 속에 거론되는 인물 역시 간과할 수 없는 대상이어서 결국, 화자의 존대 대상은 다음처럼 요약된다고 할 수 있다.

$$\text{화자} \leftarrow [\ \text{등장인물}_1,\ \text{등장인물}_2\ \cdots\ ] \rightarrow \text{청자}$$

　사실, 지금까지는 [　] 안의 대상을 주체와 객체로 명명하여 왔지만, 본고에서는 그럴 필요성을 느끼지 못하므로 이들을 화제의 인물로 총칭하고자 하는데, 그 이유를 생각해 보면 다음과 같다.

　첫째, 종전에 화제에 거론되는 대상을 주체와 객체로 분리하였던 것은 ‘시’와 ‘습’을 주체와 객체에 일 대 일로 대응시키고자 하는 의도에서 비롯되었을 터이지만, 우리는 이런 대응 관계가 성립할 수 없음을 이미 확인하였기 때문이다.

　둘째, ‘주체·객체’와 ‘청자’의 층위가 같지 않아서 이들을 대등하게 처리할 수 없기 때문이다. 위 표를 참조할 때, 주체와 객체는 화자의 화제에 등장하는 대상이고, 청자는 화자와 함께 대화를 이끌어 가는 인물이다. 그런 데 청자가 화제의 주인공이 되는 경우도 허다하다고 할 수 있을 것이다. 그 런데 이런 상황에서는 청자는 당연히 주체로 인식될 수도 있고, '객체'로 인 식될 수도 있을 것이다. 마찬가지로, 화자가 화제에 등장하면 주체로 인식 될 수도 있고, 객체로 인식될 수도 있는 것이다. 이와 같은 상황은 주체와 청자, 객체와 청자 또는 주체와 화자, 객체와 화자의 경계가 분명치 않은 경 우가 많다는 것을 의미하는 만큼, 위 도표에서 [ ]에 속하는 대상에는 청자 와 화자가 제외되어야 마땅하다고 생각한다. 필자가 [ ] 속의 대상을 화제 의 인물로 명명하는 이유가 바로 여기에 있다. 이렇게 함으로써 그들과 '청 자'를 차별화하여, 이 두 대상의 중복을 피하기 위함이다.

셋째, 주체니 객체니 하는 용어는 화자의 존대 대상을 지칭하기에 합당치 않다고 생각하기 때문이다. 즉 이들은, 화자의 발화를 분석할 때, 문법적 설 명의 편의를 도모하기 위하여 사용한 용어이므로 다분히 문법적이고 추상 적인 성격이 짙을 수밖에 없다. 그렇지만 화자는 자신이 존대하려는 대상을 구체적이고 실재적인 대상으로 생각하기 마련이어서, 설령 대화 장면에 존 재하지 않은 [ ] 속의 대상을 존대한다 할지라도, 화자는 그를 문법의 설명 을 위한 추상적인 대상으로 생각하지는 않을 것으로 생각하는 만큼,[1] 주체 니 객체니 하는 용어로써 존대 대상을 일컫기에는 미비 점이 많을 것으로 판단한 것이다.

그리하여 필자는 존대법을 연구하고자 할 때, 반드시 고려해야 할 세 가

---

[1] 사실, 주체나 객체를 주어 혹은 객어로 표현하지 않으려는 연구자도 있었다. 대표적인 경 우가 허웅(1961)이다. 그는 여기서 '주체 존대'를 "「말」의 소재로서의 「주어」로서 지시되 는 것에 대한 존대"로 규정하였다. 그러나 허웅(1962 : 2)에서는 '주체'를 '동작의 상태나 동작의 주인공'으로 바꿔 정의하고 있다. 때문에 이 경우의 '주체'는, 우리가 화제의 인물 로 지칭하려는 대상과 비슷한 것으로 생각할 수 있다.

그러나 그의 주체라는 용어는 NP$_1$ + NP$_2$의 구문에서 어느 대상을 존대하는 것으로 볼 것 이냐의 문제가 대두 되었을 때, NP$_1$을 존대하는 경우를 '직접 존대'로 NP$_2$를 존대하는 경 우를 '간접 존대'로 구별하기 위한 수단이었을 따름이다. 대부분 NP$_1$은 사람을, NP$_2$는 NP$_1$과 관련된 소유물이나 신체의 일부분이기 때문에 NP$_1$을 주체로 규정한 것이다.

지 요소, 즉 '화자·존대 대상·존대 방법'을 전부 살펴본 셈이라 할 수 있는데, 이와 같은 논지를 근거로 하여 존대 체계의 개략적인 윤곽을 맞추어 보면 다음과 같이 정리할 수 있을 듯하다.[2]

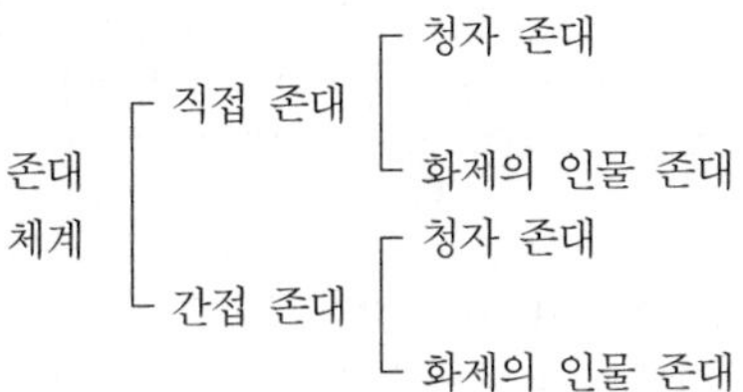

---

2) 본고와 비슷한 입장으로는, 허웅(1995)와 김석득(1977)이 있다. 우선 허웅(1995 : 655)의 체계부터 보도록 하자.

그와 차이점이 있다면, '말에 등장된 사람'을 '주체'와 '객체'로 분리하였다는 점이다. 그리고 '직접높임'과 '간접높임'에 대한 견해이다. 본고는 '직접 존대'와 '간접 존대'를 화자가 취한 방식으로 보고 있는데, 그는 '인물에 대한 존대'를 '직접 높임'으로 보고, '사물에 대한 존대'를 '간접 높임'으로 간주한다.

그러나 그의 위와 같은 분류는, 결국 존대 체계를 '청자 높임, 주체 높임, 객체 높임'으로 보려는 의도임을 명심할 필요가 있다.

한편 김석득(1977 : 42)에서는 다음과 같은 존대 체계를 제안한다.

화자가 존대해야 할 대상에 따라 '상대 존대'와 '삼자 존대'로 나눈 점은 본고의 취지와 동일하다. 그리고 '상대 존대'와 '삼자존대'를 다시 '존대'와 '겸양'으로 세분한 점도 본고의 생각과 비슷하다. 그러나 '삼자 존대'를 다시 '더 낮춤법'과 '더 높임법'으로 나눈 점은 본고와 차이를 보인다.

즉 위 도표는, 존대법은 ① 화자가 선택한 방식에 따라 직접 존대법과 간접 존대법으로 이분되는데, ② 이런 방식을 적용시킬 대상으로는 청자와 화제의 인물로 구분됨을 뜻한다.3) 이후에 ②의 대상을 ①에 적용시키면 직접

---

3) 본 논의가 존대 체계 수립을 목적으로 한 이상, [존대]의 의미를 지닌 '끠, 그듸' 등과 같은 조사나 대명사가 '시·습·이'와 보이는 호응까지를 함께 고려해야 마땅할 것이다. 그러나 본 논의에서는 이와 같은 호응을 중시하지 않기로 하는데, 그 이유는 다음에서 밝혀질 것이다.

(가) (마왕이 優波趜多尊者에게) "優波趜多도 내손디 自得훈 양 몯 ᄒᆞ놋다" (월석 4, 21ㄱ-ㄴ)

(나) (沙門天王이 세 天王에게) " … 後에 훈 如來 나시리니 일후미 釋迦牟尼시리니 그제ᅀᅡ 그듸내 이 네 바리롤 받ᄌᆞᄫᅡ라" (월석 4, 57ㄴ)

(다) (정반왕이 대애도에게) " … 그듸 가아 아라듣게 니르라" (석상, 6, 6ㄴ)

(라) (위제희가 석가에게) "世尊하 … 未來옛 衆生이 엇뎨 ᄒᆞ야ᅀᅡ 無量壽佛와 두 菩薩올 보ᅀᆞᄫᅵ려뇨" (월석 8, 17ㄱ-ㄴ)

(마) (석가가 대중에게) "善男子둘하 쁘데 엇더뇨 아모 사ᄅᆞ미나 이 良醫의 虛妄훈 罪롤 能히 니ᄅᆞ려 몯 니ᄅᆞ려" (월석 17, 21ㄴ-22ㄱ)

지금까지 본고는 화자가 청자를 얼마만큼 존대하느냐에 따라 호칭이 달라지는 것으로 생각하였다. 즉 'ᄂᆞ이다'체로 상대하는 인물은 인칭대명사를 사용치 않고, 'ᄂᆞ다'체로 상대하는 인물은 '너'로 지칭하며, 이들의 중간 정도로 상대할 만한 인물은 '그듸'로 호칭하는 것으로 생각하였다. 그러나 위의 예를 보면, 반드시 그렇지만도 않음을 알 수 있다. 예컨대 가)의 화자인 마왕은 '우파국다'를, 대명사를 쓰지 않은 최상의 상대로 간주하지만 정작 공손 표지 '이'를 사용치 않고 있다. 또 (나)와 (다)의 화자는 청자를 '그듸'로 호칭함에도 그에게 'ᄂᆞ다'체를 사용하고 있다. 이는, [존대]를 지닌 인칭대명사와 존대 표지 간의 호응이 엄격하지 않음을 말해준다.

(라), (마)도 마찬가지이다. 즉 우리는 지금껏 '하'를 '아'의 존칭 호격으로 생각해 왔는데, (라)를 보면 '하'로 부른 상대에게 '보ᅀᆞᄫᅵ려니잇가' 대신 '보ᅀᆞᄫᅵ려'로 표현하고 있다. 문제의 심각성은, 이런 불일치 현상이 비단 위의 자료로만 한정되지 않는다는 것이다. 때문에 본고가 논의를 전개하면서 '끠, 그듸, 하' 등과 '시·습·이'의 호응까지를 고려하려면, 우선 위와 같은 불일치를 어떻게 해석할 것인가에 대한 우리의 입장이 정리되어 있어야 할 것이다. 그런데 이를 해명하는 작업도 만만치 않으려니와, 설령 그랬다할지라도 이 같은 호응이 우리의 논거를 강화하는데 그렇게 큰 도움을 주지는 못하리라 생각된다. 왜냐하면 위와 같은 현상은 결국, [존대]를 나타내는 인칭대명사나 조사가 존대 체계에서 차지하는 비중이 '시'나 '습' 등에 미치지 못함을 말해 주는 것으로 보이기 때문이다. 이는 동사에 존대 표지만을 연결시키면, '끠'나 '하' 같은 존대 형식을 사용치 않아도 그리 큰 문제가 되지 않지만, 그 반대의 경우는 그렇지 않음을 시사하기도 한다.

그렇다면, 존대 표지 대부분의 기능은 '시·습·이' 등이 맡고 있다는 말이다. 따라서 문제

존대법은 다시 '청자 존대'와 '화제의 인물 존대'로 세분되고, 간접 존대법을 다시 '청자 존대'와 '화제의 인물 존대'로 세분됨을 의미한다.

1. 직접 존대법

직접 존대법이란 화자가 직접 존대소 '시'를 활용하여 존대하고자 하는 대상을 존대하는 방식을 말한다. 이는 존대 대상의 행위나 상태가 제시되어 경우에 취하는 방식이다. 그런데 본고는 이 대상을 청자와 화제의 인물로 간주하였던바, 이에 의하면 직접 존대는 다시 '청자 직접 존대'와 '화제의 인물 직접 존대'로 세분된다.

1.1. 청자 직접 존대

'청자 직접 존대'란 화자가 직접 존대소 '시'를 사용하여 청자를 존대한 경우를 말한다. 이는 청자의 행위나 상태가 진술되었을 경우에 사용할 수 있는 방법이다. 우선 해당 자료부터 살피기로 하자.

> (1) 가. (사천왕이 석가에게) "세존하 우리롤 어엿비 너기샤 이 바리로
>   바다 <u>좌쇼셔</u>" (월석 4, 56ㄴ)
>   나. (諸梵天王이 大通智勝如來에게) "願ᄒ돈 世尊이 法輪을 轉ᄒ샤 衆
>   生올 度脫ᄒ샤 涅槃道롤 <u>여르쇼셔</u>" (월석 14, 21ㄴ-22ㄱ)
>   다. (아난이 부처에게) "세존하 … 내 이제 이 뜯 잇논 딜 아디 몯ᄒ
>   노니 願ᄒᅀᆞ오디 큰 慈롤 드리우샤 날 爲ᄒ샤 펴 불어 <u>니르쇼</u>
>   <u>셔</u>" (능엄 2, 40ㄱ-ㄴ)
>   라. (諸梵天王이 석가에게) "오직 어엿비 너기샤 우릴 饒益ᄒ샤 받ᄌ

소지를 안고 있는 사안을 끌어들이지 않고도 이 글이 목적한 바를 달성할 수 있다면, 이 문제는 잠시 유보해 두는 편이 논지 전개상 유리하겠다는 생각이다.

온 宮殿을 願ᄒᆞᅀᆞ오디 바ᄃᆞ샤몰 <u>드리우쇼셔</u>” (법화 3, 114ㄴ)
마. (미륵보살이 세존에게) “(대중이) 如來ㅅ 우 업슨 知見을 두려이
알에 <u>ᄒᆞ쇼셔</u>” (원각 하 1-1, 8ㄱ)
바. (바라문이 호미딸에게) “그뒷 아바니미 잇ᄂᆞ닛가 … 내 보아져
ᄒᆞᄂᆞ다 <u>ᄉᆞᆲᄫᅥ</u>” (석상 6, 14ㄴ)
사. (수달이 호미에게) “엇뎨 부톄라 ᄒᆞᄂᆞ닛가 그 ᄠᅳ들 <u>닐어쎠</u>” (석
상 6, 16ㄴ-17ㄱ)

위의 예는 명령문이다. 전항에서 말했다시피, 화자가 명령할 수 있는 대
상은 청자이므로, 위의 화자가 상대하는 인물도 청자로 보아야 옳다. 그런
데 여기의 청자는 화자가 존대해야 할 인물이다. 즉 (가)와 (나)의 청자인 석
가는 각각의 화자인 사천왕과 범천왕이 상위자로 모시는 인물들이며, (다)와
(라)의 청자인 세존과 석가 역시 각각의 화자인 여러 범천왕과 미륵보살이
상위자로 모시는 인물들이다. 그러므로 각각의 화자들은 청자를 존대하려
할 터인데, 존대를 표지할 서술어가 청자와 무관하지 않다. 다시 말하면,
(가), (나)의 ‘좌시다’와 ‘열다’가 호응하는 대상도 청자이며 (다), (라)의 ‘니
르다’와 ‘드리우다’가 호응하는 대상 역시 청자인 것이다.

상황이 이러 하다면, 화자는 직접 존대의 방식을 취해야 청자를 존대할
수 있다. 이처럼 존대하려는 대상의 행위가 직접 문면에 드러난 경우라면
서술어에 존대 표지 ‘시’를 연결하기만 하면, 종국에는 존대하고자 하는 대
상을 존대하는 결과가 되기 때문이다. 이런 의도에서 출현한 종결어미가 바
로 위의 ‘-쇼셔’로 짐작된다.

‘시’를 ‘주체 존대’ 표지로만 보려는 기존의 입장에서는, 여기의 ‘-쇼셔’
를 청자가 주체로 실현되었기 때문에 출현한 것이라고 주장할지 모른다. 그
러나 그들의 주장대로라면, 위에 제시된 (가)와 (다)의 화자는 본인 스스로
를 ‘객체’라는 제삼의 인물로 상정하고 있는 것처럼 설명해야 한다. 왜냐하
면, 이 두 예문에 등장하는 ‘우리’는 화자 자신을 지칭하는 까닭이다. 이런
설명 방식이 다분히 이론적이고 도식적으로 간주됨은 무리가 아닐 터이다.

위와 같은 예문을 접할 때, 유념해야 할 바는, 언중들은 화제에 거론되는 제삼자를 상대로 명령하지 않는다는 사실일 것이다. 그들은 자신의 요구를 직접 수용할 수 있는 청자를 상대로 명령을 하지, 그와 전혀 무관한 문장 성분을 상대로 하지는 않을 것이기 때문이다.

그리고 사실, 지금까지 이 '-쇼셔'를 청자 공손 등급의 대표형으로 간주해 오면서도 그것을 청자가 아닌 주체와만 관련하여 이해할 수 있었는지가 의문스럽기도 하다. 만약 그동안처럼 '이'만을 청자를 존대하는 표지로 간주했다면 처음부터 '시'가 내재한 '쇼셔'와 같은 어형은 청자존대의 등급을 나타내는 공손형에서 배제시켜야 했을 터이다. 이와 같은 점들을 고려하여서라도 기존 입장에서는 '시'가 청자 존대 표지로 사용될 수 있음을 인정해야 할 것으로 생각된다.

이상의 논의를 전제하면, 위에 제시한 예문의 화자는, 존대 대상이 주체인가 청자인가와 같은 문제보다, 자신이 어떤 방식을 취해야 청자에게 존대 의사를 표명할 수 있겠는가에 더 많은 관심을 보일 것으로 짐작된다. 이미 전 항에서 논의한 대로, 화자는 발화 상황에 따라 존대 방식을 선택할 수밖에 없기 때문이다. 곧 서술어와 존대 대상과의 상관 여부에 따라 화자가 취할 존대 방식은 자동적으로 결정된다는 것이다.

그런데 위 예문에 등장하는 화자들은 이미 설명한 대로 '시'를 사용한 직접 존대의 방식을 취하고 있다. 이유야 물론 서술어가 존대하려는 청자와 관련되어서일 터인데, 이 같은 존대 방법은 다음에서도 찾아볼 수 있다.

> (2) 가. (마왕이 국다에게) "尊者ㅣ <u>모르시ᄂ가</u> 내 菩提樹 아래브터 涅槃
>   ᄒ시ᄃ록 如來끠 여러번 **어즈리ᅌᅡ다이다**" (월석 4, 26ㄱ)
>   나. (용왕이 석가에게) "부텨하 엇뎌 나를 ᄇ리고 <u>가시ᄂ고</u> 내 부텨
>   를 몯 보ᅀᄫ면 당다이 모딘 죄를 **지ᅀᅮ려이다**" (월석 7, 54-3ㄴ)
>   다. (성녀가 覺華定自在王如來에게) "이 엇던 神靈ㅅ德이시관ᄃᆡ 내
>   시르믈 <u>누기시ᄂ고</u> 내 어미 일흔 후에 밤나ᄌᆞᆯ 그려 어믜 간 ᄯᅡ
>   홀 무러 아롫ᄃᆡ 업서이다" (월석 21, 21ㄴ)

> 라. (옥졸이 목련에게) "스승닚 어마니미 姓은 므스기시고 일후믄
> 므스기신고 스승님 爲ᄒᆞᅀᆞᄫᅡ 獄中에 가 글왈 相考ᄒᆞ야 **보리이
> 다**" (월석 23, 82ㄴ)
>
> 마. (毗首羯摩天이 釋帝 桓因에게) "天主ㅣ 엇뎨 시름ᄒᆞ야 겨신고 …
> ᄒᆞᆫ 菩薩이 겨샤디 … 아니 오라 당다이 부텨 **ᄃᆞ외시리이다**" (월
> 석 11, 3ㄴ)

우선, 위의 화자는 청자를 존대해야 할 처지라는 사실에 주목하자. 즉 (가)
의 화자인 '마왕'은 청자인 '국다'의 신통력에 감탄하여 그에게 항복한 처지
이며, (나)의 화자인 용왕 역시 청자인 석가의 너그러움에 감탄하여 석가에게
"자신을 버리고 가지 말라"며 애원하는 처지이다. 그러므로 여기의 화자들이
청자를 존대함은 당연한데, 그들이 청자에게 취한 존대 방식이 같지 않다는
점에서 주의를 요한다. 보다시피 밑줄 친 부분에서는 직접 존대의 방식을 사
용하고 있고 강조한 부분에서는 간접 존대의 방식을 취하고 있다.

기존 입장이라면 이 같은 현상에 대해 명료하게 풀이할 수 없을 것이다.
익히 알다시피 그들은 '이'만을 청자 존대 표지로 간주하므로 이 부분만을
보면, 화자는 청자를 존대한다고 볼 수 없을 것이다. 그러나 우리 입장에서
는 이들 모두를 청자에 대한 존대 양상으로 간주할 수 있는데, 먼저 직접
존대방식을 취한 전자의 경우는 서술어가 청자의 행위와 관련되어 있기 때
문이고, 후자의 경우는 서술어가 청자가 아닌 화자 자신과 관련되어 있기
때문으로 풀이하면 되기 때문이다. 다시 말하면 (가)의 강조된 부분의 '어즈
리ᄉᆞ다'와 호응하는 대상은 화자 자신이어서 간접 존대의 방식을 취할 수밖
에 없지만, 밑줄 친 부분의 '모ᄅᆞ다'는 청자에 대한 마음의 상태이어서 직접
존대의 방식을 취할 수 있었다는 것이다.[4]

---

4) 이에 대해 김정아(1985 : 296), 황문환(2002 : 226)에서는 '니르다, 묻다' 등 수행 동사나
'너기다, 의심ᄒᆞ다'와 같은 사유 동사와 함께 사유자의 내적 의심을 표현하는 의문문에 출
현하여 주로 간접 의문을 표시하는 데 사용되었던 형식으로 규정하고 있다. 위와 같은 형
식의 출현 빈도수가 다른 의문형에 비해 낮은 것은 사실이다. 그러나 우리가 소개한 용례
에서는 화자의 내적 의심을 표현하고 있지는 않고 있음이 분명하다. 보다시피 그것은 청

물론 여기의 화자가 청자에게 자신의 존대 의지를 좀더 분명하게 표명하려면, 밑줄 친 부분을 '모르시니잇가'나 '가시ᄂ니잇고'처럼 표현해야 옳을지도 모른다. 이유야 어찌됐든 여기의 화자들이 이와 같은 방식을 사용할 수 있었던 것은 당시 화자들은 '시'로써도 청자를 존대할 수 있다고 생각한 것만은 분명한 사실로 여겨지고 같은 맥락에서 위의 밑줄 친 부분은 존대 표지 '시'를 연결한 직접 존대형으로 결론할 수 있겠다. 다음에서 소개한 예문도 같은 차원에서 이해해야 할 자료가 아닌가 한다.

> (3) 가. (선우태자가 옥녀에게) "그듸 龍王ㅅ 각시 <u>아니시니</u>" (월석 22, 43ㄴ)
>
> (옥녀가 선우태자에게) "나ᄂ 龍王ㅅ 中門 자본 죠이로라" (월석 22, 44ㄱ)
>
> (선우 태자가 옥녀에게) "그듸 날 爲ᄒ야 大海 龍王ᄭ 술ᄫ오ᄃ '閻浮提ㅅ 波羅捺 王ㅅ 善友太子ㅣ 보ᅀᆞᄫ라 왯다' ᄒ고라" (월석 22, 44ㄴ)
>
> 나. (利師跋 공주가 태자에게) "아ᄂ다 모ᄅᄂ다 내 그듸와 夫婦ᄃ외요려ᄒ노라" (월석 22, 55ㄴ)
>
> (태자가 공주에게) "그듸ᄂ 王ㄱ ᄯᄅ리오 나ᄂ 빌머긇 사ᄅ미어니 어듸쩐 서르 <u>恭敬ᄒ시리</u>" (월석 22, 55ㄴ–56ㄱ)
>
> (공주가 태자에게) "엇더닛가 그듸 나ᄅᆞᆯ <u>미드시ᄂ니</u> 몯 <u>미드시ᄂ니</u>" (월석 22, 57ㄱ)
>
> 다. (선혜가 구이에게) "사아지라" (월석 1, 10ㄱ)
>
> (구이가 선혜에게) "大闕에 보내ᅀᆞᄫᅡ 부텻긔 받ᄌᄫᆞᆯ 고지라 몯ᄒ리라 … 므스게 <u>쓰시리</u>" (월석 1, 10ㄱ–ㄴ)
>
> (구이가 선혜에게) "부텻긔 받ᄌᄫᅡ 므슴 호려 <u>ᄒ시ᄂ니</u>" (월석 1, 10ㄴ)
>
> 라. (迦葉이 婆羅門에게) "그듸ᄂ 어드러셔 <u>오시ᄂ니</u>" (석상 23, 40ㄴ)

자인 상대에게 질문하는 형식을 취하고 있기 때문이다. 우리는 이와 같은 자료에 유의하여 일단 청자에 대한 직접 의문형으로 보고 논지를 전개해 나가기로 한다.

위의 예문 역시 화자가 청자를 상대로 직접 존대의 방식을 취하고 있음이 밑줄 친 부분에서 확인된다. 우선 (가)의 화자는 청자에게 "그듸 용왕 각시 아니시니"라는 질문을 하고 있는데, 반복하지만 화자가 질문할 수 있는 대상은 청자뿐임을 감안할 때 여기서 사용된 '시'는 청자를 향한 것임을 부인하기 어려운 만큼, 이 같은 질문 형식은 직접 존대법을 활용한 것이라 할 수 있을 것이다. 그리고 (나)의 화자 역시 청자에게 "나는 빌먹은 사람인데 어찌 공경할 수 있겠는가"라는 반문을 하면서 'ᄒ시리'로 말을 끝맺고 있는 바, 이때 사용한 '시' 역시 청자에 대한 존대 표지라 할 수 있어, 직접 존대법을 활용한 것으로 간주할 수 있다.

한편 여기에 출현한 '시'는 그동안 기존의 입장이 '니'체를 왜 공손형으로 간주했었는지를 필자에게 깨닫게 해주는 중요한 자료로 생각된다. 전항에서 살폈다시피 '니'체에는 공손 표지 '이'가 없음이 분명함에도 불구하고 지금까지 이 말씨를 현대국어에서 어느 정도 존대의 의미를 지닌 것으로 보는 '반말'에 해당하는 공손형으로 간주하려는 관점이 있어서 필자는 이에 대해 의문을 제기한 바가 있었음을 기억할 것이다. 그런데 비로소 그 이유를 찾게 된 것이다.

그것은, 위의 '니'체가 언제나 '시'를 동반한 '시니'형으로 실현된다는 사실과 깊은 관련이 있을 듯하다. 즉 이 말씨를 반말로 간주한 입장에서는 여기에 드러난 '시'를 청자에 대한 존대 표지로 간주한 듯하다. 그렇지 않고서야 이 말씨를 존대 표지가 전혀 실현되지 않은 'ᄂ다'체보다 높은 등급으로 간주했을 리가 없을 터이기 때문이다. 만약 이와 같은 추정이 사실이라면 '이'만을 청자 존대 표지로 간주하는 기존의 입장들도 무의식간에 '시'를 청자 존대 표지로 인식하고 있었다는 사실을 반증해 주는 것으로 해석해도 좋을 것이다. 그럼에도 불구하고 그들은 스스로가 이를 깨닫지 못하고 단지 청자의 존대와 관련한 표지를 '이'만으로 한정한 결과 이 '니'체를 '잇가'나 '잇고'의 생략형으로 설명하기도 하고 공손 표지 '이'의 생략형으로 설명하기도 한 것이 아닌가 한다.[5]

어찌되었든 필자도 '시니'를 'ᄂ다'체보다 높은 등급으로 책정하는 것은 사실이다. 그러나 다만 이 말씨를 '공손형'이 아닌 '존대형'으로 본다는 점에서 차이를 보일 따름이다. 반복하다시피 여기서의 화자는 공손 표지 '이'가 아닌 존대 표지 '시'를 활용하여 상대를 대하고 있는 것으로 간주하기 때문이다. 이와 같은 논의 선상에서라면 직접 존대소를 사용한 '니'체는 '청자 직접 존대'의 방식을 취한 형식이라는 결론에 도달한다.

이렇게 결론할 때, 필자는 앞서 '니'체를 공손 표지가 없음을 이유로 들어 [−공손형]으로 간주하였는데, 여기서는 '직접 존대 형'으로 해석할 수 있느냐는 의문을 제기할 수 있을 듯하다. 다시 말하면, 청자에게 공손할 의지가 없는 화자가 어떻게 청자를 존대할 수 있겠느냐는 뜻에서의 의문인 것이다. 그러나 전항에서 필자는 [−공손]을 [−존대]로 해석하지 않고, [비공손]으로 해석하였다는 사실을 상기한다면 이와 같은 오해는 다소 해소되지 않을까 한다. 안병희(1882 · 1992 : 128)에서도 지적했다시피 [비공손]의 태도는 다분히 중립적인 태도라 할 수 있어서, 굳이 자질로 표시하자면 [±존대] 정도로 이해로 되는 만큼, [+존대]의 태도도 충분히 수용할 수 있다고 생각한다. 만약 필자가 [−공손]을 [−존대] 즉, [낮춤]으로 보았다면, 지금까지 개진한 주장이 문제될 수 있겠지만, 위에서 언급한 대로 [−공손]을 [비공손]의 태도로 간주했다고 한다면 하등 문제될 것이 없다고 생각한다. 도리어 필자와 같은 생각을 받아들여야 '−시니'와 같은 형식을 합리적으로 설명할 수 있지 않을까라는 생각도 해 본다. 만약 그리한다면 굳이 기존 입장처럼 이 형식을 공손 표지 '이'와 결부시켜는 노력을 하지 않고도, 청자를 존대할 때 사용하는 말씨로 설명할 수 있기 때문이다.[6]

---

5) 이 형에 대한 견해 차를 좀더 상세히 보이면 다음과 같다. ① '−ᄂ이다'체의 생략형으로 보는 입장, ② '−니, −리' 자체를 종결어미로 간주하는 입장, ③ '−니' 뒤에 공손의 의미를 지닌 '이'가 생략되었을 것으로 보는 입장 등이 있다. ①은 허웅(1995), 이기갑(1978) 등이 대표적이고, ②는 안병희(1992), 고영근(1981)이 대표적이다. 그리고 ③은 한동완(1988), 장윤희(1988), 김영욱(1997) 등이 대표적이다.

6) 그렇다면, 필자는 15세기 화계를 어떻게 보는가라는 의문이 제기될 수 있다. 기존에 어느

1.2. 화제 인물 직접 존대

'화제 인물 직접 존대'란 화자가 직접 존대소 '시'를 사용하여 화제에 거론되는 인물을 존대하는 방식으로, 존대하려는 대상의 행위나 상태가 진술되어 있을 때 취하는 것으로 확인된다. 그러면 우선 이에 해당하는 자료부터 확인해 보기로 하자.

(4) 가. (석가가) 三乘올 크게 <u>여르시며</u> 八敎룰 너비 <u>부르샤</u> 六合애 <u>저지</u>

정도의 '존대성'을 인정한 '반말'을 전 항에서는 '비공손형'으로 처리하였으면서, 여기서는 '존대형'으로 처리하고 있기 때문이다.

사실, 본고의 목적은 존대 체계 전반을 살피는 것이므로, 청자만을 대상으로 하는 화계에 대해 상세히 다룰 필요는 없다. 그러나 본문에서 보인 필자의 태도와 관련하여, 제기될 만한 질문이라 생각하여, 필자의 견해를 간략히 제시하면 다음과 같다.

방식 \ 표현		격 식	비격식
공손	+시	ᄒᆞ시니잇가, ᄒᆞ샤이다	ᄒᆞ시닛가
	−시	ᄒᆞ니이다	ᄒᆞ닝다
	+습	ᄒᆞ습ᄂ이다	
비공손	+시	ᄒᆞ쇼셔	ᄒᆞ야쎠, ᄒᆞ시니
	−시	ᄒᆞ다, ᄒᆞ라	ᄒᆞ니, ᄒᆞ고라
	+습	ᄒᆞᄉᆞ바라	

전체적인 틀은 1.3.2항에서 논의한 바를 따랐다. 국어의 특성상 청자에 대한 화자의 태도는 종결부에 표지되므로, 청자에 대한 화자의 태도는 종결부에 연결되는 '이'를 기준으로 해야 한다는 생각에서이다. 그러면 화계는 '공손'과 '비공손'으로 이분된다. 그 다음 '시'와 '습'의 개입 여부는 청자의 행위가 서술어로 진술되었느냐 그렇지 않느냐에 따라 결정될 문제이다. 따라서 김정수(1984), 이기갑(1978)처럼 '시'를 사용한 형을 그렇지 않은 형보다 높은 등급으로 간주해서는 곤란하다. 이런 태도는 화자의 생각만이 진술되는 까닭에, '시'를 사용할 수 없는 'ᄒᆞ니이다'를 'ᄒᆞ시니잇가'나 'ᄒᆞ사이다'보다 낮은 등급으로 처리해야 하는 모순을 빚기 때문이다.

어쨌든 우리의 시각은 다음과 같은 이점이 있다. 첫째, '시, 습'의 사용 범위를 '주체, 객체'로 한정함으로써 대두되는 문제들을 해결할 수 있다. 이 점은 앞의 본문에서 이미 살폈다. 둘째, 기존에 공손 등급의 대표형을 '쇼셔'와 같은 명령형으로 삼음으로써, 서정목(1983), 임홍빈(1986) 등으로부터 "존대 표지 '시'를 공손의 분화에 참여시키고 있다."는 비난을 받고 있는데, 위와 같은 태도를 취하면, 이런 비난을 불식시킬 수 있다. 즉 '쇼셔'는 '이'를 활용치 않아서 '비공손'적인 태도임이 분명하지만, 그 대신 '시'로써 청자에게 존대를 표명하는 것으로 설명할 수 있기 때문이다.

시며 十方애 <u>저지샤</u> 말쏨마다 그지 업슨 微妙혼 뜨들 모도 <u>자바</u>
<u>시고</u> … 四生올 거려 <u>濟度ᄒ신</u> 功德을 어루 이긔여 기리ᅀᄫ려
(월석 1, 월석서 7ㄱ-8ㄴ)

나. (제천이 대중에게) " … 이 中에 부톄 <u>겨샤티</u> 일후미 <u>釋迦牟尼시</u>
<u>니</u> 이제 諸 菩薩摩訶薩 <u>爲ᄒ샤</u> 大乘經을 <u>니르시ᄂ니</u> … " (월석
18, 8ㄱ-ㄴ)

다. 그 <u>쯰</u> 世尊이 威德自在菩薩ᄃ려 <u>니르샤티</u> (원각 하2-1, 7ㄱ)

라. (석가가 사리불에게) "舍利弗아 西方 世界예 無量壽佛無量相佛
… 淨光佛 <u>ᄀ투신</u> 恒河沙 諸佛이 각각 그 나라해 <u>廣長舌相올</u> 내
<u>샤</u> 三千大千 世界롤 다 <u>두프샤</u> … " (아미, 18ㄴ-19ㄱ)

마. (마야가) 부텻 棺애 <u>禮數ᄒ시고</u> 올흔 녀그로 닐굽번 <u>값도ᄅ시고</u>
목노하 <u>우르샤</u> 하ᄂᆯ해 도라 <u>가시니라</u> (석상 23, 36ㄴ)

바. 그저긔 그 쫄 俱夷도 講堂애 오샤 太子룰 <u>ᄲᆞ라보ᅀᆞᆸ거시ᄂᆞᆯ</u> 太子
ㅣ <u>우ᅀᆞ시고</u> 보비옛 水精을 아ᅀᅡ <u>주신대</u> 俱夷 <u>술ᄫᅡᄫᅡ시티</u> (석상 3,
11ㄴ)

우선 고려할 바는, 위 예문의 화자들이 화제 속의 인물보다 하위자란 사
실이다. 예컨대 (가), (나)의 화자인 '수양대군'과 '제천'은 화제에 등장하는
'석가'보다 하위자이다. 따라서 그들은 석가를 존대하려 할 터인데, 위의 경
우는 석가의 행위가 서술어로 제시되어 있다. 곧 (가)의 '열다'나 '부르다'는
'석가'의 행위인 것이다. 상황이 이렇다면 화자는 이 서술어에 존대 표지
'시'만을 연결시키면 된다. 그러면 저절로 행위의 당사자인 석가를 존대하
는 결과가 되는 까닭이다. 이와 같은 경우를 본고에서는 '화제 인물 직접
존대'로 일컫는다. 같은 맥락에서 이해해야 할 자료가 바로 다음이다.

(5) 가. 象온 <u>ᄀ토ᇙ씨니</u> 부텻 양ᄌ롤 <u>ᄀ투시긔</u> 그리ᅀᆸ거나 밍ᄀᆞᅀᆸ거나
홀씨라 (월석 2, 66ㄴ)

나. 하ᄂᆯ 우 하ᄂᆯ 아래 부텨 <u>ᄀᆮᄒ시니</u> 업스시며 … 世界예 잇는 거
슬 내 다 보디 一切부텨 <u>ᄀ투시니</u> <u>업스샷다</u> (월석 1, 52ㄱ-ㄴ)

다. 第一清淨 求홀뗸 世尊 <u>ᄀᆮᄒ시니</u> 업슬쌔 <u>得고져 願ᄒ시니라</u> (법화

      3, 187ㄴ)

라. (목련이 야수에게) "太子 羅睺羅ㅣ 나히 ㅎ마 아호빌씨 出家ᄒᆞ여
    … 羅睺羅ㅣ 道理ᄅᆞᆯ 得ᄒᆞ야ᅀᅡ 도라와 … 네가짓 受苦ᄅᆞᆯ 여희여
    涅槃 得호ᄆᆞᆯ 부텨 <u>ᄀᆞᆮ시ᄀᆔ</u> ᄒᆞ리이다" (석상 6, 3ㄱ-4ㄱ)

마. … 菩薩ᄋᆞᆫ 智 기프샤 가ᄌᆞᆯ 비건댄 큰 象이 <u>ᄀᆞᆮᄒᆞ시니</u> … (영가 하,
    61ㄱ)

바. 大臣이 모다라 德을 새오ᅀᆞᄫᅡ <u>업스시ᄀᆔ</u> 쾨ᄅᆞᆯ ᄒᆞ더니 (월석 21,
    211ㄴ : 월곡 42)

사. 淨飯王 아ᄃᆞ님 悉達이라 <u>ᄒᆞ샤리</u> 나실 나래 하ᄂᆞᆯ로셔 셜흔 두 가
    짓 祥瑞 ᄂᆞ리며 一萬 神靈이 侍衛ᄒᆞᅀᆞᄫᅥ며 (석상 6, 17ㄱ)

아. 그 ᄢᅴ 모ᄃᆞᆫ 中에 ᄒᆞᆫ 菩薩摩訶薩 일후미 救脫이라 <u>ᄒᆞ샤리</u> 座애셔
    니르샤 올ᄒᆞᆫ 엇게 메밧고 (월석 9, 49ㄱ-ㄴ)

자. (백성들이 석가에게) "됴ᄒᆞ실쎠 摩耶ㅣ 如來ᄅᆞᆯ 나ᅀᆞᄫᆞ실쎠 天人
    世間애 ᄀᆞᆯᄫᆞ리 <u>업스샷다</u>" (석상 11, 24ㄱ)

차. 사ᄅᆞᆷ돌콰 하ᄂᆞᆯ돌히 내내 기리ᅀᆞᆸ디 몯ᄒᆞᅀᆞᆸ논 <u>배시니라</u> (월석 2
    ㄱ : 석상서)

카. … 이 山이 녯 부텨 겨시던 ᄯᅡ힐씨 靈鷲山이라 ᄒᆞᄂᆞ니라 說法ᄒᆞ
    시논 ᄯᅡ히 각각 몰롤 <u>조ᄎᆞ시니</u> 華嚴 열 곧 올ᄆᆞ샤ᄆᆞᆫ 法界ᄅᆞᆯ 두
    려ᄫᅵ 나토노라 ᄒᆞ시고 (월석 11, 11ㄱ-ㄴ)

　　앞서 살핀 대로, 위에 제시된 예문의 존대 대상은 목적격이나 비교격으로
실현된 인물이어서 '시'를 주체 존대 표지로만 보는 기존 입장에서는 위 예
를 비문으로 처리할 수밖에 없을 것이다. 그리고 이와 같은 관점에서 이들
을 예외로 처리했던 것도 사실이다.[7] 하지만 본고의 입장처럼, 위에서 '시'
로 존대된 대상을 군이 목적격이나 주체로 구별하지 않고, 화제의 인물로
총칭하면, 이들은 존대 체계에서 크게 벗어나는 자료가 아니라고 할 수 있
다. 본고의 입장에서는 여기의 화자들은 자신의 이야기에 거론되는 인물을

---

7) 모든 선행 연구자가 이런 태도를 취한다. 그래도 고영근(1988 : 258), 허웅(1995) 등은 이를
　　간과하지 않고 '시'의 기능을 언급하는 자리에서, 위와 같은 유형의 예들이 있음을 언급하
　　고 있다.

존대해야 한다는 사실을 인식하고서 서술어에 존대 표지를 연결시키고자
하는데, 마침 그것이 존대하려는 대상의 행위나 상태 등에 해당하여서 여기
에 존대소를 연결시킨 것으로 해석하고, 그 결과 직접 존대법의 양상을 지
니게 된 것으로 설명하면 되기 때문이다.

이때 문제가 되는 것은, 기존 입장은 이 서술어를 목적격이나 비교격 등
으로 실현된 대상과 무관한 것으로 파악하고 있다는 점인데, 위의 자료를
면밀히 검토하면, 여기에 제시된 서술어가 호응하는 대상이 비단 주체로만
한정되지 않음을 알 수 있다. 예컨대 (가)~(바)의 경우는 서술어가 비단 주
체뿐 아니라 비교 대상과도 호응하는 것으로 보아야 하고, (사)~(카)는 문
장 구조 상 안긴 문장의 대상과 호응하는 것으로 보아야 함을 뜻한다.

우선 (가)부터 보기로 하자. '象ᄋ … 부텻 양ᄌᆞ롤 ᄀᆞᄐᆞ시긔'에서 '시'가
연결된 '같다'는 '~이 ~와 같다'의 구문으로 이해된다는 점에서 알 수 있
듯이, 비교하는 대상('~이' 앞의 성분)과 비교되는 대상('~와' 앞의 성분) 모두
와 관련된다고 해야 할 것이다.[8] 그러므로 (가)의 '같다'는 '象(본뜬 것)'과
호응함이 원칙이지만, 그것과 비교되는 대상, 즉 부처의 모습과도 호응을
이룰 수 있어,[9] 여기의 화자는 '같다'를 부처에 대한 진술로 생각한 듯하다.

---

8) 이와 같은 사실은 다음 두 문장을 비교해 보면 쉽게 알 수 있다.

    (가) 상이 부처의 모습과 같다.　　(나) 선생님이 학생에게 선물을 주었다.
    (가-1) 부처가 상의 모습과 같다.　　(나-1) ?학생이 선생님에게 선물을 주었다.

물론, (가)와 (가-1)의 의미가 완전히 같은 것은 아니다. 그러나 (나)와 (나-1)에서 보이는
의미 차에 비하면, (가)와 (가-1)가 드러내는 의미는 거의 비슷하다고 할 수 있다. 이 같은
차이는 서술어 '같다'와 '주다'에서 비롯된 것이라 생각한다. 이런 맥락에서 보면, (가)의
'같다'는 (나)의 '주다'에 비하여 비교되어지는 대상과 비교되는 대상 모두와 관련된다고
할 수 있다.

9) 이와 관련하여 김정아(1998 : 121)이 참조된다. 이 논의에 의하면, 'ᄀᆞᇂ다'와 같은 비교구
문은, 비교되는 대상과 비교하는 대상은 'A = B'라는 동등한 관계를 보일 수 있으므로 서
술어에 대해서도 이들은 동등한 격을 갖는 통사적 특징을 보인다고 한다. 본문의 (가)와
같은 유형도 여기에 해당하는 것으로 짐작된다. 그런 까닭에 이와 같은 표현을 하지 않았
나 한다.

더욱이 부처를 존대해야겠다는 결심이 서면, 무엇보다도 부처를 존대할 방법을 먼저 생각할 터여서 우선 서술어에 실현된 '같다'에 존대 표지를 연결시키려 할 것으로 생각되는바, 여기의 '시'는 이런 맥락에서 실현된 것으로 짐작된다. 그렇다면 이 경우는 비교 대상을 위한 '시'로 해석해도 무방할 것이다.

(나)의 '하늘 우 하늘 아래 부텨 ㄱᄐ시니 업스시며'의 '같다'에 연결된 '시' 역시 같은 방금 살핀 (가)와 같은 맥락으로 이해된다. 다만 '없다'에 개입된 '시'가 문제인데, 이는 일단 '같다'와 호응하는 대상을 존대한 까닭에, 이에 연결된 'ㅣ'마저도 존대한 것으로 보인다. 그래서 '부처와 같은 이' 즉 '일반인'에 대한 설명인 '없다'에 존대소 '시'를 연결시킨 것으로 이해되는데, 어찌됐든 여기의 화자가 '없다'에 존대 표지를 삽입한 이유는, '없다'를 '부처'에 대한 서술로 파악한 때문임은 분명한 것으로 보인다.

또 (바)의 '大臣이 모다라 … (석가)를 업스시긔'의 '없으시긔'는 '없다'와 '~게 하다'로 분석되지만, 이 문장의 '없다'와 '~게 하다'가 호응하는 대상이 같을 수는 없다. 다시 말하면 [무엇을 없게 한] '사동주'가 있을 것이고, [없어짐을 당한] '피동주'가 있을 것이므로 '없게 하다'와 호응하는 대상은 둘이라는 말인데, 이 가운데 화자가 존대해야 할 대상이 있다면, 그는 당연히 이 서술어에 존대소를 연결할 것이다. 그런데 이 문장의 경우는 '없어짐을 당한' 피동주가 바로 화자가 존대해야 할 대상이어서 화자는 '없다'라는 서술어에 '시'를 연결하여 '없으시긔'로 표현한 것으로 설명된다. 그런 만큼 여기의 '시'는 주체인 '대신'에 대한 존대 표지가 아니라 '목적격'으로 실현된 '부처를'이라는 성분을 존대한 것으로 해석함이 마땅하다.

한편 (사)부터 (카)는 안긴 문장의 성분이 화자의 존대 대상인 경우이다. 먼저 (사)에 제시된 '淨飯王 아ᄃ님 悉達이라 ᄒ샤리 나실 나래'를 보도록 하자. 우선 문제가 되는 앞 부분은 '정반왕의 아드님을 실달이라 하다'와 '(그런) 이가 … '로 재분석된다. 여기서 정반왕의 아들을 '실달'로 부르는 인물은 일반인이어서 물론 그를 존대할 이유가 없다. 그러므로 앞 부분은 '淨飯

王 아ᄃ님을 悉達이라 ᄒ(다)’로 표현하여 ‘정반왕의 아ᄃ님(을) 실달이라 ᄒ
는(는데, 그런) 이 나실 나래’로 해야 옳을 것이지만 화자의 머릿속에는 ‘정
반왕의 아ᄃ님은 실달이다’라는 개념이 성립되어 있을 터여서, 그는 ‘실달’
과 관련된 ‘이다’에 ‘시’를 연결시켰을 것으로 짐작된다. 그래야만 ‘실달’에
대한 화자 자신의 존대 의지를 실현시킬 수 있기 때문이다. (아)의 ‘구탈이
라 ᄒ샤리’의 ‘시’도 (사)와 같은 이유로 출현한 것으로 보인다.

　이에 비하여 (카)의 “ … 부처 … 설법ᄒ시논 ᄯᅡ히 (부처의) 몰롤 조츠시
니”는 ‘ᄯᅡ히’와 호응하는 ‘좇다’에 ‘시’가 연결되어서 문제인 경우로, 이는
‘부처가 설법하시다’가 ‘ᄯᅡ’에 안긴 문장을 이루고 있음에 유의해야 할 것이
다. 다시 말하면 (카)는 ‘관형절 + 명사 + 서술어’의 구조이어서 이때의 관
형절은 명사와 동일시 되기 마련이고, 이 명사는 다시 서술어와 호응을 이
루게 된다. 그런데 (카)의 경우는 이 관형절 안에 존대해야 할 대상이 존재
하기 때문에 일단 ‘ᄒ시논’처럼 존대 표지를 내포하고 ‘ᄯᅡ’에 안긴 것으로
해석된다. 그렇게 되면 결국 관형절 안의 ‘시’는 ‘ᄯᅡ’에게도 영향을 미치게
되므로 종국에는 ‘ᄯᅡ’와 호응하는 ‘좇다’에도 ‘시’를 연결시켜 ‘조츠시니’처
럼 표현한 것으로 해석된다. 그런데 이와 같은 사정을 모르고 이 문장만을
보면 사물인 ‘ᄯᅡ’를 존대하는 것으로 오해할 법하지만, 사실은 관형절 안에
존재하는 대상에 대한 존대라는 사실을 주목해야 할 것이다.

　이상에서 우리는 간단하게 생각하면 앞서 제시한 예문 (5)에서 관찰되는
‘시’가 존대 대상과 무관한 것처럼 보일 수 있지만, 그것을 사용하게 된 배
경을 재검토해 보면 전혀 그렇지 않다는 것을 깨닫게 되었는데, 그렇다면
이들은 결국 직접 존대의 방식을 취한 것으로 이해해야 할 것이다. 그러나
직접 존대의 방식을 취한 자료로는 다음과 같은 유형도 있다.

　(6) (선록왕이 범마달왕에게) “오ᄂᆞᆯ 次第예 ᄒᆞᆫ 암 사ᄉᆞ미 삿기 비여셔
　　　後에 죽가지라커늘 목수믈 뉘 아니 앗길 껏 아니라 갑새 오리 업슬
　　　ᄊᆡ 구틔여 ᄎᆞ마 보내디 몯고 供上關ᄒᆞ실까 ᄒᆞ야 내오이다” (월석 4,
　　64ㄴ-65ㄱ)

밑줄 친 부분을 보아, 위 역시 직접 존대의 방식을 취하고 있음이 확인되는데, 여기의 서술어는 존대 대상과 전혀 관련이 없어 보인다. 곧 '공상궐ᄒ다'는 '화자' 자신의 행위인 것이다. 따라서 이 경우 역시 금방 살핀 예문 (5)의 유형과 같은 경우가 아닐까하는 생각을 해보지만, 그렇지도 않다. 화자인 '선록왕'은 자신이 기르는 '암사슴'에 대해 이야기를 하는 까닭에 여기서 다른 대상을 찾아볼 수 없기 때문이다. 그럼에도 '공상궐ᄒ다'의 서술어에 '시'를 연결하고 있어서, 이 점만을 주목한다면 위의 선록왕은 자신을 존대하는 것으로 오해받을 소지가 다분하다.

그러나 우리 문화는, 자신을 존대하는 행위에 너그럽지 못할 뿐만 아니라 여기의 화자는 자신보다 상위자인 청자를 상대로 하고 있기까지 하여서 이와 같은 해석을 하는 것은 무리일 수밖에 없다. 그러면 결국 비문으로 처리해야 하는가라는 생각에 도달하는데, 그러나 앞서 필자는, 연구자의 본분은 이와 같은 표현을 단순히 비문으로 처리하기보다, 그 원인을 구명하는 것이 우선이라는 생각을 개진한 바 있다. 이 차원에서 위의 예문 (6)을 다시 대하면, 위에서 언급한 대로 '청자'가 화자보다 상위자라는 점을 새로운 각도에서 접근하여 다음처럼 추측해 볼 수 있을 듯하다. 즉 상위자를 상대로 이야기하는 화자는 상대방을 존대해야 한다는 생각이 끊이지 않기 마련인데, 모국어 화자라면 자신의 존대 의향은 서술어에 존대 표지를 연결시킴으로써 표명된다는 사실도 익히 알고 있을 터여서, 상대를 존대할 목적에서 서술어에 무조건 '시'를 연결시킨 결과가 위와 같은 표현이 아닐까 한다는 것이다.[10]

---

10) 이와 같은 경우는 실제 생활에서 종종 접하는 경우가 아닌가 한다.

(가) 제 말씀은 제가 어제 거기 가셨다는 것입니다.
(나) 여러분 제가 그 일을 하셔야 겠지요.

이와 같은 표현이 잘못되었다는 것은 화자 스스로 잘 알고 있지만, 상대를 존대하려다 보면 이처럼 종종 실수를 한다는 것도 우리는 잘 알고 있다. 이는 모국어 화자들은, '시'를 이용한 직접 존대 방식을 가장 보편적인 것으로 간주하고 있음을 대변해 주는 것이라 생각한다.

　　이상의 생각이 어느 정도 타당하다면, 위의 표현을 통해 우리는 의외로
모국어 화자가 생각하는 존대법의 전형을 짐작하게 되는바, 그들은 서술어
에 '시'를 연결하는 직접 존대의 방식을 존대법의 전형으로 간주하는 듯하
다. 그렇기 때문에 위와 같은 표현이 존재할 수 있으리란 생각이다.

2. 간접 존대법

　　'간접 존대법'이란 화자가 간접 존대소 '숩'과 '이'를 활용하여 존대하고
자 하는 대상을 존대하는 방식으로, 이는 존대 대상의 행위나 상태가 제시
되어 있지 않을 때 취하는 형식으로 간주된다. 그런데 본고에서는 이 대상
을 청자와 화제의 인물로 간주하였던바, 이에 의하면 간접 존대는 다시 '청
자 간접 존대'와 '화제 인물 간접 존대'로 세분된다고 볼 수 있다.

2.1. 청자 간접 존대

　　'청자 간접 존대'란 화자가 간접 존대소 '숩'과 '이'를 사용하여 청자를
존대한 경우를 말하는 것으로, 주로 청자의 행위나 상태가 서술어로 진술되
지 않았을 경우에 사용하는 방식으로 이해되는데, 우선 '이'를 사용한 예부
터 살펴보기로 하자.

> (7) 가. (보살들이 석가에게) "우리 닐오디 '本來 求ᄒᆞ논 므슴 업다이다' ᄒᆞ
> 　　　노니 … 佛子ㅣ 得ᄒᆞ얌직ᄒᆞᆫ 거슬 ᄒᆞ마 <u>得과이다</u>" (월석 13, 37ㄱ)
> 　　나. (수달이 태자에게) "그리 아니라 내 ᄉᆞ랑호디 '어누 藏ㅅ 金이ᅀᅡ
> 　　　마치 질이려뇨' <u>ᄒᆞ노이다</u>" (석상 6, 25ㄴ)
> 　　다. (普賢菩薩이 여래에게) " … 내 本來ㅅ 因緣을 (여래에게) 숩노니
> 　　　心聞發明ᄒᆞ야 分別을 自在호미 이 <u>第一이로소이다</u>" (능엄 5, 53ㄱ)

라. (미륵보살들이 석가에게) "世尊하 우리 阿鞞跋致地예 住호디 이 잀 中에 쏘 ᄉ묫디 몯홀 띠니 世尊하 이 곧ᄒᆞᆫ 諸世界 <u>無量無邊</u>토 소이다" (법화 5, 131ㄴ-132ㄱ)

마. (원앙 부인이 왕에게) "내 비욘 아기 아ᄃᆞᆯ옷 나거든 일후믈 므스기라 ᄒᆞ고 ᄯᆞᆯ옷 나거든 일후믈 므스기라 ᄒᆞ리잇고 어버ᅀᅵ ᄀᆞ자 이신 저긔 일후믈 <u>一定</u>ᄒᆞ사이다" (월석 8, 96ㄴ)

바. (왕이 부인에게) " … (아이가) 나거든 짜해 무더 ᄇᆞ료ᄃᆡ <u>ᄒᆞ리이다</u>" (월석 8, 97ㄱ)

위 예문에서 주목되는 바는, 청자가 화자보다 상위자란 점이다. 곧 (가)의 청자인 석가는 화자인 보살보다 상위자이며, (나)의 청자인 태자 역시 화자인 수달보다 상위자이다. 그러므로 여기의 화자들은 청자를 존대하려 할 터인데, 화자의 발화에는 정작 존대하려는 청자의 행위나 상태가 드러나 있지 않고 오히려 화자 자신의 행위만이 진술되어 있을 따름이다. 예컨대 (가)에서 '불자가 얻음직한 것을 얻은' 사람은 화자인 아난이며, (나)에서 '어느 곳간의 금을 내어야 이 길에 다 깔 수 있겠는가'라는 생각을 하는 사람 역시 화자인 태자라 할 수 있다. 그런 만큼 이와 같은 상황에서는 직접 존대의 방식을 취할 수가 없을 터이다. 만약 그리한다면 화자 자신을 스스로가 존대하는 모순을 범할 수밖에 없기 때문이다.

위의 화자들은 이와 같은 모순을 피하기 위해, 간접 존대의 방식을 선택한 것으로 보인다. 즉 자신의 행위에 공손 표지 '이'를 삽입하여 '득ᄒᆞ이다, ᄒᆞ노이다'처럼 표현한 것을 볼 때 그러한데, 이는 곧 화자 자신이 청자 앞에서 스스로를 공손하게 표현함으로써 청자를 존대하려는 것으로 해석된다.

이 가운데에서도 특히 (마)와 (바)를 주시할 필요가 있겠는데, 우선 (마)의 원앙부인은 왕과 헤어지면서 "자신이 임신한 아이의 이름을 짓자."는 말을 한다. 이때 발화한 '일정ᄒᆞ사이다'라는 표현은 원왕부인이 왕에게 [우리 함께 이름을 짓자]는 청유형으로 보이지만, 언어 수행의 측면에서 보면, 이 발화는 다분히 '명령'의 의미를 내포한다고 할 수 있다. 다시 말하면 이 '일정호사이다'는 윤평현(1999 : 184)의 지적처럼, "문장의 형태와 다른 의미의 언표내적 힘을 가진 간접발화 행위"로 보아야 옳다는 것인데, 아기의 이름이야 원왕부인 혼자서도 지을 수 있을 터인데, 군이 떠나는 왕에게 그의 의향을 묻는 이유는, 그에게 "이름을 지어달라"는 요구가 강한 것으로 해석해야 한다는 것이다. 이런 맥락에서 보면 여기의 '일정호사이다'는 [(아기 이름을) 一定호쇼셔]의 의미를 내포한다고 할 것이다. 그럼에도 불구하고 원왕부인의 요구가 직접적이고 일방적으로 보이지 않고 공손히 부탁하는 것처럼 보이는 까닭은 '-사이다'라는 청유형을 사용하였기 때문일 터이다.

그렇다면 이와 같은 유형을 그렇게 생각해 온 이유는 무엇인가라는 의문에 제기되는데, 그것은 '사이다'에는 '쇼셔'에 없는 공손 표지 '이'가 존재하기 때문이 아닌가 한다. 이처럼 화자는 상대에게 일방적인 행위만을 요구하는 명령형에 '이'를 실현시킴으로써, 화자 역시 그 행위에 동참할 것임을 시사하는 효과를 얻게 되는데, 한편으로 이 말을 들은 청자 입장에서는 [함께 하자]라는 의미로 받아들이게 되어 화자가 자신에게 일방적인 행위만을 강요하지는 않는다고 생각하는 듯하다.

이런 의미에서라면 '사이다'는 간접 존대의 방식을 취한 형이라 할 만한데, 여기서 우리는 중요한 사실을 깨닫는다. '명령'은 상대에게 일방적인 행위만을 요구하므로, 명령형의 서술어는 상대가 해야 할 행위만이 진술되기 마련이어서 이 경우, 상대를 존대하려면 '시'를 삽입하는 '쇼셔'와 같은 형식의 직접 존대의 방식만을 취할 것으로 예상한다. 그런데 여기에 '이'를 포함시키면 간접 존대의 방식을 취할 수도 있다는 사실로, 이는 더 나아가 존대 대상과 존대소가 불가분의 관계에 있지 않다는 점까지를 시사해주지 않나 한다.

위에 제시한 예문 (바) 역시 같은 방식으로 설명되는데, 우선 이 문장은 (마)의 원왕부인이 "아이의 이름을 정하자"라는 말에 대한 왕의 반응으로, 그는 "(아이가) 나거든 땅에 묻어버려야 할 것입니다."라고 말하는 대목이다. 물론 왕은 떠나는 입장이어서 아이의 출생을 보지 못한다는 전제가 있기에 이와 내용의 말을 할 수 있었을 것인데, 그렇다면 '묻어야' 할 주체는 왕이 아니라 부인이다. 이 점을 고려한다면, 이 발화 역시 [묻어버리쇼셔]라는 '명령'의 의미가 짙다고 할 수 있을 것이다. 그럼에도 불구하고 외현된 어형에서는 원왕부인에게만 일방적인 행위를 요구하는 것처럼 보이지 않은 까닭은, 이 역시 왕이 '이'를 사용한 평서형으로 자신의 말을 끝맺고 있기 때문으로 추정된다. 곧 왕이 원앙부인에게 명령할 행위를 직접 제시하지 않고, 그 대신 공손 표지 '이'를 사용하여 자신이 해야 할 행위인 것처럼 표현하고 있어서 그와 같은 효과를 볼 수 있었다는 말이다. 그런 의미에서라면 이 예문 역시 간접 존대의 방식을 취한 명령형이라 할 수 있을 것이다.

이상으로 우리는 '이'를 사용한 간접 존대의 방식을 살펴보았는데, 결국 이 형식은 존대하려는 청자의 행위가 제시되지 않고, 순전히 화자 자신만의 행위가 진술된 까닭에 취할 수 있었던 것으로 정리된다.[11] 그런데 여기서 다음 예문을 보도록 하자.

> (8) 가. (마왕 딸이 태자에게) "우리 天女ㅣ로니 오늘 우리 모물 太子끠 <u>받줍노이다</u>" (월석 4, 6ㄴ)
> 나. (상인들이 석가에게) "世尊하 우리롤 혼 거슬 주어시든 本鄕애 가아 塔 일어 죽드록 (석가를) <u>供養ᄒᆞᄫ바지이다</u>" (월석 4, 59ㄴ -60ㄱ)
> 다. (외도인이 명제에게) " … 弟子 褚善信둘히 주긇 罪로 말ᄊᆞ물 <u>옅줍노이다</u>" (월석 2, 69ㄴ)
> 라. (喜見菩薩이 日月淨明德佛에게) "容顔이 甚히 奇妙ᄒᆞ시며 光明이

______

11) 현대국어의 '압존법'도 화자가 청자에게 보이는 간접 존대의 한 유형이라 할 수 있다. 주지하다시피, 청자가 화자보다 상위자일 경우, 화제의 주체가 화자 자신보다 상위자일지라도 청자 앞에서 그를 존대하지 않음이 압존법이라면, 결국 청자를 극진히 존대할 목적에서 자신보다 상위자를 일부러 존대하지 않은 것이다.

화자가 이런 방법을 취할 수밖에 없는 이유는, 존대하려는 청자의 행위가 제시되지 않았기 때문이라 생각한다. 그래서 화제의 인물을 일부러 존대하지 않음으로써 청자를 간접적으로 존대하는 방식을 취한 것이다. 그렇다면 '압존법'도 화자가 청자를 상대로 선택한 간접 존대의 방식이라 할 만하다.

十方올 비취시ᄂᆞ니 내 아래 供養ᄒᆞᅀᆞᆸ다가 이제 ᄯᅩ 親近ᄒᆞᅀᆞᆸ과이다" (석상 21, 15ㄱ)

마. (대악설 보살이 세존에게) "世尊하 우리 이 부텻 모ᄆᆞᆯ 보ᅀᆞᆸ고져 願ᄒᆞᅀᆞᆸ노이다" (법화 4, 116ㄱ)

바. (諸梵天王이 세존에게) "오ᄂᆞᆯ 부톄 世間애 나샤 … 衆生ᄋᆡ 아비 ᄃᆞ외샤 어엿비 너기샤 饒益ᄒᆞ시ᄂᆞ니 우리 아랫 福慶으로 오ᄂᆞᆯ 시러 世尊을 맛나ᅀᆞᆸ과이다" (법화 114ㄴ-115ㄱ)

사. (아난이 여래에게) "世尊하 나ᄂᆞᆫ 부텻 사랑ᄒᆞ시논 앗이라 ᄆᆞᅀᆞ매 부텨를 ᄉᆞ랑ᄒᆞᅀᆞᆸ논 젼ᄎᆞ로 나ᄅᆞᆯ 出家케 ᄒᆞ시니 내 ᄆᆞᅀᆞ미 엇뎨 如來ᄲᅮᆫ 供養ᄒᆞᅀᆞ오리잇고" (능엄 1, 86ㄱ)

우선, 위에 제시한 예문은 앞서 살펴본 예문 (7)과 조건은 같다고 할 수 있다. 즉 화자가 존대해야 할 대상이 청자라는 점, 서술어가 청자와 관련되지 않고 화자 자신과 관련된다는 점에서 그러하다. 그렇기 때문에 위의 화자는 '이'를 사용한 간접 존대의 형식을 취하고 있는 것이다.

그런데 문제는, 위 예문에는 또 다른 간접 존대소가 존재한다는 것인데, (가)의 '받ᄌᆞᆸ노이다'와 (나)의 '공양ᄒᆞᅀᆞᄫᅡ지이다'에서 확인되는 'ᅀᆞᆸ'이 그것이다. 그런데 이 형식에는 'ᅀᆞᆸ'과 '이'가 동시에 출현하고 있어 우리에게 의문을 던져준다. 즉 여기의 'ᅀᆞᆸ'과 '이'는 청자만을 위한 표지인가 아니면 'ᅀᆞᆸ'은 객체를 그리고 '이'는 청자를 위한 표지인가라는 의문이 제기되는 까닭이다. 이를 알기 위한 한 방법은, 앞서 살핀 예문 (7)과 비교해 보는 것일 터이다. 보다시피 예문 (7)에는 '이'만 사용되었으므로 이 두 문장을 비교하면 예문 (8)에서는 왜 'ᅀᆞᆸ'이 첨가되었는지가 밝혀질 것으로 추정되기 때문이다. 이와 같은 맥락에서 예문 (7)을 다시 옮겨와서 우리의 이해를 돕기로 하자.

(7-1) 가. (보살들이 석가에게) "우리 닐오ᄃᆡ '本來 求ᄒᆞᆫ논 ᄆᆞᅀᆞᆷ 업다이다' ᄒᆞ노니 … 佛子ᄋᆡ 得ᄒᆞ얌직ᄒᆞᆫ 거슬 ᄒᆞ마 得과이다" (월석 13, 37ㄱ)

나. (수달이 태자에게) "그리 아니라 내 ᄉᆞ랑호ᄃᆡ '어누 藏ㅅ 金이ᅀᅡ

마치 씰이려뇨’ ㅎ노이다” (석상 6, 25ㄴ)
다. (대악설 보살이 세존에게) “世尊하 우리 이 부텻 모물 보숩고져
<u>願ㅎ숩노이다</u>” (법화 4, 116ㄱ)

이들과 예문 (8)을 비교할 때, 위의 대화에는 화자 이외에 등장하는 인물이 없지만 예문 (8)의 대화에는 화자 이외의 인물이 등장한다는 사실을 깨닫게 된다. 예컨대 예문 (8)의 (가)에는 청자 이외에 ‘태자’라는 인물이 거론되고 있고, (나) 역시 화제에 ‘석가’라는 인물이 거론되고 있다는 것이다. 이 점에 이끌리면 여기의 ‘숩’은 ‘객체’를 존대할 목적에서 출현한 것으로 결론지을 수 있다.

그러나 이렇게 단정하기 전에 다시 한번 고려해야 할 사항이 있을 듯하다. 즉 예문 (8)의 화제에 등장하는 객체와 청자가 동일인이라는 사실이다. 예문을 보면 알겠지만, (가)의 객체인 ‘태자’는 화자인 마왕 딸과 이야기를 나누는 청자이기도 하며, (나)의 객체인 석가 역시 화자인 홍정바지들의 이야기 상대자인 청자라는 점이다. 사실 우리는 이와 같은 유형을 1장의 2항에서 다룬 바 있다. 그리고 거기서 화자는 태자나 석가를 청자로 상대하지 객체로 상대하지 않을 것이라는 추측을 이유로 내세워, 여기의 ‘숩’을 청자에게 겸양하는 표지로 보았었다. 이 생각에는 아직도 변함이 없어 여기의 ‘숩’과 ‘이’는 청자에 대한 존대 표지로 간주하는 것이 이 글의 입장이다.

그런데 이렇게 주장할 때, 그렇다면 기능이 같은 존대 표지가 한 대상에게 함께 사용될 필요가 있겠느냐는 의문이 제기될 법하다는 생각까지를 아울러 해야 할 듯하다. 이 문제에 대해서는 위에서 살핀 예문 (8)의 (가)와 (나)를 다음처럼 도시하여 해명하기로 하자.

(8-1) 가. 화자(마야의 딸들) ← [우리 [우리 몸을 태자에게 받다]_숩 ㅎ다]_이
→ 청자(태자)

나. 화자(상인들) ← [우리 [우리가 (세존을) 공양ㅎ다]_숩 ㅎ다]_이 →
청자(세존)

먼저 (가)의 화자인 마왕의 딸들은 태자를 상대로 이야기를 시작하면서 그를 존대해야 한다는 사실을 의식했을 것인데, 그를 또 화제의 대상으로 삼은 까닭에 일단 그에 대한 존대 의사를 밝혀야 할 처지임은 분명하다. 그러기 위해서는 존대소 '시'를 서술어에 연결해야 하는데, 여기의 서술어인 '받다'는 태자의 행위가 아니라 화자 자신들의 행위인 까닭에 이와 같은 방식을 취하기가 어렵다. 만약 그리한다면 화자 자신들을 존대하는 결과가 빚어지기 때문이다. 상황이 이와 같다면 여기 화자인 마왕의 딸들은 간접 존대의 방식을 취할 수밖에 없을 터여서, '받다'에 간접 존대소를 연결하여 '받줍다'로 표현하였을 것으로 추정된다. 그러나 '태자'나 '석가'는 청자이기도 한 까닭에 그들의 위상에 합당한 대우를 해주어야 할 터여서 다시 한 번 '이'를 연결시킨 것으로 이해된다. '습'으로써 그들에 대한 존대 의사를 밝혔다고 해서 종결어에 공손 표지를 연결시키지 않으면 결국은 그들을 존대하지 않은 결과에 봉착하기 때문이다. 이런 맥락에서 결과적으로 출현한 종결형이 '받줍노이다'나 '공양ᄒᆞᅀᄫᅡ지이다'가 아닌가 한다.

문제는 마왕의 딸이 자신의 화제에 등장하는 태자를 객체로 간주하여 '습'을 사용했다고 보아야 하느냐, 아니면 청자로 생각하여 '습'을 사용했다고 보아야 하느냐이다. 필자는 물론 후자의 입장이다. 만약 화자가 [ ] 안의 태자를 제삼의 인물인 객체로 생각하였다면, 여기에 등장하는 '우리'도 화자 자신으로 생각하지 않고 제삼의 인물인 주체로 생각하는 것으로 보아야 할 것인데, 이 같은 설명 방식이 과연 타당한 것인지는 재고할 여지가 있는 듯하다. 상식적으로 화자가 자신을 제삼의 인물로 간주할 수 있겠는가라는 의문이 제기되는 까닭이다. 생각이 여기에 미치면 [ ] 안에 존재하는 태자 역시 객체로 간주하기에 주저할 수밖에 없을 터이다. 물론 화자의 말을 이론적으로 분석하면, [ ] 안의 '우리'를 '받다'와 호응하는 주체로 설명할 수도 있고, '태자'를 객체로 지칭할 수도 있겠지만, 이는 문법적 설명일 뿐이고, 화자인 마왕의 딸은 '우리'를 '자신'으로, '태자'를 '청자'로 생각하고서 거명하는 것으로 해석함이 언중들의 언어 직관에 부합되는 설명이 아닐까 한다.

이 같은 의견에 대해서 그렇다면 왜 문장 가운데 등장하는 동사에는 '이'를 연결할 수 없는가라는 의문이 제기될 수도 있을 듯하다. 다시 말하면 어찌하여 '이'는 문의 종결부에만 표지되어야 하는가라는 것이다. 필자는 이에 대해 이렇다 할 견해를 제시할 만한 능력이 없다. 하지만 '습'이 '이'보다 먼저 출현하여 '공손'과 '겸양'을 대표하는 기능을 담당하고 있었던 때가 있지 않았을까 한다. 그런데 그 뒤로 '이'가 출현하여 그 기능을 분화하여 담당하였는데, '습'의 위치에 밀려 '이'가 문의 종결부에 실현되었던 것이고, 그 결과 '이'는 화자의 태도를 드러내는 서법 표지의 일부로 인식되어 그 위치가 종결어미로 고정된 것은 아닐까하는 가정을 해 볼 수는 있겠다.[12]

이기문(1998 : 90-91), 이돈주(1990 : 84)[13] 등은, 향가에서 분명히 확인되는 경어법은 존경법과 겸양법이라면서, 공손법에 대해서는 미온적인 태도를 취하고 있어, 이를 참조하면 이 같은 추정이 전혀 개연성이 없어 보이지는 않는

---

12) 사실, 이런 추정은 '습'과 '이'의 출현 시기에 대한 국어사적 천착이 있은 후에야 가능할 것이다. 그러나 이들의 기능이 같다는 점에 대해서는 충분히 설명할 수 있을 듯한데, 우선 '습'이 16세기나 17세기에는 객체와 호응하지 않았다는 점을 하나의 근거로 제시할 수 있겠다. 이는 이미 주지하는 사실이기도 한데, 만약 '습'이 객체와 호응하는 기능이 그렇게 중요하다면, 어떻게 겨우 한 두 세기를 지내면서 그 기능을 완전히 상실할 수 있었겠느냐는 의문이 제기된다. 더 나아가 이 시기의 '습'은 '이'와 어울려 청자에게 '공손'하는 표지로 사용되는데, 이처럼 '습'이 '이'와 함께 어울릴 수 있었던 것도 '습'의 원래 기능이 '이'와 같았기 때문이란 생각을 하게 된다. 곧 기능이 같은 까닭에 서로 견인될 수 있지 않았겠느냐는 추정이 가능하다는 것이다.
이 같은 맥락에서 보면, '습'은 원래부터 '공손'의 기능도 담당하지 않았나 하는 추측을 해봄 직한데, 만약 이와 같은 추정에 어느 정도의 개연성이 있고, 또 이를 역사적으로 입증할 수만 있다면, 습'과 '이'를 같은 범주로 처리하려는 우리의 태도가 그렇게 무리는 아니라 생각한다.

13) 이들은, '시'는 '賜'에 의해서, '-슐'은 '白'에 의해 표시되는 것으로 보았다. 특히 이돈주(1990 : 84-85)에서는 이두에서 '賜'를 '샤'로 읽는다 하여 15세기 국어의 '시'가 고대에도 '-샤'였다고 보는 점은 문제가 있음을 지적하면서, '止'섭에 속한 '賜'의 고대 한자음을 고려할 때 향가에서의 '주체 높임 표지'는 '시' 하나였음을 강조하였다. 곧 그는 15세기 국어에 발견되는 '샤'를, 이 시기에 들어와서 {시}가 어미 '이'와 결합되면서 생겨난 후대의 이형태로 간주하는 것이다.

다. 그러나 이런 입장을 대할 때, 우리는 그러면 그 당시에는 청자를 존대하지 않았다는 말인가라는 의구심을 떨쳐버리기 어려운데, 위의 두 논문이 공손 표지 부재를 확언하지 않은 이상, 본고 역시 단언할 수는 없지만, 당시에는 '이' 아닌 다른 존대 표지가 '이'의 기능을 대신할 가능성은 충분하다고 보는데, 그렇다면 그것은 '시'보다 '습'일 가능성이 크다. 전 항에서 살폈다시피 '시'와 '이'의 기능보다는 '습'과 '이'의 기능이 더 근접하다고 할 수 있기 때문이다.

이상과 같은 이유로, 필자는 예문 (8)과 같은 유형을 청자를 대상으로 한 간접 존대의 한 유형으로 보고자 한다. 이처럼 위험한 추측을 무릅쓰면서까지 위의 '습'을, 청자와 관련시키려는 이유는, 이미 살펴보았다시피 '습'의 겸양 대상을 객체로만 한정하면 예외로 처리해야 할 자료가 너무 많은 까닭이다. 다시 말해서 존대소들을 특정 대상과만 관련시키는 태도로는 풀기 어려운 숙제가 너무 많다는 것이다.

이제는 다음과 같은 경우를 주목하도록 하자. 우선 이들은 한 대상에게 존대 표지가 연이어 출현한다는 점은 지금까지 살핀 예문 (8)과 다르지 않지만, 그 기능이 전혀 다른 존대 표지를 연이어 사용하고 있다는 점에서는 차이를 보인다고 할 수 있다.

(9) 가. (옥졸이 목련에게) "스승니미 엇던 사ㄹ미완더 우리 地獄門 알
　　　 픠 와 <u>겨시니잇가</u>" (월석 23, 82ㄱ)
　　나. (묘음보살이 석가에게) "少病 少惱ㅎ시며 起居ㅣ 輕利ㅎ시며 安樂
　　　 <u>行ㅎ시ᄂ니잇가</u>" (월석 18, 79ㄱ)
　　다. (야수가 목련에게) "안ᄌ쇼셔 므스므라 <u>오시니잇고</u>" (석상 6, 3ㄱ)
　　라. (아난이 세존에게) "내 ᄆ슴 업수미 土木과 ᄒ가지라 … 엇뎨 如
　　　 來 니ᄅ샤더 이 ᄆ슴 아니라 <u>ㅎ시ᄂ니잇고</u>" (능엄 1, 86ㄴ)
　　마. (수보제가 세존에게) "如來 니ᄅ시ᄂ 三十二 相이 곧 이 相 아니
　　　 라 이 일후미 三十二 <u>相이시니이다</u>" (금강, 70ㄱ)
　　바. (수보제가 여래에게) "世尊하 如來[청자]ㅣ 니ᄅ샴 <u>업스시니이다</u>

(금강 67ㄱ)
사. (아난이 부처에게) " ··· 엇뎨 如來ㅣ 因緣과 自然과 둘흘 다 미
러 <u>브리시ㄴ니잇고</u> (능엄 3, 64ㄱ)

　청자의 행위가 제시된 까닭에 '시'로써 직접 존대의 방식을 취한 이유는 명백하다. 그런데 왜 여기에 다시 '이'를 연결시켰을까라는 의문이 제기되는바, 논의를 더 이상 진행시키기 전에, '습' 역시 청자를 상대로 활용되었음을 상기할 필요가 있겠다. 이에 주목한다면 결국 모든 존대 표지가 청자를 존대하는데 사용된다는 사실을 새삼 깨닫게 되는데, 이는 존대에 관한한, 청자는 화자에게 강력한 존재임을 시사한다고 할 것이다. 그도 그럴 것이 화자가 화제 속의 인물을 존대하지 않더라도 직접적인 제재를 받지 않지만 청자를 존대하지 않았을 경우는 상황이 다르다고 할 수 있다. 청자는 대화 현장에 존재하는 인물인 까닭에 만약 화자가 존대의 규칙을 어기면 직접 제재를 가할 수 있어 화자는 어느 누구보다도 청자를 존대하는 데 각별한 신경을 쓸 터이기 때문이다. 이와 같은 불편한 관계를 유발하지 않기 위해서 화자는 청자의 행위가 서술어로 제시되면 제일 먼저 존대 표지 '시'를 연결시키려 할 것이다. 그럼으로써 청자에 대한 화자 자신의 존대 의사를 분명히 전달하려는 의도에서이다.
　이런 맥락에서 위의 예문을 다시 보면, (가)의 옥졸은 자신의 발화 가운데 청자인 목련의 상태가 서술되어 있으므로 여기에 존대 표지 '시'를 연결하여 '스승님이 누구시관디 우리 지옥문 앞에 서 계시느냐'처럼 표현한 것으로 보아야 한다. 그런데 국어의 특성상 청자에 대한 화자의 의향은 결국 발화의 종결 부분에 표지되기 마련이어서 화자인 옥졸은 일단 앞에서 목련에게 '시'로써 존대의 의사를 표명했을지라도, 종결부분에서 다시 한번 존대소를 연결시키려 할 터이다. 이런 의도에서 거기에 간접 존대 표지 '이'를 연결시킨 결과가 위의 '겨시니잇가'와 같은 표현이라 생각한다. (나)의 '安樂行ᄒ시ᄂ니잇가'와 같은 표현 역시 같은 이치에서 설명할 수 있을 듯한데,

우선 여기의 화자인 묘음보살은 청자인 석가를 상위자로 모시는 처지여서 그를 존대할 수밖에 없다. 그런데 그 석가가 화제의 인물로 거론된 관계로 일단 그의 행위인 '안락행ᄒ다'에 직접 존대 표지 '시'를 연결하여 '안락행ᄒ시다'로 표현했을 것이고, 또 그가 청자이기도 하다는 점에 주목하여 여기에 다시 '이'를 연결하여 결국은 '안락행ᄒ시ᄂ니잇가'와 같은 형식을 취한 것으로 해석된다.

어찌 되었든 방금 살핀 예문 (9)를 비롯하여 앞서 살핀 예문 (7)과 (8) 등은 청자를 존대하기 위하여 간접 존대표지 '이'를 사용하였다는 점에서 청자 간접 존대 방식이라 일컬을 수 있을 것이다. 그러면 지금부터는 화제 인물을 이 같은 방식으로 존대하는 절차에 대해 생각해 보기로 하자.

2.2. 화제 인물 간접 존대

'화제 인물 간접 존대'란 화자가 간접 존대소 '습'을 사용하여 화제에 등장하는 인물을 존대한 경우로, 이는 화제에 거론되는 인물의 행위나 상태가 서술어로 진술되지 않았을 경우에 사용되는 방식이다. 여기서는 해당 자료를 살피는 한편, 그동안 쟁점시 되었던 예문을 본고의 입장으로 해석해 보이고자 한다.

(10) 가. 내 慈命을 받ᄌᆞᄫᅡ 더욱 ᄉᆞ랑호몰 너비ᄒᆞ야 僧 祐 道宣 두 律師ㅣ
　　　 각각 譜 밍ᄀᆞ로니 잇거늘 시러 보디 詳略이 ᄒᆞᆫ가지 아니어늘
　　　 (월석 서, 11ㄴ-12ㄱ)

　　나. 두 글워를 어울워 釋譜詳節을 밍ᄀᆞ라 일우고 正音으로 飜譯ᄒᆞ야
　　　 사ᄅᆞᆷ마다 수비 알에 ᄒᆞ야 進上ᄒᆞᅀᆞᄫᅩ니 (월석 서, 12ㄴ-13ㄱ)

　　다. (비구ㅣ … 부텻긔 ᄉᆞᆯᄫᅡ샤디 …) "마ᄉᆞᆫ 다ᄉᆞᆺ샌 내 成佛ᄒᆞ야 녀
　　　 느 나랏 菩薩이 내 일훔 듣고 諸佛을 供養ᄒᆞᅀᆞᄫᆞᆷ과 菩提예 므르
　　　 리 이시면 正覺 일우디 아니호리이다" (월석 8, 68ㄱ-ㄴ)

　　라. 이 ᄀᆞᆮᄒᆞᆫ 法을 내 부텨를 조쫀와 듣ᄌᆞ오라 ᄒᆞ니 이ᄂᆞ 모ᄃᆞᆫ 사ᄅᆞ

> 미 부텨를 븓ᄌᆞ와 마롤 셰미라 (능엄 1, 서 23ㄱ)
> 마. (사리불이 부처에게) "世尊하 오직 <u>願ᄒᆞᅀᆞ오ᄃᆡ</u> 니ᄅᆞ쇼셔 오직 <u>願</u>
> <u>ᄒᆞᅀᆞ오ᄃᆡ</u> 니ᄅᆞ쇼셔 (법화 1, 169ㄱ)

우선 위에 소개된 내용이 화자에 대한 것임을 주목할 필요가 있다. 예컨대 (가), (나)의 화자인 수양은 자신이 『월석』을 편찬하게 된 동기를 말하고 있으며, (다)의 화자인 비구 역시 자신의 생각을 이야기하고 있다. 따라서 여기의 서술어는 화자와 관련되기 마련이다. 예컨대 (가)의 '자명을 받다'와 (나)의 '진상하다'는 화자 자신의 행위인 것이다. 그런데 이와 같은 화자의 말 속에는 화자 자신이 존대해야 할 대상이 존재하고 있다. 곧 (가)의 '慈命'이나 (나)에 생략되어 있는 '세종' 등이 그것으로, 그런 까닭에 화자는 당연히 이들을 존대하려 할 터인데, 문제는 존대 표지를 연결할 서술어가 존대 대상과 무관하다는 것이다. 게다가 여기의 서술어는 화자 자신과 관련되기까지 하여서, 만약 이 서술어에 존대 표지를 연결하면 자기 자신을 존대하는 우를 범하게 될 수밖에 없다. 이와 같은 상황에서 화자가 취할 수 있는 방법은 자신을 겸손하게 표현하는 것이라 생각한다. 이렇게 하면 결과적으로는 상대를 존대하는 효과를 볼 수 있기 때문이다. 이와 같은 취지에서 사용된 표지가 바로 위의 밑줄 친 '받다', '진상하다', '공양하다' 등에 연결된 '습'으로 추정된다.

이처럼 화자 자신을 겸손하게 표현함으로써 상대적으로 다른 대상을 존대하는 방식을 우리는 전항에서 간접 존대라 칭하기로 한바, 이와 같은 방식은 존대하려는 대상의 행위가 진술되지 않았기 때문에 사용할 수밖에 없는 태도라 할 수 있을 것이다. 그런데 다음의 밑줄 친 부분을 보면, 다음과 같은 상황에서도 간접 존대의 방식은 사용되었던 것으로 보인다.

> (11) 가. … (용왕 등이) (세존의 말을) ᄀᆞ장 <u>기ᄊᆞ바</u> ᄒᆞ며 眷屬 五千 龍이
> 모ᄉᆞ로셔 나아 <u>禮數ᄒᆞ</u>습더니 … (월석 7, 47ㄱ)
> 나. (韋提希가 부처에게) "世尊하 나ᄂᆞᆫ 부텻 히므로 無量壽佛와 두

菩薩올 보ᅀᆞ바니와 未來옛 衆生이 엇뎨ᄒᆞ야ᅀᅡ 無量壽佛와 두 菩
薩올 <u>보ᅀᆞᄫᅳ려뇨</u>” (월석 8, 17ㄱ-ㄴ)

다. 仙人둘히 ‘하ᄂᆞᆶ 神靈이샷다’ 너겨 제 몸 ᄃᆞ리고 太子ᄅᆞᆯ <u>請ᄒᆞᅀᆞᄫᅡ</u>
다가 <u>안치ᅀᆞᄫᅡ니</u> (석상 3, 35ㄱ)

라. 이 諸菩薩이 釋迦牟尼ㅅ 니ᄅᆞ시논 音聲 <u>듣ᄌᆞ오시고</u> 아랠 從ᄒᆞ샤
나오시니 (법화 5, 83ㄱ)

마. 부톄 이 經을 닐어시ᄂᆞᆯ 舍利弗와 모든 比丘와 一切 世間앳 天人
阿修羅둘히 부텻 니ᄅᆞ샤ᄆᆞᆯ <u>듣ᄌᆞᆸ고</u> 歡喜ᄒᆞ야 (부처의 말씀을) 미
더 <u>받ᄌᆞᄫᅡ</u> <u>禮數ᄒᆞᅀᆞᆸ고</u> 가니라 (아미 29ㄱ)

바. 이에 普賢菩薩이 大衆 中에 겨샤 … 부텻 바ᄅᆞᆯ 頂禮ᄒᆞ시고 … 長
跪叉手ᄒᆞ샤 부텻긔 <u>ᄉᆞᆯ오사ᄃᆡ</u> (원각 상, 2-1 4ㄱ)

위의 예문 역시 존대하려는 인물의 행위가 제시되지 않은 경우라 할 수
있는데, 예컨대 (가)의 화자인 서술자가 존대해야 할 인물은 세존이지만 여
기에 제시된 서술어인 ‘짔다’는 ‘용왕’의 감정을 표현한 것이다. 또 (나)의
화자인 위제희가 존대해야 할 인물 역시 세존이지만 이 역시 여기에 서술된
‘보다’는 미래의 중생이 보아야 할 행위라 할 수 있다. 그러므로 서술자나
위제희가 세존을 존대하려면, 금방 살핀 예문 (10)과 같이 간접 존대의 방식
을 취해야 하겠지만, 위의 상황은 그와도 다르다. 즉 예문 (10)의 서술어는
화자와 관련되어 있었지만 위의 예문인 (11)의 서술어는 화자와 무관하다는
것으로, 결국 이 경우 화자는 존대하려는 대상에게 자신의 존대 의지를 간
접적으로 표현하는 방법밖에는 없을 듯하다.

그와 같은 취지에서 위의 화자는 서술어가 진술된 인물을 겸양시키는 방
법을 취하는 것으로 생각된다. 다시 말하면 위와 같은 경우는 화자 자신의
행위가 제시되지 않은 까닭에, 존대하려는 대상에 직접 겸양을 표하지 못하
고, 그 대신 행위가 진술된 대상을 겸양시킨 것으로 이해된다는 뜻이다. 이
러한 맥락에서 (가)의 서술자는 용왕의 감정을 ‘기ᄊᆞᄫᅡ’로 표현하고 있으며,
(나)의 위제희 역시 중생의 행위를 ‘보ᅀᆞᆸ다’로 표현하고 있는 것은 아닌가

한다. 그럼으로써 결국은 화자 자신이 존대하고자 하는 석가에게 자신의 의
향을 표현한 것으로 풀이된다. 이때 우리가 놓치지 않아야 할 사실은, 어찌
됐든 위의 용왕이나 중생을 세존에게 겸양시킨 사람은, 결국 수양이나 위제
희와 같은 화자이므로 화자가 세존에게 존대 의지를 표명한 것으로 보아야
한다는 것이다. 그렇다면 위에 제시한 예문 (11) 역시 '화자'가 선택한 간접
존대의 방식을 취한 경우로 이해할 수 있겠다. 그런데 다음의 예를 보자.

> (12) 가. (야수가 목련에게) " … 이제 ᄯᅩ 내 아ᄃᆞᆯ 드려 가려 ᄒᆞ시ᄂᆞ니
> 眷屬 ᄃᆞ외ᅀᆞᇦ서 셜본 일도 이러ᄒᆞᆯ쎠" (석상 6, 5ㄴ)
>
> 나. (화색비구가 대중에게) " … 내 기ᄊᆞᇦ 大愛道 憍曇彌 比丘尼ㅅ
> 긔 가 出家ᄒᆞ야 次第로 닷가 즉자히 道果ᄅᆞᆯ 得ᄒᆞ야 … " (월석
> 10, 26ㄱ)
>
> 다. 本來 ᄇᆞᆰᄀᆞᆫ 光明에 諸佛도 비취시며 明月珠 도ᄃᆞᅀᆞᇦ니이다 (월석
> 2, 30ㄱ : 월곡 18)
>
> 라. 梵王ᄋᆞᆫ 白拂 자바 두 녀긔 셔ᅀᆞᇦ며 (월석 2, 39ㄱ)
>
> 마. (九地知識이 스스로에게) "부텻 졋어미 ᄃᆞ외ᅀᆞ와 처ᅀᅥᆷ 나샤매 親
> 히 받ᄌᆞ와 자세히 보ᅀᆞ오ᄃᆡ (능엄 7, 4ㄴ)
>
> 바. (아난과 나운이 부처에게) "世尊하 우리도 이에 ᄯᅩ 반ᄃᆞ기 分이
> 잇ᄂᆞ니 오직 如來옷 우리 가ᅀᆞᆯ 떠시니이다" (법화 4, 48ㄴ)

위와 같은 경우는 'ᅀᆸ'을 객체와 관련지으려는 편에 부담스런 역할을 하
여 왔던 것이 사실이다. 전 항에서 언급했던 대로 여기서 객체를 상정하기
가 결코 쉽지 않은 까닭이다. 그러나 이 글의 시각에서는 위의 예문을 화자
가 간접 존대의 방식을 취한 경우로 해석할 수 있다. 예컨대 예문 (가)의 경
우, 여기의 화자인 야수는 "내가 권속이 되어서 이렇게 서러운 일도 있구
나."를 말하면서 자신이 권속으로 속해 있는 '주인격'의 인물이 상위자임을
떠올렸을 것이다. 그런데 존대소를 연결할 서술어인 'ᄃᆞ외다'가 자신이 존
대하려는 대상과 무관하므로 여기에 간접 존대소 'ᅀᆸ'을 연결한 것으로 해
석할 수 있다. 이런 식으로 설명하면, 위의 예문에 제시되어 있지도 않은 객

체의 존재를 확인하기 위해 무리한 노력을 하지 않아도 된다.

(나) 역시 같은 맥락으로 해석되는바, 여기의 화색비구는 "내가 기뻐서 … " 라는 말을 하면서 자신에게 '기쁨을 준 인물'이 상위자임을 떠올렸을 것이고, 그래서 그를 존대하려고 보니, 존대소를 연결할 '깄다'는 그와 전혀 상관이 없으므로 여기에 간접 존대소를 연결하여 '기쑵다'로 표현할 수밖에 없었던 것으로 추정된다. '기쑵다'를 이처럼 해석하면 '깄다'가 객체를 전혀 필요로 하지 않은 형용사임에도 불구하고 '숩'이 연결되어 있다는 사실에 대해 그리 민감하게 반응하지 않아도 될 뿐만 아니라 이와 같은 현상을 두고 무리하게 설명하지 않아도 될 듯하다. 여기에 우리 입장의 타당성이 있지 않나 한다.

예문 (다)와 (라) 역시 마찬가지로 해석할 수 있을 듯하다. 먼저 (다)의 화자는 '명월주도 돋았다'라는 말을 하면서 명월주가 돋은 이유를 자신이 상위자로 생각하는 인물과 결부시켰을 것이고, 그래서 그를 존대하기 위해 존대소를 연결할 '돋다'에 간접 존대소 '숩'을 연결하여 '도드숩다'로 표현했을 것이다. 그 이유야 물론 '돋다'가 존대 대상과 무관하기 때문이다. 이렇게 해석하면 '돋다'라는 자동사에 왜 객체와 관련된 것으로 간주했던 '숩'이 연결될 수 있느냐를 두고 더 이상 고민하지 않아도 될 터이다. 이와 같은 설명은 (라)에도 동일하게 적용되는바, 즉 여기의 화자 역시 '법왕이 두 편으로 나누어 셨다'는 말을 하면서, '범왕이 선' 이유를 화자 자신이 상위자로 모시는 대상 때문으로 생각하고서 그에게 존대 의사를 표명하기 위하여 존대소를 연결할 '셔다'에 간접 존대소 '숩'을 실현시켜 '셔숩다'로 표현한 것이다. 그렇게 할 수밖에 없었던 이유는 '셔다'가 존대 대상과 직접 관련되지 않으므로 여기에 간접 존대소를 연결시킨 것이라 할 수 있다. 위에서도 말했다시피 이와 같은 방식으로 '셔숩다'를 설명한다면, '셔다'가 객체를 전혀 필요로 하지 않은 자동사라는 사실에 민감할 필요가 없을 뿐 아니라, 그것을 합리적으로 설명하기 위해 애쓸 필요도 없을 것이다.

위 예문에 대한 본고의 설명 방식이 조금이라도 타당하다면, 이에 근거하여 우리는 다음과 같은 추정을 할 수 있을 것이다. 실제로 화자는, 존대 대상이 문장 안에서 어떤 성분으로 실현되느냐 하는 문제를 그렇게 중시하지 않고 오히려 존대 대상을 존대할 방법을 모색하는 데 더 많은 관심을 가지리라는 것이다. 왜냐하면 먼저 화자는 자신이 존대해야 할 대상을 문장성분으로서가 아니라 구체적인 인물로서 청자이냐 아니면 화제에 등장하는 인물이냐를 판별하는데 중점을 둘 것인데, 이 같은 사안은 이미 대화 시작 전에 결정된 경우이고 정작 대화가 시작한 후에는 그 대상을 존대하기 위해서는 서술어에 존대표지를 연결해야 할 것인가 아니면 겸양이나 공손 표지를 연결해야 할 것인가를 놓고 고심할 것으로 판단되는 까닭이다. 그러므로 예문 (12)와 같은 경우도 여기서 굳이 존대 대상이 누구인가를 놓고 논쟁을 벌일 필요가 없다고 생각한다. 다만, 위의 화자는 상황에 맞는 존대 절차를 밟고 있는 것으로 풀이하면 될 터이다.

지금까지 우리는 15세기 국어 존대 체계를 '직접 존대'와 '간접 존대'로 분류하고, 이 두 양상을 존대 대상인 '청자'와 '화제의 인물'에 적용하여, '청자 직접 존대법'·'청자 간접 존대법', '화제 인물 직접 존대법'·'화제 인물 간접 존대법'으로 결론하기에 이르렀다. 그럼으로써 존대법 연구의 일반 대상이라 할 수 있는 '누가·누구에게·어떻게 존대하는가'의 측면을 모두 고려했다고 할 수 있을 것이다. 즉 여기서의 '누가'는 우리 시각에 의하면 '화자'를 지칭하는 것이고, '누구에게'는 '화제에 거론되는 인물'과 '청자'를, 그리고 '어떻게 존대하는가'라는 '존대 방식'은 '직접 존대'와 '간접 존대'를 지칭하는 것으로 해석할 수 있기 때문이다.

이상에서 논의한 결과를 다시 한 번 정리하면, '청자 직접 존대'는 청자의 행위나 상태가 서술어로 제시되어 있을 경우에 화자가 직접 존대소 '시'를 사용하여 청자를 존대한 경우를 뜻하며, '청자 간접 존대'는 청자의 행위나 상태가 서술어로 제시되지 않았을 경우에 화자가 간접 존대소 '습'과 '이'를 사용하여 청자를 존대한 경우를 말한다. 그리고 '화제 인물 직접 존

대'는 화제에 거론되는 대상의 행위가 서술어로 제시되어 있을 때에 직접
존대소 '시'를 사용하여 화제의 인물을 존대하는 방식을 말하며, '화제 인물
간접 존대'는 화제에 거론되는 대상의 행위가 서술어로 제시되지 않았을 때
에 간접 존대소 '습'을 사용하여 화제의 인물을 존대하는 방식을 뜻한다. 이
러한 논의들을 표로 정리하면 다음과 같다.

대상 \ 방법	직접 존대	간접 존대
청 자	시	습, 이
화제의 인물	시	습

제3장 ▍15세기 존대법 특징

　본 장에서는 15세기 국어 존대법의 특징을 살펴보기로 하는데, 이는 현대의 존대 방식이 15세기 국어와 다른 경우가 있음을 주목한 결과이다.

> (1) 가. (조카가 큰아버지께) 큰아버지, 작은아버지가 내일에야 한국에
> 　　　　올 수 있답니다.
> 　　나. (여직원이 직장 상사에게) 이번에 과장님 따님은 어디에 합격하
> 　　　　셨어요.
> 　　다. (사장이 경비원에게) 사내에 잡상인의 출입을 통제하시오.

　위에 제시된 예문 (가)는 현행 표준화법에서 사용 범위를 '가정'으로 제한한 '압존법'이고, (나)는 청자가 상위자이면, 그와 관련된 인물까지를 존대하는 경우이며, (다)는 화자 자신이 상대보다 상위자이지만, 섣불리 '해라'체를 사용하지 않는 경우이다. 물론 위와 같은 존대 양상을 보편·타당한 것으로 단정하기 어렵지만, 실제 생활에서 적지 않게 사용되는 것도 사실이다.

　그렇다면 15세기에는 어떠하였을까? 필자가 조사한 바에 의하면, 예문 (1)과 같은 유형은 존재하지 않았던 것으로 추정된다. 즉 (가)와 (나)의 상황일지라도 화자는 청자를 의식하지 않고, 자신만의 입장에서 화제에 거론된 대상의 존대 여부를 결정지었으며, (다)처럼 상대가 하위자인 경우에는 다른 조건들을 고려치 않고, 곧바로 'ᄂ다'체만을 사용하였다는 뜻이다.[1] 여기서는

---

1) 만약 이 같은 대조가 선명하다면, 국어 존대 방식은 15세기에서 현대에 이르는 동안 변하

이런 점들을 15세기 국어 존대법은 '화자 중심'과 '계급 서열 중심'으로 사용되었다는 측면으로 간주하고 그에 합당한 논거를 제시하여 보기로 한다.

1. 화자 중심

국어 존대법은 '주체 존대·객체 존대·청자 존대'로 분류함이 예사이다. 이는, 존대법은 화자가 어떤 대상을 존대하기 위해 마련된 도구라는 생각이 내재해 있는 다분히 '대상 중심'적 관점에서 비롯된 입장이라 할 수 있다.

그런데 현재 일부 계층에서 사용하는 압존법 역시 이런 관점에서 형성된 규범이지 않나 한다. 주지하다시피 압존법은 청자와 화제에 거론되는 인물이 모두 화자 자신보다 상위자일 경우, 화자가 화제의 인물을 일부러 존대하지 않음으로써 그보다 청자를 더 존대한다는 사실을 알리기 위한 장치로, 예를 들면 다음과 같다.

> (2) 가. (조카가 큰아버지께) 큰아버지, <u>작은아버지가</u> 내일에야 한국에 올 수 있답니다.
>
> 나. (학생이 교수님께) 교수님, <u>조교가</u> 이것을 교수님께 <u>전해드리라</u> 고 했습니다.
>
> 다. (평교사가 교장선생님께) 내일 교육청에는 <u>교무 주임이</u> <u>가는</u> 것 이 <u>좋겠습니다.</u>
>
> 라. (손주가 할아버지께) 할아버지 <u>아버지가</u> 이것을 <u>주었습니다.</u>
>
> 마. (며느리가 시아버지에게) 아버님, <u>애비가</u> 오늘 <u>늦는다고</u> 기다리 지 말랍니다.

였다는 해석이 가능한데, 그렇다면 '무엇 때문에, 언제부터?'라는 의문이 제기된다. 그러나 현재 필자에게는 이를 밝힐 만한 역량이 없다. 그 같은 결과는 '국어 존대법에 대한 사적 천착'이 이루어진 후에야 가능하기 때문이다. 따라서 이 작업은 훗날을 기약하기로 한다.

일반적으로 생각할 때, (가)의 화자라면 당연히 "작은아버지께서 내일에야 한국에 오실 수 있으시답니다."처럼 말해야 옳다. 화제에 거론되는 작은아버지가 화자 자신보다 상위자인 까닭이다. 이 점은 (나) 역시 마찬가지여서, 화자인 학생으로서는 '조교'도 존대해야 할 대상이므로 " … 이것을 교수님께 전해주시라고 하셨습니다."로 말해야 하고, 조교라는 호칭 또한 '조교 선생님'으로 해야 옳을 것이다. 그럼에도 불구하고 위의 화자들은 이들을 존대하지 않고 있다. 그것은, 다분히 화자가 화제에 거론되는 인물보다 청자를 더 존대한다는 자신의 생각을 알리려는 장치로, 우리는 이 같은 표현을 압존법이라 일컫는다.

현재로서는 압존법을 지키지 않는다 하여 크게 문제시하지 않지만, 정상적인 교육을 받은 사람이라면 당연히 지켜야 할 언어 예절로 간주함이 사실인바, 이에 대해서는 서정수(1989 : 20)의 다음과 같은 지적에서도 나타나 있다.

> (3) 가. 당신, 일찍 들어오셨군요.
> 나. 어머니, 애비가 일찍 들어왔군요.
> (가)는 남편에 대해 표현을 하고 있으나 (나)에서처럼 들을이가 '어머니'가 되면 동일한 대상이지만 비존대 표현을 하여야 마땅하다. 오늘날에는 이런 대우법을 잘 모르고 쓰는 이가 많으나 이는 대우법의 한 원칙이 되어 있다. 이처럼 들을이가 높은 분이 될 때는 그보다 낮은 분에 대하여 존대 표현을 억제해야 한다. 이를 압존법이라 하거니와 종래에는 엄격히 쓰여진 대우법의 한 원칙이다.

여기에 따르면, 위의 필자는 압존법을 존대법의 한 원칙으로 간주하는 듯한데, 비단 그만의 생각은 아닐 터여서 존대법에 관심을 갖은 모국어 화자라면 이 용어를 한 번쯤은 접해봤을 것이고, 또 웃어른 앞에서는 자신이 거론하는 인물이 그 어른보다 연하자이거나 하위자가 아닌지를 가늠해 보았을 것이다.

그렇다면 압존법은 '대상(청자) 중심'적 시각에서 비롯한 발상이라는 결론이 나온다. 위에서 살폈듯이, 이 규범은 화자 자신과 화제에 거론된 인물보다 후자와 청자의 관계를 우선적으로 고려한 경우에만 가능한 표현이기 때문이다. 그렇지 않고서야 화제의 인물이 자신의 존대 대상임을 분명하게 인식하면서도 청자를 의식해서 일부러 존대하지 않을 필요까지는 없었을 터이다. 여기서 놓치지 않아야 할 점은, 이 같은 압존법이 현대국어에서 통용될 수 있었던 것은 존대 체계 전반을 지배하는 관점이 '청자' 중심이었기에 가능하다는 것이다.

이제 논지의 초점을 15세기 국어에 맞추기로 하자. 두 시기의 존대 양상을 비교하여 그 차이를 구명함이 이 장의 중심 목표인 까닭이다. 이런 맥락에서 먼저 제시할 의문은 '15세기 국어도 현대국어와 동일한 관점에서 존대법이 운용되었느냐?'는 것이다. 이미 예견했겠지만 필자는 이에 대해 회의적이다. 지금까지 살핀 압존법이 당시에는 존재하지 않았다는 점이 그 첫 번째 이유이고, 상위자인 청자와 관련되는 대상의 존대 여부를 판가름하는 기준 역시 화자 자신이라는 점이 두 번째 이유이며, 객체를 존대할 경우에도 주체와 그의 상하 관계보다 화자 자신과의 상하 관계를 우선시하였다는 점이 세 번째 이유이다.

논지 전개상, 15세기 국어에는 '압존법'이 존재하지 않았음을 입증함이 순서일 터인데, 다음이 바로 여기에 해당하는 예문이라 할 수 있겠다.

(4) 가. (비구가 광유성인에게) "大王이 앗가톤 뜨디 곧 업더시이다" (월석 8, 91ㄴ)

    가-1. (광유성인이 비구에게) <u>沙羅樹王이</u> 八婇女 보낼 나래 앗가톤 뜨디 <u>업더녀</u> (월석 8, 91ㄴ)

    나. (定自在王 보살이 부처에게) "世尊하 地藏菩薩이 여러 劫브터 오매 각각 엇던 願을 <u>發ᄒ시관ᄃᆡ</u> 이제 世尊ㅅ 브즈러니 讚歎ᄒ샤 몰 닙습ᄂ니잇고" (월석 21, 49ㄴ-50ㄱ)

    다. (大樂說 보살이 석가에게) "世尊하 엇던 因緣으로 이 寶塔이 짜ᄒᆞᆯ 조차 소사나며 그 中에 이 音聲을 <u>내시ᄂ니잇고</u>" (법화 4,

113ㄱ)
라. (성녀가 무독에게) "아바님 어마니미 다 <u>婆羅門種이시고</u> … 어마
님 일후믄 <u>悅帝利러시니이다</u>" (월석 21, 28ㄱ)

우선 (가-1)를 보면, 광유성인이 비구나 사라수왕보다 상위자임을 알 수
가 있다. 그런데 (가)의 비구는 광유성인 앞에서 사라수왕을 존대하는바, 이
는 곧 비구가 자신의 상위자인 청자 앞에서 그보다 하위자를 존대하고 있음
을 의미한다. 따라서 예문 (2)와 같은 존대 방식에 익숙해진 모국어 화자라
면 이 같은 비구의 태도를 수용하기가 쉽지만은 않다. 문제는 이러한 양상
이 (나)부터 (라)에서 계속되고 있다는 사실로, 즉 각 예문의 화자인 정자재
왕보살과 대악설보살 역시 자신들이 지존으로 모시는 부처 앞에서 그보다
하위자인 지장보살과 보탑을 존대하여 " … <u>地藏菩薩이 엇던 願을 發ᄒ시관
ᄃᆡ</u> … "나 " … <u>寶塔이</u> … 이 <u>音聲을 내시ᄂᆞ니잇고</u>"처럼 표현하고 있다는
것이다.

여기서 우리는 15세기에는 압존법이 없었음을 확인하게 되는데, 이는, 현
대와 달리 당시 존대법이 화자 중심의 관점에서 운용되었기에 가능하지 않
았나 한다.[2] 즉 예문 (4)와 같은 존대 양상은, 오직 화자 자신의 입장만을

---

2) 사실 압존법은 현대에는 거의 지켜지지 않은 듯하다. 필자의 세대인 30대만 하더라도 이
   러한 규범이 있음을 아는 이는 문법에 관심을 갖는 부류 외에는 거의 없는 듯하기 때문이
   다. 더욱이 1992년 국어심의회에서 확정한 '표준화법'은 '가정'을 제외한 '사회'에서는 압
   존법을 지키지 않아도 된다는 규정을 제시하였다. 따라서 이런 점들을 감안하면, '현대 국
   어 압존법 존재'에 대한 당위성마저도 확보되지 않은 상태에서 이것을 현대 국어의 특징
   으로 간주하여 15세기와 비교함은 무리라는 지적이 있을 수 있다. 타당한 지적이다.
   분명한 사실은 필자 역시 압존법을 현대 국어의 문법 체계 안으로 수용할 의사는 없다는
   것이다. 그러나 어찌되었든, 국어사의 시대구분으로 보면, '표준화법'의 심의가 있었던
   1992년 이전의 상당한 시기가 현대에 해당하고, 또 이때까지만 해도 압존법을 '가정'만이
   아닌 '사회 전반'에서 지켜야 하는 언어 규범으로 간주하는 세대가 있었고, 아직까지도 적
   으나마 이를 사용하는 세대가 있다면, 이와 같은 현상 역시 현대 국어 존대법의 한 단면으
   로 간주해도 무방하지 않겠느냐는 것이다. 그런데 본문에서 살폈다시피 15세기에는 이러
   한 존대법이 없었던 것으로 추정되는바, 그렇다면 이 현상을 현대와 비견되는 15세기 나
   름의 특징으로 인정할 만하다는 것이 필자의 소박한 생각이다.

고려하여 주체에 대한 존대 여부를 판정하였기에 가능했을 것이란 뜻이다. 만약 그렇지 않고 청자를 중시하였다면, 그와 주체의 관계에 따라 화자 자신의 기본 입장까지도 달리 하는 예문 (3)처럼 표현했을 가능성이 높기 때문이다.3)

15세기 국어 존대법이 화자 중심의 관점에서 활용되었다는 다른 증거는 다음에서 소개한 현대 예문과의 비교에서 찾아진다.

(5) 가. 이번에 과장님 <u>따님</u>은 어디에 <u>합격하셨어요.</u>
    나. 선생님의 <u>자제분</u>은 지금 <u>어디에 계십니까?</u>
    다. 교수님 <u>손주되시는 분</u>은 언제 <u>도착하신데요?</u>
    라. 이 사장님 <u>손주분</u>이 이번에 이사직으로 <u>임명되셨</u>대.
    마. <u>자제분</u>이 키도 <u>훤칠하시고 미남이</u>십니다.

먼저, 위에 제시한 예문 (5)의 화자들이 화제에 거론되는 인물보다 나이가 많은 것으로 가정하자. 그러면 이들은 (가)와 (나)에 거론되는 '과장님'이나 '선생님'의 '딸' 또는 '자식'까지를 존대할 필요는 없다. 과연 이러한 표현이 합당한가에 대해서는 재고의 여지가 있지만, 현재 언중들이 스스럼없이 사용하는 것 또한 사실이다. 이런 점들을 고려할 때, 예문 (5)와 같은 경우는 화제에 거론되는 인물이 존대 대상인 청자와 관련되어 있음을 의식한 태도로, 다분히 대상 중심적 관점에 입각한 표현이라 할 수 있다.4) 그러면

---

3) 그렇다면 현재 사용하고 있는 압존법은 언제부터 사용되기 시작한 것일까? 필자는 그 시기를 일본식 교육을 받은 이후부터로 짐작한다. 일본에서는 아직도 이 압존법이 잘 지켜지고 있다는 일본학자의 증언과 우리나라에서도 압존법이 아직까지 잘 지켜지고 있는 사회가 군대라는 점을 감안해서이다. 주지하다시피 우리나라의 군대는 일제 치하 하에서 일본의 영향에 의해서 만들어진 집단이라는 점을 고려할 때나 그 당시 우리 국민이 일본식 교육을 받았다는 사실 등을 고려할 때 어느 정도 개연성이 있는 추정으로 생각되지만, 그러나 아직까지는 추측에 불과할 따름이어서 여기서 섣불리 단정하지 않으려 한다. 다만 이에 대해서는 차후에 본격적으로 다루고자 하므로, 더 자세한 논의는 추후로 미루기로 한다.

4) 예문 (5)와 관련하여, 이러한 양상은 존대 대상이 면전에 있을 경우에만 사용되는 까닭에,

여기서 15세기 국어에서는 어떠했을까라는 의문이 제기되는데, 이미 예견했겠지만 역시 그런 표현은 찾아보기 힘들고, 다음과 같은 용례만이 주목될 뿐이다.

> (6) 가. (목련이 야수에게) "太子 羅睺羅ㅣ 나히 ᄒᆞ마 <u>아호빌씬</u> 出家ᄒᆞ여 … 羅睺羅ㅣ <u>道理ᄅᆞᆯ 得ᄒᆞ야ᅀᅡ</u> 도라와 … 네가짓 受苦ᄅᆞᆯ <u>여희여</u> 涅槃 得호ᄆᆞᆯ 부텨 ᄀᆞᄐᆞ시긔 ᄒᆞ리이다" (석상 6, 3ㄱ-4ㄱ)
> 나. (석가가 아난에게) "大愛道ㅣ ᅀᅡ 眞實로 善혼 ᄠᅳ디 하며 내그에도 恩惠 잇거니와 … 大愛道ㅣ 내 德으로 三寶애 <u>歸依ᄒᆞ야</u> 四諦ᄅᆞᆯ 疑心 <u>아니ᄒᆞ며</u> 五根을 <u>信ᄒᆞ며</u> 五戒ᄅᆞᆯ <u>受ᄒᆞ야</u> <u>디니ᄂᆞ니</u> … " (월석 10, 19ㄱ-ㄴ)
> 다. (왕이 아들에게) "네 어마니미 날 <u>여희오</u> 시르므로 <u>사니다가</u> 이제 ᄯᅩ 너를 <u>여희오</u> 더욱 <u>우니ᄂᆞ니</u>" (월석 8, 101ㄱ)
> 라. (파라문이 호미에게) "(파라문이 상위자로 모시는 수달의) 아기 아ᄃᆞ리 양지며 지죄 혼 그티니 그딋 ᄯᆞᄅᆞᆯ 맞고져 ᄒᆞ더이다 (석상 6, 15ㄱ)

먼저 (가)의 화자인 '목련'은 석가의 제자이고, 청자인 '야수'는 석가의 부인이어서 목련은 야수를 당연히 존대해야 할 처지이다. 이는 앞서 살핀 예문 (5)의 (가), (나)와 같은 경우로, 이러한 시각에 익숙한 모국어 화자라면, (가)의 목련 역시 "太子 羅睺羅ㅣ 나히 ᄒᆞ마 아호비실씬 … 道理ᄅᆞᆯ 得ᄒᆞ

15세기에 이 유형의 예가 존재하지 않는다고 하여 당시의 특징으로 간주하기가 어렵지 않겠느냐는 질문이 제기될 법하다. 일견 타당한 지적이다. 사실 예문 5)의 존대 양상은 존대자가 청자일 경우에 빈번히 사용되는 까닭이다. 필자는 그렇기 때문에 현대 존대법을 청자 즉 대상을 중시한 규범으로 간주하려는 것이다. 존대자가 면전에 존재하기에 화자 자신보다 나이가 어리거나 하위자를 존대하였다면, 그것은 순전히 '청자' 즉 '대상'을 우선하였지 화자 자신의 입장을 우선한 존대는 아니라는 것이다. 그러나 15세기에는 그렇지 않았다는 것이다. 즉 존대자가 면전에 존재할지라도 화제 인물이 화자 자신보다 어리거나 하위자라면 존대하지 않음이 예사였다는 것인데, 필자는 이를 화자를 중시한 존대 양상으로 풀이하였다. 그것은 존대자인 청자를 배제한 화자의 입장만을 고려한 존대 양상으로 생각되는 까닭이다. 그렇다면 이러한 양상은 현대와 15세기의 차이로 간주될 만하고, 전자에 비견되는 후자만의 특성으로 간주해도 무방하지 않겠느냐는 것이 본고의 입장이다.

샤 … ”처럼 나후라를 존대할 것으로 생각하기 쉽다. 그러나 그는 “太子 羅睺羅ㅣ 나히 ㅎ마 아호빌씨 … 道理를 得ㅎ야 … ”처럼 말할 따름이다. 이는, 청자를 의식하지 않고, 화자 자신과 태자의 관계만을 비교하였기에 가능했던 표현으로,5) 여기서 우리는 다시 한번 15세기 국어는 철저히 화자 중심적 관점에서 존대법이 구사되었음을 확인하게 된다.

---

5) 이와 관련하여 다음 예문이 참조된다.

(야수가 목련에게) 안ᄌ쇼셔. … 므스므라 오시니잇고? (목련이 야수에게) “太子 羅睺羅ㅣ 나히 ㅎ마 아호빌씨 出家ᄒ여 … 羅睺羅ㅣ 道理를 得ᄒ야ᅀᅡ 도라와 … 네가짓 受苦를 여희여 涅槃 得호몰 부텨 ᄀ투시ᄀ ᄒ리이다” (석상 6, 3ㄱ-4ㄱ)

본문에서 소개한 (가)는 위에 제시된 대화의 일부분이다. 그런데 여기를 보면, 야수와 목련이 서로에게 ‘ᄂ이다’체로 상대함을 알 수 있다. 그러므로 이들의 위상은 필자 생각과 달리 서로 대등하지 않느냐는 의문이 제기될 수 있다. 이 같은 의문은, 만약 이들의 관계가 그러하다면, 목련이 야수를 의식해서 나후라를 존대할 이유가 없으므로 도리어 예문 (가)와 같은 표현이 정당하고, 이런 맥락에서 보면 결국 이 (가)는 현대와 다르지 않다는 생각에서 제기된 의문일 터이다.

목련과 야수의 상하 관계에 대해서는 여러 가지 해석이 가능하겠지만, 우선 고려해야 할 점은, 야수는 비록 평신도에 불과할지라도 목련이 지존으로 모시는 석가의 부인이라는 사실이다. 그러므로 객관적 서열은 야수가 더 앞서는 것으로 판단해도 무방할 듯하다. 이때 문제가 되는 것은, 그러면 왜 야수는 목련에게 ‘ᄂ이다’체를 사용했느냐는 것인데(이는 차후에 논의할 본문의 예문 10과 같은 존대 양상을 고려한 언급이다), 이에 대해서는 다음과 같은 해석을 고려해 봄직하다. 즉 목련이 비록 야수 자신을 상위자로 대우하지만, 그녀 입장에서는 도리어 목련을 상위자로 생각할 가능성이 있다는 것이다. 목련은 불가의 10대 존자에 속하는 신분이지만 자신은 평신도에 불과하기 때문이다. 이런 생각들을 정리하면, 야수와 목련은 서로를 각기 다른 관점에서 자신들의 상위자로 인정한다는 결론에 도달한다. 그러므로 피차 ‘ᄒ쇼셔’체로써 상대를 대하지 않나 한다.

만약 이 같은 추정이 어느 정도 타당하다면, 정작 본문에서 소개한 (가)와 관련하여 주목할 점은, 야수를 대하는 목련의 자세이다. 곧 그녀를 자신보다 상위자로 보느냐, 아니면 대등한 입장으로 보느냐는 것인데, 이미 우리는 전자로 추정하였던바, 그렇다면 목련은 나후라를 존대함이 현대 방식에 가깝다는 것이 필자의 생각이다. 나후라가 비단 야수의 아들일 뿐 아니라 석가의 아들임을 감안할 때 더욱 그러하다.

이들의 위상과 관련하여 제기되는 또 다른 의문은, 목련이 야수보다 상위자이기에 나후라를 존대할 필요가 없었던 것이 아니냐는 것이다. 이는 그들의 상하 관계를 불교의 서열로써 파악할 때, 가능한 질문으로, 이미 언급하였듯이, 서로가 피차 상위자로 인정한다는 측면으로 접근함이 좋을 듯하다.

다음에 살필 (나), (다)는 (가)와 경우를 달리하지만, 결국 동일선상에서 이해해야 할 자료가 아닌가 한다. (나)의 화제에 거론되는 대애도는 어렸을 적부터 석가 자신을 길러준 이모이자, 청자인 아난의 어머니이다. 그런데 (나)를 보면, 석가는 대애도를 전혀 존대하지 않고 있다는 사실을 깨닫게 된다. 물론 일반 대중에게 지존의 대상으로 추앙 받는 그이기에, 대애도를 평신도로 생각하여 위처럼 말한 것으로 추정할 수도 있지만, 대애도가 청자의 어머니인 점을 감안하면 문제는 달라진다. 현재 우리의 문화적 정서를 감안하면, 청자가 아무리 화자 자신보다 하위자일지라도, 대부분 그의 부모는 존대하기 때문이다. 이 같은 상황은 (다)에서도 그대로 재현되는데, 이곳의 왕 역시 청자인 태자의 어머니를 존대하지 않고 있다. 만약 그가 태자를 조금이나마 의식했더라면 이런 표현을 삼갔을 터이다.6)

여기서도 15세기 국어 존대법이 화자에 초점을 두어 사용되었다는 사실을 확인하게 되는데, 이 같은 생각에 개연성을 부여해 줄 마지막 자료는 '숩'이다. 이 '숩'의 사용 환경에 대해서는 이견이 있지만,7) 다음처럼 발화 장면의 '객체'가 '주체'보다 상위자일 때 사용된다는 점에서는 의견일치를

---

6) 예문 (6)을 두고, 현대국어와 크게 다르지 않다고 할 수도 있다. 이에 대비되는 예문 (5) (상위자인 청자와 관련된 인물이 화자 자신보다 하위자일지라도 그를 존대하는 경우) 자체를 인정하지 않고, '이번에 과장님 딸은 어디에 합격했어요?', '선생님 자식들은 지금 어디에 있습니까?'와 같은 표현을 더 정당하게 생각하는 입장이라면 충분히 제기할 만한 의문이다. 사실 존대의 기본 원리에 미루어 본다면, 이 경우가 더 적합할 수도 있다. 그러나 본문에서도 언급했듯이, 실제 언어 생활에서는 예문 (5)처럼 말하는 모국어 화자도 적지 않다는 점 또한 유의해야 할 듯하다.
   이런 맥락에서 보면 여기서 어느 편이 더 합당한가를 논의함은 무의미하다고 생각하는데, 그 이유는 본고의 중심 논지가 아니기 때문이다. 다만 우리가 관심을 보여야 할 것은, 현대에는 예문 (5)와 이에 반대되는 존대 양상(위에 언급한 예문)이 공존하지만, 15세기에는 후자와 같은 양상만이 존재할 뿐이라는 것이다. 이런 맥락에서 보면, 예문 (6)과 같은 표현을 현대와 다른 15세기 특징으로 간주하는 우리의 입장이 무리는 아닐 듯하다.

7) 이에 대한 그간 입장은 김형규(1947·1948)로 대표되는 '겸양설'과 허웅(1954·1961·1962·1963)으로 대표되는 '객체 존대설', 안병희(1961), 이숭녕(1962·1964)으로 대표되는 '주체 겸양설', 그리고 마지막으로 안병희(1982)로 대표되는 '화자·주체 겸양'설 등이 있다. 이들에 대한 자세한 설명은 이 글의 제1장과 각각의 논문으로 미루기로 한다.

보인다.

> (7) 가. 그저긧 燈照王이 普光佛을 <u>請ᄒᆞᅀᆞᄫᅡ</u> (월석 1, 9ㄱ)
>
> 나. 그 ᄢᅴ 善慧 부텻긔 가아 出家ᄒᆞ샤 世尊ㅅ긔 <u>ᄉᆞᆲ샤ᄃᆡ</u> (월석 1, 17ㄱ)
>
> 다. 이 比丘ㅣ 주긇 時節에 虛空 中에 威音王佛이 아래 니르시던 法華經엣 二十千萬億 偈를 다 <u>듣ᄌᆞᆸ고</u> (석상 19, 31ㄴ)
>
> 라. 그 ᄢᅴ 忍辱太子ㅣ 깃거 어마닚긔 드러가 <u>ᄉᆞᆲᄇᆡ던</u> (석상 11, 20ㄱ)
>
> 마. (장자들이 부처에게) "'우리 … 부텻 敎化애 道 得호미 虛티 아니ᄒᆞ니라' ᄒᆞ야 '부텻 恩惠 <u>갚ᄉᆞ오몰</u> ᄒᆞ마 得호미 드외야라' ᄒᆞ다이다" (법화 2, 251ㄱ)
>
> 바. 勇猛 精進ᄒᆞ야 晝夜 六時에 三寶를 <u>禮拜ᄒᆞᅀᆞ오며</u> 眞心으로 懺悔ᄒᆞ며 勸ᄒᆞ야 <u>請ᄒᆞᅀᆞ오며</u> … (영가 139ㄱ)

위에 제시한 예문의 공통점은 주체가 객체보다 하위자라는 것이다. 예컨대 (가)의 주체인 등조왕은 객체인 보광불보다 하위자이며, (나)의 주체인 선혜는 객체인 세존보다 하위자이다. 'ᅀᆞᆸ'은 이런 상황에서 주체의 행위에 연결되었던바, 지금까지 그것을 상위자인 객체를 존대할 목적에서 주체를 겸양시킨 표지로 간주했던 이유도 여기에 있다. 결국, 'ᅀᆞᆸ'을 대상(주체 : 객체) 간의 관계 규정으로 파악했다는 뜻인데, 그러면 다음은 어떻게 해석해야 하는가?

> (8) 가. 王이 太子끠 <u>묻ᄌᆞᄫᆞ샤ᄃᆡ</u> "지조를 어루ᄒᆞᆶ다" (석상 3, 12ㄱ)
>
> 가-1. 太子ㅣ (왕께) <u>니ᄅᆞ샤ᄃᆡ</u> "네 가짓 願을 일우고져 ᄒᆞ노니 늘굼 모ᄅᆞ며 病 업스며 주굼 모ᄅᆞ며 여희욤 모ᄅᆞ고져 ᄒᆞ노이다" (석상 3, 21ㄱ-ㄴ)
>
> 나. 道士 六百 아흔 사ᄅᆞ미 各各 靈寶眞文과 太上玉訣와 三元符 等 五百 아홉卷을 <u>자바</u> 西ㅅ녁 壇 우희 <u>엱고</u> 茅成子와 許成子와 老子 等 三百 열다ᄉᆞᆺ 卷으란 가온딧 壇 우희 <u>엱고</u> 됴ᄒᆞᆫ 차반 밍ᄀᆞ라 버려 … 부텻 舍利와 經과 佛像과란 긿 西ㅅ 녀긔 <u>노ᄊᆞᆸ고</u> (월

석 2, 72ㄴ-73ㄴ)

다. 長者ㅣ 듣고 세흘드려 드러오라 ᄒᆞ야 뜰헤 <u>안치ᅀᆞ고</u> <u>묻ᄌᆞᄫᅩ더</u>
(월석 8, 94ㄴ 협주)

라. (부톄가 아난에게 말하기를) " … 그 어미 이 ᄹᆞ니ᄆᆞᆯ 東山 딕희
오고 스싀로 가 밥 어더 스싀로 먹고 ᄹᆞ님끠 … 아니 <u>받ᄌᆞᄫᅡᄂᆞᆯ</u>
그 ᄹᆞ니미 니ᄅᆞ샤더" (석상 11, 40ㄴ)

마. (비구ㅣ 대답ᄒᆞᅀᆞᄫᅩ더) " … 聖人이 ᄯᅩ 나ᄅᆞᆯ 브리샤 '大王 모ᄆᆞᆯ
<u>請ᄒᆞᅀᆞᄫᅡ</u> 오나든 찻믈 기를 維那ᄅᆞᆯ <u>삼ᅀᆞᄫᆞ리라</u>' ᄒᆞ실ᄊᆡ 다시 오
ᅀᆞᄫᆞ이다" (월석 8, 92ㄴ)

우선 (가)부터 보면, 여기서 객체로 표현된 태자는 부처의 전생 인물이고,
주체로 표현된 왕은 부처 아버지의 전생 인물이므로, 주체가 객체보다 상위
자임이 분명하다. 그런데 여기에 '습'이 실현되어 있다. 따라서 기존 입장에
서 해석하면, 아버지는 아들을 존대하지만 아들은 아버지를 존대하지 않는
다고 해야 하는데, 이는 무리한 해석이다.

여기서 우리는 '습' 역시 화자를 중심으로 설명해야 한다는 생각에 도달
한다. 다시 말하면, 그것을 '화자가 객체를 존대할 목적에서 사용한 표지'로
보아야 한다는 것이다.8) 그러면 (가)는, 화자가 태자를 존대할 목적에서 '습'
을 사용한 것이 되어, 위처럼 무리하게 해석하지 않아도 된다. 결국 '습' 역
시 화자 중심의 관점에서 활용된 존대 표지라는 말이다.

위에서 살핀 (나)의 '道士 六百 아흔 사ᄅᆞ미 … 아홉卷을 자바 西ㅅ녁 우
희 壇 엱고 … 부텻 사리와 經과 佛像과란 깂 西ㅅ녀긔 노ᅀᆞᆸ고'와 같은 표현
역시 이런 견해를 적극적으로 뒷받침해 준다. 이 (나)는 後漢 '明帝'가 도교
를 버리고 불교를 신봉하려 하자 도사들이 그에게 상소문을 올릴 준비를 하
는 장면으로, 화제의 주체는 도사이고 객체는 그들의 경전인 ' … 아홉卷'이

---

8) 이는 안병희(1961), 안병희(1982)에서 보여주는 일련의 변화에서 뒷받침된다. 그는 전자에
서는 '습'을 '주체 겸양' 표지로 간주하다가 후자에서는 '화자·주체 겸양' 표지로 입장을
바꾸었는데, 화자를 도외시하고서 '습'을 제대로 이해하기 어렵다는 생각이 반영된 결과로
풀이되는 까닭이다.

라 할 수 있다. 그런데 이를 기존 입장에서 해석하면, 여기 도사들은 자신의 경전에는 존대하지 않고(밑줄 친 '엳고' 참조), 도리어 부처와 불교 경전을 존대하는 것(밑줄 친 '노습고' 참조)으로 해석해야 하는데, 역시 석연치 않은 해석으로 생각된다. 하지만 우리의 관점처럼 화자 중심의 관점에서 해석하면, 여기서 부처와 불교 경전을 존대한 이는 도사가 아니라 서술자인 화자라는 결론에 도달하는데, 이 편이 훨씬 자연스러운 해석임은 물론이다. 요컨대 위에 제시된 (나)를 포함한 예문 (8)의 '습' 역시 화자와 객체의 관계에서 성립된 존대 표지이지, 주체와 객체의 관계에서 비롯된 표지가 아니라는 말이다. 부언하면, 주체와 객체의 상하 관계를 규정지어서 주체를 객체에게 겸양시키는 것 또한 화자의 몫으로 생각되는 만큼, 기존 입장처럼 화자를 배제한 '주체가 객체에게 보인 겸양표지'라는 입장은 재고의 여지가 있다는 것이다.

이쯤에서 15세기 국어에도 '주체 존대, 객체 존대, 청자 존대'가 있었던 것이 분명하므로, 당시에도 '대상 중심적' 체계가 존재하지 않았겠느냐는 의문이 제기될 법한데, 이에 대해서는 다음과 같은 설명이 가능하다.

주지하다시피, 존대법은 '누가(화자), 누구에게(존대 대상), 어떻게(존대 방법)'에 관한 문제이다. 따라서 우리 입장에서도 '존대 대상'을 전혀 고려치 않을 수 없는데, 어디에 초점을 두어 존대법을 구사하느냐가 현대와 15세기 국어가 달랐다는 것이다. 즉 현대는, 화자가 어떤 대상을 존대해야 할 경우, 자신과 그의 입장보다 청자와 그 대상의 상하 관계나 관련 여부를 가늠하여, 그 결과에 따라 화자 자신의 존대 여부도 결정하지만, 15세기 국어에서는 그렇지 않고 철저히 화자 자신과 존대하려는 대상의 위상만을 비교하여, 존대 여부를 가늠했다는 말이다. 이런 점을 참조하면, 청자에 초점을 맞춘 현대 존대법을 '대상 중심'적 규범으로, 화자에 초점을 맞춘 15세기 국어 존대법을 '화자 중심'적 규범으로 명명할 만하다는 것이 우리의 시각이다.

2. 계급 서열 중심

일반적으로 어떤 대상을 존대하는 이유는, 화자 자신보다 나이(항렬)나 사회적 지위 등이 많거나 높아서이다. 그런데 간혹 이런 조건이 서로 맞지 않아, 상대를 어떻게 대해야 할지 난감해지기도 하는데, 그 가운데 하나가 다음과 같은 경우이다. 즉,

> (9) 가. (사장이 경비원에게) 회사에 잡상인이 들어오지 못하도록 하시오. : 네 알겠습니다.
> 나. (교장이 평교사에게) 김 선생님, 이리 좀 오셔서 이 물건 좀 같이 듭시다. : 꽤 무겁겠습니다.
> 다. (교수가 강사에게) 유재숙 선생님, 오늘 강사 선생님들과 저녁을 함께 하기로 한 약속 잊지 않으셨지요? : 그럼요. 잊을 리가 있겠습니까.

이처럼 상하 관계가 분명한 경우라면, 굳이 청자에게 '하오'나 '합쇼'체와 같은 존대형을 사용하지 않아도 된다. 도리어 '해'나 '하게' 혹은 '해라'체를 사용할 수도 있다.[9] 그러나 이런 대접을 받은 청자라면 대부분 불쾌하게 여길 가능성이 많으므로,[10] 일반적으로 위처럼 화자가 먼저 존대형을 사용함이 예사이다. 이유야 물론 상대방의 인격을 존중해주거나 공적인 장소에 합당한 말씨를 사용하기 위해서라든지, 그가 성인임을 의식해서일 터이다. 하여튼 이는, 현대는 서열에 따른 상하 관계가 존대 조건의 일차적인 고려 대

---

9) 이 글의 논지대로 한다면 현대국어의 공손형의 경우도 명령형이 아니라 평서형으로 해야 할 터여서, 이후부터는 과거의 '합쇼'체를 '합니다'체, '하오'체를 평서형의 '하오'체로, '하게'체를 '하네'체로, '해'체를 평서문의 '해'체로, '해라'체를 '한다'체로 바꾸어 명명하기로 한다.

10) 간혹 이와 같은 경우에 '해'체나 '해라'체를 사용하는 화자가 있기도 한데, 이런 대접을 받은 청자는 '자기가 윗사람이면 다야! 왜 반말이야', '대개 권위적인 사람이야!'라는 불평을 접하기 쉽다는 사실을 우리는 잘 알고 있다.

상이 아님을 시사해준다고 하겠다.11)

그러나 다음을 보면, 15세기 존대법은 이와 같지 않음을 알 수 있다.

(10) 가. (호미가 바라문에게) "(수달이 있다는 것을) 소리쁜 <u>듣노라</u>" (석
　　　　상 6, 14-15ㄱ) (바라문이 호미에게) (호미가) 그릿 ᄯ롤 (며느리
　　　　로) 맛고져 ᄒ더이다. (석상 6, 14ㄴ-15ㄱ)
　　나. (부처가 미륵에게) "彌勒아 반ᄃ기 <u>알라</u> … (왕자들이) 다 王位
　　　　ᄇ리고 ᄯ (아버지를) 조차 出家ᄒ야 大乘ㅅ 쁘들 發ᄒ야 … 法
　　　　師ㅣ ᄃ외니 ᄒ마 千萬佛ㅅ게 여러 가짓 善 미틀 <u>시므니라</u>" (법화
　　　　1, 99ㄱ-ㄴ)
　　다. (석가가 대애도에게) "말라 겨지비 내 法律에 드러 法衣롤 니버
　　　　도 죽ᄃ록 淸淨ᄒᆫ 힁뎌글 ᄉ못 <u>몯ᄒ리라</u>" (대애도가 석가에게)
　　　　"나는 드로니 겨집도 精進ᄒ면 沙門ㅅ 四道롤 得ᄒᄂ다 훌씨 부
　　　　텻 法律을 受ᄒᅀᄫ바 <u>出家ᄒ야지이다</u>" (월석 10, 16ㄴ)
　　라. (왕이 대애도에게) "(태자를) 졋 머겨 <u>기르라</u>" (대애도가 답하기
　　　　를) "그리호리이다" (석상 3, 3ㄴ)
　　마. (왕이 태자의 스승에게) "尊者ㅣ 날 위ᄒ야 太子ㅅ 스스이 <u>ᄃ외오</u>
　　　　라 (존자가) 그리호리이다 (석상 3, 7ㄱ-ㄴ)
　　바. (이사발 공주가 맹인에게) 네 어쩐 <u>사ᄅ민다</u> (맹인이 답하기를)
　　　　빌머긇 盲眼이로이다(월석 22, 54ㄱ)

---

11) 이 같은 우리 입장에 대해, 다음의 질문이 예상된다. 곧 '시'는 '존대'뿐 아니라 '비하대'
의 의미로 사용되므로, 이의 사용 여부를 두고, 현대국어 경어법이 '서열 중심'이 아니라
고 단정하기에는 무리가 있지 않느냐는 것이다. 예문 (9)에서 확인되듯이, 필자가 사용한
예문이 비단 '시'의 사용 여부에 있는 것은 아니다. 여기에는 '합니다'체나 해', '하오'체
와 같은 존대형과 관련한 종결어미의 사용까지가 고려된 것이다.
따라서 위와 같은 문제의 핵심은 결국, 예문 (9)를 '서열을 중시하지 않은 존대형'으로 해
석할 수 있겠는가에 있는 듯하다. 이런 유형을 통해, 필자가 궁극적으로 말하려는 것은,
현대에는 이처럼 화자 자신보다 하위자에게도 존대형을 사용하는 경우가 많음을 고려할
때, 지위의 상하 관계가 존대 조건의 최우선 순위가 아님을 추정할 수 있다는 것이다. 그
런데 15세기에는 나이나 항렬 등이 화자 자신보다 많거나 높은 상대일지라도 사회적 지
위가 자신보다 낮으면 곧바로 'ᄒ라'체를 사용함이 예사인데, 이를 현대와 비교하면, 당
대 존대법은 사회 지위의 서열을 우선했을 가능성이 많음을 시사하는 것이 아니겠는가하
는 것이 우리의 생각이다.

> 사. (장자가 원앙부인에게) "이 두사ᄅᆞ미[범마라국 왕, 비구] 眞實로
> 네 <u>항것가</u>?" (부인이 대답하기를) "眞實로 올ᄒᆞ니이다." (장자가
> 또 부인에게) "그러면 비디 <u>언매나 ᄒᆞ뇨?</u>" (월석 8, 94ㄴ-95ㄱ)

여기 화자와 청자의 조건은 예문 (9)와 크게 다르지 않다. 즉 화자가 청자보다 사회적 지위가 높다는 점[12]과 상대가 성인이라는 점에서 그러하다. 예컨대 (가)의 호미는 장자의 신분이며, 바라문은 그와 동일한 신분을 모시는 처지이고, (나)의 부처 역시 지존의 대상임에 비해, 미륵은 그런 부처를 모시는 신분이다.

그런데 여기의 화자들은 청자에게 'ㄴ다'체를 사용하고 있다. 물론 이들의 사회적 위상을 고려한다면, 크게 문제 삼을 이유가 없지만, 앞서 살핀 예문 (9)의 경우와 비교할 때, 그 차이는 분명하다. 현재 우리로서는, (가)처럼 처음 상면한 대상에게, 그것도 자신의 딸을 며느리로 맞으려는 생각을 전달하러 온 사람에게 곧바로 'ㄴ다'체를 사용하지는 않을 것이기 때문이며, (나)의 미륵 역시 그의 객관적 위상이나 나이를 참조할 때, 상대에게 'ㄴ다'체로 대접받을 만한 인물은 아니기 때문이다. 이런 정황을 참조하면, 15세기 국어에는 앞서 살핀 현대와 달리 '서열에 따른 상하 관계'가 존대 조건의 일차적인 고려 대상이었음을 짐작하게 되는데, 이 점은 예문 (다)와 (라)에서 사실로 확인된다.

우선 (다)의 대애도는 석가의 어머니가 일찍 세상을 뜨자, 그녀를 대신해서 어려서부터 그를 길러준 이모이다. 따라서 현재 관점에서 보면, 석가는 그녀를 (다)처럼 대우해서는 안 될 듯하다. 우리 정서대로라면 최소한 'ㄴ다'체는 피하는 것이 도리일 듯하기 때문이다. 그럼에도 불구하고 이 같은

---

12) 사실 본문에 소개한 (바)의 청자는 태자이므로 화자와 대등한 신분이다. 그러나 여기 상황은, 선우 태자가 용궁에 여의주를 구하러 갔다가, 동생에게 속임을 당하여 걸인이 된 때이다. 이 같은 정황은 (사) 역시 마찬가지여서, 화자인 장자가 상대하는 원왕부인은 범마라국의 왕비지만, 이 상황의 그녀는 자신을 팔아 사라수대왕과 비구의 여행 경비를 충당하려는 행인에 불과하다.

표현이 가능했던 것은, 여기서 석가는 대애도를 이모로서가 아닌 평신도로 간주했기 때문이 아닌가 한다. 만약 사실이 이와 같다면 결국, 그는 개인적 관계보다 사회적 서열이나 지위를 우선하였다는 뜻이 된다.

이 점은 (라) 역시 마찬가지여서, 대애도와 왕은 형부와 처제의 관계로 이해되는데, 형부가 처제에게 '석가를 길러달라'는 부탁을 하면서, 'ㄴ다'체로 상대하고 있다. 그것도 '졋 머겨 기르라'라는 명령형을 사용하면서 말이다. 물론 막역한 사이여서 그럴 가능성이 있는 것으로 생각할 법하지만, 상대가 '그리호리이다'처럼 극존칭을 사용한 경우라면, 그의 태도 역시 달라져야 할 것으로 생각된다. 그럼에도 불구하고 위와 같이 표현한 것은, 여기 (라) 역시 형부와 처제라는 개인적 친분 관계보다 왕과 일반 백성이라는 사회적 서열을 우선시한 것으로 해석되고, 대애도를 대하는 왕의 말씨('ㄴ다'체)는 이 같은 배경에서 출현한 표현으로 추정함이 옳을 듯하다.[13]

한편 (마)는 왕이 대신들의 추천을 받아 바라밀 존자에게 태자의 스승이 되어 줄 것을 부탁하면서, 'ㄴ다'체를 사용한 경우이다. 일반적으로 현재의 상식을 고려할 때도 자식의 스승에게는 '한다'체를 사용하기가 쉽지 않을 터인데, 여기의 왕은 자연스레 'ㄴ다'체를 구사하고 있는바, 이 역시 계급적 의식이 뒷받침된 표현이라 할 수 있다.

(바)와 (사)도 동일한 맥락에서 설명이 가능한데, 즉 여기의 화자들이 처음 만난 상대에게 곧바로 'ㄴ다'체를 사용할 수 있었던 것도 상대방의 신분이 화자 자신보다 결코 높지 않음을 간파한 때문이라는 말이다. 예컨대 (라)

---

13) 여기의 예문 (라)를 형부와 처제가 사적인 자리에서 나눈 대화로 가정한다면, 현대에도 이런 존대 양상이 있을 듯하다. 처제를 어려서부터 보아 허물없는 사이라면, 그녀가 성인이 된 후에도 '한다'체를 사용할 모국어화자가 있을 수 있기 때문이다. 그러나 (라)의 대화는 신하가 왕에게 "太子ㅣ 져머 겨시니 뉘 기르ᅀᆞᆸ려뇨 오직 大愛道ㅣ ᅀᅡ 기르ᅀᆞᆸ리이다. (석상 3, 3ㄴ)"라고 청한 후에 이루어졌음을 감안하면 이 대화는 신하들을 동반한 공적인 장면에서 이루어진 것으로 짐작된다.
  이런 상황이라면 지금 우리로서는 예문 (9)와 같은 방식을 취하여, 최소한 상대에게 '한다'체를 사용하지는 않았을 터인데, 여기서는 'ㄴ다'체를 사용하고 있는바, 본고는 이를 현대와 15세기 국어 존대법의 차이로 간주하였다.

의 화자인 공주는 자신이 상대하는 인물을 태자가 아닌 맹인으로, (마)의 화자인 장자 역시 자신의 상대를 '왕비'가 아닌 평범한 여자로 간주했기에 이처럼 'ᄂ다'체를 사용하였다는 것이다.

이유야 어찌됐든 이 같은 존대 양상은 현대 존대법(예문 9 참조)과 다른 15세기만의 특징으로 간주될 만하다.14)

지금까지 논의한 결과를 정리하면 다음과 같다. 먼저 15세기 국어에서는 화자 입장에서 존대법이 사용되었다는 것이다. 현대는, 화자가 어떤 대상을 존대해야 할 경우, 자신과 그의 입장보다 청자와 그 대상의 상하 관계나 관련 여부를 가늠하여, 그 결과에 따라 화자 자신의 존대 여부도 결정하지만, 15세기에는 그렇지 않고 철저히 화자 자신과 존대하려는 대상의 위상만을 비교하여, 존대 여부를 가늠했다는 말이다. 이런 점을 참조하면, 청자에 초점을 맞춘 현대 존대법을 '대상 중심'적 규범으로, 화자에 초점을 맞춘 15세기 존대법을 '화자 중심'적 규범으로 명명할 만하다는 것이 본고의 시각이다.

둘째, 15세기 국어에서는 '서열에 따른 상하 관계'가 다른 존대 조건보다 우선적으로 고려되었다는 점이다. 지금 우리는 화자 자신이 상대보다 상위자임이 분명할지라도 '한다'체 사용을 삼가는데 비해, 15세기에는 이 경우 예외 없이 'ᄂ다'체를 사용하는바, 우리는 이를 계급적 서열을 중시한 존대법으로 규정지었다.

---

14) 관점을 달리하면, 이에 대해서는 다음과 같은 질문이 제기될 만하다. 주지하다시피 15세기는 신분제도가 엄격했던 만큼, 그런 분위기에서 사용된 존대법이라면, 본문에 제시란 예문 (10)과 같은 존대 양상은 사회적 배경에 따른 차이로 풀이해야지, 언어 현상 자체로 간주하기는 어렵지 않느냐는 것이다.

물론 문법을 공부하는 자로서는 전자보다 후자에 충실해야 한다. 그러나 모든 제반 문화가 그러하듯이 언어도 그것이 사용되었던 사회적 배경을 도외시하기는 어려울 듯하다. 특히 우리가 관심을 갖는 존대법의 경우는 더욱 그러하다고 생각한다. 결국 존대법은 '화자'와 '청자', 혹은 '화자'와 '주체'나 '객체'의 관계 정립을 말로써 표현하는 도구일진대, 그런 관계 형성의 모태는 바로 사회인 까닭이다. '사회언어학'에서 존대법을 연구 대상으로 많이 고려하는 이유도 여기에 있지 않나 한다.

　이상에서 논의했던 특성이 15세기 국어 존대법 전반을 보증하지는 않는다. 예컨대 당시에는 현대국어의 '께, 께서'나 '저, 저희'에 대응하는 '존칭형 주격 조사'나 '겸양의 1인칭 대명사'가 존재하지 않았다는 점등이 보완되어야 하기 때문이다. 본래 취지대로라면 당연히 이에 대해서도 관심을 기울여야 마땅하다. 그래야 어느 시기에, 어떤 이유에서 이와 같은 존대 형들이 출현하게 되었는지를 가늠하는 기준을 마련할 수 있기 때문이다. 그러나 아직까지 필자에게는 이들을 단숨에 살필 만한 역량이 없다. 다만 지속적인 관심과 열정으로써 추후에 해결할 것임을 약속할 따름이다.

제 2 부 16세기 국어 존대법

지금까지 우리는 15세기 존대법에 관한 제반 사항을 정리하여 왔다.
이제는 16세기 존대법에 대해 관심을 기울이기로 한다.
그러나 여기서는 15세기와 그리 달라진 양상이 없는 것으로 판단되는 부분에 대해서는
자료를 기술하고 언급하는 정도에 멈추고 자세한 설명은 피하고자 한다.
그럼으로써 논지 전개의 지루함을 피하려는 의도에서이다.
위와 같은 이해를 전제로 하여 이후에는
16세기 문헌에 나타난 존대 표지를 분석하고,
이를 바탕으로 하여 존대 체계를 수립해 보고자 한다.
그리하여 15세기와 16세기에 나타난
존대법의 변천 양상을 명료하게 정리해 보려는 것이다.

제1장 ▎존대 표지

16세기 국어 존대 표지는 '-시-·-습-·-이' 등으로 15세기와 달라진 바가 없다. 다만 이들의 기능 가운데 어떤 부분이 더 강화 되었다든지, 새로운 어형이 출현하여 전 시대의 기능을 이어 받은 것으로 예측될 따름이다. 예컨대 '시'와 '습'의 경우는 청자와 관련한 기능이 강화되었고, '이'와 관련한 공손법의 경우는 새로운 어형이 출현하여 전 시대에 존재했던 기능의 일부를 전수 받은 것으로 간주된다. 이에 대해서는 다음 3부에서 자세히 다루기로 하고, 우선 여기서는 이들의 기능을 15세기와 마찬가지로 '존대, 겸양, 공손'으로 간주하고 그에 대한 용례를 살피는 데 주력하기로 한다.

1. 기능

1.1. '시'

16세기 '시' 역시 제1부 1장에서 거론한 이유와 같은 맥락에서 '높임'보다는 '존대'의 표지로 간주해야 정당하다. 높임과 존대의 차이에 대해서는 이미 살펴본 바가 있으므로 여기서는 다음의 두 예문을 비교함으로써 16세기의 '시'도 높임보다는 존대의 표지로 간주해야 하는 당위성을 확인하는 한편, 그것의 존대 대상 역시 '주체'뿐 아니라 '여격'이나 '목적격' 등도 될 수 있었음을 확인하는 기회를 갖기로 하자.

1.1.1. 정의와 용례

무엇보다 '시'가 출현한 용례를 살펴 그것을 정의하는 작업이 선행되어야 할 터인데, 우리는 이미 15세기 '시'의 기능을 '화자 존대'로 규정한 바 있어 16세기에도 이와 다르지 않을 것이라는 기대를 하게 된다. 이런 생각으로 우선 다음의 예문을 살펴보도록 하자.

> (1) 가. (편찬자가 독자에게) 孔子ㅣ <u>ㄱㄹ샤딕</u> (소언 1, 14ㄴ)
> 나. (문정공이 아들들에게) 우리 조샹이 <u>보시면</u> 훈 가짓이 子孫이라
> (소언 5, 19ㄱ)
> 다. (서산대사가 독자에게) 부텨와 祖師과의 世間에 <u>나샤미</u> 브룸 업슨 바라 (선가 상 3)

위의 이야기에 등장하는 인물은 공통적으로 화자보다 상위자이다. 예컨대 (가)의 '공자'는 당시 모든 선비가 숭앙했던 성인이라는 점에서 서술자보다 상위자로 간주되며, (나)의 '조상' 역시 화자인 '문정공'의 선조이어서 상위자로 모셔야 할 인물이다. 그런데 이들의 화자라 할 수 있는 서술자와 문정공 등이 공자와 조상의 행위에 '시'를 연결시키고 있음이 'ㄱㄹ샤딕'나 '보시면'과 같은 표현에서 확인되는 만큼, 우리는 여기서 '시'란 화자가 자신보다 상위자를 거론할 때 사용하는 표지라는 사실을 다시 한번 확인하게 된다. 이 점은 다음과 같은 예문에서 더욱 명확해진다고 할 수 있다.

> (2) 가. (편찬자가 독자에게) 子夏ㅣ <u>굴오딕</u> (소언 1, 15ㄴ)
> 나. (문정공이 아들들에게) <u>주리며 치워ㅎ는</u> 이를 내 엇디 시러곰 근심티 아니ㅎ리오 (소언 5, 20ㄱ)
> 다. (서산대사가 독자에게) ㅎ다가 사룸미 이베 <u>일ㅎ면</u> 拈花과 面壁이 다 敎 자최어니와 (선가 상 8)

위의 화자는 앞서 살핀 예문 (1)과 같지만, 그가 거론하는 인물이 자신보다 하위자이거나 대등하다는 점에서 차이를 보인다. 즉 (가)의 '자하'는 공자의 제자여서, 굳이 서술자가 그를 존대한 인물인 아닌듯하며, (나)의 '주리며 추워하는 이' 역시 화자의 사촌들로서 그와 대등하거나 그보다 낮은 항렬의 관계라 할 수 있다. 그런데 여기의 화자는 이들을 거론하면서 '굴오디', '주리며 치워ᄒᆞᄂᆞᆫ' 등처럼 '시'를 사용하지 않고 있다. 이 점은 앞서 살핀 예문 (1)과 좋은 대조를 보이면서, '시'를 '화자 자신보다 상위자를 거론할 때 사용하는 표지'로 추측했던 점이 정당했음을 말해 준다.

하지만 '시'는 다음처럼 화자 자신보다 높지 않은 인물을 거론할 경우에도 사용된다는 사실을 놓치지 않아야 한다.

> (3) 가. (어머니가 송강에게) <u>뎌그시(니)</u> 연신ᄒᆞ여 보ᅌᆞᆸ노이다 (송강 자
>   당 편지 2)[1]
>   나. (선이 그의 아내 소군에게) 少君이 가ᄋᆞᆷ 열어 교죵ᄒᆞᆫ디 나셔 아
>   룸다온 단장을 <u>니겨시니</u> …
>   (소군이 선에게) (군자가) 오직 <u>命ᄒᆞ신</u> 대로이 존ᄌᆞ오리이다 (소
>   언 6, 54ㄱ-ㄴ)
>   다. (A가 B에게) ᄆᆞᄉᆞᆷ <u>됴ᄒᆞ신</u> 원판 형님하 어듸 가시ᄂᆞᆫ고
>   (B가 A에게) 쇼쉰이 례부에 가노이다 (번박 상 14)

우선 (가)의 화자인 '송강의 어머니'는 자신의 아들을 거론하면서 '적으시니'처럼 표현하고, (나)의 '선'과 그의 아내인 '소군'은 서로에게 '니겨시니', '명하신 대로'처럼 표현하고 있다. 곧 서로에게 '시'를 사용하고 있다는 말이다. 한편으로 (다)의 A와 B의 대화를 관찰하면, A가 B보다 상위자임을 알 수 있다. A는 B에게 'ᄂᆞᆫ고'로 묻지만, B는 A에게 '가노이다'와 같은 'ᄂᆞ이다'체로써 답하고 있기 때문이다. 그럼에도 A는 B에게 '가시ᄂᆞᆫ고'처럼 '시'

---

1) 이는 송강의 어머니가 송강에게 보낸 편지로 김일근(1991 : 180)에서 재인용한 것이다. 이
   외 본문에 제시된 '송강 편지'와 '송강 부인의 편지'도 위에서 재인용한 것임을 밝혀둔다.

를 연결하고 있음이 주목된다.

이상으로써 예문 (3)과 같은 용례까지를 수용할 때 우리는 '시'를 보다 정확하게 이해할 수 있을 것이라는 생각에 도달하게 된다. 이런 취지에서 본다면 16세기의 '시' 역시 '높임'이 아니라 '존대'의 표지로 이해하는 것이 타당할 것이다. 제1부 제1장에서 살폈다시피 '높임'은 '높지 않은 것을 높게 함'을 뜻하지만 '존대'는 '받들어 대접함'을 뜻하기 때문이다.

1.1.2. 화자 존대 표지 '시'

그러면 16세기에 '시'로써 존대할 수 있는 대상은 무엇인가. 이에 대해서는 15세기와 마찬가지로 대부분의 연구자들이 '주체'로 상정하고 있다. 그러나 우리는 비단 '시'가 주체만이 아닌 대상을 존대하는 경우도 존재한다는 사실을 이미 확인한 바 있는데, 16세기에도 이와 다르지 않은 것으로 보아야 할 듯하다.

(4) 가. (소군이 그의 남편에게) 우리 아비 … 날로 ᄒᆞ여곰 뫼소와셔 슈건이며 빗슬 맛다시라 ᄒᆞ시니 ᄒᆞ마 君子를 <u>뫼소와시니</u> 니르시ᄂᆞᆫ 대로 조차 ᄒᆞ리이다 (번소 9, 59ㄱ)

나. 모든 아돌돌히 ᄯᅩ 듕문 뒤희 가 자실 이를 올히 ᄒᆞ야 펴난히 [공권 형제를] <u>자시게</u> ᄒᆞ더니 믈읫 그리 호믈 스므나믄 ᄒᆡ로더 ᄒᆞᄅᆞ도 고티디 아니ᄒᆞ더라 (번소 9, 102ㄴ)

다. 효자의 늘그시니 치기는 그 ᄆᆞ음 그 귀눈에 <u>즐거우시게</u> ᄒᆞ며 그 자시며 겨샤몰 <u>편안ᄒᆞ시게</u> ᄒᆞ며 (소언 2, 18ㄱ)

라. (맹자가 왕에게) 帝ㅣ 쟝ᄎᆞᆺ 天下를 胥ᄒᆞ야 遷호더 ᄒᆞ더시니 父母ᄭᅴ 順디 몯ᄒᆞ욤을 爲ᄒᆞ신 디라 窮人이 歸홀 ᄲᅢ 업슨 이 [제가 부모ᄭᅦ 순치 못함과] <u>ᄀᆞᆮ더시다</u> (맹자 9, 3ㄴ)

마. (진가가 왕에게) 仁과 智ᄂᆞᆫ 周公도 盡티 몯ᄒᆞ시니 ᄒᆞ믈며 또 王애 시니잇가 (맹자 4, 23ㄴ)

바. 宣이 夫子의 손 디졉ᄒᆞ샴을 보니 (소언 4, 21ㄴ)

먼저 위에서 소개한 (가)와 (나)의 밑줄 친 부분에 나타난 '시'는 주체가 아닌 목적격을 존대 대상으로 삼고 있는 경우이다. (가)는 소군이 그의 남편에게 "우리 아버지가 나로 하여금 당신(군자)을 모셔와 수건이며 빗을 맡으라 하셔서 내가 당신을 모시니 … "로 해석되는 만큼 밑줄 친 부분의 주체는 '나'이어서, 여기에 포함된 '시'는 주체인 '나'가 아닌 목적격으로 실현된 '군자'로 보아야 옳다. 다시 말해 소군은 남편에게 겸양함과 아울러 존대를 표현하고 있는 것이다. 이와 같은 맥락에서 이해해야 할 것이 (나)와 (다)이다. 먼저 (나)의 밑줄 친 '자시게 하다'의 주체는 공권 형제의 아이들로서, "이들이 '공권 형제를' 편안하게 자시게 하다."라는 문맥이어서 여기의 '시' 역시 목적격을 존대하는 것으로 보아야 할 것이다. 그리고 (다)는 '효자가 늙은이 봉양하는 것은 늙은이를 즐겁게 하고 편안하게 하다'라는 의미여서 밑줄 친 '즐거우시게'의 '시'가 존대하는 대상은 주체로 실현된 '효자'가 아니라 '늙은이를'이라는 목적격이라 할 수 있다.

이에 비하여 예문 (라)는 맹자가 왕에게 "임금이 장차 천하를 주유한다고 하시니 니은 부모님께 순종하지 않았던 것을 위한(반성한) 것이니, 이와 같은 행위는 '궁인이 돌아갈 데 없는 것과 같으십니다.'"를 말하는 것으로 여기서 ' ' 안의 '같으시다'의 '시'는 주체인 '궁인'에 대한 존대가 아니라 그와 비교 대상인 '천자'에 대한 존대로 해석해 옳다. 그러므로 이 역시 주체가 아닌 '비교격'으로 실현된 대상에 대한 존대라고 해야 할 것이다. (마) 역시 마찬가지여서 밑줄 친 '못하시니'의 '시'는 주체로 실현된 '인'과 '지'가 아닌 '주공'이라는 공동격을 존대하는 경우이며, (바)의 '대접하심'은 '선'이라는 주체가 아니라 '부자의'라는 관형격으로 실현된 대상을 존대하고 있는 경우이다.

이런 현상은 이미 15세기 '시'에서도 경험하여서, 16세기도 그와 같으리라는 것을 어느 정도 예상했던 바인데, 다음에 제시한 용례 역시 마찬가지이다.

(5) 가. (악정자가 임금에게) 君이 엇디 孟軻를 보디 아니 <u>ᄒ시니잇고</u>
　　　(맹자 2, 41ㄴ)
　　나. (제자가 맹자에게) 夫者ㅣ 엇디 ᄡᅥ 그 쟝ᄎᆞ 殺홈을 見홀 ᄯᅮᆯ <u>아</u>
　　　<u>ᄅ시니잇고</u> (맹자 14, 19ㄱ)
　　다. (태자가 임금에게) 高允은 조심ᄒ야 삼가며 ᄯᅩ 벼슬이 ᄂᆞ갑오니
　　　스긔 빙ᄀᆞ로ᄆᆞ 崔浩의게 앗기인 거시니 高允의 주글 죄란 <u>노ᄒ</u>
　　　<u>쇼셔</u> (번소 9, 45ㄴ)
　　라. (공예가 임금게) 죠희 붇들 <u>주쇼셔</u> (이륜 26ㄴ)

　　위에 제시한 용례는 주체와 청자가 동일인이면서 화자보다 상위자인 경
우이다. 즉 (가)는 악정자가 임금에게 "임금이 어찌 맹자를 보지 아니하십니
까?"를 묻는 장면으로 밑줄 친 부분의 '시'는 주체이자 청자인 임금에 대한
존대 표지이고, (나)의 밑줄 친 '시' 역시 주체이자 청자인 맹자에 대한 존
대 표지의 '시'인 것이다. 우리는 이미 제1부 1장에서 이와 같은 '시'는 주
체가 아닌 청자의 존대 표지로 보아야 한다는 의견을 제시하였다. 화자가
자신의 이야기 상대를 문장의 구성 요소인 주체로서보다 청자로 간주해야
이치에 부합한다는 논리였던 것이다. 그런데 이와 같은 논지를 더욱 강화시
킬 다음과 같은 자료가 16세기에 존재한다.

(6) 가. 령공하 므슴 마리 <u>겨신고</u> 小人ᄃᆞ려 <u>니ᄅᆞ쇼셔</u> … 네 몃 히몌 화
　　　를 빙ᄀᆞ이고져 <u>ᄒ시ᄂᆞᆫ고</u> (번박 상, 59ㄴ)
　　나. 문 안ᄒᆞᆸ고 요ᄉᆞ이ᄂᆞᆫ <u>엇더ᄒ신고</u> 온 후의ᄂᆞᆫ 긔별 몰라 <u>ᄒᆞᆸ뇌</u>
　　　<u>이다</u> (순천김씨간찰 191)
　　다. 대되 요ᄉᆞ이 엇디 <u>겨신고</u> 긔별 / 라 분별<u>ᄒᆞᆸ뇌</u> (순천김씨간찰
　　　49)
　　라. 아홉 사리 봉ᄒᆞ여 <u>가니</u> 구월 초닐웬날 새배 쇠내셔 문밧 셩원
　　　갈 제 편지ᄒ다니 <u>보신가</u> (순천김씨간찰 72)
　　마. 엇던 <u>마리어시뇨</u> 一說 셩심이나 그러ᄒ리잇가 (번박 상, 58ㄴ)
　　바. 형님네 언제 길 <u>나실고</u> … 쇼싄도 箚付와 關字웃 가지면 몰 토
　　　리이다 (번박 상, 9ㄱ)

먼저 위 예문에 등장하는 화자와 주체가 동일인이면서 화자보다 상위자라는 점에서 방금 살핀 예문 (5)와 일치한다고 할 수 있다. 그러나 위의 밑줄 친 부분을 보면 '시'만이 내재해 있고, 청자에 대한 공손의 표지인 '이'가 존재하지 않는다는 것이 주목되는데, 만약 '시'를 주체 존대 표지로만 보면 여기의 화자들은 상대를 주체로서는 존대하고 청자로서는 존대하지 않는다고 해석해야 한다. 그것은 보다시피 (가)의 '겨신고'나 (나)의 '엇더ᄒ신고' 등에는 '시'만이 존재하고 '이'는 존재하지 않기 때문이다. 그러나 강조한 부분까지를 참조하면 그렇게 해석해서는 곤란하다는 것을 알게 된다. 위의 모든 용례를 보면 비록 밑줄 친 부분에서는 공손 표지 '이'를 사용하지 않았지만, 강조한 부분에서는 '이'가 내재한 'ᄂ이다'체나 '닝'체 등을 사용하고 있기 때문이다. 이미 제1부 3장에서도 말했다시피 이와 같은 해석이 무리임은 당연하다.

여기서 이러한 유형을 '동명사형어미 + 의문첨사'형으로 규정하고 이와 같은 형식 자체가 화계를 표시하지는 않고 이들에 내재한 '시, 습, 습#시' 등이 화계를 결정한 것으로 간주한 황문환(2002 : 200)의 의견을 참조할 만하다. 즉 우리가 현재 주목하고 있는 '신가, 신고' 등에서 'ᄂ가/ᄂ고' 등은 화계를 결정하지 못하고 여기에 연결된 '시'로써 존대형임을 알 수 있다는 것인데, 그렇다면 위의 용례에서 관찰되는 '시'를 단순히 주체 존대 표지로만 이해할 수 있을까라는 의문이 제기된다. 이미 언급했다시피 강조한 부분에서 위 화자들의 청자에 대한 존대 의지를 확인한 이상, '신가, 신고' 등의 어형을 청자에 대한 존대형으로 간주하기 위해서는 '시'가 그 기능을 담당하고 있음을 인정할 수밖에 없을 듯하다.[2]

---

[2] 이처럼 '(시)ᄂ + 고/가/뇨'로 이루어진 어형의 등급을 어느 정도로 책정해야 하는 지에 대해서는 차후에 다시 다루어야 할 필요가 있을 듯하다. 황문환(2002)의 지적처럼 'ᄂ가'의 형식 자체로는 화계를 결정지을 수 없다 할지라도 이와 비슷한 구조를 지니고 있는 'ᄂ다'와는 또 다른 의미가 전달되어 지는 이상, 이에 대해서 차분히 생각해 볼 기회가 있어야 할 듯하기 때문이다. 어떻든 일단 현재로는 이로써 '시'를 청자 존대 표지로 간주해야 하는 이유가 분명해졌다는 점에 의의를 두어야 할 것 같다.

  여러 정황을 참조할 때, 우리는 '시'로써 존대할 수 있는 대상을 비단 '주체'로만 한정시켜서는 곤란하다는 생각에 도달한다. 지금까지 보았다시피 그것은 목적격이나, 여격, 비교격 등으로 실현된 대상은 물론이거니와 청자를 존대하는 경우도 많기 때문이다. 그러므로 이 역시 존대 대상에 초점을 맞추어 '주체존대, 여격존대, 목적격존대, 청자 존대'처럼 규정하기보다는 화자에 초점을 맞추어 '화자 존대 표지'로 이해해야 한다는 최종 결론에 도달하게 된다.[3]

  본 항에서는 16세기 '시'를 15세기와 다름없이 '화자 존대' 표지로 규정하였다. 그것은 당시의 용례들을 살필 때 '시'가 비단 주체만을 존대 대상으로 삼고 있는 것이 아니라 '목적격'이나 '여격', 또는 '청자'를 그 대상으로 삼고 있다는 것을 관찰한 결과였다.

  시의 존대 대상이 이처럼 다양하므로 그것에 초점을 맞추면 문법을 설명하기가 번다할 뿐만 아니라 기술의 간결성을 도모할 수 없기 때문에 '화자'에 초점을 맞추어 화자가 어떤 대상에게 존대를 표하고자 할 때 사용하는 문법 요소로 규정하는 것이 보다 타당하다는 생각에서 비롯한 결론이다.

1.2. '습'

  16세기 '습'은 15세기와 다름없이 '화자 겸양' 표지로 이해된다. 이미 제1부의 15세기 '습'에서 그것을 '객체 존대' 혹은 '화자·주체 겸양'설로 규정할 수 없음을 입증한 터여서, 여기서는 이에 대한 언급을 피하고 16세기에 드러난 자료들을 중심으로 그것을 '겸양' 표지로 보아야 하는 이유만을 간략하게 언급하기로 한다. 그런데 이후에 알게 되겠지만 16세기 '습'은 청자에 대한 겸양 표지로의 사용이 두드러져서 그것의 기능 변이가 예상되는

---

3) 보다 자세한 이유에 대해서는 제1부 1장의 15세기 '시'에 대한 부분을 참조하기 바란다.

만큼 본 항에서는 이에 대해서도 살펴보고자 한다.

1.2.1. '삷'의 정의와 용례

그러면 먼저 '삷'이 16세기 자료에 나타난 용례들을 살펴 그 기능을 가장 효과적으로 드러내 주기 위해서는 어떻게 정의해야 할 것인가를 생각해보기로 한다. 이런 맥락에서 우선 다음 예문에 주목하기로 하자.

> (7) 가. 태자ㅣ 님금끠 뵈슨와 술오딕 (번소 9, 45ㄴ)
>   나. (范文正公이 아들들에게) 내 … 후에 엇뎨 조샹올 짜 아래 가 뵈
>   슨오면 (번소 7, 49ㄱ)
>   다. 曾子논 夫子(공자)끠 듣즈오시니 (소학 4, 18ㄱ)

위 예문의 공통점은, 주체가 객체보다 하위자라는 점이다. 예컨대 가)의 주체인 '태자'는 객체인 '임금'보다 하위자이며, (나)의 주체인 '나(범문정)'는 객체인 '조상'보다 하위자이다. 그런데 하위자인 주체의 행위를 진술한 서술에 '삷'이 연결되어 있음이 밑줄 친 부분에서 확인된다. 따라서 여기서 그것이 '상위자를 대하는 하위자의 태도'와 관련되리라는 추정을 하게 되는데, 그러면 이번에는 이와 상반되는 상황을 찾아보자.

> (8) 가. 태자ㅣ 高允 더브러 닐오딕 (번소 9, 44ㄱ)
>   나. (范文正公이 아들들에게) 내 … 아슨물 어엿비 아니 너기면 (번
>   소 7, 49ㄱ)
>   다. 曾子ㅣ (공명선에게) 콜ㅇ샤딕 (소학 4, 21ㄱ)

예문 (8)의 주체는 앞서 살핀 예문 (7)의 주체와 같은 인물이지만, 위에서는 객체보다 상위자로 등장한다. 즉 (가)의 주체인 태자는 객체인 고윤보다 상위자이고, (나)의 주체인 나(범문정)는 아우보다 상위자이다. 그런데 이들의 행위에는 '삷'이 연결되어 있지 않음이 밑줄 친 부분에서 확인된다. 이 점은

예문 (7)과 좋은 대조를 이루면서, 그것을 '하위자가 상위자에게 보이는 태도'와 관련되는 문법소로 추정했던 우리가 정당했음을 말해준다.

그렇다면 '하위자가 상위자에게 보여야 할 태도'는 어떤 것일까. 하위자 자신을 겸양하여 표현하든지, 아니면 상위자를 존대하는 것일 터인데, 위 상황에서는 전자의 방식을 따라야 한다. 후자는 서술어에 존대표지 '시'를 연결하는 방식이어서, 상위자의 행위가 서술어로 진술된 경우에만 취할 수 있는데, 보다시피 위의 서술어는 하위자에 대한 진술이다. 따라서 이 방식을 취하면, 하위자를 존대하는 결과를 초래하기 때문이다. '습'은 이런 맥락에서 출현하는바, 그렇다면 그것은 상위자에 대한 하위자의 '겸양' 표지로 해석된다.

그러면 '습'으로써 겸양할 수 있는 대상은 무엇인가. 우리는 이미 15세기 국어의 경우를 보아서 그것이 '객체'로만 한정될 수 없음을 잘 알고 있지만, 그래도 16세기 자료에서 그것을 확인하는 작업이 필요할 듯하다.

논지 전개와 이해를 돕기 위해 우선 기존 입장에 부합하는 용례부터 살피기로 하자.

(9) 가. (그대는) 셩지 <u>맏ᄌᆞ오신가</u> (번박 2, 16)
　　나. (公父 文伯의 어머니가 공부 문백에게) 네 일로뻐 님금 벼슬을
　　　　<u>받ᄌᆞ오면</u> 내 穆伯의 니으리 그츨가 저허ᄒᆞ노라 (소학 4, 46ㄴ)
　　다. 公父 文伯이 됴회로셔 믈러와 그 어미끠 <u>뵈ᅌᆞ올시</u> (소학 4, 44ㄱ)
　　라. (何曾이) 文帝끠 <u>엳ᄌᆞ오더</u> (번소 7, 12ㄴ)
　　마. (고윤이 임금에게) 내 崔浩와로 ᄒᆞᆫ가지로 <u>ᄒᆞᅀᆞ오니</u> (번소 9, 45
　　　　ㄴ-46ㄱ)

지금까지 견해대로 '주체'와 관련된 성분을 '객체'라 한다면, 위 '습'의 겸양 대상은 객체라 할 만하다. 그런데 그 상황을 좀더 세밀히 기술할라치면 문제는 달라진다. 왜냐하면 이미 살폈던 대로 '객체'로 포괄할 성분이 그렇게 단순치만은 않기 때문이다. 예컨대 (가)와 (나)의 '그대'나 '너'가 겸양

해야 할 대상은 '성지'와 '벼슬'이라는 목적격이고, (다)와 (라)의 문맥이나 하승의 겸양 대상은 어머니와 '문제'인 '여격'이며, (마)의 '내'가 겸양하는 대상은 최호라는 공동격이다. 따라서 '숩'의 쓰임을 충실히 기술하려면, 겸양 대상을 '객체'로 일괄하기보다 '목적격, 여격, 공동격' 등으로 세분해야 할 것이다.

한편으로 생각하면, 지금까지처럼 그것의 겸양 대상을 '객체'로 단정 지어도 그리 큰 문제는 없을 듯하지만, 다음 자료에서는 생각이 달라진다.

(10) 가. (칼 만드는 사람이 영공에게) 小人는 <u>바티슨오미사</u> 올ᄒ니 오직
　　　위두로 ᄡᅩ시과뎌 원ᄒ노이다 (번박 30, 119)
　　나. 믐 됴ᄒ신 얼우신하 … 브리여 겨신디 몰라 <u>보소오라</u> 가디 몯
　　　ᄒ야 잇대이다 (번박 29, 116)
　　다. (고윤이 임금에게) 내 … 진실로 殿下의 다시 사ᄅ신 은혜롤 <u>닙</u>
　　　<u>소왓거니와</u> 내 믐과 달이ᄒ야 죄롤 안즉 면호믄 내 ᄒ고져 ᄒ
　　　미 아니이다 (번소 9, 48ㄱ-ㄴ)
　　라. (태자가 임금에게) 샹위(임금) 위업이 듕ᄒ실ᄉᆡ … <u>두리소와</u> 말
　　　ᄉᆞᆷ 자ᄎᆞ를 그ᄅᄒ여이다 (번소 9, 46ㄱ)

우선 '공손' 표지 '이'가 실현된 점으로 미루어, 청자가 화자보다 상위자임이 확인된다. 그런데 문제는 이 청자가 객체와 동일인이라는 점이다. 예컨대 (가)의 화자가 '활을 드리려는 대상'은 '청자'인 '영공'이고, (나)의 화자가 '찾아뵙지 못해 송구스럽게 생각하는 대상' 역시 '청자'인 '마음씨 좋은 어르신'이다.

이 경우 우리들은 이미 '객체'와 '청자'를 각기 다른 인물이라기보다 같은 인물로 생각하는 것이 이치에 맞다는 입장을 개진하였고, 그에 대한 이유도 살펴보았다. 간략하게 다시 말하면 위 상황처럼 '화자'나 '청자'가 '주체' 혹은 '객체'로 실현되는 대화는 허다하지만, 그렇다고 해서 자신이나 청자를 문장 성분으로 또다시 새롭게 인식할 모국어 화자는 없을 듯하다는 것

이다. 예컨대 (가)의 '소인'은, '자기가 활을 바칠 대상 = 청자인 영공'으로 생각하지, '활을 바칠 대상'으로서는 '객체'로, '공손히 상대할 대상'으로서는 '청자'로 분리하여 생각하지는 않을 듯하다는 말이다. 이런 관점에서 보면, 예문 (10)의 '습'은 '청자'에 대한 '겸양' 표지로 해석된다.

그런데 다음을 보면 16세기에 들어 '습'은 청자만을 대상으로 사용되었음이 확인된다.

> (11) 가. (남동생이 누나에게) <u>안ᄒᆞᅌᆸ고</u> 요ᄉᆞ이는 엇더ᄒᆞ신고 온 후의는
>   긔별 몰라 <u>ᄒᆞᅌᆸᄂᆡ이다</u> (순천김씨간찰, 191, 804)
>   나. (어머니가 송강에게) 뎌그시(니) 연신ᄒᆞ여 <u>보ᅌᆸ노이다</u> (송강 자
>   당 편지 2)[4]
>   다. (상인들이 서로에게) 큰 형님 몬져 ᄒᆞᆫ 준 <u>자소</u> 큰 형님 몬져 례
>   <u>받조</u> (노박 상, 64ㄱ)
>   라. (남편이 아내에게) ᄲᆞᆯ온 딕연 <u>보내소</u> … 막죵이 ᄒᆞ여 벼로예 인
>   논 황모 붇 <u>보내소</u> (순천김씨간찰, 5, 58)
>   마. (남편이 아내에게) 슌녀니 가니 오래 무기디 마오 즉제 <u>보내소</u>
>   … 슌녀니 올 제 어더 <u>보내소</u> (송강 편지 1)

우선 (가), (나)의 밑줄 친 부분에서는 '습'의 존재가 선명히 인지되지만 (다)~(마)에서는 'ᄉᆞ, 조, 소'의 어형만이 확인되는데, 그럼에도 여기서 같은 유형으로 분류한 이유부터 밝혀야 할 듯하다. 이는, 장경희(1977), 이기갑(1978), 김정수(1984), 허웅(1989), 황문환(2002) 등이 제시한 'ᄉᆞᆸ쇼셔 > ᄉᆞ오쇼셔 > ᄉᆞ오 > 소', '-ᄌᆞᆸ > ᄌᆞ오 > 조', '-ᅀᆞᆸ > ᅀᆞ오 > ᄉᆞ'의 추정 과정을 그대로 수용한 결과이다.[5]

---

4) 이는 송강의 어머니가 송강에게 보낸 편지로 김일근(1991 : 180)에서 재인용한 것이다. 이
  외 본문에 제시된 '송강 편지'와 '송강 부인의 편지'도 위에서 재인용한 것임을 밝혀둔다.
5) 서정목(1987), 한동완(1988) 등은 '소'를 '쇼셔 > 소서'의 단계를 거쳐 '서'가 단절된 형식
  으로 간주하기도 한다. 사실 필자로서는 어떤 입장이 더 타당한지를 판정할 능력이 없다.
  이는, 면밀한 형태 분석을 통한 연구를 수행한 다음에야 갖추어질 터이기 때문이다. 따라
  서 그 문제는 차후를 약속하기로 하고, 여기서는 보편적인 논거를 제시한 것으로 판단되

이를 전제로 하면 위에서 살핀 예문 (10)의 경우는 객체와 청자가 동일 인물이었을지라도 '객체'라는 대상을 상정할 수 있었지만 위에 제시한 예문 (11)의 '습'은 객체를 상정할 필요도 없이 청자에게만 겸양하는 표지로 이해된다. 이렇게 볼 수밖에 없는 이유는 다음과 같다. 먼저 '습'이 '이'와 더불어, 대화 종결부(문장 서술부)에 출현하고 있다는 점이다. 주지하다시피, 이 종결부는 청자에 대한 화자의 정서가 반영되는 부분이어서, 여기에 실현된 '습'이라면, 굳이 그것이 '청자 공손' 표지 '이'와 결합한다는 사실을 거론치 않더라도 '청자'에게 활용되는 문법소임을 시사하는 까닭이다. 둘째, '소, 슈, 조' 등이 '명령형 종결어미'라는 점이다. '명령'의 대상은 청자뿐이라는 점과, 이들이 '습'을 근거로 형성되었음을 감안하면, '습'은 청자에게 활용되는 표지라는 추론이 자연스레 도출되는 까닭이다. 요컨대 이상을 고려할 때, '습'은 '청자 겸양' 표지인 것이다.

이처럼 '습'이 객체를 필요로 하지 않고 바로 청자에 대한 겸양 표지로 사용될 수 있음은 다음 예에서 보다 분명해지는 것으로 보인다.

(12) 가. (어머니가 정철에게) 분별 무른쇼셔 대궐도 <u>무사호오이다</u> (송강 자당 편지 3)

　　나. (어머니가 딸에게) 내 가고져 호디 흐령 겨시다 홀식 (그 분에게) 몯 <u>가잇스오리</u> (순천김씨간찰, 24, 149)

　　다. (어머니가 정철에게) 아무려나 펴니곰 겨쇼셔 그려야 내 편히 <u>잇스오리이다</u> (송강 자당 편지 3)

　　라. 냥천도 아조 몯뼈 도여서 쏘 셰슈 근심을 흐니 보디 안심티 <u>아니호오이다</u> (송강 자당 편지 3)

　　마. 약 갑슨 술와건마는 보내신디 몰라 <u>호옵뇌</u> (순천김씨간찰, 191, 804)

　　바. (아들이 아버지에게) <u>그리호링이다</u> 오직 감당티 몯홀가 젓숩거니와 감히 명을 닛디 아니 <u>호링이다</u> (소학 2, 46ㄱ-ㄴ)

____

는 입장을 따르기로 하였다.

보다시피 여기의 '습 > 오'의 형태는 청자와 관련되어 있다. 그런데 보다 더 주목해야 할 사실은 이와 같은 겸양 표지가 (가)~(마)의 경우는 '무사하다', '가다', '있다', '아니하다', '하다' 등의 자동사나 상태동사에 연결되어 있으며, (바)는 '젖다'라는 형용사에 연결되어 있는데, 이러한 동사나 형용사들은 객체를 필요로 하지 않는다는 사실이다. 따라서 여기에는 겸양 대상 자체가 존재치 않고 다만 청자만을 겸양하기 위해 사용된 표지로 이해해야 한다는 결론에 도달한다.

지금까지 논의를 종합할 때, '습'으로써 겸양을 표할 수 있는 대상에는 '객체'는 물론이거니와 '청자'와 '여격', '공동격' 등이 포함된다. 더욱이 16세기에 들어 '습'은 청자에게 겸양하는 표지로 사용되는 경향이 많다는 것도 유념해야 할 것이다. 어찌되었든 그것을 대상에 초점을 맞춰 기술하려면, '객체 겸양·여격 겸양·공동격 겸양·청자 겸양'처럼 실현 조건을 일일이 제시해야 할 것이다. 이런 번거로움을 감안할지라도 예문 (12)처럼 자동사와 형용사에 연결된 '습'까지 설명할 수 없음은 물론이다.

1.2.2. '화자겸양' 표지로서의 '습'

지금까지 논의를 전제로 이제는 본격적으로 '습'을 '화자겸양' 표지로 규정하기로 하는데, 이를 위해서는 다음에 진술한 안병희(1982 : 21)의 '화자·주체겸양설'부터 살펴보아야 할 듯하다.

> (13) 객어가 주어보다 상위자인 동시에 화자보다도 상위자일 때 객어를 지배하는 동사에 사용되는 경어법이다. … 겸양법이 객어와 주어나 객어와 화자의 상하관계 중의 어느 1조건으로만 설명된다는 견해를 지양하고 그 2조건의 충족으로써 설명된다.

요컨대 '습'은, '객어(객체)'가 '화자'와 '주어(주체)' 모두의 상위자일 경우에 실현된다는 것이다. 우선 주목되는 바는, 이 입장 역시 '화자'를 중시했다는 점이다. 따라서 우리 입장과 비슷한 면이 있을 것으로 예상되는 만큼 그 차이점을 분명히 밝혀야 할 것이다.

먼저 겸양 대상에 대한 차이이다. 우리는 그 대상을 어느 한 성분으로 한정하지 않지만, '화자·주체겸양설'은 '객체'로 한정한다. 둘째, '사용주체'에 대한 차이이다. 우리는 '숩'의 '사용주체'를 '화자'로 간주하지만, 이 입장은 '화자'와 '주체'로 규정한다. 다시 말하면, 우리는 '숩'을 '화자와 객체' 간의 문제로 파악하지만, 이들은 '화자와 객체', '주체와 객체'라는 쌍방의 문제로 인식한다는 말이다.

그러면 '숩'을 바르고 정확하게 이해하기 위해서는 어떤 관점을 취해야 하는가? 다음은 이를 검증하기 위해 마련한 예문이다.

> (14) 가. 太子ㅣ 님금끠 <u>뵈ᅀᆞ와</u> 술오디 : 님금이 로ᄒᆞ샤 <u>니ᄅᆞ샤디</u> (번소 9, 45ㄴ-46ㄱ)
>
> 나. (何曾이) 文帝끠 <u>엳ᄌᆞ오디</u> : 文帝 <u>안ᄌᆞ신디셔</u> (번소 7, 12ㄴ)
>
> 다. 며ᄂᆞ리 … 싀부모 … 더우며 치움을 <u>묻ᄌᆞ오며</u> : 싀부모 … <u>자시 고져ᄒᆞ시ᄂᆞᆫ</u> (소학 2, 3ㄱ-ㄴ)
>
> 라. 믈읫 ᄌᆞ시기 <u>어버ᅀᅴ</u> <u>니ᄅᆞ신</u> 이를 <u>듣ᄌᆞ와</u> (번소 7, 1ㄴ)

> (15) 가. 죵이 <u>항거ᄉᆡ</u> ᄀᆞᆺ게 음식글 <u>울어러셔</u> : <u>항거시</u> 죵의게 이를 <u>맛디고</u> (정속 15ㄴ)
>
> 나. 老萊子ㅣ <u>냥친을</u> 효도로이 <u>봉양ᄒᆞ더니</u> : 어버이 <u>깃거코뎌 ᄒᆞ더라</u> (소학 4, 16ㄱ)
>
> 다. 舜의 <u>어버ᅀᅵ</u> <u>셤교매</u> : 아비ᄂᆞᆫ 므ᅀᅮ미 <u>슌티 아니하고</u> 어미ᄂᆞᆫ … <u>올티 아니ᄒᆞ야</u> (번소 7, 3ㄱ)
>
> 라. 主簿ㅣ란 관원ᄂᆞᆫ <u>縣令을 돕ᄂᆞᆫ</u> 거시니 : <u>현령이</u> <u>좃디 아니커든</u> 엇디ᄒᆞ료 (번소 7, 24ㄴ)

'화자·주체겸양설'의 관점을 취하면, 예문 (14)의 '객체'는 '화자'와 '주체' 모두가 존대하는 대상이어야 하고, 예문 (15)의 '객체'는 '화자'와 '주체'

모두가 존대치 않거나 어느 한편만이 존대하는 대상이어야 한다. 전자의 상황에는 '습'이 실현되어 있지만, 후자의 상황에는 그렇지 않기 때문이다.

먼저 예문 (14)의 경우는 사실로 판명된다. 즉, 여기 객체는 화자(서술자)와 주체 모두가 존대하는 대상이기 때문이다. 예컨대 (가)의 '태자(주체)'와 '임금(객체)'은 '부자지간'인 만큼 전자가 후자를 존대함은 자명할 터이고, 화자 역시 임금을 존대함이 강조된 부분과 밑줄 친 부분에서 확인되는바, 그가 주체로 실현될 경우에는 서술어에 존대표지 '시'를 연결시키고 있다. 따라서 예문 (14)는 '화자·주체겸양설'을 지지해주는 자료라 할 만하다.

그러면 예문 (15)는 어떠한가. 먼저 '주체'는 '객체'를 존대했을 듯하다. 이들은 '하인과 주인(예문 가)', '자식과 부모(예문 나)'의 관계로 파악되는 까닭이다. 따라서 이 예문이 성립되려면, 반드시 화자만은 객체를 존대치 않아야 하는데, 이 역시 사실로 판명된다. 강조된 부분과 밑줄 친 부분에서, 이들이 주체로 실현될지라도 화자는 서술어에 존대표지 '시'를 사용하지 않았음이 확인되는 까닭이다. 그러므로 이 역시 '화자·주체겸양설'을 지지해주는 자료로 귀착된다.

위와 같은 일련의 과정을 거치면, '습'에 관한 한, '화자·주체겸양설'로써 해명되지 않을 자료가 없을 듯한데, 다음에서 이런 생각은 유보된다.

(16) 가. 范魯公質이 宰相이 <u>드외옛거늘</u> 아존 아둘 못ㅣ <u>엳즈와</u> 벼술 올
 오몰 求훈대 質이 그롤 <u>지어 알외니라</u> (번소 6, 21ㄱ)

나. 公父 文伯이 됴회로셔 믈러와 그 어미끠 <u>뵈으올싱</u> 그 어미 보
 야호로 <u>삼삼더니</u> … 그 어미 <u>탄호야 골오더</u> (소학 4, 44ㄱ)

다. 션비 법은 다 性과 힝실이 <u>단정호고</u> <u>조하</u> 집의 이셔 <u>효도호며</u>
 <u>슌호며</u> … 尊賢堂을 지어뻐 천하앳 도덕엣 션비롤 <u>마자오며</u> …
 (소학 6, 14ㄱ-15ㄱ)

라. 네 님굼미 忠國師끠 <u>무로더</u> (임금께) <u>술오더</u> 님굼이 對쏨호더(
 칠대, 21ㄴ)

위 상황에서도 '습'은 확인되는바, 앞서 살핀 예문들처럼 '화자·주체겸양설'에 부합하려면, 여기 객체는 화자와 주체의 존대 대상이어야 한다. 즉, (가)의 객체인 범공질은 주체인 '고'와 '화자(서술자)'의 존대 대상이어야 하고, (나)의 객체인 '어미' 역시 주체인 '문백'과 화자의 존대 대상이어야 한다는 말이다. 우선 주체와 객체는 그러한 관계로 짐작된다. (가)는 아들과 아버지의 사이이고, (나)는 아들과 어머니의 사이이기 때문이다.

그러면 화자와 객체의 관계는 어떠한가. 강조된 부분과 밑줄 친 부분을 참조할 때, 그는 객체를 존대하지 않는다. 이들이 주체로 실현되었을지라도 서술어에 존대표지 '시'를 사용하지 않았음이 밑줄 친 부분에서 확인되는 까닭이다. 그럼에도 여기에 '습'이 존재하는바, 따라서 '화자·주체겸양설'로서는 설명하기 어려운 예문일 터이다.

혹시 이 견해를 철저히 옹호하여, 이들을 예외로 처리하자는 의견이 제기될 법하지만, 역으로, 예문 (16)에 맞추어 앞서 살핀 예문 (14)와 (15)를 재해석하자는 의견이 개진될 가능성도 충분하다. 이런 취지에서 우선 예문 (16)을 주시하면, 화자 자신은 객체를 존대할 이유가 없지만 주체는 '그'를 존대해야 할 처지임을 감안하여, 전자를 후자에게 겸양시킨 것으로 해석할 법하다. 여기서 주체와 객체의 위상을 가늠한 이도 화자이고, 그 결과 전자를 후자에게 겸양시킨 이도 화자임을 유념해야 할 것이다. 그러면 위 상황에 출현한 '습'은 '화자'의 판단에서 비롯된 '겸양' 표지라는 생각에 도달한다.

이제 이런 관점에서 예문 (14)를 다시 보면, 화자가 객체를 존대하기 때문에 주체를 겸양시킨 것으로 간단히 재해석된다. 문제는 예문 (15)이다. 상황은 방금 살핀 (14)와 같은데, 거기서는 주체를 객체에게 겸양시키지 않았기 때문이다. 현 시점에서는, 예문 (15)의 화자는 '주체와 객체'보다 '자신과 객체'의 관계를 중시했으리란 추측만이 허용되지만, 그러나 그 같은 태도를 취한 자 역시 화자임을 고려하면, '습'의 출현 여부는 전적으로 그에서 비롯된다는 사실만을 재차 확인시켜 주는 자료로 평가된다. 따라서 여기의 '습'도 '화자 겸양' 표지라는 결론에 도달한다.

이쯤에서, "객체에 대한 화자의 존대 방식이 이뿐이냐"는, 즉 "굳이 주체를 객체에게 겸양시키는 절차를 밟아야 하느냐"라는 의문이 제기될 법하다. 전항에서 잠깐 언급했다시피, 어떤 대상을 존대하는 가장 일반적인 방식은 서술어에 존대표지 '시'를 연결시키는 것이다. 그러나 위 상황에서는 이 방식을 취할 수 없다. 보다시피 여기 서술어는 하위자에 대한 진술이므로, 그렇게 하면, 오히려 하위자를 존대하는 오류를 범하기 때문이다. 상황이 이러할 경우, 화자는 예문 (16)처럼 서술어에 겸양 표지 '습'을 실현시키지 않나 한다. 그러면 주체를 객체에게 겸양시킨 효과를 얻어, 간접적으로나마 객체에 대한 화자 자신의 존대 의지를 표명할 수 있는 까닭이다.

지금까지 논지를 정리하면, '주체'를 '객체'에게 겸양시킨 자도 '화자'이고, 그렇지 않은 자도 '화자'이므로 '습'은 '주체와 객체' 간의 문제가 아니라 '화자와 객체' 간의 문제로 파악해야 한다는 결론에 도달한다.

여하튼 예문 (14)부터 (16)까지는 우리 관점에서 해석하는 편이 더 타당하지 않을까 한다. 확인했다시피, '화자·주체겸양설'의 관점으로는 예문 (14)와 (15)만을 설명할 수 있지만, 우리 입장에서는 이들을 포함하여 예문 (16)까지를 총괄할 수 있기 때문이다. 그래야 다음 상황도 이해하기가 수월하다.

(17) 가. (王 季께서) … 안 아히 뻐 문왕끠 <u>엳ᄌ와돈</u> (소학 4, 11ㄴ-12ㄱ)
　　　나. (왕 계가 문왕에게) 진지 <u>믈으ᄋ와돈</u> 자신(문왕) 바를 무르시고
　　　　　(소학 4, 12ㄱ)
　　　다. (소군이 표선에게) 아비 … 賤훈 妾으로 히여곰 (군자를) 뫼ᄋ와
　　　　　셔 슈건과 비슬 <u>잡게 ᄒ시니</u> 이믜 군자롤 받ᄌ와시란더 오직 명
　　　　　ᄒ신대로이 졸ᄌ오리이다 (소학 6, 54ㄴ)

무엇보다 위에 제시한 예문 (17)의 주체가 객체보다 '상위자'라는 사실이 지적되어야 한다. 예컨대 (가), (나)의 주체인 계왕은 객체인 문왕의 아버지이고, (다)의 주체인 아비 역시 객체인 군자의 장인이다. 따라서 이들은 조

건부터가 '화자·주체겸양설'에 합당치 않다고 할 수 있다. 아버지와 장인이 아들과 사위를 존대할 이유는 그리 흔치 않기 때문이다. 혹시 그들의 사회적 위상이나 관계의 특수성을 고려하여, 대우 차원에서 그리한 것으로 풀이할 가능성이 있지만, 그 경우는 피차 존대함이 예사여서 위에 비견될 상황은 아니다.

어떤 이유에서든 주체가 객체를 존대할 이유는 없어 보이는데, 여기에 '습'이 출현하고 있다. 따라서 이 예문들은 '화자·주체겸양설'의 입장에서는 풀기 어려운 과제로 간주될 터이다. 그러면 우리 입장에서는 어떠한가. 이미 예견했겠지만, 이들은 화자가 주체를 겸양시킨 일례로 받아들여질 따름이다. 그렇다면 여기 화자들은 왜 '주체와 객체'의 객관적인 관계를 참작하여 앞서 살핀 예문 (16)처럼 표현하지 않았느냐는 의문이 제기되는데, 이에 대해서는 다음에 진술한 예문 (18)이 참조된다.

(18) 가. 왕 계 진지를 도로ᄒ신 후에ᅀ (소학 4, 11)
　　 나. 文王이 世子 되여 겨실 적의 … 날마다 세 번 곰 ᄒ더시니 … 옷
　　　 닙ᄋ샤 … 문밧끠 니르샤 … 무러 ᄀᆞᆯᄋ샤ᄃ … 깃거ᄒ시며 …
　　　 니르샤 … ᄀᆞ티 아니ᄒ시며 … 겨시ᄃᆞᆫ (소학 4, 11)

여기서 보다시피 화자가 '계왕'과 '문왕'을 대하는 태도는 확연히 다르다. 전자를 존대한 경우는 (가)가 전부이지만,6) 후자는 (나)처럼 모든 상황에서 그것도 '시'를 생략하지 않은 방식으로 존대하고 있다. 이로 볼 때 앞서 살핀 예문 (17)의 (가)와 (나)는 '문왕'에 대한 화자의 이런 정서가 반영된 표현이 아닌가 한다. 즉 '문왕'을 존대하려는 화자의 의지가 강한 나머지, 아버지인 '계왕'마저도 그에게 겸양시켰다는 말이다.

이에 비해 예문 (17)의 (다)는 시집간 딸이 남편에게 '자기 아버지'를 겸

---

6) 이에 비해 서술자가 왕을 존대하지 않은 예는 종종 목격되는데, 이미 살핀 예문 (18)에서도 확인이 가능하다.

양시킨 경우로, 지금까지 논리에 의하면, 딸이 '아버지'보다 '남편'을 더 존
대하기 때문에 전자를 후자에 겸양시킨 것으로 해석해야 한다. 그러나 거기
에 강조된 부분과 밑줄 친 부분에서 여기 딸은 (가), (나)의 화자와 달리 아
버지에 대한 존대 의지가 분명함이 확인된다. 따라서 이 경우는, 아버지보
다 남편을 존대하므로 전자를 후자에 겸양시킨 것으로 해석하기보다 '아버
지'가 '화자 자신'에게 당부한 내용을 남편에게 전달하면서, '아버지와 남
편'의 관계를 자신의 입장에서 재구성한 것으로 해석함이 좋을 듯하다.

> (19) 가. (소군이 표선에게) 아비 … 賤호 妾으로 히여곰 (군자를) 뫼오와
>   셔 슈건과 비슬 <u>잡게 호시니</u> 이믜 군자롤 받즈와시란더 오직 명
>   호신대로이 졷즈오리이다
>   나. (아버지가 소군에게) "너는 '표선'을 남편으로 맞아 수건과 빗을
>   잡아 그를 잘 받들어라"
>   다. (소군이 표선에게) "[아버지가 저로 하여금 군자(남편)를 뫼셔서
>   수건과 빗을 잡게 하시니]₁- [그대가 명하신 대로 따르겠습니
>   다]₂"

먼저 (가)는 이해를 돕기 위해 예문 (17)의 (다)를 그대로 옮긴 것인데, 내
용을 살피면, 위의 (나)와 (다)라는 두 단계로 나누어짐을 알 수 있다. (나)는
아버지가 딸에게 당부한 내용이고, (다)는 딸이 남편에게 그것을 전달한 내
용이다. 따라서 장인이 사위를 대하는 객관적인 태도는 (나)에 드러나 있을
터인데, 전자는 후자를 존대하지 않았을 것으로 짐작된다. 이들은 '장인과
사위' 이전에 '스승과 제자'였기 때문이다.[7]

여하튼 딸은 (나)의 내용을 남편에게 전달해야 하는데, 그대로 전달하면,
마치 자신이 남편에게 겸양하지 않은 것처럼 보일 소지가 다분하다. 즉 '아

---

7) 이 점은 다음에 명시되어 있다.

宣이 일즉 小君의 아븨게 나아가 비호더니 아비 그 붉고 고로오믈 긔특이 녀겨 그러모로
똘로뻐 안해 삼으니 (소학 6, 54ㄴ)

버지가 당신을 모셔서 수건과 빛을 잡게 하셨습니다'처럼 표현해야 하는 까닭이다. 그래서 딸은 '아버지(장인)와 남편'의 관계를 '자신과 남편'의 관계로 재구성하지 않았나 한다. 그러면 (가)처럼 자신이 남편에게 겸양하는 결과가 되는 까닭이다.

어찌됐든 예문 (17)의 (다)는 '장인과 사위'라는 객관적 관계보다 '화자 자신과 남편'의 관계에 초점을 맞춘 발화임은 분명한바, 그렇다면 여기 '습' 역시 '화자'가 자신의 관점에서 운용한 '화자겸양' 표지로 결론된다.

지금까지 우리는 16세기 '습' 역시 '화자겸양' 표지로 규정하였던바, 이를 다시 정리하면 다음과 같다. 먼저 '습'은 '존대'가 아닌 '겸양' 표지이다. 그것은 상위자를 상대하는 하위자의 행위에 연결되는 까닭에, 하위자의 입장에서 해석함이 옳은데, 그렇다면 하위자가 상위자에게 자신을 겸양하여 표현하는 '겸양' 표지로 해석해야 한다는 것이다.

둘째 '습'은 겸양 '대상'이 아닌 '화자'의 관점에서 이해해야 한다는 것이다. 지금까지는 '습'으로써 겸양을 표지할 수 있는 대상을 '객체'로만 한정시켰으나, 실제 출현 상황을 살피면, '청자', '공동격, 여격, 비교격' 등을 대상으로 활용될 뿐 아니라, 객체를 파악하기 어려운 상황에도 실현되므로, '대상'에 초점을 맞추면, 그 실현 조건을 일일이 제시해야 함은 물론, 객체가 없는 상황까지를 설명해야 하는 부담을 안기 마련이다. 그러나 '화자'는 어느 장면에나 존재하고 겸양 대상처럼 다양하지도 않은 까닭에 그에 초점을 맞추면 간결하고 일관된 설명을 기대할 수 있다는 말이다.

셋째 '습'은 '화자와 객체'의 관계 표지이다. 이는, '화자·주체겸양설'이 '습'을 '화자와 객체', '주체와 객체'의 양방향으로 설명하는 태도에 회의적임을 시사한다. 요컨대 어차피 '주체'와 '객체'의 위상을 가늠하여 '주체'를 '객체'에게 겸양시킨 자는 화자이므로 '주체와 객체'의 문제 역시 화자와 객체 간의 문제로 귀결될 수밖에 없다는 것이다.

넷째 16세기에 들어 '습'은 청자에 대한 겸양의 기능이 강화되었다. 15세기에도 '숩'이 청자와 관련하여 사용되었지만, 이 경우에는 객체와 동일인이라는 전제가 있었는데, 16세기 들어서는 청자가 객체로 실현되지 않더라도 '숩 > 오'의 형식을 종결어미에 사용함으로써 청자에 대한 겸양의 의사를 전달하였다는 것이다.

1.3. '이'

차후에 자세한 논의가 이루어지겠지만 15세기와 비교해볼 때 존대소 가운데 가장 많은 변화가 있었던 것이 여기서 다루고자 하는 '이'라 할 수 있다. 무엇보다 15세기에 존재하지 않았던 종결어미(ᄒᆞ니, 넝이다, 넝잇가, 소, 딕여)가 출현하였다는 점과 또 15세기에 사용되었던 종결어미(넝다, 닛가) 등의 사용이 현격하게 줄어들거나 사용되지 않았던 것으로 확인된다.

상황이 이렇다보니 연구자마다 16세기의 공손 등급을 달리 책정하고 있어 문제시 된다. 가령, 허웅(1989)에서는 그 등급을 '아주높임-높임-반말-낮춤'으로 나누고 최명옥(1997)에서는 '아주높임(ᄒᆞ쇼셔체)-예사높임(ᄒᆞ소체)-낮춤(ᄒᆞ라체)'으로, 황문환(2002)에서는 'ᄒᆞ쇼셔체-ᄒᆞ소체-ᄒᆞ여라'체로 나누고 있다. 전자와 달리 후자의 두 경우는 공손 등급을 4단계가 아닌 3단계로 분류하였다는 점에서 의견이 일치되지만, 최명옥(1997)은 '넝다 / 넝다 / 링다'와 같은 종결형을 고려하지 않았음에 비하여 황문환(2002)는 'ᄒᆞ소'체로 규정하였다는 점에서 차이를 보인다.8) 이처럼 다른 시기에 비해 연구 성과물이 그

---

8) 물론 최명옥(1997)의 경우는 연구 대상을 『순천김씨묘출토 간찰』로 한정하여서 '넝다'체를 고려하지 않았을 터이다. 그러나 다음에서 보는 대로 이 간찰에서도 이러한 종결어미가 출현한 것으로 확인된다.

가. 내 ᄉᆞ실 /// 시 모ᄅᆞ소 프디 몯홀가 /// 올려 보내넝다 (순천김씨간찰 189)
나. 다시 보쟈 을묘 구월 순뉵이레 이별ᄒᆞ넝다 (순천김씨간찰 3)

따라서 '넝다'류 역시 16세기 공손 등급을 설정함에 있어 고려되어야 할 대상이라고 생각한다.

렇게 많지 않음에도 불구하고 각기 다른 견해를 제시하고 있음을 고려할 때, 16세기 공손 등급을 다시 한 번 검토해 보는 것도 의의가 있을 듯하다.

본 장은 이런 취지에서 출발하여 왜 그러한 견해 차이가 있는가를 생각해보고, 그에 대한 대안을 마련해 보고자 하는바, 15세기와 마찬가지로 해답의 실마리를 공손표지인 '이'의 실현 유무와 동일 대상일지라도 대화가 이루어지는 상황이나 친밀 정도에 따라 다른 종결어미를 사용하는 존대법의 일반적인 경향에서 찾고자 한다.

1.3.1. 16세기 공손 등급 설정

앞서 언급한 대로 16세기 공손 등급에 대한 업적은 허웅(1989), 최명옥(1997), 황문환(2002) 등으로 요약된다. 본격적인 논의에 들어가기 전에 이들에 대한 견해를 종합하는 편이 논지를 이끌어가는 데나 그것을 이해하는 데 도움이 될 듯하여 정리하면 다음과 같다.

[표 1] 16세기 공손 등급에 대한 기존 입장 정리[9]

허웅(1989)		최명옥(1997)		황문환(2002)	
아주높임	-이다 / -잇가 / -쇼셔	호쇼셔체	-뇌이다,-닝이다 / -니잇가 / -으쇼셔	호쇼셔체	-노이다 / -니잇가 / -쇼셔
높임	-욍다 / -닛가 / -소				
반말	-뇌 / -ㄴ고 / -다고	호소체	-니,-뇌 / -은고 / -소	호소체	-뇌, -넝다 / -ㄴ가 / -소
낮춤	-ㄴ다 / -뇨 / -라	호라체	-다 / -뇨 / -아라, 다고	호여라체	-노라 / -ㄴ가, -냐 / -어라, 다고

보다시피 허웅(1989)의 '반말'은 최명옥(1997), 황문환(2002)에서 '호소'체로

---

9) [표 1]은 필자가 진술의 간편화를 위하여, 연구자들의 견해를 '서술형, 의문형, 명령형'에 해당하는 하나의 유형만을 제시한 것이다. 해당 문형에 따른 보다 자세한 유형은 다음 항에서 소개될 것이다.

대체되고, 명령형 '다고'는 '흐라'체로 하향되었다.[10] 아울러 전자에서 높임의 명령형으로 규정한 '소'는 후자의 두 입장에서 '흐소'체로 하향되기도 하였다. 그런데 높임형의 '넣다'(서술형)와 '닛고'(의문형)에 대해서는 의견 차이를 보인다. 먼저 최명옥(1997)은 이 두 형을 처음부터 16세기 공손 등급에 고려하지 않은 반면, 황문환(2002)는 서술형만을 '흐소'체로 하향시키고 의문형은 등급에 관여시키지 않고 있다. 따라서 본격적인 논의를 위해서는 다음과 같은 사안을 검토해야 할 듯하다.

> (20) 가. 허웅(1989)에서 높임의 등급으로 간주한 '넣다'와 '닛가'를 16
> 　　　　세기 공손의 한 등급으로 간주해야 하는가.
> 　　　나. 만약 간주해야 한다면 이들의 등급을 어떻게 책정할 것인가.

　(가)에 대한 우리 입장은 이들을 공손의 한 등급으로 간주함이 옳겠다는 것이다. 최명옥(1997)이 이 두 유형을 공손법 체계에서 고려하지 않은 까닭은 이미 언급한 대로 『순천김씨 간찰』만을 연구 대상으로 한 결과로 짐작되는데, 그러나 필자가 조사한 바에 의하면 거기서도 서술형 '넣다'체가 사용되었다. 황문환(2002)가 이 말씨의 서술형을 '흐소'체로 명명한 것도 이러한 이유에서일 터이다. 그런데 황문환(2002)에서는 '닛가'형을 고려하지 않아서 우리 입장과 대치되는 면이 있다. 만약 우리 역시 간찰류만을 대상으로 16세기 공손의 등급을 책정하려 한다면, 황문환(2002)와 같은 관점을 취할 것이다. 그러나 국어사 연구의 일반적인 태도가 그러하듯이 당시 다른 문헌에서 '닛가'를 사용한 용례가 보인다면 이 역시 등급을 결정하는 데 고려해야 한다. 이런 맥락에서 본고에서는 이들을 연구 대상에 포함시키기로 한다.

　이렇게 되면, 결국 위의 (나)와 같은 문제에 봉착하기 마련이다. 그러나 이 문제는 16세기에 사용되었던 다른 종결어미들과의 상관성뿐 아니라, 사용 환경 등도 참조해야 할 사안이어서 당장 우리 입장을 제시하기에는 섣부

---

10) 그에 대한 자세한 이유는 최명옥(1997)을 참고하기 바란다.

른 감이 없지 않다. 다만 이 같은 문제가 있음을 염두에 두고 16세기에 사용되었던 공손의 등급을 분류하다보면 이에 대한 답은 자연스레 도출되리라 생각한다.

1.3.1.1. 공손형

공손의 등급을 결정하는 데, 가장 우선시해야 할 사안은 '이'의 실현 여부가 아닌가 한다. 이 '이'를 공손표지 혹은 상대 존대표지로 규정한 이상, 그것의 사용 여부는 상대에 대한 공손의 의향을 가늠하는 잣대가 될 것이기 때문이다. 여기에 더하여 필자는 존대표지 '시'의 실현 여부도 참조하고자 한다. 잘 알다시피 15세기나 16세기의 명령법으로 인정해온 '-쇼셔'에는 공손표지 '이' 대신 존대표지 '시'가 실현되어 있다. 그럼에도 불구하고 이 형식을 각 공손 등급의 대표형으로 삼아 'ㅎ쇼셔'체, 'ㅎ소'체 등으로 명명하고 있음을 감안할 때, '시' 역시 청자와 관련하여 활용되는 문법소로 인정함이 타당하다는 생각에서이다.[11]

이상과 같은 맥락에서 본 장에서는 16세기 공손법을 '이'와 '시'의 실현 여부에 근거하여 그들을 실현시킨 '공손형'과 실현시키지 않은 '비공손형'으로 이분하기로 한다.[12]

1.3.1.1.1. 공손형 종결어미 확정

그렇게 되면, 16세기 공손형은 'ᄂ이다, 넝다, 넝이다 / 니잇가, 닛고, 넝잇고, 신고 / ㅎ쇼셔 / 새이다' 등으로 정리되는데, 이들의 용례부터 제시하면 다음과 같다.

---

11) 여기에 더하여 김영욱(1997 : 127), 서정목(1983 : 233) 등에서 주체와 청자가 동일인일 경우 사용되는 '시'는 청자를 존대하는 표지로 해석해야 한다는 견해를 참조할 필요도 있겠다.

12) 여기에는 '낮춤'이라 명칭이 존대법에서는 그리 합당치 않다는 생각도 내재해 있다. 이미 여러 연구자들이 지적했듯이 필자 역시 상대를 '낮춘다'는 개념보다는 [±존대]의 의미로 사용하는 것이 더 타당하다고 생각한다.

(21) 가. 小人이 뎌 동녁 져제 모욕 탕ᄌ 잇ᄂ 집 ᄇ롬 ᄉ신 지븨 와 ᄇ
　　　　리여 <u>잇노이다</u> (번박 29, 115)

　　나. 쥬신 형님 허믈 마라쇼셔 우리 <u>가노이다</u> (번노 상 38ㄴ)

　　다. 아바님 하 요란ᄒ고 밧바 유무 몯ᄒ노라 ᄒ시고 두 더긔 은구어
　　　　각 스믈콤 ᄒ고 동훠 ᄒ나식 보내시ᄂ이다 훠히 다서 <u>가ᄂ이다</u>
　　　　(순천김씨간찰 64)

　　라. 父母 … 冠과 씌 ᄯ 지거든 짓믈 ᄲ <u>시서징이다</u> 請ᄒ며 옷과 치
　　　　매 ᄯ 지거든 짓믈 ᄲ <u>ᄲᆯ아징이다</u> 청ᄒ며 (소언 2, 7ㄴ-8ㄱ)

　　마. 내 ᄉ실 /// 시모ᄅ고 프디 몯홀가 초 /// 올려 <u>보내ᄂ다</u> (순천김
　　　　씨간찰 189)

　　바. 師이 술오디 嵩山 <u>ᄂ로셔ᄋ다</u> (선가 상, 2)

(22) 가. 어듸ᄯ 샹급ᄒ시기를 <u>ᄇ라리잇가</u> (번박 30, 119)

　　나. 民으로 ᄒ여곰 敬ᄒ며 忠ᄒ며 ᄡ 勸케 호디 <u>엇디ᄒ리잇고</u> (논어
　　　　1, 16ㄱ)

　　다. 혹 외로온 홀어미 이셔 가난ᄒ고 窮ᄒ야 의탁홀 디 업손이어든
　　　　可히 두 번 남진 <u>븓으리잇가</u> 말링잇가 (소언 5, 67)

　　라. 君이 臣을 ᄇ리며 臣이 君을 셤교디 <u>엇디ᄒ리잇고</u> (논어 1, 26ㄴ)

　　마. 어닉 이 祖師 西來ᄒ샨 <u>ᄯ디닛고</u> (선가 상 23)

　　바. 령공하 므슴 마리 <u>겨신고</u> (번박 30, 17)

　　사. 문 밧 싱원 갈 제 편지 ᄒ다니 <u>보신가</u> (순천김씨간찰 72)

(23) 가. 얼우신하 허믈 <u>마ᄅ쇼셔</u> (번박 29, 116)

　　나. 請컨대 그 죽음을 <u>救ᄒ쇼셔</u> (소언 6, 41ㄴ)[13]

　　다. 우리 모다 ᄒᆷ끠 <u>가새이다</u> (번박 2, 17)

---

13) 『번역소학』과 『소학언해』에는 다음처럼 '슈셔'형도 존재하는데, 이는 '쇼셔'의 자유변이
(free variation)가 아닌가 한다. 대화 맥락으로 보아 하위자가 상위자에게 말하면서 사용하
였다는 점과 이 형식이 다른 문헌에서는 전혀 사용되지 않았다는 점에서 그러하다.

　　가. (공예가 고종에게) 죠희와 분과 주<u>슈셔</u> (번소 9, 97ㄱ)
　　나. (젊은이가 어른에게) 쳐셰슈ᄒ<u>슈셔</u> (소언 2, 3ㄱ)

따라서 여기서는 이 어형의 기본형을 '쇼셔'로 상정하여 따로 논의하지 않기로 한다.

위는 공손표지 '이'나 존대표지 '시'가 사용된 용례들을 각 서법별로 보인 것으로, 이러한 유형을 우리는 일단 공손형으로 칭하기로 한다. 이때, 그 표지들이 분명하게 드러난 '잇노이다, 가닝이다 / 브라리잇가, 말링잇가 / 마르쇼셔 / 가새이다' 등에 대해서는 별 다른 이견이 없을 것이다. 그러나 '넝다'와 '닛고, 신고'의 경우는 공손표지를 쉽게 관찰할 수 없어서 설명을 요한다. 우선 '넝다'와 '닛고'는 이들을 '이 / 잇'의 축약형으로 간주한 허웅(1989 : 286), 황문환(2002 : 205-207), 김영욱(1997 : 128) 등의 견해를 받아들여 이들을 '이' 실현형으로 간주하기로 한다.

하지만 '신고'의 경우는 부연 설명이 필요하다. 다른 어형에 비해 선어말어미 '시'까지를 고려하였을 뿐 아니라, 만약 본고처럼 '신고'만을 공손형으로 규정하면 'ㄴ고'형은 어떻게 처리해야 하는가가 문제시되는 까닭이다. 이에 대해 허웅(1989 : 291 · 158)는 'ㄴ고'형을 낮춤으로 규정하는 한편 '신고'형을 인칭규칙에 어긋난 유형으로 간주하고서 "그렇게 정중한 말씨를 쓸 상대는 아니나, 그렇다고 '-은다', '-을다'를 쓰기에는 좀 미안한 상대에 대한 말씨"로 추정하였으며, 황문환(2002 : 162)는 'ㄴ가' 자체를 '호소'체 의문형으로 상정하고 여기에 '시'가 개입되기도 한다는 입장을 보였다.

허웅(1989)에서 '인칭규칙'에 어긋났다 함은 '시'가 청자와 관련되어 사용되었음을 뜻하는 것으로 추정되는데, 우리는 이미 '시'와 청자의 상관성을 인정해야 한다는 입장을 밝힌 터여서 이런 관점을 수용한다면 그리 문제 삼지 않고 '신가' 자체를 공손형의 일부로 보아도 무방할 듯하다. 위에서 언급했다시피 허웅(1989)가 이 형을 '-은다, 을다'를 쓰기에는 좀 미안한 상대에게 사용하는 말씨로 규정한 바에는 그것이 '호라'체와는 차별되는 형으로 보았다는 뜻으로 해석되는데, 필자가 생각하는 한, 그 같은 차별은 화계의 정도에 관한 문제로 간주된다. 이런 맥락에 따르면 허웅(1989) 역시 '시'의 개재 여부에 따라 화계를 달리 책정하였다는 의미가 될 터이다. 황문환(2002) 역시 다음을 참조할 때 재고의 여지가 있음을 알게 된다.

(24) 가. (A가 B에게) 각각 큰 밍셰 닐어 므슴 됴훈 형뎨 지스면 <u>엇더훈
　　　　고</u> (번박 12, 48)

　　나. (A가 B에게) 네 므슴 황호 사려 <u>호는다</u> (번노 하 66ㄱ)

　　다. (소 장군이 부하들에게) 요조슴 이른 뉘 그 허믈 <u>맛돌고</u> (번소
　　　　9, 26ㄱ)

　　라. (시어머니가 며느리에게) 싱워논 길히 엇디 <u>간고</u> 즈식돌 왔다
　　　　갈 저기면 므슴 둘 디 업세라 쏘 맏아기 별시 뎡시 잇다 호니
　　　　<u>올훈가</u> (순천김씨간찰 53)

(25) 가. (왕오가 영공에게) 네 몃히 멧화를 밍굴이고져 <u>호시는고</u> … 小人
　　　　드려 니르쇼셔 (번박 30, 118)

　　나. (며느리와 아들이 부모에게) 므스거슬 <u>자실고</u> (소언 2, 4ㄴ)

　　다. (남동생이 누나에게) 요스이는 엇더 <u>호신고</u> 온 후의는 긔별 몰
　　　　라 호옵뇌이다 (순천김씨간찰 191)

　　라. (남편이 아내에게) 문밧 싱원 갈 제 편지호다니 <u>보신가</u> 그 회마
　　　　도 몯 기드려 호뇌 (순천김씨간찰)

　　예문 (24)의 'ㄴ가'는 상위자가 하위자에게(다, 라) 혹은 동위자 간(가, 나)
에 질문할 경우에 사용되었지만, 예문 (25)의 '신가'는 천민이 양반에게, 자
녀가 부모에게 혹은 남동생이 누나에게 질문할 경우에 사용되었다.[14)]
　　어찌됐든 여기서 우리는 'ㄴ가 : 신고'는 이처럼 서로 대비되는 상황에서
사용되었다는 점에 주목해야 한다. 물론 예문 (25)와 같은 환경에서 'ㄴ가'
형을 종종 사용하기도 하였지만, 그러나 이 경우는 이미 전후 맥락에서 '신
고'형을 사용하였거나 공손형을 사용하여서 별다른 의미를 갖지 못하고 해

---

14) 그러나 '신고'는 다음과 같이 남편이 아내에게 사용하기도 하였다.

　　(남편이 아내에게) 문밧 싱원 갈 제 편지호다니 <u>보신가</u> 그 회마도 몯 기드려 호뇌 (순천
　　김씨간찰 75)

　　이성적으로야 부부는 동등하게 간주되어야 하지만, 통상 아내는 남편보다 낮은 화계를
　　사용한다는 점을 고려하면 위의 경우는 아내를 나름대로 존대했다고 할 수 있다.

당 문장에서 '시'를 생략한 것으로 풀이함이 타당하다.15) 이런 관점에서 이 글에서는 'ㄴ가' 자체는 '비공손형'으로 사용되었고, 청자를 존대할 경우에는 '시'를 연결시킨 것으로 이해하려는 것이다.

한편 예문 (21)~(23)에서 소개하진 않았지만, 다음 (26), (27)에 제시한 평서형 '닉'류와 명령형 '소', 청유형 '새' 등도 공손형으로 확정해야 할 종결어미들이다. 이들 역시 'ᄂ이다, ᄂ잇가, 쇼셔' 등처럼 공손표지나 존대표지가 확연히 드러나지는 않지만 '넝다, 닛가'형처럼 공손형 '이'가 내재된 것으로 보아야 하는 까닭이다. 허웅(1989), 황문환(2002) · 김영욱(1997) 등이 이들의 형성 과정이나 등급에 대해서는 관점을 달리하지만, 다음에 제시한 '닉'류나 '새'를 공손형 '이'의 축약 혹은 생략형16)으로, '소'를 '습'에서 기원한 어형으로 간주한 점에서는 의견 일치를 보이는바,17) 본고 역시 이에

---

15) 예컨대 다음과 같은 경우이다.

> 가. 보기는 비쳔 **녀러온가** 나모 뷔고 즉시 **보내소** (순천김씨간찰 49)
> 나. 손쳠디ᄃ려 묻고 치믈 그리도록 **마ᄌ신가** 이제는 **엇던고** (순천김씨간찰 190)
> 다. 오ᄂ 사롬마다 기워 **보내소** 올호 오시 ᄀᄌ니 과거롤 다딘가 ᄒᄂ뇌 옥쳔 소ᄂ **엇디ᄒ고** 스굴로 언제 가려 **ᄒᄂ고** (순천김씨간찰 52)

> 만약 해당 문장만 본다면 'ㄴ가' 자체를 '닉, 소'형과 함께 구사할 만한 정도의 존대성을 지녔다고 해석할 수 있지만, 예문 (5), (6)을 고려할 때, 이 경우는 이미 전후 맥락에서 상대에게 공손함을 표현하였기에 '시'를 생략한 것으로 해석함이 더 옳을 듯하다. 이는 현대국어에서도 흔히 나타나는 현상이라 할 수 있다.

16) 허웅(1989 : 143)에서는 '이' 스며들기 현상으로 풀이하고 황문환(2002 : 223), 김영욱(1997 : 186)에서는 종결어미 '다'의 생략형으로 풀이하고 있는데, 다만 전자는 'ᄒ노이다 > ᄒ넝다 > ᄒ뇌다 > ᄒ뇌'의 과정을 거치면서 '다'가 생략한 것으로 보고 후자는 ᄒᄂ이다 > ᄒ니이다 > ᄒ니의 과정을 거친 것으로 해석한 점이 다르다. 즉 후자는 'ᄒᄂ이다'의 '이'가 역행동화를 일으켜 'ᄂ'가 '니'로 바뀐 후 이런 현상이 종결어미 '다'를 생략하도록 유도한 것으로 보지만, 전자는 'ᄒ뇌다'라는 어형이 존재하였고, 이후에 '다'가 생략하여 이루어진 것으로 해석한다.
한편 '새'의 경우, 허웅(1989 : 178)은 '사이다'에서 '이다'가 줄어진 꼴로 설명하였지만, 황문환(2002 : 197)은 '사 + ㅣ(이의 축약형)'로 분석될 가능성이 높지만 '새'에 짝하는 '하여라'체 형식이 나타나지 않는다는 이유로 가능성만을 열어두고 있다.

17) 일반적으로 '소'는 'ᄉ봉쇼셔 > ᄉ오쇼셔 > ᄉ오 > 소'의 과정에서 형성된 어형으로 보는데, 이러한 관점은 허웅(1989), 황문환(2002) 이외에 장경희(1977), 이기갑(1978), 김정수

동의하여 이들을 공손형으로 상정하기로 한다.

　(26) 가. 나는 너일사 갈가 <u>시븨</u> … 오느론 이이할 거시니 <u>민망히</u> (순천
　　　　　김씨간찰 118)
　　　 나. 우리 죵은 아니 와시니 안심티 <u>아니히</u> (순천김씨간찰 116)

　(27) 가. 바볼 예셔 지으려 ᄒ니 양식과 자비나 <u>보내소</u> (순천김씨간찰 2)
　　　 나. 이제란 원간 겨집죵으란 내 브려 두어든 자내 <u>부리소</u>[18] (순천김
　　　　　씨간찰 6)
　　　 다. 근사나나 오고 남기나 뷔고 고텨 명쉬롤 ᄃ려다가 무러 <u>ᄒ새</u>
　　　　　(순천김씨간찰 130)
　　　 라. 나도 완ᄂ니 타자기나 무스이 ᄒ여 <u>가새</u> (순천김씨간찰 49)

　(1984) 등이 대표적이다. 그러나 이 형이 '쇼셔 > 소서'의 단계를 거쳐 '서'가 단절되어 이
루어진 형식으로 보는 관점도 있는데, 서정목(1987), 한동완(1988) 등이 여기에 해당한다.
어떤 입장을 취하든지 우리로서는 이들을 공손형으로 처리할 만하다. '습'에서 기원한 것
으로 보든지, 아니면 '시'에서 기원한 것으로 보든지 간에 이들에는 존대의 의향이 내재
한다는 사실만은 분명하기 때문이다.
18) 여기 '소'와 관련하여 16세기에는 다음과 같은 어형이 존재한다.

　가. 큰형님 몬져 ᄒ 잔 <u>자쇼</u> (번노 상 63ㄴ)
　나. 큰 형님 몬져 례 <u>받죠</u> (번노 상 63ㄴ)
　다. 급급이 보내오 얼혀니 <u>마오</u> 부러 사롬 브리디 ᄉ월 초다엿새 들게 보내오 (정철 언간,
　　『삼정판 언간의 연구』 소재 5번 편지)

허웅(1989 : 173)에서는 이들을 '습'의 변이 형태가 음성적 환경에 영향을 받은 것으로 해석
하였음에 비하여 황문환(2002 : 191)에서는 '소~오'의 교체를 인정하지 않고 있다. 그 주된
이유는 '소'가 개음절 어간 아래에서도 사용되었으며(보내소, 뎐ᄒ소 등), 정철의 편지와 같
은 시기에 해당하는 다른 편지에서는 '소'로만 나타난다는 것이다. 그리하여 그러한 교체를
인정하더라도 방언을 반영하였거나 자유 변이일 가능성이 큰 것으로 결론지었다.
이에 대해 필자는 이렇다 할 의견을 제시할 능력은 없다. 그러나 분명한 사실은 황문환
(2002)도 '소'를 '습'에서 기원한 것으로 간주하였다는 점이고, 이를 전제로 위에 보인
(가), (나)를 보면, '쇼, 죠, 오'는 '소'를 기본형으로 한 변이형일 가능성이 높은 것으로 생
각되어 이들을 '소'의 변이형으로 간주하기로 한다. 이 같은 결론에는 이 어형들이 하위
자가 상위자에게(가, 나) 혹은 하위자를 우대할 요량(다)에서 사용된 점이 '소'의 사용 조
건과 대등하다는 생각도 참조되었다.

이상에 의하면 공손형은 다음처럼 정리된다.

[표 2] 16세기 서법별 공손형

서 법		공 손 형
평서법	'느이다'형	느이다, 이다, 도소이다, 로소이다. 더이다, 리이다, 노이다, 어이다
	'넝이다'형	넝이다, 숑이다, 링이다
	'넝다'형	넝다, 링다, 닝다, 녕다, 쳥다, 욍다
	'늬'형	늬, ㅣ(의), 데, 도(로)쇠, 뇌, 왜, 리, 세, 예
의문법	'니잇가'형	니잇가, 니잇고,
	'넝잇가'형	넝잇고, 넝잇가, 링잇고, 링잇가
	'닛가'형	닛가
명령법	'쇼셔'형	쇼셔, 슈셔
	'소'형	소, 쇼, 조
	'셔'형	셔, ㅅ셔
청유법	새이다, 새	새이다, 새

그러면 같은 서법에 사용된 공손형들의 차이는 무엇인가라는 의문이 제기되기 마련인데, 여기서는 그것을 격식체와 비격식체의 차이로 설명하고자 한다.

1.3.1.1.2. 공손형의 분류

현대국어 존대법에 격식체와 비격식체가 있다는 사실은 자명하고 그것을 인정해야 할 필요성 또한 이미 논의되었다.[19] 일반적으로는 '합쇼-하오-하게-하라'로 등분하고 등외로 '해요-해'체를 설정하여서 전자를 '격식체'로 후자를 비격식체로 규정하고 있음이 그 증거이다. 그럼에도 불구하고 정작 이러한 개념을 문법적으로 설명하려 하면 연구자의 주관에 치우친 임의적인 해석이라는 비판에 직면하기가 쉬운 것도 사실이다.

게다가 아직까지 현대 존대법 외에는 그러한 개념을 적용하지 않았던 터

---

19) 이 점은 고영근·남기심(2002 : 335), 서정수(1989 : 12) 등에 비교적 상세히 기술되어 있다.

에 16세기 공손법에 이들을 원용하려 한다면 위와 같은 비판을 면하기가 쉽지만은 않다.[20] 이런 상황에서 현재 우리가 취할 수 있는 방안은 이들에 대한 개념 정립을 분명히 하는 것이 아닐까 한다. 이런 취지에서 기존에 이루어진 정의들을 정리하면 다음과 같다.

(28) 가. 격식체

　　ㄱ 표현이 직접적이고 단정적이며 객관적이며, 상대방의 나이나 사회적 지위에 대한 응분의 대우를 하는 동시에 상대방과 대비되는 자기의 위치를 확인하는 기능을 가지고 있다. 격식체의 어미는 대체로 수가 적고, 네 가지 문장 종결법을 표시할 수 있다. (남기심·고영근, 2002 : 334-335)

　　ㄴ 격식체는 주로 공적인 자리, 상하관계를 분명히 해야 할 자리, 잘 모르거나 그리 친하지 않은 사이 등에서 쓰여지는 말씨이다 (서정수, 1989 : 40)

　나. 비격식체

　　ㄱ 비격식체는 부드럽고 비단정적이며 주관적이며, 격식체가 갖는 심리적 거리감을 해소하고 더 친근하고 융통성 있는 정감적인 태도를 보이고 있다. 격식체에 비하여 더 많은 종결어미가 포함되어 있으며, 의혹, 추측 감탄 등의 여러 가지 느낌을 표현할 수 있다.

　　ㄴ 비격식체는 주로 사적인 자리, 대등한 관계가 위주 되는 자리, 서로 친하고 허물없는 사이일 경우 등에 쓰이는 말씨이다.

　위는 기존 연구 가운데 '격식 / 비격식'에 대한 정의가 비교적 분명하게 제시된 남기심·고영근(2002 : 334-335, ㄱ항), 서정수(1989 : 40, ㄴ항) 등의 내용을 필자가 다시 정리한 것이다. 권재일(2003 : 124), 박나리(2004 : 113-114), 안귀남(2003 : 35-36) 등의 정의도 위에서 크게 벗어나지 않은 것으로 이해된다.

---

20) 이러한 시도는 양영희(2001·2005) 등에서 이루어졌지만, 15세기의 'ᄒᆞ야쎠'체를 중심으로 한 단편적인 연구였다는 점에서 한계를 보인다.

여기서 필자는 이러한 차이가 16세기 공손법에도 적용된다고 생각한다. 이후 보다 많은 논의가 이어지겠지만 우선 다음과 같은 예문으로써 이에 대한 이해를 구하기로 하자.

(29) 가. (공명선이 증자에게) 엇디 敢히 비호디 <u>아니ᄒ리잇고</u> … 宣이 이 세 일올 됴히 너겨 비호디 能히 몯ᄒ니 宣이 엇디 敢히 비호디 아니ᄒ고 夫子ㅅ 門에 <u>이시링잇고</u> (소언 4, 21ㄴ)

나. (고가 태자에게) 진실로 陛下의 다시 사ᄅ신 은혜롤 닙소왓거니와 내 ᄆ슴과 달이ᄒ야 죄롤 안즉 면호ᄆ 내 ᄒ고져 호미 <u>아니이다</u> (번소 9, 48ㄱ-ㄴ)

나'. (고가 태자에게) 진실로 殿下의 다시 살오신 어엿비 녀기심을 닙소왓거니와 ᄆ옴을 어글우쳐 구챠히 免홈은 臣의 願ᄒ논 배 <u>아니닝이다</u> (소언 6, 44ㄱ)

(가)는 증자가 공명선에게 "'삼의 문하'에서 무엇을 배웠느냐?"라는 질문에 위처럼 반문하는 상황으로, 여기서 공명선은 증자에게 '니잇가'와 '닝잇가'형을 동시에 사용하고 있다. 그리고 (나)는 신하인 '고'가 태자에게 말한 내용을 번역하면서 『소학언해』와 『번역소학』이 다른 종결어미를 사용한 경우이다. 보다시피 전자에서는 고가 태자에게 '닝이다'형을 사용한 것으로, 후자에서는 'ᄂ이다'형을 사용한 것으로 번역되어 있다.

위와 같은 현상은 동일 대상에게 'ᄂ이다'형과 '닝이다'형을 동시에 사용할 수 있음을 시사한다. 허웅(1989 : 142)가 이들을 '아주 높임'이라는 같은 등급으로 파악한 이유도 여기에 있을 터이다. 그러나 최명옥(1997 : 9)은 이들을 문헌에 따라 달리 나타나는 상보적 관계로 처리하여 'ᄂ이다'형만을 'ᄒ쇼셔'체(아주 높임)로 명명하고 있다. 필자는 두 입장 모두가 나름대로 타당하다고 생각한다. 예문 (29)처럼 'ᄂ이다'형과 '닝이다'형이 동일 대상에게 적용될 수 있다는 것은 이들의 공손 정도가 대등함을 뜻하고, 그렇다고 해서 그 기능마저 완전히 같지는 않을 터여서 이런 면에서 보면 출현 상황이 상보적이라 할 수도 있기 때문이다.

우리의 입장은 무엇인가. 여기서 필자는 격식체와 비격식체의 차이를 상기하게 되는데, 이 점은 다음과 같은 현재의 언어 습관을 참작하면 어느 정도 수긍하리라 생각한다.

> (30) 선생님 <u>안녕하셨습니까?</u> 오래간만에 <u>뵙습니다.</u> 그런데 하시던 일은 잘 <u>되시나요.</u> 그동안 고생이 <u>많으셨지요?</u> (남기심·고영근, 2002 : 335)

남기심·고영근(2002 : 334-335)에서는 위와 같은 대화 양상이 일상생활에서 빈번함을 이유로 격식체(합쇼체)와 비격식체(해요체)를 구별해야 할 필요성을 제기하였던바, 앞서 살핀 예문 (29가)는 이에 대응하는 16세기 용례가 아닌가 한다. 거기서 사용된 'ᄂᆞ이다'와 '닝이다'의 등급 자체를 달리 파악한다면 동일 대상에게 '합쇼'체를 사용하다가 '하오'체를 사용하는 것으로 해석해야 하고, 또 이들의 등급이 대등하다면 굳이 다른 형식으로 같은 맥락에서 반복할 필요는 없을 것이다. 그런데 예문 (30)과 같은 차원에서 이해하면, 상위자인 상대에게 격식체와 비격식체를 혼용한 것으로 해석할 수 있다. 그리고 (29나)의 경우도 번역자가 '고와 태자'를 신하와 태자의 신분 이상으로 친밀한 사이로 보았느냐 아니면 단지 신분상의 차이에 충실해야 할 관계로 파악했느냐에 따라 다른 종결어미를 선택한 것으로 풀이할 수 있다.

이때 '닝이다'와 'ᄂᆞ이다' 가운데 어느 유형이 격식체이고 어느 유형이 비격식체이며, 또 그렇게 생각하는 근거가 무엇인가라는 의문이 당연히 제기된다. 따라서 이후부터는 이에 대해 논의하기로 한다.

1) 공손형 격식체

공손형 격식체란 '이'나 '시'를 사용하여 공손하게 대할 상대에게 격식을 갖추기 위해 사용하는 말씨로, [표 2]의 'ᄂᆞ이다, 니잇가, 사이다, 쇼셔' 등이 해당된다. 이렇게 간주한 이유는 이들이 상대방의 지위나 신분에 대한 합당한 대우를 하고자 할 경우에 가장 많이 사용된다는 사실과 함께, 공손 표지나 존대표지를 생략하거나 축약하지 않음으로써 전형적인 공손형을 구축하고 있는 것으로 이해되는 까닭이다. 아울러 이에 대응하는 현대의 '합쇼'체를 일반적으로 격식성과 정중함을 지닌 고유한 영역(이익섭 등, 2005 : 271)으로 인식하고 있다는 사실도 참고하였다. 여하튼 이들의 구체적인 용례를 보이면 다음과 같다.

(31) 가. (고가 태자에게) 진실로 陛下의 다시 사르신 은혜롤 닙소왓거니와 내 므슴과 달이흐야 죄롤 안즉 免호믄 내 흐고져 호미 <u>아니이다</u> (번소 9, 48ㄱ-ㄴ)

　　나. 쥬신 형님 머믈 마라쇼셔 우리 <u>가노이다</u> (번노 상 38ㄴ)

　　다. (엄조가 왕에게) … 그러나 그 졈은 님금 도와 인것 딕 킈옴애 니르러는 비록 賁育이로라 흐여도 能히 앗디 <u>몯흐리이다</u> (소언 6, 37ㄱ)

　　라. (제자가 악정자춘에게) 夫子의 발이 됴하 겨샤더 두어 둘을 나디 아니샤 오히려 근심흐시는 빗츨 두여샴온 <u>엇뎨미니잇고</u> (소언 4, 17ㄱ)

　　마. (공명선이 증자에게) 엇디 敢히 비호디 <u>아니흐리잇고</u> (소언 4, 21ㄴ)

　　바. (암이 왕에게) 陛下ㅣ … 엇디 唐虞적 다스림을 법받고져 <u>흐시느니잇고</u> (소언 6, 35ㄴ)

　　사. (공예가 임급에게) 죠희 붇들 <u>주쇼셔</u> (이륜 26ㄴ)

　　아. (관용방이 걸 임금에게) 님금이 쳘량올 그지업시 쓰시며 사르믈 몯내 주겨흐실시 빅셩과 하눌쾌 돕디 아니흐시느니 <u>고티쇼셔</u> (삼강 충 1ㄱ)

　　자. 우리 모다 함끠 <u>가새이다</u> (번박 2, 17)

위에서 (나)와 (자)를 제외한 모든 용례들은 신하가 임금이나 태자(가)에게 말한 내용으로, 이 점만을 참조하더라도 화자는 상대에게 최대한 공손하면서

격식을 갖추어야 할 상황임을 쉽게 짐작할 수 있다. 밑줄 친 부분의 종결어
미들은 이런 상황에서 사용되었던 만큼 공손형 격식체로 규정지어도 전혀
손색이 없다.

비단 이러한 말씨가 신분상의 격차가 뚜렷한 상황에서만 사용되지는 않
는다는 사실을 위의 예문 (나)는 잘 보여주고 있다. 여기는 상인들과 여관주
인의 대화로 이들은 평소 아주 친근한 사이여서 서로 '흐라'체를 사용하였
었다.21) 그러다가 작별을 고하면서는 이처럼 '쇼셔'와 'ᄂ이다'체로 바꾸고
있는바, 이는 서로의 위상이나 평소 관계를 고려한다면 피차 '흐라'체를 사
용해도 무방하지만, 작별 인사를 하면서만큼은 서로 격식을 갖추어 대하려
는 의도가 반영된 말바꾸기 현상으로 이해된다. 여기서 'ᄂ이다'와 '쇼셔'가
상대방에게 공손함을 표하는 격식체라는 사실이 비교적 뚜렷하게 밝혀진다.
한편 (자)는 북경으로 가는 상인들이 처음 만나 서로 소개하면서 '함께 가
자'는 말을 하는 과정으로, 다분히 격식체가 요구되는 상황이라 할 수 있어,
'새이다'라는 종결어미가 선택된 것으로 이해된다.

2) 공손형 비격식체

공손형 비격식체는 상대에게 친밀감을 표하거나 친밀한 관계에서 사용하
는 말씨로, '이, 시'를 축약하거나 생략한 '닝이다, 닛가, (시)ㄴ고, 닝다, 니
(류)'형을 일컫는다. 기존 입장들은 이들의 등급을 달리 책정하였지만, 본고
에서는 '공손형'으로 아우르고 있어 설명이 요구된다. 이를 위해 우선 다음
예문을 보도록 하자.

(32) 가. 아바님 하 요란ᄒ고 밧바 유무 몯ᄒ노라 ᄒ시고 두 뎌긔 은구어

---

21) 그 예를 간략하게 보이면 다음과 같다.

　　상인 : 딥 다믈 광조리도 업다. 므스 거소로 딥 가져 <u>가료</u>
　　주인 : 하마 업거니 안직 뵈옷 쟈락으로 딥 가져가라. 내 콩 술믄 믈 <u>가져가마</u> (번노 상
　　　　32ㄴ-33ㄱ)

각 스믈콤 ᄒ고 동휘 ᄒ나식 <u>보내시닝이다</u> 훠히 다서 <u>가닝이다</u>
즈셰 ᄎ려 <u>바ᄃ쇼셔</u> … (아버님이) '맛당ᄒ ᄆ리 나디 아니ᄒ니
하옷 몯ᄒ면 우줄무명이 나 ᄒ고 져롤 그져 보내고져ᄒ노라' <u>ᄒ</u>
<u>시뇌</u> ᄯᅩ 두 지븨 죠히 열 권식 <u>가니</u> (순천김씨간찰 64, 326)
나. 령공하 왕오 왓ᄂ이다 … 령공하 므슴 마리 <u>겨신고</u> 小人ᄃ려 니
ᄅ쇼셔 … 네 몃히 멧화를 밍ᄀ리고져 <u>ᄒ시ᄂᆫ고</u> … 어듸쏜 샹급
ᄒ시기를 <u>ᄇ라리잇가</u> 오직 위두로 ᄡᅵ시과뎌 <u>원ᄒ노이다</u> (번박
30, 118-119)
다. 아기도 댱병이니 근심 난 나리 업스니 몯ᄒ/ 내 ᄉ시롤 모ᄅ고
원더셔야 ᄆ야/ 아니 너기랴 <u>ᄒ뇌</u> … 내 ᄉ실///// 시 모ᄅ고 프
디 몯홀가 초//// 올려 <u>보내닝다</u> (순천김씨간찰 189)

(가)는 남동생이 시집간 누나에게 보낸 편지이고, (나)는 양반인 영공과
칼을 만드는 상민 왕오의 대화인데, 전자에서는 남동생이 누나에게 '닝이다,
니, 쇼셔' 형을 혼용하고 후자에서는 왕오가 영공에게 'ᄂ이다, 신가'형을
혼용하고 있다. 한편 (다)는 장모가 사위에게 '니, 닝다'형을 혼용하고 있어
앞선 두 예와 차이를 보이지만, 어찌됐든 '니'와 '닝다'체를 동시에 같은 대
상에게 사용한 점에서는 일치한다. 이로써 우리는 16세기에는 '닝이다, 니,
닝다'체가 동일 인물에게 적용될 수 있었던 말씨임을 확인하게 된다.

그런데 만약 기존 입장처럼 이들을 각기 다른 등급으로 간주하면 위의
화자들은 상위자나 혹은 존대할 의향이 있는 대상에게 같은 발화 내에서 각
기 다른 등급을 적용한 것으로 해석해야 한다. 비유컨대 어떤 대상에게 '합
쇼'체를 사용하다가 '하게'체나 '하오'체를 사용한 것으로 이해해야 한다는
것인데, 일반적인 언어 사용을 고려할 때 다분히 무리가 따르는 해석이라
할 수 있다. 혹시 (가), (다)는 남동생과 누나, 장모와 사위의 관계로 서로 편
한 사이여서 그리할 수 있다고 이해할 법하지만, (나)는 양반과 상민의 관계
여서 그렇게 쉽게 단정할 처지도 아니다.

필자는 이런 문제를 해결하기 위해서는 위의 형식들을 차등하지 않고 일

단 동일한 공손형으로 규정한 후에 그 범주 안에서 차별화해야 한다고 생각한다. 다시 말하면 당시 언중들이 이들을 혼용하여도 무방하다고 생각했기에 위와 같은 용례가 존재할 터이므로 이를 감안하여 일단 객관적 등급은 동일하게 책정한 후, 그 안에서 용법상의 차이로 이해함이 좋겠다는 뜻이다. 비록 이 형들이 동일 대상에게 혼용되었을지라도 '니, 닝다, 소' 등은 '임금, 태자'와 같은 신분에게는 사용되지 않았던 것으로 확인되는 만큼, 이들과 '닝이다, 쇼셔' 등의 쓰임은 구별해야 할 듯하다. 그렇기 때문에 공손법도 그러한 차이를 당연히 반영해야 하는데, 그러나 그것은 이들을 공손형이라는 같은 등급으로 책정한 후에 고려해도 늦지 않다는 생각이다. 만약 그렇지 않으면 위에서 제기한 문제점들을 고스란히 번복해야 할 가능성이 다분하기 때문이다.

여하튼 이들의 또 다른 공통점은 비격식체로 사용되었다는 점이고, 그 가능성은 이미 예문 (32)에 암시되어 있다. 보다시피 이 형식들은 '오누이 사이'나 '사위와 장모'와 같은 친밀감을 기반으로 하는 가족 사이에서 사용되고 있어 앞서 살핀 공손형 격식체와 분명한 대비를 보이고 있다. 다만 (나)가 문제되는데, 영공과 왕오는 비록 사회적 위상은 큰 차이가 있지만, 평소 영공이 왕오의 기술을 믿고 그에게 자신의 활을 만들어 주기를 원하는 처지여서 반드시 상하 관계의 입장에서만 서로를 대한다고는 생각되지 않는다. 더욱이 처음에 '왕오 왓ᄂ이다'처럼 공손형 격식체로써 자신의 태도를 분명히 한 바에는 대화 중간에 평소의 친근함을 드러낼 가능성도 충분하다고 본다.

본 장에서 '닝이다, 닝다, 니' 등을 동일한 범주로 간주한 이유는 이상과 같은 맥락에서이다. 그러면 이들의 용법상 차이는 무엇인가. 그에 대한 답은 이후 보다 많은 유형들을 살펴보는 과정에서 자연스레 드러날 것으로 기대한다.

(1) '닝이다'형

우선 해당 용례를 보이면 다음과 같다.

(33) 가. (아들이 아버지에게) 그리호링이다 오직 감당티 몯홀가 젓숩거
　　　니와 敢히 命을 닛디 아니 <u>호링이다</u> (소언 2, 46ㄱ-ㄴ)

　　나. (태자가 왕에게) 允은 격은 신해라 아둑ᄒ고 어즐ᄒ야 ᄎ례를
　　　<u>일토송이다</u> (소언 6, 42ㄱ)

　　다. (공명선이 증자에게) 宣이 엇디 敢히 비호디 아니ᄒ고 夫子ㅅ門
　　　에 <u>이시링잇고</u> (소언 4, 22ㄱ)

　　라. (남동생이 누나에게) 아바님 하 요란ᄒ고 밧바 유무 못ᄒ노라
　　　ᄒ시고 두 티긔 은구어 각 스믈콤 ᄒ고 동휘 ᄒ나식 <u>보내시닝이</u>
　　　<u>다</u> 훠히 다서 <u>가닝이다</u> ᄌ셰 ᄎ려 <u>바ᄃ쇼셔</u> (순천김씨간찰 64,
　　　326)

　　마. (범식이 장원백에게) 훗 두 ᄒ예 도라 디나갈 저긔 그디 어마님
　　　을 <u>뵈ᄋ오링이다</u> (이륜 33ㄱ)

　　바. (혹자가 사마공에게) 외로온 홀어미이셔 가난ᄒ고 窮ᄒ야 의탁
　　　홀 디 업손 이어든 可히 두 번 남진 븓트리잇가 <u>말링잇가</u> (소언
　　　5, 67ㄱ-ㄴ)

　　사. (혹자가 공자에게) 管仲은 儉ᄒ닝잇가 ⋯ 그러면 管仲은 禮를 <u>아</u>
　　　<u>닝잇가</u> (논어초, 1, 27ㄴ-28ㄱ)

　　아. (아내가 이덕무에게) 남진온 하눌히니 <u>빈반ᄒ링잇가</u> (삼강 열,
　　　14ㄱ)

　　자. (태자가 왕에게) 청컨대 그 죽음을 <u>사ᄒ쇼셔</u> ⋯ ᄎ례를 <u>일토송</u>
　　　<u>이다</u> (소언 6, 41ㄴ-42ㄱ)

먼저 위의 대화가 오간 상황을 참조하면 대부분이 가족(가, 라, 아)이나 친
구(마) 혹은 사제지간(다, 바, 사)으로 정리된다. 비록 (나), (자)가 태자와 왕의
신분이긴 하지만 어차피 부자지간으로 이해되는 만큼 신하와 왕의 관계와
는 다르다고 할 수 있다. 이처럼 '닝이다'형은 서로 친밀한 사이에서 사용되
었던 것으로 추정되는바, 앞서 살핀 (28)의 정의에 미루어 본다면 비격식체

로 간주된다. 상대가 자신보다 상위자여서 공손형을 사용하지만 굳이 격식을 갖추기보다 정서적으로 친밀함을 드러내고 싶거나 그래도 될 관계라는 판단 아래 위와 같은 말씨를 사용한 것으로 해석할 수 있기 때문이다. 그러나 같은 맥락일지라도 상대의 위상을 충분히 인정하거나 격식을 갖추려 한다면 공손형 격식체인 '느이다'형과 혼용한다는 사실을 앞서 살핀 예문 (29가)나 (32나)를 통해서 알 수 있었다.

그런데 정작 이보다는 이 형의 명령형이 따로 존재하지 않고 '느이다'형에 해당하는 '쇼셔'를 함께 공유한다는 사실에 더 많은 관심을 가져야 한다. 여기에는 다음과 같은 두 가지 사실이 내포되어 있는 까닭이다. 먼저 이 두 형은 다른 종결어미에 비해 밀접하게 관련되어 있음을 시사한다는 것이고, 다음으로는 '넝이다'체가 격식체가 아닌 비격식체일 가능성을 보여준다는 것이다. 만약 이 형이 공손 등급에 정당한 위치를 차지한다면 거기에 대응하는 모든 서법들을 갖추고 있어야 한다. 하지만 위에서 살펴지듯이 평서법과 의문법만이 존재하고 나머지 서법은 없는 것으로 확인되는데, 이는 당시 언중들이 이 형식을 정당한 화계로써 자주 사용하기보다 어떤 형식에 대응하는 구어체나 비격식체로 사용했음을 시사한다. 그렇다면 그것은 '쇼셔'를 함께 공유하는 '느이다'체에 해당할 터이다. 이들이 같은 맥락에서 혼용하는 예가 많은 것도 이런 이유에서 기인한다고 할 수 있다.

한편 이 두 유형은 다음에 살필 '닝, 넝다' 형과 혼용하는 경우는 극히 드문 것으로 확인되는바, 서로 차별하는 것이 합리적이라 생각하여 '넝이다'형을 '느이다'형의 비격식체로 규정하기로 한다.

(2) '넝다'형

이 형은 15세기 '호야쎠'체의 계승형으로, 16세기에는 사멸하는 과정에 있는 것으로 추정된다. 사실 15세기에도 그리 활발하게 사용되지 않았지만, 16세기에 들어서는 다음과 같이 평서형과 의문형의 몇 예만이 관찰된다. 그러다가 17세기 전반에는 완전히 자취를 감춘 듯하다.[22]

(34) 가. (장모가 사위에게) ᄉ실 시 모ᄅ고 프디 몯홀가 초 올려 <u>보내닝
　　　　다</u> … 유무 만히 스니 어즐ᄒ니 이무도 ᄌ시 몯ᄒ뇌 (순천김씨
　　　　간찰 189)[23]

　　나. (사가 조에게) 嵩山 ᄂ로셔 욋이다 … 物ㅣ라 몯似ᄒᄉ와도 맛디
　　　　맛디 <u>아니ᄒᄉ욋다</u> (선가 1ㄴ)

　　다. (유승이 조주화상에게) 어닉 이 祖師 西來ᄒ산 <u>ᄠ디닛고</u> (선가
　　　　12ㄱ)

　　라. 그디 이 은늘 날 송장애 쓰고 남거든 그듸 <u>가졋셔</u> (이륜 38)

　　보다시피 사용된 문헌도 『선가귀감』과 『순천김씨간찰』, 『이륜행실도』 정
도이다. 그러나 적으나마 사용된 이상, 공손의 등급에 관여시켜야 할 듯한
데, 이런 맥락에서라면 공손형 비격식체로 이해된다. 어찌됐든 일반적으로
이 형을 공손표지 '이 / 잇'의 축약형으로 간주한다는 점에서 그러하고 장모
가 사위에게 사용하거나(가) 가까이서 불교 교리의 가르침을 주고 받는 스승
과 제자 사이(나, 다) 혹은 친구 사이(라)[24]에서 사용되었다는 점에서 그러하

---

22) 일반적으로 '닝다'체의 소멸 시기를 16세기로 추정하고 있는데, 황문환(2002 : 122-123)
　　에 의하면 17세기 초의 편지글로 간주되는 『진주 하씨 묘 출토 간찰』에는 다음과 같은
　　용례가 있다고 한다. 이로 볼 때, '닝다'체는 17세기 초반까지 구어체를 중심으로 드물게
　　사용되었던 듯하다.

　　가. 보셩 힝차는 당시사 동매 아니 와시니 오면 <u>그별ᄒ링다</u> (진주하씨 묘 출토)
　　나. 이적 바회 가셔 몯 바다 와시니 후의 바다 <u>보내오링다</u> (진주하씨 묘 출토)

　　이에 비하여 '닝이다'체는 1676년에 간행된 『첩해신어』에서 다음과 같이 사용된 용례가
　　확인되는바, 이 말씨가 '닝다'체에 비하여 훨씬 후대까지 사용되었다고 할 수 있다.

　　가. 느즉ᄒ야 도라가시게 ᄇ라닝이다 (첩해 6, 5ㄱ)
　　나. 뵈옵고져 ᄒ닝이다 (첩해 6, 6ㄴ)

23) 여기에는 다음과 같은 용례도 보이지만, 수신자가 분명치 않고, 내용을 보면 독백인 듯도
　　하여 본문에서는 고려하지 않았다. 이에 대한 보다 자세한 설명은 황문환(2002 :
　　120-121)을 참조하기 바란다.

　　다시곰 가능다. … 을묘 구월 슌뇩이레 니별ᄒ넝다 (순천김씨간찰 3)

24) 다만 (라)의 경우는 설명을 요하는데, 허웅(1989 : 163 · 176)은 '닝다'형을 '높임'의 등급
　　으로 간주하면서, 확실하지 않다는 전제하에 이 '닛셔'를 '반말'로 규정함에 비하여, 여기

다. 격식체보다 비격식체가 축약형이나 준말을 더 많이 사용한다는 사실을 상기할 필요가 있겠다. 여하튼 이 형은 16세기에 다음에서 살필 '늬'형으로 대체된 것으로 보인다.

(3) '늬'류

이 형은 대부분 『순천김씨간찰』에서 사용되었던 유형으로 다음을 보다시피 '늬, 데, 리, 외, 쇠' 등으로 매우 다양하게 실현되었다.

(35) 가. (주인이 친척들에게) <u>청호늬</u> 지븨 드러 <u>안즈쇼셔</u> (번노 하 35ㄱ)

나. (A가 B에게) <u>청호늬</u> 안해 와 <u>안즈쇼셔</u> (번노 하 3ㄱ)

다. (여관 주인이 상인에게) 애 쏘 王가 형님이로괴여 오래 몰 <u>보왜</u> (번노 상 17ㄴ)

라. (남편이 아내에게) 안싱워니 무론 주마 <u>호늬</u> … 너일 스이 가셔 보와 의논호려 <u>호늬</u> … 내 브려 두어돈 자내 브리소 … 그 조차 검거호는 양이 얼운 답디 <u>아니히</u> … 막죵이만 맛뎌란 보내디 마소 힝혀 므게 나 다티니 손쳠디 모롤샤 <u>호늬</u> (순천김씨간찰 6)

마. (남편이 아내에게) 모러 드딀 양이면 너일 가셔 자고 <u>오리</u> (순천김씨간찰 129)

바. (남편이 아내에게) 나리 하 더우니 모다 가 잇다가 아니 뉘웃븐 이실가 <u>분별호늬</u> 짐쟉호여셔 날옷 하 덥거돈 가디 마소 무명 딕녕 졈내여 둣다가 <u>보내소</u> 드러갈 제 닙게 귀소늬 어미는 쏘 가 브르라 호늬 솝것 바스니 가니 간 보낼 제 너 영즈 호여 <u>보내소</u> (순천김씨간찰 138)

사. (남동생이 누나에게) 문안호옵고 요스이는 엇더호신고 온 후의 는 긔별 몰라 <u>호옵늬이다</u> 예는 다 됴히 겨시이다 날도 치워 가고 몸 조심호여 <u>간스호쇼셔</u> 약 갑손 술와건마는 보내신디 몰라 <u>호옵늬</u> 형님도 가 겨신가 보기리 슈니 두 아긔 초여는 갓가스로

서는 '닝다'형의 명령법으로 처리하였기 때문이다. '닝다'형이 15세기 'ᄒ야쎠'체의 계승형이고, 이형의 명령법이 '(닐어쎠)어쎠'인 점을 감안할 때, (라)는 이에 대응하는 것이 아닌가 한다. 장윤희(1998 : 227)에서도 필자와 같은 입장을 취하고 있다.

　　　　술와 지어 **보내뇌이다** (순천김씨간찰 191)
　아. (A가 상공에게) 샹공하 이제 다 됴ᄒ야 **겨신가** 몯ᄒ야 **겨신가**
　　　(번박 상, 38ㄱ)
　자. (남편이 부인에게) 요ᄉ이 엇디 **겨신고** 안부 몰라 분별ᄒ뇌 비
　　　록 아ᄆ리 심*ᄒᆫ 이리 이셔도 ᄆᆞ몰 자바 아ᄆ려나 편히 겨소
　　　나도 완ᄂ니 타자기나 무스히 ᄒ여 **가새** (순천김씨간찰 49)
　차. (남편이 부인에게) 하 ᄡᆯ것곳 업거둔 가져다가 **ᄡ고 편지ᄒ소** 내
　　　이리셔 **가픔새** … 나도 아뢰 현마 엇딜고 지븐 선산 힝츳애 보내
　　　려 ᄒ뇌 … 어려이 녀기거둔 마소 비로 **감새** (순천김씨간찰 21)

　보다시피 『번역노걸대』와 『번역박통사』를 제외한 모든 어형들이 『순천김
씨간찰』에서 사용되었던바, 여기서 우리는 이 유형이 16세기 후반부터 구어
체를 중심으로 사용되었을 것으로 추정하기에 이른다. 이 같은 추정은 위의
세 문헌을 16세기 구어체의 대표적인 자료로 평가하는 일반적인 경향에서
타당성을 확보한다. 그러나 이보다 여기에는 다음과 같은 사실이 내재해 있
다는 사실에 초점을 맞추어야 할 듯하다. 첫째 이 형은 다분히 비격식체의
요소를 지녔을 것이란 점이고, 둘째 이 형이 16세기에 소멸하기 시작한 '닝
다'형을 대체하였을 것이라는 점이다. 사실 위의 용례를 보면 그 대부분이
남편이 아내에게 사용된 경우이다. 간혹 손님을 초대한 주인이 친척들(가)에
게 사용하거나 이웃집 양반(아)에게 사용하기도 하였지만, 이 역시 평소 허
물없이 지내는 사이라는 점에서 크게 다르지 않다. 그런데 이 형이 사용되
기 시작한 16세기 후반부터 '닝다'형은 소멸되기 시작하였다. 이런 정황들
을 종합할 때, '닝다'형은 공손형 비격식체라는 자신의 기능을 '닉'형에 전
승하고 소멸된 것이 아닌가 한다. 있던 기능이 없어진 데에는 그것을 대체
할 만한 형식이 있었기에 가능했을 것이다.
　여하튼 '닉'체를 사용할 만한 사이일지라도 상대에게 격식을 갖추고자 할
경우에는 (가), (나), (사)처럼 'ᄂ이다'형과 혼용하였음도 유의해야 할 대목
이다. (가), (나)를 보면 '닉'에 대응하는 명령형 '소'가 있음에도 불구하고

‘쇼셔’를 사용하고, (사)에서는 ‘니’형과 ‘닝다’형을 혼용하면서도 한편으로
는 ‘ᄂ이다’와 ‘쇼셔’를 사용하는데, 이는 평소 친밀하게 지내는 존대의 대
상에게 격식을 차리려는 의도에서 비롯하였다고 할 수 있다. 여기서 우리는
다시 한 번 격식체와 비격식체를 구별해야 할 필요성을 깨닫게 된다. 그렇
지 않고 기존 입장처럼 이 형을 ‘반말(허웅, 1989 : 156)’, 혹은 ‘ᄒ소(황문환,
2002 : 197)’체로 규정하면 같은 대상에게 뚜렷한 이유 없이 ‘ᄒ쇼셔’체부터
반말까지 사용한 것으로 해석해야 하는 어려움이 따르기 때문이다.

그럼에도 불구하고 우리 입장에서는 이 ‘니’류에 해당하는 격식체는 무엇
인가라는 질문을 받을 법하다. 앞서 ‘닝이다’체의 격식체를 ‘ᄂ이다’체로 간
주하였기에, 이런 맥락에서라면 ‘니’체나 ‘닝다’체에 대응하는 격식체가 설
정되어야 하는 까닭이다. 이미 언급했듯이 ‘니’체가 임금이나 아버지, 또는
스승에게는 사용하지 않았음을 감안하면, 분명히 ‘ᄂ이다’체와는 구별되어
야 한다. 이에 대해 필자는 당시에는 이 말씨에 정확히 대응하는 격식체는
없었던 것으로 간주한다. 그러므로 위처럼 격식을 갖추려 할 경우에는 ‘ᄂ
이다’체와 혼용했던 것으로 이해되는 까닭이다.

그러나 이런 관점은 다음과 같은 의문을 또다시 제기한다. 즉 이 ‘니’체
를 비격식체가 아닌 ‘ᄂ이다’체보다 낮게 설정하여 정당한 등급으로 이해해
야 하지 않겠느냐는 것이다. 그러면 이들이 함께 사용되었던 적지 않은 용
례들을 어떻게 설명해야 하는가라는 의문에 다시 직면하게 되고, 그에 대해
상대의 화계를 ‘ᄂ이다’체로 책정하다가 ‘경우’에 따라서는 ‘ᄒ소’체 혹은
반말로 책정했다는 식으로 답할 도리밖에 없다. 이리 답변하더라도 “‘그 경
우’가 어떤 것이냐”라는 의문을 떨쳐버리긴 쉽지 않다. 기존 입장이라면 상
대의 화계 자체를 ‘ᄂ이다’체에서 ‘반말’이나 ‘ᄒ소’체로 강등시켰던지 아니
면 그 반대라고 해야 한다. 그러나 우리 입장에서는 그 ‘경우’를 화자의 정
서가 반영된 격식과 비격식의 차이로 풀이하고자 한다. 앞서 소개한 예문
(30)을 상기하면 현재 우리도 그와 같은 방식을 빈번하게 사용한다는 사실
을 인정해야 할 것이다.

이 책에서는 이런 취지에서 '니'와 '닝다' 체를 비격식체로 간주하고 16세기 후반에 들어서면서 전자가 후자를 대체하는 형식으로 간주하되, 아직까지 이들에 대당하는 격식체가 없어서 'ᄂ이다' 체가 그것을 대신한 것으로 해석하고자 한다. 그러다가 이후에 이 '니' 체는 '하게' 체나 혹은 '하오' 체의 형식으로서 공식적인 공손의 등급으로 인정된 것이 아닌가 한다. 그러나 16세기 당시는 이제 막 구어체를 중심으로 사용되어서 언중들에게 공인된 등급으로 인정받기는 이른 감이 있었던 듯하다.

여하튼 이상의 내용이 어느 정도 타당하다면, 16세기 공손형은 다음과 같은 체계로 정리할 수 있다.

[표 3] 16세기 공손형 등급 체계

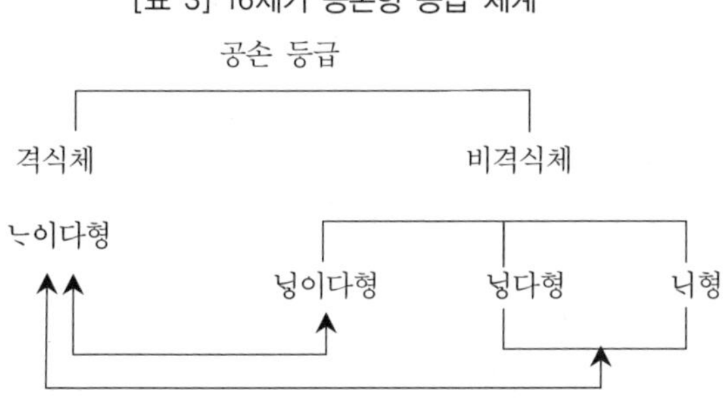

곧 16세기 공손형은 격식체와 비격식체로 이분되는데, 전자에는 'ᄂ이다' 형이 후자에는 '닝이다, 닝다, 니' 형이 해당한다. 이때, 'ᄂ이다' 형은 '닝이다' 형의 격식체로 활용되지만 '닝다'와 '니' 형의 격식체로도 활용되는데, 그 까닭은 16세기에는 '니' 형이 구어체를 중심으로 '닝다' 형을 대체하는 과도기에 있어서 이에 대응하는 격식체가 없었기 때문이다.

1.3.1.2. 비공손형

지금까지 살핀 '공손형'이 공손표지인 '이'나 존대표지 '시'를 실현시킨 어형이라면, 앞으로 살필 '비공손형'은 그러한 표지를 실현시키지 않고 상

대를 대하는 어형을 말한다. 따라서 여기에는 다음과 같은 종결어미가 포함
된다.

[표 4] 16세기 서법별 비공손형

서 법		공 손 형
평서법25)	'다'형	다, ᄂ다, 엇다, 도다, 엇도다, 로다, 리도다
	'라'형	라, 더라, 리러라, 엇더라, 리라, ᄂ니라, 엇더니라, 오라, 노라, 엇노라, 에라, 게라, 과라, 엇과라
의문법	'ᄂ가'형	ᄂ가, 은가, ᄂ가, 을가, 던가, 논가, 손가, 엇ᄂ가
	'ᄂ다'형	ᄂ다, ᄂ다, 던다, 난다, 순다, ᄅ다, 딜다
	'냐/녀'형	냐, 으냐, ᄂ냐, 더냐, 로소냐/녀, ᄂ녀, 으녀, 더녀, 소녀, 거녀,
	'뇨/려'형	뇨, 으뇨, ᄂ뇨, 더뇨, 리러뇨, 러뇨, 거뇨, 어뇨, 나뇨/려, 으려, 니려, 으랴, 리랴
	'리/니'형	리, 니, ᄂ니
	'오'형	니오, ᄂ이오, 리오, 이리오
명령법	'라'형	라, 거라, 아라, 여라, 스라, 거스라
	'다고'형	다고
	'고라'형	고라, 고려, 오라, 오려
	'여'형	듸여, 디여
청유법	'쟈'형	쟈, 고라쟈, 져, 져라

1.3.1.2.1. 비공손형 격식체

전항에서 정리한 (28)에 의하면 [표 4] 가운데서 비공손형 격식체는 '-다
형(평서법), -ᄂ다형(의문법), -라형(명령법)'이 해당하는데, 자세한 논의는 다

---

25) 이외에도 '댜'형(댜, 건댜, 난댜, 뎌, ᄂ뎌, 엔뎌, 딘뎌, 린뎌), 'ᄅ샤'형(ᄅ샤, 올샤, ᄅ셔,
올셔), '마'형, '니/리'형 등이 있다. 먼저 '댜, ᄅ쌰, 마'형들은 공통적으로 화자 자신의
감탄을 표현하는 까닭에 상대와의 관계를 드러내지는 않는다고 생각하여 이 글에서는 고
려하지 않기로 한다. 그리고 '리/니'형은 황문환(2002 : 115-116)에서도 언급했듯이 종결
어미로 사용된 용례가 있기는 하나 이들 역시 연결어미의 성격이 강할 뿐 아니라 사용
환경도 '어머니→딸'로 극히 제한되어 있어서 고려하지 않기로 한다.

음 용례를 직접 살피는 과정에서 행하기로 하자.

> (36) 가. (왕이 신하들에게) 올타 네 社稷을 편안히 홀 신해 잇더니 汲黯
>   ᄀ티닌 쎠즉ᄒ도다(번소 9, 41ㄱ)
>   나. (신령이 왕천의 아버지에게) 네 아ᄃ리 효도홀 시 하놄 황뎨 너
>   를 열두나홀 <u>주시ᄂ다</u> (삼강행, 효 30ㄱ)
>   다. (정인이 하인에게) 내 <u>生ᄒ리로다</u>(맹자초 8, 17ㄱ)
>   라. (공자가 제자에게) 네 사롬을 어던논다 (소언 4, 41ㄱ)
>   마. (재상 권덕예가 서회에게) 님해 원 전송ᄒ니 외다ᄒ여든 <u>엇딜다</u>
>   (이륜 39ㄱ)
>   바. (아버지가 딸에게) 너 머글 건티 둘ᄒ고 반 필 보내다니 <u>초존다</u>
>   (순천김씨간찰 61)
>   사. (공자가 이천 선생에게) 禮 아니어든 보디 말며 禮 아니어든 듣
>   디 말며 禮 아니어든 닐으디 말며 禮 아니어든 움즈기디 <u>말라</u>
>   (소언 5, 88ㄱ)
>   아. (무공이 난공에게) 죽디 <u>말라</u> (삼강행 충 2ㄱ)

일반적으로 격식체가 '표현이 직접적이고 단정적·객관적이며, 상대방의
나이나 사회적 지위에 대한 응분의 대우를 하는 동시에 상대방과 대비되는
자기의 위치를 확인하는 기능을 가지고 있다'면 위에 소개한 유형이 여기에
해당하는 것으로 생각된다. 먼저 평서법과 의문법이 이 같은 기능을 지니게
된 것은 어말어미 '-다'를 사용한 때문으로 추정된다. 장윤희(1998 : 115-116)
에 의하면 "'-다'는 '관념적·객관적·사전적' 기능을 지니므로, 이 '-다'에
상대 높임의 형태소가 통합하면 강한 통보성"을 지닌다고 하는데, 이러한
'통보성'에는 격식적이고 공적인 기능이 내재해 있을 뿐 아니라 상대에게
자신의 위상을 확실하게 인식시키는 효과가 있다. 그러므로 공손법에서 이
'-다'를 취하면 이러한 효과가 전이되는 것으로 생각된다. 현재 우리가 상
대와 위상을 분명히 하려면 '-다'를 사용하여 "나는 그렇게 생각한다, 내가
어제 갔다."로 표현하지 "나는 그렇게 생각해, 내가 어제 갔어."처럼 표현하

지 않는다는 사실을 상기할 필요가 있겠다.

이 점은 (라)~(바)의 의문형에서도 찾아진다. 다음에 살필 의문형과 아울러 15 · 16세기 의문형들은 연구자들에게 많은 관심을 받아왔고, 그런 만큼 다양한 견해가 있어왔다. 그럼에도 불구하고 'ㄴ다'형이 2인칭 청자에게 직접 사실적인 정보를 요구한다는 점에서는 의견일치를 보이고 있다(안병희, 1992 ; 허웅, 1995 ; 이현희, 1982 ; 장윤희, 1998 등). 이는 그만큼 'ㄴ다'형이 다른 의문형들에 비해 객관적이고 통보적인 기능을 지녔음을 뜻한다고 할 수 있는데, 우리 입장에서는 '–다'라는 어형을 사용하였기에 가능한 것으로 풀이된다.

(사), (아)의 명령형 역시 같은 맥락에서 이해할 수 있다. '명령'이라는 자체가 통보적일 수밖에 없어 친밀한 정서를 주고받기가 어렵지만 그러나 다음에 살필 어형들에서는 그러한 기능이 많이 축소되고 부드러워 보인다는 점과 대비하여서 위의 '라'형을 격식체로 규정하기로 한다.

1.3.1.2.2. 비공손형 비격식체

화자 자신보다 하위자를 대할 때 사용하는 종결어미에는 위와 다른 어형들이 존재하는데, 여기서는 이들을 비공손형 비격식체로 일컫기로 하는바, '라(평서법), 가 / 고류(의문법), 고라 / 여(명령법)' 등이 해당된다. 이렇게 생각한 주된 이유는 '–다'를 사용하지 않음으로써 부드럽고 비단정적인 느낌을 주어서 보다 정감 있는 표현으로 간주된다는 점을 주목했기 때문이다. 그러면 다음 예문을 살펴보기로 하자.

> (37) 가. (강혁이 도적들에게) 어엿비 너기고라 … 늘근 어미 <u>의셰라</u> (번
> 소 9, 20ㄴ)
> 나. (어머니가 아들에게) 이버는 더옥 ᄆᅀᆞ미 흐운ᄒᆞ여 ᄒᆞ노라 우리
> 야 됴히 <u>인노라</u> 여게셔도 어제 사ᄅᆞ미와 됴히 <u>겨시더라</u> (순천김
> 씨간찰 10)
> 다. (A가 말 장사에게) 내 산힁홀 디 톨 잘ᄃᆞᆫ 몰 사고져 <u>ᄒᆞ노라</u>

　　　(번박 상 32, 124)
　라. (고려 상인이 중국 상인에게) 내 믈기리 닉디 <u>몯호라</u> (번노 상
　　　35ㄱ)

　위의 '-라'형은 주지하다시피 앞서 살핀 '-다'형과 상보적이라 할 수 있다.[26] 그러나 이 두 유형이 하위자 혹은 동위자인 상대에게 화자 자신의 생각을 전달한다는 점에서 같은 기능을 수행한다고 할 때, 반드시 이러한 교체가 문법적인 통제에 의해서 일어난다기보다 '-다' 대신 '-라'를 선택함으로써 계사 'ㅣ'나 모음 등을 매개한 것으로 해석할 수 있을 듯하다. 어찌됐든 여기서 우리는 위처럼 '-다'를 '-라'로 교체한 어형이 그렇지 않은 경우(예문 36 참조)보다 훨씬 비단정적이고 부드럽게 인지된다는 점에 초점을 맞추기로 한다.

　곧 우리 입장에서는, 사실 위의 상황이라면 "늘근 어미 잇다, ㅁᆞ니 흐운히여 흐다, 됴히 잇다" 등처럼 말해도 무방하지만, 그럼에도 불구하고 '-다'를 '-라'로 교체한 까닭은 상대를 신분상의 상하 관계만을 고려하여 사무적으로 대하려 하기보다 친근함을 유발하거나 다정하게 대하려는 의도가 내재해 있는 것으로 풀이하고자 한다는 뜻이다. 예컨대 (가)는 강혁이 어머니를 모시고 도적의 난을 피하려다가 도리어 도적과 맞부딪힌 상황이어서 그들에게 공손형을 사용하지 않을 바에는 객관적이고 통보적인 말씨보다는 부드럽고 친근한 말씨를 사용하려 할 것으로 예상된다. 그래야 자신을 불쌍히 여겨 헤치지 않을 가능성이 더 많기 때문이다. 이에 비해 (나)는 아들에 대한 어머니의 평소 정서가 반영된 것으로 이해되는데, 대부분의 모국어 화자라면 위와 같은 말씨가 '-다'형을 취할 때보다 더 부드럽고 다정하게 느껴진다는 사실을 놓치지 않을 것이다. 여기의 어머니도 이런 심정에서 위처럼 사용했다면 비격식체라 할 만하다. 앞서 (28)에서 정리한 대로 이런 기능

---

26) 즉 선행 형태가 용언의 어간(계사 제외)이거나 'ᄂ, 엇, 도' 등이면 '다'가 나타나고 다른 경우에는 '라'가 나타난다(황문환, 2002 : 76 참조).

은 격식체가 아닌 비격식체가 담당하는 까닭이다. 다음에 살필 의문법 역시 같은 맥락에서 이해된다.

> (38) 가. (상인이 여관 주인에게) 대되 언머만 젼이 <u>드는고</u> (번노 상, 11ㄴ)
>
> 나. (시어머니가 며느리에게) 맏아기 별시 뎡시 읻다 ᄒ니 <u>올혼가</u> (순천김씨간찰 53)
>
> 다. (어머니가 딸에게) 그 증은 이제는 엇더ᄒ거뇨 니준 저기 업고 역지론 <u>엇디혼고</u> (순천김씨간찰 13)
>
> 라. (A가 B에게) 너희둘히 예 오난디 언머 <u>오라니오</u> (노걸 하, 68ㄴ)
>
> 마. (절효서 선생이 제자들에게) 그더내 엇데 어딘 사롬 도의다 아니 <u>ᄒᄂ니오</u> (번소 6, 32ㄴ)
>
> 바. (문왕이 하인에게) 오늘 安좀ㅣ <u>엇더ᄒ시뇨</u> (소학 4, 11ㄱ)
>
> 사. (어머니가 딸에게) 내 므스므라 <u>오나뇨</u> (순천김씨간찰 166)
>
> 아. (소가 의에게) 사마는 내게 죄를 다 왇고쟈 <u>ᄒᄂ냐</u> (번소 9, 26ㄱ)
>
> 자. (어머니가 딸에게) 너희 누에둘 다 치더라터니 <u>엇더니</u> (순천김씨간찰 57)
>
> 차. (어머니가 딸에게) 면화는 아므리 읻다 엇디 <u>보내리</u> (순천김씨간찰 9)

15 · 16세기 의문형이 'ㄴ다'계와 '가(아) / 고(오)'계열로 나뉘고, 후자는 위처럼 '오 / 뇨 / 녀 / 여 / 냐 / 료' 등(가~아)으로 실현된다는 사실은 익히 알려져 있다.[27] 그런데 우리는 이미 전자를 격식체로 분류하였던바, 이에 근거하여 위의 유형들을 비격식체로 간주하고자 한다. 사실 이런 관점은 이현희(1982 : 45)에서 이미 제기되었다. 이현희(1982)에서는 위의 형을 '-니여'계

---

27) 그러나 분류 근거는 연구자마다 의견을 달리한다. 곧 사용되는 대상이 2인칭인가 아니면 1 · 3인칭인가에 따라, 혹은 질문 방식이 직접적이냐 아니면 간접적이냐에 따라 분류되어진다는 대의는 같이 하지만, 그에 따른 예문에 대한 해석은 약간씩 달리하는 것으로 이해된다. 이에 대한 자세한 논의는 안병희(1992), 허웅(1995), 이현희(1982), 장윤희(1998) 등을 참조하기 바란다.

로 명명하고 그 기능을 [+하대, -존대, -격식(+친밀)]로 규정하였지만, 객관적인 근거가 부족하다는 이유에서 '위험한 가설'로 결론지었다.[28] 이는 '[±격식], [±친밀] 등과 같은 기능은 다른 문법 현상과 달리 객관적으로 검증하기가 어렵다는 점에 주목한 결론일 터이다. 우리 역시 그러한 정황을 이해하지만, 존대법에서는 이들이 중요한 자질로 관여한다는 사실 또한 인정해야 한다는 입장을 취하기로 하였다. 이런 관점에서라면 위의 유형들을 비격식체로 명명하여도 무방하다고 생각한다. 그것은 예문 (37)과 같이 '-다'라는 객관적이고 통보적인 어미 대신 '가 / 고'계를 사용함으로써 훨씬 부드럽고 친밀한 어감을 준다는 점에서 그러하고, 또 다른 한편으로는 앞서 살핀 격식체 의문법인 'ㄴ다'에 비해 어미 수가 다양하다는 점에서 그러하다 (격식체와 비격식체의 정의인 28 참조).

예컨대 (가)를 "대되 언머만 젼이 드는다"로 물을 때와 위처럼 "대되 언머만 젼이 드는고"로 물을 때에 느껴지는 정서는 달라서, 전자는 직접적이고 단정적이어서 강압적으로 느껴지지만 후자는 상대가 자신의 의향을 충분히 살피면서 조심스럽게 질문하는 것으로 느껴진다. 이러한 정서가 비단 필자만의 것이 아니라면 후자가 훨씬 정감이 있으면서도 친밀한 어형이라 할 만하고, 그러므로 비격식체로 규정지을 수 있다. 이와 더불어 위 유형들의 기능을 어떤 사태에 대해 의심하거나 추정하는 것으로 이해했던 안병희 (1992), 이현희(1982), 장윤희(1998) 등의 견해도 참조할 만하다. 어떤 사실이나 정보를 상대에게 직접적으로 질문하지 않고 '그렇지 않을까'라고 추정하는 형식을 취하면 훨씬 다정하고 친밀하게 인식되기 때문이다.

(자), (차)의 '니 / 리'형을 허웅(1995 : 169)에서 반말로 규정한 이유도 여기에 있지 않나 한다. 보다시피 이 경우는 상위자가 하위자에게 사용됨이 분

---

28) 이현희(1982 : 45)에서 제기된 가설은 다음과 같다.
    가. -니여系　[+하대, -존대, -격식(+친밀)]
    나. -ㄴ다系　[+하대, -존대, +격식(-친밀)]
    다. -닛가系　[-하대, +존대, -격식(+친밀)]
    라. -니잇가系 [-하대, +존대, +격식(-친밀)]

명한데도 '낮춤'이 아닌 '반말'로 간주한 까닭은 이들을 15세기 '(시)리'의 계승형으로 이해해서이겠지만, 그 이면에는 이 유형을 사용하면 상대를 상·하 관계에 입각하여 직접적이고 객관적으로 대하기보다 배려하고 조심하는 것처럼 느껴진다는 사실도 작용했을 듯싶다. 그렇지 않고서야 '어머니가 딸에게' 반말을 사용한 것으로 해석할 이유는 없어 보인다. 이런 문제를 야기시키지 않기 위해서는 '니 / 리'를 '호라'체보다 높은 등급으로 설정하기보다 딸을 대하는 어머니의 정서적 태도에 관한 문제로 접근함이 옳을 듯하다. 이런 맥락에서라면 이는 'ㄴ다'형에 대비되는 비격식체라 할 수 있다.

이제 마지막으로 살필 유형은 다음 (39)에 제시한 명령형이다.

> (39) 가. (어머니가 딸에게) 쪄도 몯 내고 깁도 몯 프니 실쪄돌 만히 히여 <u>다고</u> (순천김씨간찰 57)
> 나. (어머니가 아들에게) 네 아바님 말 이룰 너히나 즈시 아라 <u>긔별 호고라</u> (순천김씨간찰 99)
> 다. (어머니가 딸에게) 명디 호 필 안명디 호 필 <u>밧고라</u> (순천김씨간 찰 178)
> 라. (어머니가 딸에게) 고오니로 되는 대로 밧과 <u>다고</u> (순천김씨간 찰 150)
> 마. (상인이 여관 주인에게) 네 쏘 날 소기디 <u>말오려</u> (번노 상 18ㄱ)
> 바. (이가가 상인에게) 이러면 제 쏘 허믈 <u>마오려</u> (번노 하 7, 7ㄱ)
> 사. (상인들이 하루 잠자기를 청하며) 우리를 흐룻밤만 자게 <u>호디여</u> (번노 상 49ㄴ)
> 아. (중국상인이 양장수에게) 즐기거든 즐기고 슬커든 <u>마로디여</u> (번 노 하 23ㄱ)

위에서 언급했듯이 '명령'이라는 자체에 이미 '통보성'이 내재해 있는 만큼 어느 서법보다 친밀한 정서를 기대하기란 쉽지 않다. 그럼에도 불구하고 위처럼 '고라, 다고, 오려, 디여'와 같은 형식을 취하면 상대에게 일방적으로 명령한다기보다 '부탁'한다는 느낌을 받게 된다. 가령 (가), (나)는 '만히 히여라, 긔별ᄒ라'처럼 말하여도 충분한 관계인데도 '히여 다고, 긔별ᄒ고 라' 등으로 표현함으로써 [실배를 많이 해서 주기를 바란다, 기별하기를 바란다]처럼 인지된다는 것이다. 이런 의미에서라면 위의 유형들은 앞서 살핀 '-라'형의 비격식체라 할 만하다. 이들을 취함으로써 상대에게 친밀한 정서를 유발할 수 있기 때문이다. 곧 명령이 아니라 '청원(안병희, 1967 ; 이현희, 1995)' 정도에 해당하는 의미를 지닌다고 하겠다. 이 형을 "부드러운 명령"으로 규정한 이숭녕(1961·1981)의 입장이 참조되는 대목이다.

예문 (38자), (38차)의 '니 / 리'를 반말로 규정한 허웅(1995)는 '고라'형 역시 반말로 간주하고 있는데, 이 또한 같은 맥락으로 이해된다.[29] 사용 환경이나 공손표지의 실현 여부를 고려하면 'ᄒ라'체에 해당하지만, 상대에게 강압적이기보다 친밀하고 부드럽게 대할 요량에서 조심스럽게 표현하다 보니 'ᄒ라'체보다 높은 등급으로 책정했을 수 있다는 생각에서이다.

마지막으로 (사), (아)의 '디여'가 이러한 정서를 표현할 수 있었던 것은 호격조사 '이여'의 영향 때문으로 짐작된다. '이여'에 대해서는 여러 가지 설이 있지만, 이숭녕(1981), 이숭명(1963) 등에서는 '부드러운 호격' 혹은 '말의 뜻을 부드럽게 하거나 감탄의 뜻'으로 정의하는바, 이러한 의미가 '디여'의 '여'에까지 확대되지 않았나 한다.[30]

지금까지 논의를 종합하면 비공손형은 다음처럼 정리된다.

---

29) 고영근(1987), 김영욱(1995) 등도 이와 같은 입장을 취하고 있다.

30) 이에 대해 박영준(1999)에서는 '이여'를 감탄형 호격으로 규정하고 그러한 의미는 종결어미 '이여'에 기인한다고 하였다. 솔직히 필자에게는 그 선후 관계를 밝힐 만한 능력이 없다. 그러나 어느 입장을 취하든지 간에 호격조사 '이여'와 종결어미 '이여'간의 관련성을 부인하지는 않는 듯하다. 그렇다면 이들의 의미를 '감탄, 부드러움' 등으로 동일시해도 무방하리라 생각한다.

[표 5] 16세기 비공손형 등급 체계

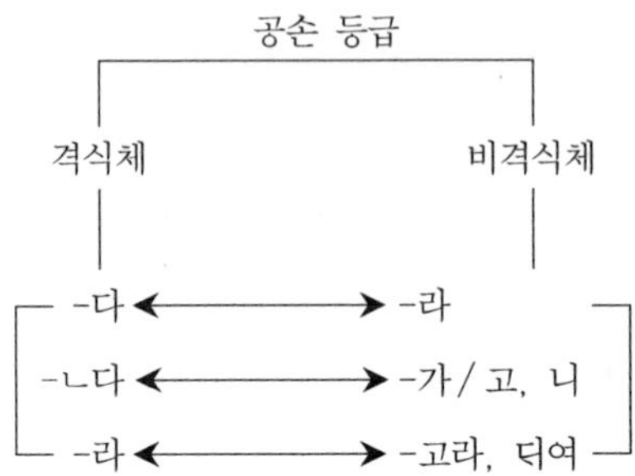

요컨대 비공손형은 격식체와 비격식체로 이분되는데, 자신보다 하위자인 상대와의 사회적 위상을 분명히 하거나 격식을 갖추어 말하고자 할 경우에는 '-다, -ㄴ다, -라'형을 사용하고, 이보다는 친밀함을 강조하려 할 경우에는 '-라, -가(고) / -니, 디여' 등을 사용한다.

지금까지 논의한 결과를 정리하면 다음과 같다.

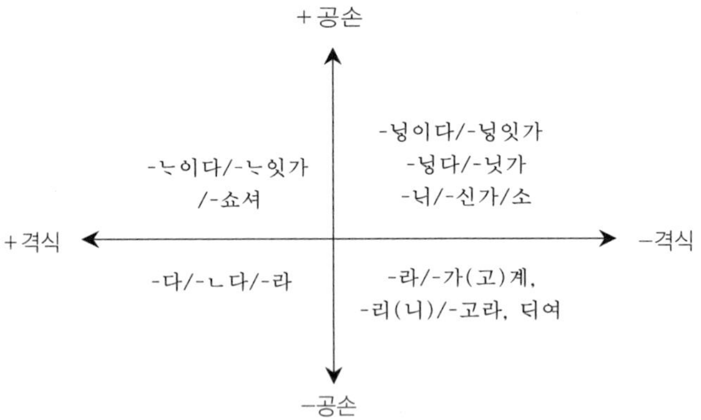

첫째 16세기 공손 등급은 공손표지 '이'와 존대표지 '시'를 실현하는 공손형과 그렇지 않은 비공손형으로 이분된다. 지금까지는 화자와 청자의 사회적 위상이나 신분의 차등을 고려하여 'ᄒ쇼셔체-ᄒ소체-ᄒ라' 혹은 여기

에 반말을 더하는 입장을 취하였는데, 각 등급에 속하는 어형에 대한 의견이 일치하지 못한 것이 사실이다. 그러나 본고에서는 문법 표지의 실현 여부에 따라 공손의 등급을 나눔으로써 보다 객관적인 근거를 마련한 것으로 해석된다.

둘째 위와 같은 근거에서 이분되는 16세기 공손법은 다시 상대와의 개인적인 관계나 대화가 이루어지는 장면의 격식 유무에 따라 격식체와 비격식체로 나뉜다. 이러한 속성들이 문법적으로 객관화하기 어려울지라도 대부분의 모국어 화자라면 이들이 공손법에 깊게 관여한다는 사실을 놓치지 않을 것인데, 지금까지 연구에서는 현대국어에서만 적용시켰던 듯하다. 그러나 본고에서는 이러한 자질을 도입함으로써 '亽라'체를 제외한 어형들이 동일 대상에게 혼용되는 경우를 설명하고자 하였다.

셋째, 위의 두 조건을 축으로 할 때, 15세기 공손 등급은 '공손형 격식체 : 공손형 비격식체'와 '비공손형 격식체 : 비공손형 비격식'체로 간주된다. 이 가운데 공손형 격식체는 '亽이다, 亽잇가, 쇼셔'형으로, 이들은 '신하→임금, 제자→스승, 자식→부모'에게 비교적 상·하위차가 분명한 상대에게 격식을 갖추려 할 경우에 사용되는 것으로 정리된다. 그리고 공손형 비격식체는 '닝이다, 닝잇가 / 닝다, 닛가 / 니, 신가, 소'형으로 이들은 위와 같은 대상에게 보다 친밀하게 대하고자 할 경우에 사용되는데, '니, 신가, 소' 등은 주로 가족 간의 대상에게 사용되고 사회적 관계에 있는 대상에는 사용되지 않았던 듯하다.

'비공손형 격식체'는 '-다 / -ㄴ다 / -라'형으로 '임금→신하, 스승→제자, 부모→자식' 혹은 동료지간에 사회적 위상을 분명하게 정립하려 할 경우에 사용되었던 것으로 결론된다. 이런 경우라도 상대에게 친밀하게 대하거나 부드러운 말씨를 사용하려 할 시에는 '-라 / -가(고)류, -(니)리' 형을 사용하는 것으로 이해된다. 그럼으로써 격식체를 사용했을 경우의 정서적 거리감을 좁히려 했던 것이다.

제2장 ▌존대 체계

　지금까지 논의한 바에 따르면 16세기 '시·습·이'는 15세기와 다름없이 '화자 존대·화자 겸양·화자 공손'으로 정의되고 이에 초점을 맞추면 '존대·겸양·공손' 표지로 이해된다. 그러므로 이들의 변별 자질 또한 15세기와 다름이 없어 본 장에서는 그러한 기준을 근거로 하여 16세기의 존대 체계를 직접 존대와 간접 존대로 나누고 이들을 다시 화제인물에 대한 존대와 청자에 대한 존대로 나누어 살펴보기로 한다.

1. 직접 존대법

　제1부에서도 밝혔듯이, 직접 존대법이란 화자가 직접 존대소 '시'를 활용하여 존대하고자 하는 대상을 존대하는 방식을 말한다. 이는 존대 대상의 행위나 상태가 제시되어 경우에 취하는 방식으로 청자와 화제의 인물을 존대할 경우에 사용된다.

1.1. 청자 직접 존대

　'청자 직접 존대'란 화자가 직접 존대소 '시'를 사용하여 청자를 존대한 경우로, 청자의 행위나 상태가 진술되었을 경우에 사용할 수 있는 방법이다.

다음과 같은 용례가 여기에 해당한다고 할 수 있다.

> (1) 가. (암이 왕에게) 陛下ㅣ … 엇디 唐虞적 다스림을 법받고져 <u>호시노
>   니잇고</u> (소언 6, 35ㄴ)
>   나. (순이 하늘에게) 엇뎨 스 블으지져 <u>우르시니잇고</u> (소언 4, 7ㄱ)
>   다. (공예가 임금에게) 죠히 븓들 <u>주쇼셔</u> (이륜 26ㄴ)
>   라. (관용방이 걸 임금에게) 님금이 쳘량을 그지업시 <u>쓰시며</u> 사룸믈
>   몯내 주겨호실시 빅셩과 하늘쾌 돕디 아니호시노니 <u>고티쇼셔</u>
>   (삼강 충 1ㄱ)
>   마. (A가 샹공에게) 샹공하 이제 다 됴호야 <u>겨신가</u> 몯호야 <u>겨신가</u>
>   (번박 상, 38ㄱ)
>   바. (왕오가 영공에게) 네 몃히 몟화를 밍굴이고져 <u>호시논고</u> … 小人
>   드려 니룬쇼셔 (번박 30, 118)

위의 청자들은 화자보다 상위자라는 점에서 공통된다. 가령 (가), (다),
(라) 등의 청자는 왕이고, 화자는 신하이며, (나)의 청자는 하늘이고 화자는
순임금이다. 그리고 (마), (바)의 청자는 양반이며 화자는 천민이다. 그런데
보다시피 위의 화자들은 청자에게 존대표지 '시'를 사용하고 있음이 밑줄
친 부분에서 주목되는바, 여기의 '시'는 청자를 존대하기 위해 사용된 것은
두말할 필요도 없다. 이처럼 직접 존대표지 '시'를 사용하여 청자를 존대하
는 경우를 청자 직접 존대라 명명한다.

이와 관련한 사항들은 이미 15세기 청자 직접 존대에서 밝힌 바 있으므로
여기서 자세한 설명은 피하기로 한다. 다만 16세기에는 (마), (바)의 '신가,
신고'와 같은 의문형이 15세기보다 적극적으로 사용되었다는 점에서 차이를
보일 따름이다. 다음으로는 화제인물 직접 존대에 대해 살펴보기로 하자.

1.2. 화제인물 직접 존대

화제인물 직접 존대란 다음과 같이 직접 존대소 '시'를 사용하여 대화에

등장하는 인물을 존대한 경우로, 다음이 여기에 해당한다.

> (2) 가. (류개중도가 사람들에게) 아바님이 집 <u>다스리샤더</u> 효도롭고 엄
> 엄히 <u>호더시니</u> 초호ㄹ 보로매 즈뎨의 겨집둘히 텽 아래셔 절호
> 믈 못고 손으란 들오 느추란 느즈기 호야 우리 아바님 <u>ㄱㄹ치시</u>
> <u>눈</u> 마롤 듣더니 니ㄹ샤더 (번소 07, 41ㄴ)
> 나. (호문정이 대중에게) 諸葛孔明이 漢 시절 … 후에 비록 劉先主의
> 블러 오믈조차 나도 뫼콰 믈을 베혀 天下를 세혜 눈호아 몸이
> 쟝쉬며 지샹 두외여 손애 듕흔 군스롤 <u>자바시니</u> (번소 8, 20ㄱ)
> 다. 네 사름미 닐우되 하눌히 곡식글 내요문 졍히 빅셩의 주우리믈
> 구호려코 하눌히 가슥면 집블 복 <u>주샤미</u> 졍히 가난호니 가슥며
> 니 서르 <u>즈뢰게 호시눈</u> 디니 가슥면 (정속 27ㄴ)
> 라. (왕밀이 도적에게) 인졍이 다 즈식글 스랑컨마론 오직 이 아슨
> 나디 아니호여셔 아비 <u>죽ㄱ시거눌</u> (이륜행, 초, 11ㄱ)

먼저 (가)는 유개중도가 자신의 아버지가 집을 다스리는 법에 대해 말하면서, 아버지의 행위를 '시'로써 존대하고 있으며, (나)는 호문정이 제갈공명에 대해 일반 백성에게 말하면서 '군사를 자바시니'처럼 존대하고 있다. 이처럼 이야기하는 과정에서 거론된 대상을 존대하면서 직접 존대 표지 '시'를 사용한 경우를 화제인물 직접 존대라 한다. 이 방법은 현대까지 그대로 전승된 존대법이라 할 수 있다.

다만 15세기와 16세기는 화제 인물과 청자의 관계를 고려하지 않고, 화자 자신과 화제 인물 간의 위상을 고려하여, 자신이 존대해야겠다는 의지가 있을 경우에는 무조건 사용하였다는 점이 다르다. 다시 말하면 현대 존대법에는 '압존법'이 존재하여, 화제 인물이 화자 자신보다 상위자이지만, 청자를 더 존대하려 할 경우에는 화제 인물을 일부러 존대하지 않으려는 경향이 있음에 비하여 15·16세기에는 화자 스스로가 존대할 대상으로 파악하면 청자를 고려하지 않고 무조건 '시'를 사용하여 직접 존대의 형식을 취했다는 것이다.[1]

2. 간접 존대법

'간접 존대법'이란 화자가 간접 존대소 '습'과 '이'를 활용하여 존대하고자 하는 대상을 존대하는 방식으로 제1부에서 살폈던 대로 존대 대상의 행위나 상태가 제시되어 있지 않을 때 취하는 형식이다. 이 방식은 다시 존대하는 대상에 따라 '청자 간접 존대'와 '화제 인물 간접 존대'로 세분된다.

2.1. 청자 간접 존대

'청자 간접 존대'란 화자가 간접 존대소 '습'과 '이'를 사용하여 청자를 존대한 경우로, 청자의 행위나 상태가 서술어로 진술되지 않았을 경우에 사용하는 방식이다. 그러면 먼저 '이'를 사용한 예부터 살펴보기로 하자.

(3) 가. (엄조가 왕에게) … 그러나 그 졈은 님금 도와 인것 딕 킈옴애 니른러는 비록 賁育이로라 ᄒ여도 能히 앗디 <u>몯ᄒ리이다</u> (소언 6, 37ㄱ)

　　나. (제자가 악정자춘에게) 夫子의 발이 됴하 겨샤ᄃ 두어 둘을 나디 아니샤 오히려 근심ᄒ시는 빗츨 두여샴온 <u>엇뎨미니잇고</u> (소언 4, 17ㄱ)

　　다. (태자가 왕에게) 允은 젹은 신해라 아득ᄒ고 어즐ᄒ야 츠례를 <u>일토송이다</u> (소언 6, 42ㄱ)

　　라. (공명선이 증자에게) 宣이 엇디 敢히 비호디 아니ᄒ고 夫子ㅅ門에 <u>이시링잇고</u> (소언 4, 22ㄱ

　　마. (여관 주인이 상인에게) 애 쪼 王가 형님이로괴여 오래 몯 <u>보왜</u> (번노 상 17ㄴ)

　　바. (남편이 아내에게) 안싱워니 ᄆ론 주마 <u>ᄒ닉</u> … 너일 수이 가셔 보와 의논호려 ᄒ뇌 … 내 ᄇ려 두어든 자내 브리소 … 그 조차

---

1) 이에 대해서는 제1부 15세기 존대법의 특징에 대해 살핀 바 있으므로 여기서는 자세한 설명을 삼간다.

검거ㅎ논 양이 얼운 답디 <u>아니히</u> … 막죵이만 맛뎌란 보내디 마
소 힝혀 무게 나 다티니 손쳠디 모롤샤 <u>ㅎ뇌</u> (순천김씨간찰 3)

위의 청자는 화자보다 상위자이다. 예컨대 (가), (다)의 청자는 왕과 태자
로 각각의 화자보다 상위자이며 (나), (라)의 청자는 화자들의 스승이며, (마)
의 청자인 상인은 화자인 여관 주인보다 연장자이다. 그리고 (바)의 경우는
당시의 관습을 반영할 때 청자인 남편이 화자인 부인보다 상위자로 간주된
다. '이'는 이런 상황에서 실현된 경우로, 화자 자신을 공손하게 표현하여
상대를 존대한다는 의미에서 청자 간접 존대로 일컫는다.

그런데 16세기에는 15세기에 비하여 '이'가 뚜렷하게 실현되지 않고 축
약 혹은 생략된 경우가 많은데, 위의 (다)~(바)가 그에 해당한다. 이에 대해
서는 이미 전 항에서 살핀 바 있어 자세한 설명은 피하지만, (다), (라)의
'숑이다, 이시링잇고'는 '이'가 축약하여 'ㅇ이다'의 형식으로, (마), (바)의
'보왜, ㅎ뇌'의 경우 역시 'ㅎ노이다 > ㅎ뇡다 > ㅎ뇌다 > ㅎ뇌'의 과정
을 거치면서 '다'가 생략하여 이루어진 어형으로 보는 것이 일반인 점을 고
려할 때 그러하다.

여하튼 이처럼 화자 자신을 낮추어서 청자를 간접적으로 존대하는 경우
를 청자 간접 존대 방식이라 하는데, 이와 같은 존대 방식에는 다음처럼
'ㅅ'을 사용하기도 한 것으로 추정된다.

> (4) 가. (남동생이 누나에게) <u>안ㅎ옵고</u> 요ㅅ이논 엇더ㅎ신고 온 후의논
>   긔별 몰라 <u>ㅎ옵뇌이다</u> (순천김씨간찰, 191, 804)
> 나. (어머니가 아들에게) 뎌그시(니) 연신ㅎ여 <u>보옵노이다</u> (송강 자
>   당 편지 2)[2]
> 다. (상인들이 서로에게) 큰 형님 몬져 혼 존 <u>자소</u> 큰 형님 몬져 례
>   <u>받조</u> (노박 상, 64ㄱ)

---

2) 이는 송강의 어머니가 송강에게 보낸 편지로 김일근(1991 : 180)에서 재인용한 것이다. 이
   외 본문에 제시된 '송강 편지'와 '송강 부인의 편지'도 위에서 재인용한 것임을 밝혀둔다.

> 라. (남편이 아내에게) 쟐온 딕연 <u>보내소</u> … 막죵이 ᄒ여 벼로예 인
>   ᄂ 황모 붇 <u>보내소</u> (순천김씨간찰, 5, 58)
> 마. (어머니가 아들에게) 아므려나 펴니곰 겨쇼셔 그려야 내 편히
>   <u>잇스오리이다</u> (송강 자당 편지 3)
> 바. (어머니가 아들에게) 냥쳔도 아조 몯뼈 도여서 또 셰ㅅ수 근심올
>   ᄒ니 보디 안심티 <u>아니호오이다</u> (송강 자당 편지 3)
> 사. (남동생이 누나에게) 약 갑순 술와건마ᄂᆞᆫ 보내신디 몰라 <u>ᄒ옵뇌</u>
>   (순천김씨간찰, 191, 804)

일반적으로 객체에 대한 화자의 겸양 표지로 알려진 '습'이 15세기에도 청자와 관련하고 있음이 이미 살핀 바 있다. 더불어 16세기에는 '습 > 읍'의 음운 변화를 겪으면서 이러한 기능이 한층 강화되었다는 점도 이미 살폈다. 여하튼 이처럼 '습'을 이용한 청자 존대 방식을 우리는 청자 간접 존대의 한 유형으로 간주하고자 한다. 그것은 어떤 대상을 직접 존대하는 방식을 취하지 않고 화자 자신과 관련한 서술어에 겸양 표지를 연결함으로써 자신을 겸양시키는 방식을 취한다는 의미에서이다. 다만 이러한 관점을 이해하기 위해서는 (다), (라)의 '받조, 보내소'의 '조, 소'가 '습'에서 기원하였다는 사실을 인정하고 들어가야 할 터인데, 이에 대해서도 '이, 습' 항에서 우리의 입장을 밝혔었다.

이 같은 생각을 전제로 위의 용례를 살피면, (가), (사)는 남동생이 누나에게 간접 존대의 방식을 취한 것으로 이해되고 (다)는 동급으로 이해되는 상인들이 서로에게 같은 방식으로 존대하는 것으로 이해된다. 서로 친밀하지 않을 경우에는 'ᄒ라'체보다 존대형을 사용하는 우리의 언어 습관을 참조하면 후자와 같은 태도는 충분히 납득된다. 이와 더불어 남편이 아내에게 '습'을 이용한 (라)도 어느 정도 이해되는 부분이 없지 않다. 당시의 시대상을 감안하면 남편이 아내에게 'ᄒ라'체를 사용할 수도 있지만, 대우하려 할 경우에는 '이'나 '습'으로써 존대할 수도 있기 때문이다. 문제는 어머니가 아들에게 '이'와 '습'으로써 간접 존대의 방식을 취한 (나), (마), (바)라 할 수

있는데, 이 경우는 어머니가 아들과 자신의 객관적 신분을 대비하여 그를 존대하였다기보다 아들의 사회적 위상을 감안하여 그에 대한 예의를 갖추고자 한 것으로 이해하는 편이 합리적일 듯하다. 그 아들이 '정철'이라는 점을 참조한다면 쉽게 이해되리라 생각한다.

요컨대 16세기에도 15세기와 동일하게 '습'과 '이' 등으로써 청자를 간접 존대하는 방식을 취하였다고 할 수 있다. 그러면 대화에 등장하는 화제 인물에 대한 존대는 어떠했을까. 이 역시 간접 존대 표지인 '습'을 이용한 것으로 이해되는데, 다음을 보도록 하자.

2.2. 화제인물 간접 존대

화제인물 간접 존대란 '습'을 이용하여 화제에 거론된 인물을 존대하는 경우로 다음과 같은 용례가 여기에 해당한다.

> (5) 가. 태자ㅣ 님금끠 뵈슨와 <u>술오딕</u> (번소 9, 45ㄴ)
> 나. (范文正公이 아들들에게) 내 … 후에 엇뎨 조샹올 짜 아래 가 <u>뵈
> 슨오며</u> (번소 7, 49ㄱ)
> 다. 曾子는 夫子(공자)끠 <u>듣즈오시니</u> (소학 4, 18ㄱ)
> 라. (公父 文伯의 어머니가 공부 문백에게) 네 일로써 님금 벼슬올
> <u>받즈오면</u> 내 穆伯의 니으리 그츨가 저허ㅎ노라 (소학 4, 46ㄴ)
> 마. 公父 文伯이 됴회로셔 믈러와 그 어미끠 뵈ㅇ올시 (소학 4, 44ㄱ)
> 바. (何曾이) 文帝끠 <u>엳즈오딕</u> (번소 7, 12ㄴ)

보다시피 여기의 화자는 화제에 거론되는 객체보다 하위자이다. 예컨대 (가)의 화자(서술자)는 화제에 거론되는 '임금'보다 하위자이며, (나)의 범문정공 역시 화제 인물인 '조상'보다 하위자이다. 그러므로 여기의 화자들은 이들을 존대하려 할 터인데, 존대 표지를 연결해야 할 서술어가 화자 자신에 대한 행위나 생각이어서 그것을 표현하기가 마땅치 않다. 만약 서술어에 존

대 표지를 연결하면 자신을 존대하는 결과를 초래하는 까닭이다. 상황이 이러할 때, '습'을 사용하는 것으로 이해된다. 그러면 그 대상에게 간접적으로나마 자신의 존대 의사를 표현할 수 있기 때문이다. 우리는 이와 같은 장치를 화제인물에 대한 간접 존대로 명명하기로 한바, 이는 15세기와 다름없는 기능이라 할 수 있다.

　이상으로써 간략하게 16세기 존대 체계를 살펴본바, 15세기와 그 체계가 동일하다고 할 수 있다. 다만 15세기 '습'의 청자 존대의 기능이 16세기에는 보다 활발하게 사용되었다는 점에서 차이를 보이는 것으로 이해된다. 위에서 살폈듯이 이들은 '습 > 옵'의 변천 과정을 경험한 것은 물론 명령형 '소, 조'로의 어형으로까지 변형되어 나타났음을 상기할 때 그러하다.

제3장 ▌존대법 특징

16세기의 언어 사실은 15세기와 동일한 것으로 간주되어 왔다. 그리하여 이들을 (후기) 중세국어시기로 아우르는 것이 학계의 일반적인 경향이다. 그러나 우리는 이와 같은 입장에는 문제가 있음을 인식하여 지금까지 15세기와 16세기의 존대법을 개별적으로 이해해왔다. 본 장은 이런 선상에서 출발하여 16세기 존대법의 특징을 정리하고자 한다. 반복하지만 그동안 중세국어라는 명명 아래 15세기와 동일시되어 제대로 조명되지 못했던 당시의 존대법적 사실들을 구명하려는 것이다. 그래서 우리의 작업이 원활하게 이루어진다면 두 시기의 존대법을 보다 심도 있게 접근하는 계기가 될 것으로 기대한다. 필자의 생각처럼 이들의 존대 양상이 달랐다면 먼저 개별적인 특성을 조망한 후에 서로 비교·대조하는 편이 보다 객관적이고 합리적인 결과를 도출해낼 수 있을 터이기 때문이다.

더 많은 연구가 있어야 하지만, 현재 필자가 정리한 16세기 존대법의 특징은 15세기에 비해 'ᄂ다'체와 'ᄂ이다'체에 관여하는 종결어미가 다양해졌다는 점과 비격식체의 사용이 활발해졌다는 점이다. 전자는 그에 대한 구체적인 자료를 제시하면 쉽게 수긍할 만한 사실이고 후자의 경우는 이미 공손법에서 그와 같은 사실들을 확인한 터여서 이에 대한 보충 설명을 조금만 더 부여하면 논의를 이끌어가는 데는 충분할 듯하다.

어떻든 16세기 존대법 특성을 이해하기 위해서는 무엇보다 먼저 15세기 존대법의 일반적인 경향을 알아보는 것이 순서이다. 그러나 이에 대해서는 이미 전항에서 살핀 바 있다. 따라서 여기서는 다음과 같은 극히 일반론적인 사항만을 정리하기로 함으로써 논지 전개에 수월성을 도모하기로 하자.

  (1) 15세기 존대법의 일반 특징
    가. 문법소 '시'는 화자가 주체를 존대하고자 할 경우에, '습'은 화
      자 혹은 주체가 객체를 존대하고자 할 경우에, '이'는 화자가 청
      자를 존대하고자 할 경우에 사용한다.
    나. 화계는 'ᄒᆞ쇼셔'체 > 'ᄒᆞ야쎠'체 > 'ᄒᆞ라'체가 존재하였다. 이
      가운데 반말이라 할 수 있는 'ᄂᆡ'체가 'ᄒᆞ야셔'체와 'ᄒᆞ라'체의
      중간 등급으로 존재할 가능성이 있다.

  그 가운데에서도 우리는 (나)와 같은 성격, 즉 청자 공손 혹은 존대법에 논의의 초점을 모으기로 한다. (가)에 제시된 존대 표지의 경우, '시'는 16세기 들어서도 별다른 기능 변화가 없었고, 이와 달리 '습'은 16세기에 기능이 변하였지만, 그러한 변천에 대해서는 이미 '습'의 항에서 살핀 바 있어서 이 역시 재론할 이유가 없기 때문이다.

  그러나 이러한 변화를 통해서 16세기 존대법은 청자와 관련된 존대 장치가 매우 활발하였으리라는 점을 시사받을 수는 있다. 서두에서 언급했듯이 16세기 존대법의 특징 가운데 하나가 '종결어미의 다양성'이라 한다면, 이 또한 청자와 관련되는 특성이라 할 수 있는데, 여기에 더하여 '습'마저 청자 존대 혹은 공손 표지로 전환하였다는 것은 그만큼 청자에 관련한 기능이 확대되었다는 뜻으로 받아들일 여지가 충분한 까닭이다.

  존대법의 핵심 요소가 청자일 수밖에 없다는 일반적인 사실을 감안한다면, 이러한 현상은 당연하다고 하겠다. 중세국어시기에서 현대국어시기에 이르는 동안 화계가 3등급(혹은 4등급)에서 6등급으로 세분되었다는 사실이 이를 잘 뒷받침한다고 하겠다. 여하튼 그 같은 사실이 16세기부터 비롯하였다는 점은 존대법사에서 적지 않은 의의를 지닌다고 할 수 있다. 그럼에도 불구하고 지금까지는 15세기와 동일시되어 본연의 특성이 잘 드러나지 않았다고 할 수 있다. 본 장은 이에 착안하여 16세기의 특징으로 간주되는 기

능들을 구체적인 용례로써 제시해 보이고자 한다.

1. 공손형 종결어미의 다양화

이를 위해서는 16세기 화계에 관여했던 종결어미들을 개관하는 한편, 그것을 15세기의 공손형과 비교하는 자리가 있어야 한다.

[표 1] 15·16세기 공손형 비교

화계, 세기		서법	평서법	의문법	명령법
공손형	ᄒᆞ쇼셔	16	ᄂᆞ이다, 이다, 도소이다, 로소이다, 더이다, 리이다, 노이다, 어이다	니잇가, 니잇고,	쇼셔
		15	위와 동일	위와 동일	위와 동일
	닝이다	16	닝이다, 숑이다, 링이다	닝잇고, 닝잇가, 링잇고, 링잇가	쇼셔
		15	없음	없음	없음
	닝다	16	닝다, 링다, 닁다, 넝다, 쉥다, 욍다	닛가	셔, ㅅ셔
		15	닝다, 넝다, 링다	위와 동일	어쎠
	니	16	니, 엇니, 도쇠, 로쇠, 데, 레, 리, 외, 뇌, 니	신가, 가	소, 쇼, 조
		15	없음	없음	없음
비공손형	ᄂᆞ다	16	다, ᄂᆞ다, 엇다, 도다, 엇도다, 로다, 리도다	냐, 으냐, ᄂᆞ냐, 더냐, 로소냐/녀, ᄂᆞ녀, 으녀, 더녀, 소녀, 거녀, 뇨, 으뇨, ᄂᆞ뇨, 더뇨, 리러뇨, 러뇨, 거뇨, 어뇨, 나뇨/려, 으려, 니려, 으랴, 리랴	라, 거라, 아라, 여라, 스라, 거스라, 고라, 고려, 오라, 오려
		15	위와 동일	위와 동일	위와 동일

[표 1]은 16세기 화계를 바탕으로 하여 15세기와의 대비를 보인 것으로, 공손 표지 'ᅌᅵ'의 출현 여부에 따라 공손형과 비공손형으로 이분하여[1] 이들을 다시 'ᄂᆞ이다, 닝이다, 닝다, 닉, ᄂᆞ다'체 등으로 세분한 것이다. 우선 16세기에는 15세기에 존재하지 않던 '닉'체와 함께 '닝이다'체가 등장하였음이 주목된다.

이 같은 새로운 화계의 등장은 그에 소용되는 종결어미가 다양해졌음을 뜻하는바, 15세기의 '닝다'체 평서법이 16세기에 들어 보다 활발한 어형으로 사용된 점 역시 같은 맥락에서 풀이할 수 있다. 물론 이 '닝다'체는 17세기 초반에 들어 자취를 감추었지만,[2] 그러기 전에는 15세기보다 다양한 어형으로 사용되었던 것으로 보인다. 주지하다시피 15세기에는 다음의 (2)와 같은 장면에서 극히 제한된 어형으로 출현하다가 16세기에 들어서 (3)처럼 다양한 어형으로 실현되었던 것으로 확인되는 까닭이다.

(2) 가. (수달이 호미에게) "主人이 므슴 차바ᄂᆞᆯ 손ᅀᅩ ᄃᆞᆫ녀 ᄆᆡᇰᄀᆞ노닛가 太子ᄅᆞᆯ 請ᄒᆞᅀᆞᄫᅡ 이받ᄌᆞᄫᆞ려ᄒᆞ노닛가 大臣ᄋᆞᆯ 請ᄒᆞ야 이바도려 ᄒᆞ노닛가" (석상 6, 16ㄱ)
(호미가 수달에게) "그리 아닝다" … "그리 아니라 부텨와 즁과

---

1) 이는 '닝이다, 닝다, 닉' 등을 공손형 'ᅌᅵ'의 축약 혹은 생략형으로 간주한 것으로, 이에 대해서는 황문환(2002), 허웅(1989), 김영욱(1997) 등을 참조하기 바란다.

2) 일반적으로 '닝다'체의 소멸 시기를 16세기로 추정하고 있는데, 황문환(2002 : 122-123)에 의하면 17세기 초의 편지글로 간주되는 『진주 하씨 묘 출토 간찰』에는 다음과 같은 용례가 있다고 한다. 이로 볼 때, '닝다'체는 17세기 초반까지 구어체를 중심으로 드물게 사용되었던 듯하다.

가. 보셩 힝차는 당시사 ᄠᅩᆼ매 아니 와시니 오면 긔별ᄒᆞ링다 (진주하씨 묘 출토)
나. 이적 바회 가셔 몯 바다 와시니 후의 바다 보내오링다 (진주하씨 묘 출토)

이에 비하여 '닝이다'체는 1676년에 간행된 『첩해신어』에서 다음과 같이 사용된 용례가 확인되는바, 이 말씨가 '닝다'체에 비하여 훨씬 후대까지 사용되었다고 할 수 있다.

가. 느즉ᄒᆞ야 도라가시게 ᄇᆞ라닝이다 (첩해 6, 5ㄱ)
나. 뵈ᄋᆞᆸ고져 ᄒᆞ닝이다 (첩해 6, 6ㄴ)

　　　룰 請ᄒᆞᅀᆞᆸ려 <u>ᄒᆞ닝다</u>" (석상 6, 17ㄴ)

　　나. (아도세왕이 용왕에게) "내 그런 ᄠᅳᆮ 몰라<u>ᄒᆞ댕다</u>" (석상 24, 32ㄱ)

(3) 가. (장모가 사위에게) 수실 시 모ᄅᆞ고 프디 몯홀가 초 올려 <u>보내닝</u>
　　　<u>다</u> … 유무 만히 스니 어즐ᄒᆞ니 이무도 즈시 몯ᄒᆞ뇌 (순천김씨
　　　간찰 189)

　　나. (사가 조에게) 嵩山 ᄂᆞ로셔 <u>욍이다</u> … 物ㅣ라 ᄆᆞ似ᄒᆞᅀᆞ와도 맛디
　　　맛디 <u>아니ᄒᆞᅀᆞ욍다</u> (선가 1ㄴ)

　　다. 다시 보쟈 을묘 구월 슌뉵이레 <u>니별ᄒᆞ닝다</u> (순천김씨간찰 3)

　　라. (사가 조에게) 이 諸佛의 本源ㅣ시며 神會의 佛性ㅣ <u>로쉉다</u> (선가 1ㄱ)

　　'닝다'체는 이처럼 15세기에는 '닝다'와 '댕다'만이 사용되었으나 16세기에는 '닝다, 욍다, 넝다, 쉉다'와 같은 어형으로 사용되었다. 이상을 종합할 때, 우리는 15세기에서 16세기에 이르는 동안 크게는 화계의 등급이 다양해졌으며, 작게는 같은 등급 안에서의 활용형이 다양해졌다는 결론에 도달한다.

　　그러면 왜 이러한 현상이 생겨났을까. 당시 언중들의 필요성이 반영되었으리라는 추측은 쉽게 할 수 있다. 곧 존대의 정도를 세분시켜야 할 필요성이 제기되었기에 그에 부응하기 위하여 새로운 화계를 만들었을 것이란 뜻이다. 가령 부모님에 대한 존대와 언니 혹은 형, 누나를 존대하는 정도가 같을 수는 없으므로 차등을 둘 목적에서 화계를 새로 만들었을 수 있다는 뜻이다. 그러나 다음과 같은 예문을 고려하면 그리 쉽게 단정 지을 만한 사안이 아님을 깨닫는다.

(4) 가. (사가 조에게) 嵩山 ᄂᆞ로셔 <u>욍이다</u> … 物ㅣ라 ᄆᆞ似ᄒᆞᅀᆞ와도 맛디
　　　<u>아니ᄒᆞᅀᆞ욍다</u> (선가 1ㄴ)

　　나. (동생이 누나에게) 안ᄒᆞᆸ고 요ᄉᆞ이는 <u>엇더ᄒᆞ신고</u> 온 후의는 긔
　　　별 몰라 <u>ᄒᆞᆸ뇌이다</u> 예는 다 됴히 <u>겨시니이다</u> 날도 치워 가고
　　　몸 조심ᄒᆞ여 <u>간ᄉᆞᄒᆞ쇼셔</u> 약 갑ᄉᆞᆫ 술와건마는 보내신디 몰라 ᄒᆞ

      <u>읍뇌</u>. (순천김씨간찰, 191, 804)
   다. (상인들이 여관 주인에게) 쥬신 형님 허믈 <u>마른쇼셔</u> 小人돌히
      예와 해자ᄒ고 <u>널이과이다</u> … 小人이 예와 널이ᅀ오디 셩도 묻
      줍디 아니ᄒ얏다니 큰형님 셩이 <u>므스거신고</u> (번노 상 8, 43ㄱ
      -44ㄴ)

이미 앞서 살폈던 대로 우선 (가)는 '닝이다'체와 '닝다'체를, (나), (다)는 '닌'체와 'ᄂ이다'체를 혼용하고 있음이 주목되는바, 이런 현상은 소위 '이'를 개재한 'ᄂ이다·닝다·닝이다·닌'체 등이 16세기에 동일 대상에게 함께 활용되었음을 시사하는 한편 당시 새로 출현한 '닝이다·닌'체가 공손의 정도를 차별할 목적에서 생성되지 않았음을 암시한다.

혹시 화자와 청자의 위상 차이가 크지 않아서 청자에 대한 화계를 그다지 염두에 두지 않은 결과가 아닐까를 생각해 본다. 예컨대 나이차가 많이 나지 않은 조카가 삼촌에게 "삼촌 어디 가세요?"로 묻기도 하고, "삼촌 어디 간가?"로 묻기도 하는 경우와 같은 이치이다. 그러나 (가)와 (다)에서 그 가능성은 차단된다. (나)는 남매간이어서 그에 해당한다고도 할 수 있지만, (가)의 경우는 스승과 제자 사이로, (다)는 양반과 천민 사이로 이해되는 만큼, 이들을 (나)와 같은 맥락으로 해석하기에는 무리가 따른다. 만약 그렇게 이해한다면 여기의 제자와 천민은 스승과 양반의 위상을 본인과 별 차이가 나지 않은 것으로 파악한다고밖에 볼 수 없기 때문이다.

이런 현상을 우리는 격식체와 비격식체의 사용으로 풀이하였던바, 이에 대한 보다 더 많은 논의는 다음 항으로 미루고, 일단은 16세기에는 15세기에 존재하지 않았던 공손형이 출현하여 청자에 대한 존대 방식을 다양하게 하는 계기를 마련하였다는 점만을 유념하기로 하자. 당시 새로 출현한 '닌'체가 현대까지 이어져온다는 사실을 감안하더라도 16세기의 이러한 현상은 15세기와 구별하여 인정해주어야 하는 특징임은 분명한 까닭이다.

2. 비격식체의 활성화

이미 살폈던 대로 15세기에 존재하지 않다가 16세기에 새로 출현한 어형은 '닝이다'체와 '니'체이다. 이는 허웅(1989)의 체제를 따른 것이지만, 최명옥(1997)은 16세기의 '닝이다'체를 인정하지 않았고, 황문환(2002)는 이들을 'ᄒᆞ쇼셔'체라는 동일한 등급으로 처리하였음을 우리는 이미 살핀 바 있다.

여기서는 이 같은 견해 차이는 어디에서 비롯하며, 이들이 새롭게 출현한 이유는 무엇인가에 관심을 두기로 한다. 이에 대한 해명이 곧 이들의 생성 배경에 대한 해명이 될 터이기 때문이다. 우선 다음 예를 보면 'ᄂᆞ이다'체와 '닝이다'체를 'ᄒᆞ쇼셔'체로 명명하여 같은 등급으로 파악했던 황문환(1997)의 입장을 이해할 수 있다. 보다시피 이들은 동일 화맥에서 동일 대상에게 혼용하였던 것으로 확인되는 까닭이다.

> (5) 가. (공명선이 증자에게) 엇디 敢히 비호디 <u>아니ᄒᆞ리잇고</u> … 曽이 이
>   세 일을 됴히 너겨 비호디 能히 몯ᄒᆞ니 曽이 엇디 敢히 비호디
>   아니ᄒᆞ고 夫子ㅅ 門에 <u>이시링잇고</u> (소언 4, 21ㄴ)
>   나. (제자가 공자에게) 외로온 홀어미 이셔 가난ᄒᆞ고 窮ᄒᆞ야 의탁홀
>   디 업슨 이어든 可히 두 번 남진 <u>븓트리잇가 말링잇가</u> (소언 5,
>   67ㄱ-ㄴ)
>   다. (태자가 왕에게) 請컨대 그 죽음을 <u>赦ᄒᆞ쇼셔</u> … 允은 젹은 신해
>   라 아득ᄒᆞ고 어즐ᄒᆞ야 ᄎᆞ례를 <u>일토송이다</u> (소언 6, 41ㄴ-42ㄱ)

비록 많은 예는 아니지만, 위를 참조할 때, 'ᄂᆞ이다'체와 '닝이다'체가 16세기 당시에 혼용되었던 것만은 분명하다. 그러므로 존대법의 일반적인 기능을 고려하면 황문환(2002)처럼 이들을 동일한 화계로 책정하기에 충분하다. 그러나 다음과 같은 사실도 생각해보아야 한다. 즉 이들의 기능이 완전히 같다면 굳이 형식을 달리하여 동시대에 함께 존재했어야 할 필요가 있었겠느냐는 것이다. 형식과 기능이 반드시 1 : 1의 관계를 유지하지는 않지만

대부분 형식이 다르면 기능 또한 다르다는 사실을 감안할 때, 이 두 형식은 차별된 기능을 가졌으리라는 것이 필자의 소박한 생각이다. 그렇다면 그것은 무엇인가.

여기서 우리는 격식체와 비격식체의 사용을 고려하게 된다. 곧 '느이다' 체와 '닝이다'체는 격식체와 비격식체로 구별되었을 가능성이 있다는 뜻이다. 현재 '합쇼'체를 격식체로 '해요'체를 비격식체로 규정하는데, 이들이 동일 대상에게 혼용될 수 있음은 모국어 화자라면 누구나 알고 있는 사실이다. 다만 후자가 전자에 비해 공손의 정도가 낮은 것으로 인식되기도 하지만, 이는 '합쇼'와 '하게'의 차이와 같은 수준이 아니다. 다만 격식적이지 않으므로 덜 공손하게 느껴질 따름이다. '느이다'체와 '닝이다'체도 이런 맥락에서 풀어야 할 말씨는 아닌가 한다.

이 같은 논지는 제1부에서부터 시작하여 지금까지 일관된다. 15세기에도 이처럼 격식체와 비격식체의 구별이 있었음을 논의했었고, 15세기의 '닝다' 체가 비격식체에 해당하고, 그러한 기능을 16세기 '니'체가 계승하였다는 입장을 취하고 있기 때문이다. 만약 이러한 사실을 수용한다면 16세기는 어느 시기보다 비격식체가 활발했던 시기라 할 수 있다. 필자의 생각대로 예문 (2)에서 소개한 15세기의 '닝다'체가 비격식체였음을 전제로 한다면, 당시에는 이러한 비격식체가 이 말씨에 국한되었지만 16세기에 들어서는 이 외에도 '니'체와 '닝이다'체 등이 새로 생성되면서 그 기능이 더욱 활성화되었다고 할 수 있기 때문이다.

여하튼 이러한 추정이 정당함을 입증하기 위해서는 이들이 비격식체일 가능성부터 타진해야 하는데, 그에 대한 자세한 논의는 지금까지 비교적 자세하게 이루어졌으므로 여기서는 해당 논지를 이해하는 데 어려움이 따르지 않을 한도에서만 개진하기로 한다.

그런 의미에서 '닝다·니'체가 비격식체일 가능성부터 찾아보면, 이들이 친밀한 사이에서 구어체를 중심으로 사용되었다는 점이다. 설명과 이해의 편의를 도모하기 위해 이미 '닝다'체의 용례로 제시했던 예문 (3)의 두 예를 다시 보기로 하자.

> (6) 가. (장모가 사위에게) 스실 시 모르고 프디 몯홀가 초 올려 <u>보내닝</u>
>   <u>다</u> … 유무 만히 스니 어즐ᄒ니 이무도 즈시 **몯ᄒ뇌** (순천김씨
>   간찰 189)
>   나. (사가 조에게) 嵩山 ᄂ로셔 욍이다 … 物ㅣ라 몯似ᄒᄉ와도 맛디
>   맛디 <u>아니ᄒᄉ욍다</u> (선가 1ㄴ)

앞서 언급했던 대로 '닝다'체는 17세기 초반을 기점으로 거의 소멸되었
지만, 16세기에 간혹 사용된 경우를 보면 '장모와 사위' 혹은 '스승과 제
자' 사이에서 상대를 대우하고자 할 목적에서 활용되었던 듯하다.[3] 일반적
으로 격식을 갖추지 않아도 되거나 친한 대상에게 사용하는 말씨와 그와
반대의 상황, 즉 격식을 갖추어야 하거나 친하지 않은 대상에게 사용하는
말씨에는 차이가 있다는 점을 상기한다면 어느 정도 공감하는 바가 있으리
라 생각한다.

여기에 더하여 이와 같은 말씨가 16세기에는 거의 사용되지 않다가 17세
기 초반에 들어 완전히 소멸하였다는 사실도 참조해야 한다. 이들이 화계의
분화에 적극적으로 가담하는 말씨였다면 그리 쉽게 소멸되지는 않았을 것

---

3) (가)는 객관적으로 보아 연장자인 장모가 사위에게 이 같은 공손형을 사용했다는 점에서
   설명을 요하지만, 우리 관습상 일반적으로 사위에게 '하라'체를 사용하지 않는다는 점을
   고려하면 일견 이해되는 부분이 있다. 다만 문제는 취지가 그러하다면 사위에게 격식을
   갖추기 위해 이 말씨를 사용한 것으로 보아야 하지 않겠느냐는 반론이 있을 수 있다. 그러
   나 그러한 경우라면 다음처럼 'ᄂ이다'체와 혼용하였던 것으로 확인된다.

   (동생이 누나에게) 온 후의는 긔별 몰라 <u>ᄒᆞᆸ뇌이다</u>. 예는 다 됴히 <u>겨시니이다</u>. 날도 치워
   가고 몸 조심ᄒ여 <u>간ᄉ호쇼셔</u>. 약 갑손 술와건마ᄂ 보내신디 몰라 <u>ᄒᆞᆸ뇌</u>. (순천김씨간찰,
   191, 804)

   비록 위는 동생이 누나에게 보낸 편지글이지만, 예문 (6)의 강조한 부분과 여기서 강조한
   부분을 보면 동일하게 상대를 '닉'체로 대하고 있음이 목격된다. 그런데 여기 밑줄 친 부
   분에서는 '닝다'체가 아닌 'ᄂ이다'체를 사용하고 있다. 이로 미루어볼 때, '닉'체로 상대하
   는 대상에게 격식을 갖추고자 할 경우에는 'ᄂ이다'체를 사용하지 않았나 한다.

이기 때문이다. 국어 생활에서 차지하는 존대법의 비중을 고려할 때, 상대
에 대한 공손의 정도를 분명히 표현했던 화계라 한다면 불과 한 두 세기 정
도 사용되다가 언중들로부터 소외되지는 않았을 듯하다. 사실 이 '닝다'체
는 15세기부터 그 쓰임이 많지 않았다. 앞서 소개한 예문 (2)가 그것의 모든
용례에 해당한다는 것은 주지하는 바이다. 따라서 15세기 당시에도 이 말씨
가 공손법에서 차지하는 위상은 그리 크지 않았다고 볼 수밖에 없는데, 그
것도 불교 신자이면서 사위가 되기로 언약한 '수달과 호미' 또는 석가의 다
비식에 다녀오다가 그 상황에 대해 서로 이야기하는 사이와 같은 친밀한 사
이에서 사용되었던 것이 전부이다시피 한다. 이런 점들을 참조하여 필자는
이 말씨를 구어체를 중심으로 사용되었던 'ᄂᆞ이다'체의 비격식체로 규정하
였던 것이다.

만약 이와 같은 추정이 어느 정도 타당하다면 16세기의 '닝다'체는 그러
한 기능을 그대로 전수해왔다고 할 수 있다. 비록 15세기에 비하여 그 쓰임
이 다소 활발해졌을지라도 다른 공손형에 비하여 활용도가 현격히 떨어진
다는 점과 그것도 위와 같이 장모와 사위 혹은 제자와 스승처럼 비교적 친
밀한 사이에서 사용되었다는 점을 고려할 때 그러하다.

그 과정에서 이 말씨가 소멸되기 시작하는 시점에 '닉'체가 동일한 환경
에서 사용되었다는 점은 우리에게 시사하는 바가 크다고 할 수 있다. 다음
에서 보다시피 이 말씨는 여러 면에서 '닝다'체와 동일한 기능을 했던 것으
로 풀이되는 까닭이다.

> (7) 가. 안ᄒᆞ옵고 요ᄉᆞ이는 엇더ᄒᆞ신고 온 후의는 긔별 몰라 <u>ᄒᆞ옵뇌이
> 다</u> 예는 다 됴히 <u>겨시ᄂᆞ이다</u> 날도 치워 가고 몸 조심ᄒᆞ여 <u>간ᄉᆞ
> ᄒᆞ쇼셔</u> 약 갑슨 술와건마는 보내신디 몰라 <u>ᄒᆞ옵뇌</u>. (순천김씨간
> 찰, 191, 804)
> 나. 아바님 하 요란ᄒᆞ고 밧바 유무 몯ᄒᆞ노라 ᄒᆞ시고 두 텨긔 은구어
> 각 스믈콤 ᄒᆞ고 동회 ᄒᆞ나식 <u>보내시닝이다</u> 휘휘 다서 <u>가닝이다</u>
> ⋯ ᄯᅩ 두 지븨 죠히 열 권식 가닉 ⋯ 두 지븨 열 권식 ᄒᆞ니 도쉬

> 스므 궈니 묻형님끠도 열 권 가니 대되 셜훈 권 **가니** (순천김씨
> 간찰 64, 326)
> 다. 부돌 사다가 **쓰고져** 호니 츳뿌리나 뫼뿌리나 다엿되만 <u>얻고져</u>
> <u>호뇌</u> (순천김씨간찰 5, 58)
> 라. 바볼 에셔 지으려 호니 양식과 자바니나 보내소 힝긔 수져 <u>보</u>
> <u>내소</u> (순천김씨간찰 2, 39)

'닉'체는 이처럼 주로 오누이(가, 나)나 부부(다, 라) 사이에서 상대를 존대할 목적에서 사용되었으며, 그것도 편지와 같은 구어체적 특성이 아주 강한 환경에서 사용되었던바, 이 점이 바로 '닝다'체와 같은 기능이라 할 수 있다. 더욱이 이 두 말씨가 같은 대상에게 혼용되었다는 점 등을 참조할 때(6가), 16세기의 '닝다'체는 후반에 들어 그 기능을 '닉'체에 전수하고 자신은 소멸의 과정을 겪은 듯하다. 이에 비하여 '닉'체는 그 세력을 점차 확장하여 공식적인 한 화계로 인정받아 현대에 '합쇼-하오-하게-하라'의 '하게'체에 해당하는 등급을 획득한 것으로 풀이된다.

황문환(2002 : 211), 허웅(1989) 등이 이 '닉'체를 '닝다'체에서 '-다'가 단절되거나 혹은 생략되어 이루어진 형으로 규정하였다는 사실까지를 참조하면 '닝다 > 닉'체로의 변천 가능성에 그리 회의적이지는 않을 듯하다.[4] 아주 개괄적으로 살핀 지금까지 이유에서 필자는 그동안 16세기의 '닝다·닉'체를 비격식체로 간주하고자 하였다.

이런 관점에 설 때, 예문 (7)과 같은 현상도 자연스럽게 이해된다. 보다시피 위의 용례들은 비단 '닉'체만으로 일관되지 않고 'ᄂ이다'체(가)와 함께 '닝이다'체와도 혼용하는 양상을 보이고 있다. 따라서 만약 기존 입장처럼 당시 모든 공손형에 정확한 등급을 부여하고자 한다면 위의 남동생은 누나를 'ᄂ이다'체로 존대할 대상으로 보다가 갑자기 '닝이다'체에 해당하는 것으로 간주하기도 하고, 또 어떤 경우에는 '닉'체에 해당하는 대상으로까지

---

4) 이에 대한 보다 자세한 논의는 다음 장에서 이루어질 것이다.

강등시키기기도 하였다고 해석해야 한다. 이런 태도가 바람직하지 않음은 물론이다. 따라서 이러한 오류를 범하지 않기 위해서는 남동생이 평소 생각하는 누나의 화계는 '느이다'체인데, 친밀감을 표할 목적에서 '니'체를 사용하기도 하고 '넝이다'체를 사용하기도 하였던 것으로 이해해야 합리적이라는 것이 필자의 생각이다.

'넝이다'체를 비격식체로 규정해야 하는 이유 또한 지금까지와 같은 맥락에서 설명할 수 있다. 먼저 격식과 비격식의 구별이 현대에만 존재하는 것으로 인정하여 15 · 16세기의 존대법에 이들을 관여시키지 않았던 기존 입장만을 고수하지 않는다면, 필자의 생각이 어느 정도 타당하다고 생각할 듯하고, 그런 관점에서라면 이 '넝이다'체와 '느이다'체도 격식과 비격식으로 갈리는 말씨라는 데에 어느 정도 동의할 듯도 하다. 그리고 이에 대해서는 전항에서 비교적 자세히 다룬 바 있다. 그러나 이 역시 논지 전개의 편의성과 이해를 도모하기 위하여 다시 한번 해당 용례를 점검하는 기회를 갖도록 하자.

(8) 가. (아내가 이덕무에게) 남진은 하눌히니 <u>비반ᄒᆞ링잇가</u> (삼강 열, 14ㄱ)

나. (태자가 왕에게) 청컨대 그 죽음을 <u>사ᄒᆞ쇼셔</u> … 츠례를 <u>일토송이다</u> (소언 6, 41ㄴ-42ㄱ)

다. (아들이 아버지에게) 그리ᄒᆞ링이다 오직 감당티 몯홀가 젓ᄉᆞᆸ거니와 敢히 命을 닛디 아니 <u>ᄒᆞ링이다</u> (소언 2, 46ㄱ-ㄴ)

라. (공명선이 증자에게) 宣이 엇디 敢히 ᄇᆡ호디 아니ᄒᆞ고 夫子ㅅ門에 <u>이시링잇고</u> (소언 4, 22ㄱ)

마. (제자가 사마공에게) 외로온 홀어미이셔 가난ᄒᆞ고 窮ᄒᆞ야 의탁홀 ᄃᆡ 업손 이어든 可히 두 번 남진 블트리잇가 <u>말링잇가</u> (소언 5, 67ㄱ-ㄴ)

바. (제자가 공자에게) 管仲은 <u>儉ᄒᆞ닝잇가</u> … 그러면 管仲은 禮를 <u>아닝잇가</u> (논어초, 1, 27ㄴ-28ㄱ)

위와 같은 상황을 참조할 때, '닝이다'체는 부부(가)나, 부자(나, 다), 그리고 평소 가까이서 사소한 것이라도 묻고 답하는 사제 간에 주로 사용했던 말씨로 추정된다. 물론 이런 관계라 해서 무조건 비격식체를 사용하지는 않지만, 그래도 격식을 갖추어야 할 대상보다 이들에게 친밀한 정서를 더 많이 표현할 가능성이 높은 것도 사실이다. 이 점은 'ᄂ이다'체와 비교하면 더욱 선명해진다.

> (9) 가. (엄조가 왕에게) … 그러나 그 졈은 님금 도와 인것 딕 킈옴애 니르러는 비록 賁育이로라 ᄒ여도 能히 앗디 <u>몯ᄒ리이다</u> (소언 6, 37ㄱ)
>
> 나. (고가 태자에게) 진실로 陛下의 다시 사르신 은혜롤 닙소왓거니와 내 ᄆ슴과 달이ᄒ야 죄롤 아즉 면호믄 내 ᄒ고져 호미 <u>아니이다</u> (번소 9, 48ㄱ-ㄴ)
>
> 다. (제자가 악정자춘에게) 夫子의 발이 됴하 겨샤디 두어 둘을 나디 아니샤 오히려 근심ᄒ시는 빗츨 두여샴온 <u>엇뎨미니잇고</u> (소언 4, 17ㄱ)
>
> 라. (암이 왕에게) 陛下ㅣ … 엇디 唐虞적 다ᄉ림을 법받고져 <u>ᄒ시ᄂ니잇고</u> (소언 6, 35ㄴ)

위의 화자와 청자는 상위자와 하위자의 관계로 예문 (8)과 같은 상황이다. 그런데 여기서는 하위자인 화자가 상위자인 청자에게 '닝이다'체가 아닌 'ᄂ이다'체를 사용하고 있다. 이를 어떻게 설명해야 하는가. 만약 이 두 말씨의 공손 정도가 다른 것으로 이해한다면 예문 (8라)~(8바)의 제자들은 (9다)의 제자보다 스승을 덜 존대한다고 보아야 한다. 그렇다고 해서 이들의 기능을 완전히 같은 것으로 보는 것도 문제이다. 앞서 언급했듯이 동일한 기능을 지닌 형식이 아무런 충돌 없이 같은 시대에 존재할 이유는 그리 많지 않기 때문이다.

이 같은 난제를 해결하기 위해서는 이 두 말씨를 상위자에게 사용하는 격식체와 비격식체의 사용 양상으로 이해해야 하지 않을까 한다. 즉 예문

(8)의 제자들은 스승과 친밀하다고 생각하여 '넝이다'체를 사용하지만 (9다)의 경우는 그렇지 않다고 생각하거나 혹은 그럴지라도 격식을 갖추고자 해서 'ᄂᆞ이다'체를 사용한 것으로 이해하는 편이 모국어 화자의 정서에 더 부합하지 않느냐는 것이다. 이런 생각을 받아들이고 위의 용례들을 다시 보면, (다)를 제외하고는 '신하 : 왕(가, 나, 라)'의 관계로 파악되는바, 그만큼 격식이 요구되는 사이라 할 수 있다. 이 점은 '넝이다'체를 사용한 앞의 (8)항과 비교되는 면이 없지 않아, 여기서 우리는 '넝이다'체와 'ᄂᆞ이다'체는 상대의 위상에 따른 차이가 아니라 [±격식], [±친밀]의 자질에 따라 운용되는 말씨임을 어느 정도 확신하게 된다. 그런 까닭에 이들은 다음과 같이 서로 혼용할 수도 있었던 것이다.

> (10) 가. (공명선이 증자에게) 엇디 敢히 비호디 <u>아니ᄒᆞ리잇고</u> … 宣이 이
>   세 일올 됴히 너겨 비호더 能히 몯ᄒᆞ니 宣이 엇디 敢히 비호디
>   아니ᄒᆞ고 夫子ㅅ 門에 <u>이시링잇고</u> (소언 4, 21ㄴ)
>   나. (제자가 공자에게) 외로온 홀어미 이셔 가난ᄒᆞ고 窮ᄒᆞ야 의탁홀
>   더 업슨 이어든 可히 두 번 남진 <u>븓트리잇가</u> 말링잇가 (소언 5,
>   67ㄱ-ㄴ)
>   다. (태자가 왕에게) 請컨대 그 죽음을 <u>敕ᄒᆞ쇼셔</u> … 允은 격은 신해
>   라 아득ᄒᆞ고 어즐ᄒᆞ야 ᄎᆞ례를 <u>일토송이다</u> (소언 6, 41ㄴ-42ㄱ)

보다시피 '넝이다'체와 'ᄂᆞ이다'체는 동일 대상을 상대로 같은 화맥에서 혼용할 수 있었던 말씨이다. 이는 무엇을 의미하는가. 존대의 정도는 같으나 그 쓰임이 달랐다는 것이다. 이 같은 관점에 서지 않는다면, 상대방을 더 많이 존대하기도 하고 덜 존대하기도 한 것으로 이해해야 하는데, 그리 자연스런 해석은 아니다. 따라서 이보다는 앞서 살폈던 '닉, 넝다, ᄂᆞ이다'체의 혼용 양상과 같이 상대를 'ᄂᆞ이다'체로써 공손의 정도를 분명히 한 후에는 평소 친분을 생각하여 '넝이다'체를 사용하였다고 보는 편이 더 합리적인 시각일 수 있다. 현재 상위자에게 '합쇼'체와 '해요'체를 혼용한다고 해

서 그 대상을 '합쇼'체 정도로 존대했다가 '해요'체로 강등시켰다기보다 객관적인 공손 정도는 '합쇼'체로 보지만, 평소의 정서를 생각하여 '해요'체를 사용한 것으로 이해하는 것과 같은 이치이다.

'넝이다'체가 비격식체일 가능성은 허웅(1989 : 285), 황문환(2002 : 219), 김영욱(1997 : 186) 등이 이 말씨를 'ᄂ이다'체의 '이' 생략형이나 축약형으로 간주한 점에서도 찾아진다. 비격식체가 격식체에 비하여 빈번하게 음운을 축약시키거나 생략시킨다는 사실은 어느 정도 공인된 문법적 사실이 아닌가 한다. 허웅(1989)가 황문환(2002)와 달리 '넝이다'체를 'ᄂ이다'체보다 덜 공손한 말씨로 규정한 이유도 같은 맥락으로 이해해야 할 부분이 있다. 즉 공손 표지 '이'를 제대로 실현시키지 않고 생략 혹은 축약시키다보니 그것이 온전하게 표현된 'ᄂ이다'체보다 덜 공손하고 덜 격식적으로 인식되어서 결국은 이들의 화계에 차등을 두었을 것이란 뜻이다. 그러나 이 같은 차이가 상대에 대한 공손의 정도에서 비롯한다고는 볼 수 없다. 상대에게 격식을 갖추느냐, 그렇지 않느냐에 따른 태도의 문제이지, 그 대상의 객관적 위상 자체를 달리 파악해서 그리했다고는 볼 수 없기 때문이다.

이상과 같은 논리에 어느 정도의 개연성이 있다면 16세기 공손법은 현대를 포함한 어느 시기보다 비격식체가 활발했던 시기였다고 할 수 있다. 우선 현대에는 없는 '넝이다'체와 '넝다'체가 그러한 역할을 하였고, 현대에서 공식적인 화계로 간주되는 '하게(너)'체 역시 그 당시 그러한 기능을 담당하였다는 점에서 그러하다.

앞서도 잠깐 언급했지만 이 '너'체의 경우 그것을 사용하기 시작할 당시에는 구어체를 중심으로 부부나 오누이 사이에서 친밀함을 드러내 줄 말씨로 활용되다가 현대에 이르는 동안 세력을 확장시켜 정식 화계로 인정받은 것으로 추정된다. 비유컨대 '해요'체가 출현 당시에는 여성을 중심으로 사용되었던 비격식체였지만 현재는 거의 '합쇼'체에 대당하는 경우와 같은 맥락이다.[5]

여기서 우리가 달리 주목해야 할 사실은 그러면 왜 그러한 현상이 일어

났는가이다. 우선 지극히 상식적이긴 하지만 언중들의 필요성을 생각해 볼 수 있다. 다른 문법 현상과 달리 존대법, 그 가운데에서도 청자를 직접 상대하는 공손법은 언중들의 주관적 성향이 비교적 많이 반영될 수밖에 없다. 상대에게 어떤 말씨를 사용할 것인가를 결정하는 데에는 비단 그와의 객관적 위상 차이만이 고려되지는 않고 상대에 대한 심적 거리(친밀감)나 그것이 사용되는 상황 등이 적극적으로 참작되는 까닭이다. 이 같은 욕구를 15세기의 '᷄이다 : (니) : ᷄다'와 같은 단순한 등급 체제로는 충족시킬 수 없음은 물론이다. 당시 '닝다'체의 생성 배경도 여기에 있지 않나 한다. 상위자라 할지라도 친밀감을 드러내기 위해서는 '᷄이다'체와 다른 유형이 필요할 터여서 언중들은 공손 표지 '이'를 축약시켜 '닝다'체를 만들었을 수도 있다는 뜻이다.

필자는 이 같은 현상이 본격화된 시기가 바로 16세기가 아닌가 한다. 15세기에는 위와 같은 필요성을 '닝다'체로써 충당하다가 그에 만족하지 못한 언중들이 16세기 들어 같은 방법, 즉 공손 표지 '이'를 생략하거나 축약하는 방식으로 그 필요성에 보다 적극적으로 대처하기에 이른 듯하다.

어떻든 이상의 논리에 의하면 '닝다, 닝이다, 니'체 등은 16세기에 동일한 기능을 수행했던 것으로 결론된다. 그러므로 다음과 같은 용례도 존재했었을 것이다.

(11) 가. (장모가 사위에게) 스실 시 모르고 프디 몰홀가 초 올려 <u>보내닝</u>
　　　다 … 유무 만히 스니 어즐ᄒ니 이무도 ᄌ시 <u>몯ᄒ뇌</u> (순천김씨
　　　간찰 189)
　　나. 아바님 하 요란ᄒ고 밧바 유무 몯ᄒ노라 ᄒ시고 두 터긔 은구어
　　　각 스믈콤 ᄒ고 동홰 ᄒ나식 <u>보내시닝이다</u> 휘히 다서 <u>가닝이다</u>

---

5) 이 '해요'체가 여성을 중심으로 19세기부터 사용되었다는 점은 고영근(1974 : 82-84)에 자세히 언급되어 있다. 그리고 이 말씨가 현재 젊은이들 사이에서는 '합쇼'체보다 더 활발히 사용한다는 사실은 서정수(1996 : 1020), 박영순(2001 : 238), 이익섭 외(2005 : 269)를 포함한 여러 연구자들이 인정하고 있다.

> ··· 또 두 지븨 죠희 열 권식 가니 ··· 두 지븨 열 권식 ᄒᆞ니 도ᅱ
> 스므 궈니 믇형님끠도 열 권 가니 대되 셜흔 권 가니 (순천김씨
> 간찰 64, 326)

만약 '니·닝다·닝이다'체의 공손 정도를 각기 달리 책정한다면 위와 같은 양상을 설명하기는 쉽지 않다. 그러나 우리 입장에서는 이들이 존대 대상에게 사용하는 비격식체이므로 당시 언중들은 위처럼 이들을 혼용한 것으로 설명할 수 있다.

그러나 이 점 때문에 '니'체를 제외한 '닝이다·닝다'체는 16세기 이후에 자멸의 과정을 겪게 된 것으로 보인다. 앞서 언급했듯이 한 시대에 동일한 기능을 지닌 말씨가 공존해야 할 이유가 없어서 '닝다'체는 그 기능을 '니'체에 전수하고 16세기 말부터 17세기 초 사이에 먼저 소멸하고, '닝이다'체는 17세기 말 경까지 사용되다가 이 역시 소멸된 듯하다. 이에 비하여 가장 늦게 사용되었던 '니'체는 현재까지 살아남아 비격식체가 아닌 격식체의 위상을 획득한 것으로 추정된다.

한편으로 생각하면 이 같은 현상은 새로운 언어가 만들어지는 과정에서 수반되는 극히 자연스런 과정이라 할 만하다. 일반적으로 언어는 규범적이고 격식적인 상황에서 만들어지기보다 젊은 층을 중심으로 비격식적이고 비표준어적 성향에서 만들어진다고 한다(이익섭, 2004 : 165-167 참조). 그 과정에서 어떤 신조어는 세력을 확장하여 규범적이고 격식적인 범주로 편승하기도 하고, 어떤 신조어는 단순히 특정 세대를 중심으로 사용되다 사라지는 '유행어'로 전략하기도 한다. 현대의 '해요'체 생성 배경 등을 생각하면 어느 정도 이해되는 바가 있을 것이다. 16세기에 사용되었던 '닝이다·니·닝다'체는 이러한 과정들을 반영한 말씨라 할 수 있다. 요컨대 '닝다'체나 '닝이다'체는 유행어적 성격을 띠어서 17세기에 소멸하였고, '니'체는 다행히 표준어의 자격을 부여받아서 현재로 전승되었다고 할 수 있다.

그 생성 배경이야 어찌되었던 이 같은 16세기 공손법의 특성은 15세기는

물론이고 현대와도 차별되는 나름의 특징으로 평가되어야 할 것이다. 그럼에도 불구하고 지금까지는 15세기와 동일한 시기로 간주되어 이러한 특성이 잘 드러나지 않았던 것이 사실이다.

본 장은 15·16세기가 '중세국어시기'로 아울러 다루어짐으로써 그동안 잘 드러나지 않았던 16세기 존대법의 특징을 규명할 목적에서 출발하였다. 그리하여 그 주된 특징을 청자에 대한 존대 방식이 다양해졌다는 점과 비격식체의 사용이 활발해졌다는 점으로 정리하였다. 우선 전자처럼 생각하게 된 근거를 제시하면 다음과 같다.

첫째, 15세기에도 청자와 객체가 동일인일 경우 청자에 대한 겸양 표지로 사용되었던 '습'이 16세기에는 공손표지 '이'와 직접 연결함으로써 보다 적극적으로 청자에 대한 존대 표지로 이용되었다는 점이다. 이견이 있긴 하지만, 명령형 '소/조/쇼' 등의 기원을 '습'에서 찾는 기존 연구들은 이러한 사실을 적극적으로 뒷받침한다고 할 수 있다.

둘째, 16세기 들어 공손법에 관련한 종결어미가 매우 다양하였다는 점이다. 이는 당시에 새로운 화계가 생성되었다는 점과 밀접하게 관련되는 현상으로, 우선 공손 표지 '이'를 생략시키거나 축약시켜 '닝이다·닝다·니'체의 화계를 형성하고 그에 따른 평서법, 의문법, 명령법 등의 어형을 만듦으로써 15세기와는 다른 공손 체계를 구축하였기에 가능했던 것으로 풀이된다. 물론 '닝다'체는 15세기에도 존재하였지만, 16세기에 들어 그 어형이 더 다양해졌다는 점 또한 같은 맥락으로 이해된다.

16세기 존대법의 또 다른 특징은 당시에 새로 형성된 종결어미들이 비격식체로 사용되었다는 점인데, 그 근거는 이들이 동일 대상에게 혼용되었다는 사실에서 찾아진다. 만약 기존 논의처럼 이들의 공손 정도를 다르게 책정하면 어떤 대상의 위상을 'ㄴ이다'체 정도로 존대하다가 '닝다'체로 강등시키고, 더 나아가서는 '니'체로 하락시킨 것으로 해석해야 하는데, 이는 우리의 정서에 부합하지 않는 해석이다. 따라서 이보다는 존대할 대상에게 격식을 갖추고자 할 경우에는 '슨이다'체를 사용하고 그렇지 않고 친밀하게 대하고자 할 경우에는 '닝다'체나 '닝이다'체 혹은 '니'체 가운데 하나를 선택하여 사용한 것으로 해석하는 편이 보다 합리적이지 않나 한다.

　여하튼 이상의 관점에서 보면 16세기에는 '닝이다, 닝다, 니'체 등의 비격식체가 존재하여 15세기는 물론이고 현대와도 차이를 보일 만큼 활발하고 다양하게 사용되었다고 할 수 있다.

제3부 중세국어 존대법의 몇 가지 문제

지금까지 논의를 거치면서 국어사에서 동 시대로 간주되어 왔던
15세기와 16세기의 존대법은 적지 않은 변천을 겪었음을 확인하였다.
논지 전개상 이에 대해서는 제2부 제3장 16세기 존대법 특징에서
비교적 상세하게 다루었던바 우선 그 대략을 기술하면 다음과 같다.
먼저 15세기에는 주로 객체에 대한 겸양 표지로 기능했던 '습'이
16세기에 들어서 적극적으로 공손법에 관여하게 되었다는 점이고,
15세기에는 '닝다'체만이 비격식체로 사용되었으나
16세기에 들어 이외에도 '닝이다, 니'체 등이 새롭게 등장하여
이들이 모두 비격식체로 사용되었으며,
그 결과 15세기에 비해 공손법에 관여하는 종결어미가 다양해졌다는 점이다.
여기서는 지금까지 논의를 행하면서 논지 전개의 긴밀성을 위해
자세하게 논의하지 못했던 사실과, 15·16세기 존대법을 공부하면서
보다 넓은 시야를 확보하기 위하여 '사회언어학적 접근'을 시도해 보았던 결과 등을
정리하여 보고자 한다. 그리고 15세기 존대법을 보다 원활하게 공부하기 위해 『불경언해』에
등장하는 인물들의 위계를 정확하게 파악해야 할 필요가 있다고 생각하여,
이에 대해서도 아울러 기술하기로 한다.

제1장 ▌16세기 '니'체와 15세기 '닝다'체의 관련성 탐색

　본 장은 15세기 '닝다'체와 16세기 '니'체를 '공손형 유대체'로 간주함으로써, 후자를 전자의 기능적 계승형으로 추정하고자 한다.

　전 항에서 언급했듯이 지금까지 '닝다'체는 15세기에 'ᄂᆞ이다'체와 'ᄂᆞ다'체의 중간 등급으로 사용되다가,[1] 16세기부터 소멸한 말씨로 간주되어 왔다. 여기서 우리는, 화자가 존대법을 구사함에 있어, 가장 의식하는 대상이 청자임은 주지의 사실인데, 이 청자에게 사용된 등급이 겨우 한 세기를 지나 완전히 소멸할 수 있을까라는 의문을 제기하게 된다. 공손형이 그동안 얼마나 미세하게 분화되어 왔는가를 고려하면 더욱 그러하다.[2]

　그런데 이 '닝다'체와 같은 등급으로 간주되는 어형이 16세기에 사용되기 시작하였는데, 그것은 다름 아닌 '니'체이다.[3] 필자는 이에 적지 않은 의

---

1) 허웅(1995), 성기철(1979) 등은 사용 빈도가 많지 않다는 이유에서 '닝다'체를 자립적 등급으로 설정하는 데 회의적이기도 하다. 그러나 고영근(1997), 안병희(1965·1992) 등을 포함한 대부분의 연구자들이 본문과 같은 입장을 취하고 있다.

2) 다음에 제시한 표만을 참조해도 충분히 이해할 만한 사항이다(성기철, 1985 : 157).

	1차 화계	2차 화계
높임	아주 높임	(두루) 높임
	예사 높임	
낮춤	예사 낮춤	(두루) 낮춤
	아주 낮춤	

3) 곧 김정수(1984 : 161-164), 허웅(1989 : 178-180), 황문환(2002 : 73) 등을 포함한 대부분의 연구자들이 '니'체를 'ᄂᆞ이다'체보다 낮고 'ᄂᆞ다'체보다 높은 등급의 말씨로 상정하고 있다. 그러나 본고는 이와 생각을 달리 한다. 서두에서 밝힌 대로, 우리는 그것을 '공손형

미를 부여한다. 청자를 상대로 하는 공손형이 그렇게 쉽게 소멸할 수 있을까를 의문시하던 터에, 그것이 소멸한 시기에 그와 동일한 기능을 지닌 새로운 어형이 출현하였다는 점은 시사하는 바가 크다고 생각하기 때문이다. 요컨대 여기에는 간과할 수 없는 어떤 연결 고리가 있을 것으로 추정된다.

본고는 이런 가설에서 출발하여, '닝다'체와 '니'체의 관련성을 탐색하고자 한다. 그러나 지금까지와 달리 그들을 '공손형 유대체'로 규정하고자 한다. 따라서 앞으로의 논지는 다음처럼 진행되어야 할 것이다. 먼저 '닝다'체와 '니'체가 공손표지 '이'를 보유하는 '공손형'이라는 사실을 우선적으로 입증해야 하고, 그런 후에는 이들이 친근하고 정감 있는 태도를 취할 때 사용하는 '비격식체'라는 사실도 보여야 할 것이다. 이와 같은 사실을 근간으로 마지막에는 '닝다'체의 특성들이 '니'체에 이르러 어떻게 전승·발전하게 되었는가를 규명해야 할 것이다.

1. '닝다'체와 '니'체의 기능 비교

본장에서는 '닝다'체와 '니'체를 '공손형 비격식체'로 규정함으로써 이들의 연계성을 확인하고자 한다. 그러기 위해서는 15세기 '닝다'체의 기능부터 점검하여 거기에 내재한 특성들이 어떻게 16세기의 '니'체에 전승되었는지를 규명하는데 논의의 초점을 모아야 할 것이다.

1.1. '닝다'체

여기서는 '닝다'체가 15세기에 '공손형 비격식체'로 사용되었음을 규정하기로 한다. 우선 이 체가 '공손형'이었다는 사실과 그 당시에도 '격식체'와

비격식체'로 간주하기 때문이다. 2장에서 더 자세한 논의가 이루어질 것이다.

'비격식체'의 구분이 있었다는 사실이 전제되어야 할 것이다.

1.1.1. 공손형

먼저 '닝다'체가 사용된 예문부터 살펴보기로 하자.

> (1) 가. (수달이 호미에게) "主人이 므슴 차바눌 손소 돋녀 밍ᄀ노닛가
>   太子ᄅ롤 請ᄒᆞᅀᄫᅡ 이받ᄌᆞ보려ᄒᆞ노닛가 大臣을 請ᄒᆞ야 이바도려
>   ᄒᆞ노닛가" (석상 6, 16ㄱ)
>   (호미가 수달에게) "그리 아닝다" … "그리 아니라 부텨와 즁과
>   ᄅ롤 請ᄒᆞᅀᄫᅩ려ᄒᆞ닝다" (석상 6, 17ㄴ)
>   나. (아도세왕이 용왕에게) "내 그런 ᄠᅳ들 몰라ᄒᆞ댕다" (석상 24, 32ㄱ)
>   다. (바라문이 호미의 딸에게) "그딋 아바니미 잇ᄂᆞ닛가" … "내 보
>   아져 ᄒᆞᄂᆞ다 술ᄫᅧ쎠" (석상 6, 14ㄴ)

위 밑줄 친 부분의 '닛가, 닝다, 어쎠' 등이 지금까지 '닝다'체로 일컬어
져 왔던 어말 형태들이다. 여기서 '-ㅅ, -ㅇ, -어쎠'와 같은 형태소들을 확
인할 수 있는데, 고영근(1997), 허웅(1995), 박영준(1994) 등에 의하면 전자의
두 형태소는 15세기 공손표지 '-잇, -이'의 생략 혹은 축약형으로 이해된
다. 문제는 '어쎠'를 어떻게 분석하느냐인데, 이에 대해서는 아직까지 의견
일치를 보지 못하였지만, 여기에 존대표지 '시'가 내재한다는 점에서는 의
견 일치를 보인다.

어떻든 예문 (1)의 '닝다'체에서 공손표지나 존대표지가 확인된 이상, 이
형을 존대 대상에게 사용하는 말씨, 즉 '공손형'으로 상정해도 무방할 듯하
다. 이때 문제되는 것은, 'ᄂᆞ이다'체와의 변별성이다. 다시 말하면 지금까지
는 'ᄂᆞ이다'체를 '닝다'체보다 높은 등급으로 책정함으로써 전자와 후자의
용도를 구별하였는데, 우리 같은 입장을 취하면 그것을 어떻게 변별할 수
있느냐는 것이다. 이와 관련하여 먼저 고려할 점은, 15세기 공손 등급의 설
정에서 우선되어야 할 조건은 [±이]의 실현 여부라는 점이다. 이런 맥락에

따르면, '닝다'체는 '공손형'으로 규정된다. 위에서 확인했듯이 이들은 공손 표지를 보유하고 있기 때문이다.

그럼에도 불구하고 지금까지는 '닝다'체의 공손표지가 '축약' 혹은 '생략' 형이라는 이유로, 'ᄂᆞ이다'체보다 낮은 등급으로 판정했는데, 재고의 여지가 있는 듯하다. '음운 축약'이 문법 기능 자체를 변화시킬 정도로 강력한 현상 인가를 고려해봄 직하기 때문이다. 예컨대 '노을'을 '놀'로, '하였다'를 '했 다'로 표현할지라도 그것의 기본 의미나 기능은 달라지지 않고, 단지 어감 이나 문체적 차이만이 감지될 따름이라는 말이다.

반복하지만, 우리가 궁극적으로 믿어야 할 표지는 '이'이다. 그런 만큼 일 단 그것의 존재 유무에 따라 공손형을 등분해야 할 것인데, 그렇다면 15세 기 공손법은 '이'를 보유한 '공손형'과 그렇지 않은 '비공손형'으로 이분되 고, 우리의 주된 관심사인 '닝다'체는 전자의 범주에 속하게 된다.

1.1.2. 비격식체

전 항에서 우리는 '닝다'체를 '공손형'으로 규정하였다. 이러한 논지를 수 용할지라도 떨쳐버리기 어려운 의문은 "이 말씨를 'ᄂᆞ이다'체와 구별할 만 한 세부적 자질은 무엇인가"라는 점이다. 본항에서는 이를 밝히려는 바, 이 미 예견했겠지만 우리는 그 해답의 실마리를 [±격식성]에서 찾고자 한다. 곧 지금까지 '닝다'체를 'ᄂᆞ이다'체보다 덜 공손한 말씨로 간주했던 이유는, 전자가 후자에 비해 비격체이었기 때문이라는 것이다. 차후에 자세히 논하 겠지만, 격식체보다 비격식체를 덜 공손한 말씨로 인식하는 경향이 있는데, 이러한 차이가 이들에게도 존재하므로 지금까지 다른 등급으로 판정했을 것이란 말이다.

이에 대한 논의를 시작하면서 다음을 미리 밝혀야 할 듯하다. 현대국어 존대법에서 '격식체 / 비격식체'의 개념은 일반화되어서, 존대 등급의 설정에 중요한 자질로 인정받고 있다. 공손법을 '아주높임(ㅂ니다), 예사높임(하오), 예사낮춤(하게), 아주낮춤(한다)'체로 등분하고, '해요'와 '해'체를 등급 외의 비격식체로 간주함이 그 예이다. 그럼에도 '격식 / 비격식성'은 '발화 상황'과 '화자와 청자의 친밀도' 등에 의존하는 성향이 강하여 여타의 문법 현상과 달리 정형화된 정의를 기대하기 어렵다. 그렇다 보니, 정형성을 요하는 논문에서 이들을 수용하면 다분히 주관적이고 인상적인 설명으로 보일 공산이 크다. 그러나 실제 언어생활에서는 상황이나 장소에 따라 동일 대상를 대하는 말씨가 달라질 가능성이 높은 까닭에, '격식성 / 비격식성'을 도외시한 공손법은 성립하기 어렵지 않나 한다. 차후에 전개될 우리 논의는 이러한 이해가 전제되어야 할 터이다.

어찌됐든 'ㄴ이다' 체와 '넝다' 체를 '격식체'와 '비격식' 체로 규정하기란 쉽지 않다. 두 말씨의 외현상 차이는 '이'의 축약 여부가 전부이다시피하기 때문이다. 따라서 현 시점에서는 발화 상황을 비교·분석할 도리밖에 없는데, 위에서 강조했다시피, 어떤 문법 사실을 객관적 문법소가 아닌 발화 장면에 의지하여 해석한다는 것은 다분히 주관적이고 임의적인 판단이 개입될 소지가 많아 주저되는 바가 없지 않다. 그러나 그 같은 문법 현상도 어차피 발화 장면에 기대어 발현된다는 점을 감안하면, 우리 선택이 최선은 아니더라도 차선은 되지 않나 한다.

그러면 먼저, '격식체'와 '비격식체'에 대한 개념 정립부터 시도하기로 한다.

    (2) 가. 격식체
        ① 표현 : 직접적이고, 단정적이며 객관적이다.
        ② 어미 : 대체로 수가 적고, 네 가지 종결법(문체법)을 표시하는 데 불과하다.
        ③ 기능 : 상대방에게 당연히 표시해야 할 존경을 나타내고, 상대방의 나이나 사회적 지위에 대한 응분의 대우를 하는 동시에 상대방과 대비되는 자기의 위치를 확인함.
      나. 비격식체
        ① 표현 : 부드럽고 비단정적이며, 주관적이다.
        ② 어미 : 수가 많으며 의혹 추측, 감탄 등의 여러 가지 느낌을

표현할 수 있다.

③ 기능 : 격식체가 갖는 심리적 거리를 해소하고 더 친근하고 융통성 있는 정감적인 태도를 보임. (남기심·고영근, 2002 : 334-335)

위는 남기심·고영근(2002 : 334-335)에서 언급한 정의를 필자 나름대로 정리한 것이다. 만약 우리 추정대로 '닝다'체가 '비격식체'라면, 위에 제시한 비격식체의 조건을 충당시킴은 물론, '격식체'와의 대조 또한 선명히 부각되어야 한다. 이런 취지에서 다음 예문들을 보기로 하자.

(3) 가. (수달이 호미에게) "主人이 므슴 차바눌 손소 돈녀 <u>밍ᄀ노닛가</u> 太子ᄅ 請ᄒᅀᄫᅡ 이받ᄌᄫᆞ려ᄒᆞ<u>노닛가</u> 大臣을 請ᄒᆞ야 이바도려 <u>ᄒᆞ노닛가</u>" (석상 6, 16ㄱ)

(호미가 수달에게) "그리 <u>아닝다</u>" … "그리 아니라 부텨와 즁과ᄅ 請ᄒᅀᄫᆞ려ᄒ<u>닝다</u>" (석상 6, 17ㄴ)

나. (難頭禾龍王이 阿闍世王에게) "釋迦文 佛이 겨싫 저긔 내 부텨ᄭᅴ 말ᄊᆞᄆᆞᆯ ᄒᅀᄫᅩ디 '涅槃ᄒᆞ신 後에 劫 다ᇙ 時節에 經과 袈裟와 바리와ᄅᆞᆯ 내 다 가져다가 이 塔애 녀허뒷ᅀᆞᆸ다가 彌勒이 나거시든 내야 받ᄌᄫᆞ리이다' ᄒᅀᄫᅩ이다" (석상 24, 31ㄴ)

(아도세왕이 용왕에게) "내 그런 ᄠᅳ들 몰라ᄒ<u>댕다</u>" (석상 24, 32ㄱ)

다. (바라문이 호미의 딸에게) "그딋 아바니미 <u>잇ᄂ닛가</u>"

(호미의 딸이 바라문에게) "잇ᄂ니이다"

(바라문이 호미의 딸에게) "내 보아져 ᄒᄂ다 술ᄫᅥ쎠" (석상 6, 14ㄴ)

(4) 가. (야수가 목련에게) "나ᄂ … 손소 죽디 몯ᄒᆞ야 셟고 애완ᄇᆞᆫ ᄠᅳ들 머거 갓가스로 사니노니 비록 사ᄅᆞ미 무레 사니고도 즁ᄉᆡᆼ마도 몯호이다 섈본 人生이 어딋던 이 ᄀᆞ틴 <u>이시리잇고</u> (석상 6, 5ㄱ-ㄴ)

나. (목련이 야수에게) "太子 羅睺羅ㅣ 나히 ᄒᆞ마 아호빌쎠 出家ᄒᆡ여 … 네 가짓 受苦ᄅᆞᆯ 여희여 涅槃 得호ᄆᆞᆯ 부텨 ᄀᆞᄐᆞ시긔 <u>ᄒᆞ리이</u>

　다” (석상 6, 3ㄱ-ㄴ)
다. (수달이 부처에게) “如來하 우리 나라해 오샤 衆生이 邪曲올 덜
　에 호쇼셔” (석상 6, 21ㄴ)

　인용문 (2)에서 격식체는, ‘직접적이고 단정적이며 객관적인’ 반면 비격식체는 ‘부드럽고 비단정적이며, 주관적’이라 하였는데, 다분히 인상적이고 임의적인 설명으로 생각되기도 하지만, 어떻든 그 같은 정의를 위에 제시한 예문에 적용시키면 예문 (3)은 후자의 말씨로, (4)는 전자의 말씨로 해석될 만하다.

　이처럼 예문 (3)이 비격식체로 간주되는 이유는, 공손표지 ‘이, 잇’의 축약 때문이 아닌가 한다. 예컨대 ‘ᄂ이다’의 ‘이’는 [이]라는 자립적인 음가가 한 음절을 이루는 까닭에, [ᄂ이다]를 연이어 발음할지라도 음소 하나하나를 정확하게 표현하는 규범적인 말씨로 간주된다. 그 반면, ‘닝다’의 ‘이’는 앞 음절과 축약하여 [ㅇ]이라는 비음으로 실현되는 까닭에, [닝다]를 연이어 발음하면 음상이 부드럽고 애교있게 느껴지긴 하지만 위와 같은 규범적인 말씨로 생각되지는 않은 듯하다. 일반적으로 후자와 같은 말씨를 전자와 대비해서 비격식체로 간주한다는 사실을 환기할 필요가 있겠다. 이런 추정이 어느 정도 타당하다면, ‘닝다’체는 비격식체라 할 만하다.

　‘닝다’체가 비격식체일 가능성은, (2)에 제시된 ‘기능적’인 면에서 두드러진다. 즉 예문 (3)의 화자와 청자들은 서로 충분히 정감적이고 친밀감을 느낄 만한 사이로 간주되는 까닭이다. 예컨대 (가)의 수달과 호미는 이미 사돈이 되기로 한 사이이고, (나)에서 ‘용왕’에게 ‘닝다’체를 사용한 ‘아육왕’은 그와 이야기하는 과정에서 용왕 역시 자신처럼 불교 신자로 ‘부처의 장례식’에 다녀오는 길임을 알게 된 이상, 그에게 남다른 친밀감을 갖게 되었을 법하기 때문이다. (다) 역시 마찬가지여서, ‘호미의 딸’에게 ‘닝다’체를 사용한 바라문은 그녀를 이미 수달의 ‘며느리감’으로 정한 터여서, 그녀에게 남다른 친밀감을 가지고 있었을 것이다.

마지막으로 '넝다'체가 비격식체일 가능성은, 그것이 『석보상절』의 권 6과 24 등에서만 출현한다는 점에서도 찾아진다. 주지하다시피, 『석보상절』은 등장인물들의 사건이나 대화를 통해 석가의 일생과 사상을 전달하는 형식을 취하는바, 이 점은 다른 문헌에 비견될 만하다. 즉 『법화경언해』나 『능엄경언해』 등은 각각의 『불경』 원본에 토만을 표지한 경우여서 번역투이면서 문어체일 가능성이 많은데, 위 두 문헌은 대화체로 구성된 만큼, 거기에는 당대의 구어적 특성이 반영되었을 확률이 크기 때문이다. 이런 맥락에 서면, '넝다'체는 비격식체일 가능성이 높다. 장소원(1986 : 197)의 지적처럼 구어체가 문어체보다 격식성이 부족한 것이 사실이기 때문이다.

1.2. '니'체

본 장에서는 16세기 '니'체의 기능을 탐색하기로 한다. 그럼으로써 지금까지 살핀 15세기 '넝다'체와의 관련 여부를 모색해보려는 것이다. 이미 예견했겠지만 우리는 이 역시 '공손형 비격식체'로 간주하는 입장이다. 따라서 앞으로의 논의 또한 앞 장과 같은 절차를 취하기로 한다.

1.2.1. 공손형

본격적인 논의 전에, '니'체에 대한 자료부터 소개 받기로 하자.

> (5) 가. 부돌 사다가 쓰고져 ᄒ니 춫뽀리나 뫼뽀리나 다엿되만 얻고져
>   ᄒ뇌 (순천김씨간찰 5, 58)
>   나. 바볼 예서 지으려 ᄒ니 양식과 자바니나 보내소 힝긔 수져 보내
>   소 (순천김씨간찰 2, 39)
>   다. 필죵이 고티 바ᄃ란 말 아니신가 (순천김씨간찰 5, 58)
>   라. 나도 완ᄂ니 타자기나 무스히 ᄒ여 가새 (순천김씨간찰 49,
>   266)

위 밑줄 친 부분의 '호뇌(평서형), 소(명령형), 신가(의문형), 새(청유형)' 등이 지금까지 '닉'체로 일컬어 왔던 어말 형태들이다. 먼저 (가)의 '뇌'와 (라)의 '새'를 각각 '노이다 > 뇌이다 > 뇌', '사이다 > 새이다 > 새'의 과정에서 형성된 '이'의 축약형4)으로, (나)의 '소'를 'ᄉᆞᆸ쇼셔 > ᄉᆞ오쇼셔 > ᄉᆞ오 > 소'의 과정에서 형성된 어형5)으로 간주함이 일반이다.

그렇다면 '넝다'체 역시 존대 대상에게 사용하는 존대형(공손형)의 말씨라 할 수 있다. 위에서 보다시피 '넝다'체의 각 서법에는 존대표지 '이, 습, 시' 등이 내재한 까닭이다. 이 점은 다음 예문을 참조할 때 더욱 확실해진다.

> (6) 가. 안ᄒᆞᆸ고 요ᄉᆞ이는 엇더ᄒᆞ신고 온 후의는 긔별 몰라 <u>ᄒᆞᆸ뇌이다</u> 예는 다 됴히 <u>겨시니이다</u> 날도 치워 가고 몸 조심ᄒᆞ여 <u>간ᄉᆞᄒᆞ쇼셔</u> 약 갑ᄉᆞᆫ 술와건마는 보내신디 몰라 **ᄒᆞᆸ뇌** (순천김씨간찰, 191, 804)
>
> 나. 아바님 하 요란ᄒᆞ고 밧바 유무 몯ᄒᆞ노라 ᄒᆞ시고 두 디긔 은구어 각 스믈콤 ᄒᆞ고 동ᄒᆡ ᄒᆞ나식 <u>보내시넝이다</u> 훠히 다서 <u>가넝이다</u> … ᄯᅩ 두 지븨 죠히 열 권식 **가닉** … 두 지븨 열 권식 ᄒᆞ니 도쉬 스므 궈니 몯형님끠도 열 권 가닉 대되 셜흔 권 **가닉** (순천김씨간찰 64, 326)
>
> 다. <u>옵ᄒᆞ노이다</u> 어듸 녀러 오시ᄂᆞᆫ고 (번박 6, 27)
>
> 라. 쥬신 형님 허믈 <u>마ᄅᆞ쇼셔</u> 小人둘히 예와 해자ᄒᆞ고 <u>널이과이다</u>

---

4) 이러한 입장은 허웅(1989 : 143-144), 김정수(1984 : 161), 황문환(2002 : 140)에서 확인된다. 그러나 황문환(2002 : 223)에서는 '노이다 > 넝다 > 뇌다 > 뇌'의 변천 과정을 제시하고, '노이다 > 넝다'의 과정에서 '이'의 축약이 먼저 이루어졌고, 이후 '뇌다 > 뇌'에서는 '다'의 생략이 이루어진 것으로 간주하였다. 기존 연구에 비해 '뇌다'를 '넝다' 류에 소급시켰다는 점과 '뇌다'에서 '다'의 생략을 주시했다는 점이 주목된다. 그러나 그 역시 '뇌'에 존재하는 공손형 '이'를 부인하지 않았다는 점에서 다른 연구자들과 다르지 않다고 판단하여, 본문에서는 보다 보편적인 생각으로 간주되는 입장을 제시하였다.

5) 이처럼 '소'가 '습'에서 기원하였다는 관점으로는 장경희(1977), 이기갑(1978), 김정수(1984), 허웅(1989), 황문환(2002) 등이 대표적이다. 그러나 이 형이 '쇼셔 > 소셔'의 단계를 거쳐 '셔'가 단절되어 이루어진 형식으로 보는 관점도 있는데, 서정목(1987), 한동완(1988) 등이 여기에 해당한다.

> … 小人이 예와 널이ᅀᅩ디 셩도 묻ᄌᆞᆸ디 아니ᄒᆞ얏다니 큰형님
> 셩이 므스거신고 (번노 상 8, 43ㄱ-44ㄴ)

우선 위에서 밑줄 친 부분은 'ᄂᆞ이다'체이고, 강조한 부분이 바로 'ᄂᆡ'체
인데, 보다시피 두 말씨가 동일 대상에게 아울러 사용되고 있음이 확인된다.
여기서 우리는 'ᄂᆡ'체가 'ᄂᆞ이다'체와 동급이라는 사실을 확인할 수 있다.
물론 지금까지는 전자가 공손표지 '이'나 '잇'의 축약형이라는 이유로 후자
보다 낮은 등급으로 판정하여 왔지만, 우리는 전 항과 같은 선상에서 일단
두 말씨를 공손형으로 판정하기로 한다. 즉 이들이 '이, 시, 습'과 같은 존대
표지들을 내재한 이상, 차별없이 공손형의 범주에 우선적으로 귀속시킨 후
에 나름의 변별성을 고려함이 온당하다는 말이다.

1.2.2. 비격식체

그렇다면 'ᄂᆡ'체와 'ᄂᆞ이다'체의 변별 자질은 무엇인가? 이미 예견했겠지
만 본고는 이 역시 [±격식성]에서 찾고자 한다. 즉 전자는 비격식적인 상황
에서 후자는 격식적인 상황에서 사용한 말씨로 간주한다는 말이다.

그런데 우리는 전항에서 이미 [±격식성]이 공손법에서 차지하는 위상에
대해 생각했고, 고영근·남기심(2002)에 기대어 이들의 차이를 분별하는 기
회를 가졌었다(인용문 2 참조). 따라서 여기서는 더 이상의 언급을 피하고, 앞
선 장에 근거하여 'ᄂᆡ'체가 비격식체임을 보이기로 한다. 그러면 먼저 '표현
적' 측면부터 점검하기로 하자.

> (7) 가. 나도 … 니년 녀름 견디여 ᄀᆞ올로 가고져 <u>ᄒᆞᄂᆡ</u> (순천김씨간찰
>   163, 705)
>   나. 그디 날 가디 말라 ᄒᆞ더니 긔 올훈 <u>마리로데</u> (순천김씨간찰
>   152, 675)
>   다. 자내나 도도니 ᄀᆞ올로사 아모 거시나 <u>ᄒᆞ로쇠</u> (순천김씨간찰 48,
>   253)

　　라. 마초아 내 아니 <u>갈쎠</u> (번박 상 26, 106)
　　마. 오늘 굿 보라 가니 와셔 사룸 <u>보냄새</u> (순천김씨간찰 27, 159)
　　바. 애 쏘 王가 형님이로괴여 오래 몯 <u>보왜</u> (번노 상 3, 17ㄴ)

(8) 가. <u>읍ᄒ노이다</u> 큰 형님 (번노 하 1, 1ㄱ)
　　나. 쥬신 형님하 … 우리 <u>가노이다</u> 여긔 <u>널이 괘이다</u> (번노 상 12, 59ㄱ)
　　다. 얼우시니 어제 ᄒᆞᆫ 디위 쇽졀업시 <u>ᄃᆞ니시도쇠이다</u> (번박 상 29, 116)
　　라. 네 어드러셔브터 <u>온다</u> (번노 상 1, 1ㄱ)
　　마. 나는 당시는 사라셔도 병이 심하니 이삼년 견듸여 볼 <u>ᄠᅳ디 업다</u> (순천김씨간찰 56, 289)

　전 항에서 격식체는, '직접적이고, 단정적이며 객관적인' 반면 비격식체는 '부드럽고 비단정적이며, 주관적'인 말씨라 하였다. 이에 의하면, 예문 (8)은 전자의 말씨로, (7)은 후자의 말씨로 해석될 만하다. 우선 (8)이 격식체로 규정되는 이유는 어말어미 '-다'에서 비롯하지 않나 한다. 장윤희(1998 : 115-116)의 견해처럼 "설명형에 쓰이는 '-다'는 '관념적 · 객관적 · 사전적' 기능을 지닌 까닭에, 이 '-다'에 상대 높임의 형태소가 통합하면 강한 통보성"을 지니게 되는데, 이러한 '통보성'에는 격식적이고 공적인 기능이 내재해 있기 때문이다.

　그러나 정작 우리의 현안 과제는 예문 (7)에서 비격식체의 속성을 찾는 것인데, 이 점은, 예문 (8)이 격식체로 규정되는 이유를 역으로 해석하면 가능할 듯하다. 즉 (8)의 형식이 '-다'라는 설명형의 어말어미를 사용한 까닭에 격식체로 간주된다면, 역으로 이 '-다'를 생략하면 비격식체로 인지될 가능성이 상대적으로 높아질 듯하기 때문이다. 다음은 이를 확인하기 위해 마련한 자료이다.

(9) 가. 오늘 드디어 시험이 끝났다 : 오늘 드디어 시험이 끝났어

　　나. 엄마가 일찍 오라고 했다 : 엄마가 일찍 오라고 했어

　　다. 날씨가 매우 덥습니다 : 날씨가 매우 덥군요.

　필자로서는 어말 어미 '-다'를 사용한 왼쪽이 사용하지 않은 오른쪽보다 훨씬 단정적이고 직접적으로 간주된다. 이 직관이 필자만의 것이 아니라면, '-다'가 생략된 예문 (7) 역시 비격식체일 가능성 또한 높지 않나 한다. 기존 입장처럼 '닉'체가 '-다'의 생략형이라면, 당대 화자들 역시 '객관적이고 단정적인' 어말어미를 생략함으로써 상대에 대한 자신의 친근한 감정을 표출했을 법하다는 추론이 성립하기 때문이다.

　이처럼 '닉'체가 비격식체일 가능성은, 이 어형이 주로 『번역노걸대』와 『번역 박통사』 그리고 『순천김씨묘출토간찰』과 같은 구어체적 문헌에서만 목격된다는 점에서도 찾아진다.6) 전자의 두 문헌이 구어체로 이루어졌음은 주지의 사실이고, 후자 역시 편지글인 만큼 특정 청자와 대화 상황을 전제로 하는 구어체일 가능성이 다분한데,7) '닉'체는 이러한 문헌에서만 목격되는 까닭이다. 여기서 우리는 이 말씨가 비격식체임을 시사받는다.8) 장소원(1986 : 197)의 지적처럼 구어체는 문어체보다 격식성이 부족하고, 문장 구성의 필요 요소가 갖추어지지 않아도 별 무리 없이 화자의 의사가 전달되는 형식, 즉 비격식체로 사용되는 경우가 많기 때문이다.

　이제, 인용문 (2)에서 제시한, '어미 수가 많고, 의혹, 추측, 감탄 등의 여러 가지 느낌을 표현하는 까닭에 'ᄒᆞ닉'체가 비격식체임을 입증해야 하는데, 이는 예문 (7)과 (8)을 비교하는 것만으로도 충분할 듯하다. 보다시피 예문 (8)의 어말 어미는 '이다'와 '다'의 형식뿐이지만, (7)은 '뇌' 외에 '데, 쇠,

---

6) 필자가 조사한 바에 의하면, 당대의 『번역소학』, 『소학언해』, 『칠대만법』, 『정속언해』 등에서는 'ᄒᆞ뇌'체가 전혀 사용되지 않았다.

7) 이는 17세기의 또 다른 편지글인 『달성진주하씨출토언간』에서도 빈번하게 사용되었다는 점에서도 그 개연성이 찾아진다.

8) 이와 관련하여 김영욱(1997 : 188)의 견해가 참조된다. 여기서 그는 '닉'체가 서간문에서 많이 목격된다는 사실에 주목하여, 당시 언어 생활을 반영하는 비격식체로 규정하고 있다.

써, 외’ 등과 같은 다양한 형이 존재한다는 점에서 그러하고, 전자는 화자의 생각만을 표현할 따름이지만, 후자는 그 외에 ‘자신의 의지(가)나 아쉬움(나)’, ‘청자에 대한 권유(다)’ 등을 전달한다는 점에서 그러하다. 이는, ‘니’체가 진술, 단정적 기능을 지닌 ‘다’를 생략하였기에 가능한 현상으로 풀이되는데, 그런 점에서 앞서 살핀 ‘표현적인 면’과 일맥상통하다고 하겠다.

‘니’체를 비격식체로 규정하기 위해 거쳐야 할 마지막 검증은 ‘기능적’인 면이다. 인용문 (2)에서 화자와 청자의 상하 관계 표지는 격식체가 담당하고, 거기서 빚어지는 심리적 거리나 소원함은 비격식체가 담당함을 확인하였다. 다음은 이런 현상을 잘 보여주는 예문으로, 일상 생활에서 자주 접하는 장면이기도 하다.

> (10) 선생님 <u>안녕하셨습니까?</u> 오래간만에 <u>뵙습니다.</u> 그런데 하시던 일은 잘 <u>되시나요.</u> 그동안 고생이 <u>많으셨지요?</u> (남기심 · 고영근, 2002 : 335)

즉 여기 화자는 ‘하셨습니까, 뵙습니다’와 같은 격식체로써 청자와의 상하 관계를 분명히 한 후에, ‘되시나요, 많으시지요’ 등의 비격식체를 사용하여 그에 대한 친밀감을 표현한 것으로 풀이된다.[9] 그런데 이 상황은 16세기에도 존재했었다.

> (11) 가. 아바님 하 요란ᄒᆞ고 밧바 유무 못ᄒᆞ노라 ᄒᆞ시고 두 더긔 은구어 각 스믈콤 ᄒᆞ고 동희 ᄒᆞ나식 <u>보내시ᄂᆞᆼ이다</u> 훠희 다서 <u>가ᄂᆞᆼ이다</u> 즈셰 ᄎᆞ려 <u>바ᄃᆞ쇼셔</u> … (아버님이) ‘맛당ᄒᆞᆫ ᄆᆞ리 나디 아니ᄒᆞ니 하옷 몯ᄒᆞ면 우줄무명이 나 ᄒᆞ고 저룰 그저 보내고져ᄒᆞ노라’ ᄒᆞ시ᄂᆡ ᄯᅩ 두 지븨 죠희 열 권식 <u>가ᄂᆡ</u> (순천김씨간찰 64, 326)
>
> 나. 문안ᄒᆞᅀᆞᆸ고 … 온 후의ᄂᆞᆫ 긔별 몰라 <u>ᄒᆞᅀᆞᆸᄂᆡ이다</u> 예ᄂᆞᆫ 다 됴히 <u>겨시니이다.</u> 날도 치워 가고 몸 조심ᄒᆞ여 <u>간ᄉᆞᄒᆞ쇼셔</u> 약 갑슨

---

9) 현대국어에서 ‘ㅂ니다’체가 격식체이고, ‘해요’체가 비격식체임은 주지의 사실이다.

> 술와건마는 보내신디 모라 ᄒᆞ옵뇌 … 보기리 슈니 두 아긔 초여
> 는 갓가스로 술와 지어 보내뇌이다 (순천김씨간찰 191, 804)
> 다. 령공하 왕오 왓ᄂᆞ이다 … 령공하 므슴 마리 겨신고 小人ᄃᆞ려 니
> ᄅᆞ쇼셔 … 네 몃히 몟화를 밍ᄀᆞᆯ이고져 ᄒᆞ시ᄂᆞᆫ고 … 어듸ᄯᅩᆫ 샹급
> ᄒᆞ시기를 ᄇᆞ라리잇가 오직 위두로 ᄡᅩ시과뎌 원ᄒᆞ노이다 (번박
> 상 30, 118-119)

먼저 (가)와 (나)는 '남동생'이 '시집간 누나'에게 띄운 편지이고, (다)는
'활을 만드는 장인'이 '영공이라는 양반'에게 이야기하는 장면이다. 따라서
여기의 청자는 화자보다 상위자라는 점에서 공통된다. 그럼에도 위의 화자
들은 청자에게 'ᄂᆞ이다'체와 '닝다'체를 혼용하고 있다.

이는 앞서 살핀 예문 (10)과 같은 상황으로, 그와 동일한 해석이 가능하
다. 즉 여기의 화자 역시 'ᄂᆞ이다'체를 사용하여 청자와 자신의 신분적 격차
를 확실히 인정한 후에, 상대에 대한 개인적인 친밀감을 '닉'체로써 표출한
것으로 풀이할 수 있다는 말이다. 이 점은 위 화자와 청자의 관계를 참작하
면 충분히 이해되는 바이다. 앞서 언급했다시피, 여기 청자들의 객관적 위
상은 화자보다 높지만, 한편으로는 이런 위상을 고려하지 않아도 될 정도의
친근한 사이로 짐작되는 까닭이다.

곧 (가), (나)의 화자와 청자는 '남매지간'으로, (다)의 화자와 청자는 '평
민'과 '양반'의 처지로, 이들의 객관적 위계는 사뭇 다르지만, 달리 생각하
면 평소에 그것을 극복할 정도의 두터운 유대관계를 맺을 만한 사이일 수
있다. (가), (나)의 '남매지간'이야 더 말할 나위도 없고, (다)의 '영공'과 '활
만드는 장인' 역시 위 같은 대화를 할 정도라면 평소 친분이 돈독한 사이로
추정된다.[10]

---

10) '닉'체가 다음처럼 'ᄂᆞ다'체와 혼용한 경우가 있다.

아이고 설운댜 즐겨 가는가 므스 일로 가는고 삼십 져너 부모 동ᄉᆡᆼ 니버론 무스 일고 …
동셔남브글 ᄉᆞ방을 도라 보리 뉘 내의 졍 알리 이실고 혜아리거든 술〃 셜워ᄒᆞ뇌 … 다
시곰 됴히 겨오 다시 보쟈 (순천김씨간찰 191, 804)

그리하여 예문 (11)의 '느이다'체는 화자와 청자의 '객관적' 관계를 나타내주는 격식체로, '니'체는 이들의 '주관적' 관계를 드러내주는 비격식체로 정리된다.

1.3. '닝다'체와 '니'체의 관련 가능성 탐색

지금까지 논의에 의하면, '닝다'체와 '니'체는 '공손형 비격식체'라는 결론에 도달한다. 이제 본항에서는 이들의 연계성 여부에 초점을 맞추기로 한다. 그러면 음운론적 관련성부터 살피기로 하자.

(12) 가. '흑노이다' > '흑닝다' > '흑뇌'
           '이' 축약   '다' 생략

나. '흑느잇가' > '흑닛가' > '흑(시)ㄴ가'
           '이' 축약   'ㅅ' 생략

다. '스봉쇼셔' > '스오쇼셔' > '스오' > '소'
                        '쇼셔' 생략

위는 황문환(2002), 고영근(1997), 허웅(1999) 등을 참고하여[11] '느이다'체

이런 양상은 위 예문이 전부이다. 그런데 조항범(1998 : 51)은 '순천 김씨가 채무이에게 시집 오기 전인 을묘년에 씌여졌다'는 점과 '누가 누구에게 보내는 것인지를 알 수 없음'을 이유로 들어, 이 편지를 '순천김씨'와 직접적인 관련이 없는 것으로 판정하였다. 따라서 우리는 이에 대한 구체적인 논의를 삼가기로 한다. 앞서 밝혔다시피, 필자는『순천김씨간찰』의 서지 사항에 관한 한 조항범(1998)에 의지하는 형편이기 때문이다.

그러나 관심 대상인 '니'체가 '느다'체와 같은 상황에서 사용되었음을 목격한 이상 묵과하기는 어려울 듯하다. 이 같은 생각에서 위 맥락을 세심히 살피면, 그것은 서술자 자신의 심정을 독백처럼 읊조린 부분에서 사용되었음이 확인된다. 즉 '느다'체가 사용된 첫 부분, "아이고 서럽구나. 즐거운 마음으로 가는가, 무슨 일로 가는가, 삼십년 전의 부모 이별은 무슨 일인고 … "는 서술자 자신의 신세를 한탄하는 독백인 듯한데, 만약 이것이 사실이라면, 청자를 의식할 필요가 없었을 것이다. 그런 까닭에 굳이 '공손형'을 사용할 필요도 없었을 것으로 추정된다.

11) 황문환(2002, 256-257)에서는 (나)의 '흑가'류를 'ㄴ가 { 흑노라, 흑뇌, 흑노이다} > … ㄴ

가 '닉'체에 이르는 과정을 제시한 것으로, 여기서 우리는 '닉'체가 '닝다'체의 생략형이라는 사실을 깨닫는 한편, 이들의 음운적인 연관성도 확인하게 된다.12)

사실 '닝다'체와 '닉'체의 관련성은 전장에 이미 암시되었던 바이기도 한다. 앞서 우리는, 이들이 사용된 시기만 달랐을 따름이지 그 기능은 동일하다는 것을 확인하였기 때문이다. 게다가 (12)와 같은 음운론적 연관성까지를 확인한 바에는 관련 여부에 회의적일 이유가 없을 듯하다.

따라서 결국 이들의 관련성은 '닝다체 > 닉체'로 정리되기에 이른다. 이 같은 양상은 전자보다 후자가 비격식적 속성을 더 많이 갖추고 있다는 점에서도 확인된다. 전장에서 우리는 격식체와 비격식체의 특성을 정리하고(인용문 2), 이에 근거하여 '닝다'체와 '닉'체에 내재한 비격식체적 속성들을 '표현, 기능, 어미'의 측면에서 점검하였다. 이 과정에서 혹자는 비격식체의 특성이 전자보다 후자에 더 많다는 사실을 깨달았을 것이다. 다음은 이런 사실을 이해하기 쉽게 마련한 예문이다.

(13) 가. ① 그리 아닝다 … 그리 아니라 부텨와 즁과롤 請ᄒᅀᆞ보려ᄒᆞ닝
다 (석상 6, 17ㄴ)
② 내 그런 ᄠᅳ들 몰라ᄒᆞ댕다 (석상 24, 32ㄱ)

가'로 제시하고서, 'ᄒᆞᄂᆞ잇가'와의 변별성을 확보하기 위하여 '잇가'와 무관한 간접의문문의 형식인 'ᄒᆞᆫ가'류를 적용한 것으로 해석하였다. 그러나 필자는 15세기에 이미 '닛가'의 형식(닝다의 의문형으로)이 존재한다는 점을 중시하여, (나)에 'ᄒᆞ닛가'의 단계를 추가하였다. 그런 후에 'ᄒᆞ닛가 > ᄒᆞ(시)ㄴ가'의 과정은 황문환(2002)의 견해를 그대로 수용하였다.

12) 문제는 (다)의 과정에 '닝다'의 명령형 '아쎠'가 존재치 않는다는 것인데, 이는 'ᄂᆞ이다'체의 명령형 '쇼서'와 그것의 음운적 상관성을 밝히기 어려워 이 '아쎠'를 '시'가 개입한 형태론적 이형태로 간주한 그동안의 입장을 반영한 것이다. 이에 대해서는 박영준(1994)를 참조하기 바란다.

여하튼 기존 입장에서 우리가 주목할 점은, 어떤 입장을 취하든 '닝다'의 명령형 '어쎠'를 '쇼서'와 무관하게 생각하지 않는다는 것과 '닉'체의 명령형 '소' 역시 '쇼서'와 관련지어 생각한다는 점이다. 지금까지 생각처럼 '어쎠'와 '소'가 공히 '쇼서'에 바탕을 둔 어형이라면, 이들은 어떤 형식으로든 서로 연관될 것이라는 추정이 가능하기 때문이다.

　　나. 主人이 므슴 차바눌 손소 돈녀 밍ᄀ노닛가 太子롤 請ᄒᆞᅀᄫᅡ 이
　　　　받ᄌᆞᄫᅥ려ᄒᆞ노닛가 大臣올 請ᄒᆞ야 이바도려 ᄒᆞ노닛가 (석상 6,
　　　　16ㄱ)
　　다. 내 보아져 ᄒᆞᄂ다 술ᄫᅱ쎠 (석상 6, 14ㄴ)

　(14) 가. ① 나도 … 니년 녀름 견듸여 ᄀᆞ올로 가고져 ᄒᆞ뇌 (순천김씨간
　　　　　　찰 163, 705)
　　　　② 그듸 날 가디 말라 ᄒᆞ더니 긔 올흔 마리로데 (순천김씨간찰
　　　　　　152, 675)
　　　　③ 자내나 도도니 ᄀᆞ올로사 아모 거시나 ᄒᆞ로쇠 (순천김씨간찰
　　　　　　48, 253)
　　　　④ 근시미 병도 거줃 병은 아니레 (순천김씨간찰 11, 85)
　　　　⑤ 오늘 굿 보라 가니 와셔 사룸 보냄새 (순천김씨간찰 27,
　　　　　　159)
　　　　⑥ 애 쏘 王가 형님이로괴여 오래 몯 보왜 (번노 상 3, 17ㄴ)
　　나. ① 기리 어마니믄 모믈 브리신가 (순천김씨간찰 53, 275)
　　　　② 읍ᄒᆞ노이다 어듸 녀러 오시ᄂ고 (번박 6, 27)
　　다. ① 아희둘 졈 아ᄆᆞ려나 병 업시 드려 잇소 (순천김씨간찰 49,
　　　　　　256)
　　　　② 졔예 닙ᄂ 관듸 아니 와시니 급〃이 보내오 얼혀니 마오 (정
　　　　　　철 언간,『증정 언간의 연구』 소재 6번)
　　라. 나도 완ᄂ니 타자기나 무스이 ᄒᆞ여 가새 (순천김씨간찰 49,
　　　　　257)

　　예문 (13)은 '닝다'체의 '평서, 의문, 명령형'이고 (14)는 '니'체의 '평서,
의문, 명령, 청유형'이다. 일단 '닝다'체는 위에 제시된 예가 전부이다시피
한다는 점에서 '니'체와 차이를 보인다. 그만큼 전자의 말씨는 15세기에 널
리 통용되지 않았음을 의미한다. 그런데 16세기에 들어서 그 양상은 달라진
다. 예문 (14)에서 확인되듯이 각 유형에 해당하는 예문 수가 많아짐은 물
론, 종결형의 어미 또한 다양해졌다.

예컨대 평서문의 경우, 15세기에는 '넝다, 댕다'로 활용되던 것이 16세기에는 '뇌, 데, 쇠, 레, 새, 왜' 등의 형식을 갖추게 되었다. 이는 물론 '넝다'에서 설명적, 객관적 기능을 지닌 '다'를 생략한 데에 따른 결과이지만, 그럼으로써 '넝다'체에 비해 훨씬 부드럽고 비단정적인 느낌을 갖게 되었음은 물론 자신의 생각을 진술하는 기능 외에 '의혹'이나 '추측', '감탄'과 같은 여러 가지 느낌까지도 표현할 수 있게 된 것도 사실이다.

의문문이나 명령문의 경우도 마찬가지여서, 전자의 경우는 '닛가'에서 '신가, 신고'의 형식을, 후자의 경우는 '어쎠'에서 '소, 오' 등의 형식을 취하게 되어 표현의 다양성을 도모할 수 있었던 것이다. 더욱이 15세기에는 존재하지 않던 '청유형'이 16세기에는 '새'의 형으로 존재했다는 점도 주목할 사항이다.

우리는 이를, '발생 > 정착'의 단계에서 비롯하는 자연스런 현상으로 풀이하고자 한다. 다시 말하면 15세기에는 비격식체가 언중들에게 익숙하지 않은 까닭에 형식이나 기능 등이 한정되었을 터이지만, 한 세기를 거치면서 이 말씨가 언중들에게 친숙해지고, 사용 빈도수가 높아지면서 그 형식이나 기능 등이 다양해졌을 것으로 추정한다는 말이다.

만약 지금까지의 생각이 어느 정도 타당하다면, 16세기 '늬'체를 15세기 '넝다'체의 발전·계승형으로 결론지어도 무방하다는 생각이다. 즉 15세기의 '넝다'체는 '공손형 비격식체'이었는데, 16세기에 이르러 '늬'체로써 그 기능을 계속 수행한 것으로 해석 가능하기 때문이다.

이로써 우리는 15세기 '넝다'체가 16세기에 이르러 소멸하기 시작한 이유에 대한 궁금증도 해결할 수 있을 듯하다. 공손법에서 청자가 차지하는 위상이나 공손의 등급이 미세하게 분화되어 오늘에 이르렀다는 점 등을 고려할 때, "'넝다'체가 왜 그렇게 빨리 소멸하였을까"라는 의구심을 품지 않을 수 없었는데, 지금까지 논리대로라면 15세기 '넝다'체의 기능이 16세기 '늬'체에 그대로 전승되었기에 가능할 수 있었던 현상으로 풀이되는 까닭이다.

지금까지 우리는 15세기 ‘닝다’체와 16세기 ‘니’체를 ‘공손형 비격식체’로 간주함으로써, 후자가 전자의 계승형임을 입증하고자 하였다. 그리하여 다음과 같은 결론에 도달하였다.

첫째 ‘닝다’체와 ‘니’체는 ‘공손형’이라는 것이다. 이는, ‘닝다’체와 ‘니’체가 공손표지 ‘이’를 보유한다는 사실에 초점을 맞춘 결과이다. 주지하다시피 어떤 말씨가 ‘공손형’임을 나타내주는 가장 객관적인 표지는 ‘이’인데, ‘닝다’체와 ‘니’체 역시 ‘이’를 보유한 이상, 이들을 공손형으로 간주해야 한다는 것이다.

둘째 ‘닝다’체와 ‘니’체는 ‘비격식체’라는 것이다. 이는, 15 · 16세기에도 상황과 장소에 따라 달리 사용하는 ‘격식체’와 ‘비격식체’가 존재했을 것임을 전제한 결론이다. 우리는 이 같은 사실을 입증하기 위해 먼저 ‘격식체’와 ‘비격식체’의 개념을 정리한 후, ‘닝다’체와 ‘니’체에서 후자의 속성을 점검하는 방법을 취하였다.

셋째, 지금까지 논의를 바탕으로 ‘닝다체 > 니체’라는 결론에 도달하였다. 곧 15세기의 ‘닝다’체는 ‘공손형 비격식체’였는데, 16세기에 이르러 ‘니’체로써 그 기능을 계속 수행하였다는 것이다.

제2장 ▌15세기 존대법 연구에서 고려해야 할 한두 문제

　　필자는 제1부 15세기 존대법에서 그 연구 대상을 간경도감에서 간행한 『불경언해』류[1]로 한정하였었다. 이는 연구 결과에 일관성과 객관성을 부여하기 위함이었다. 익히 알다시피 존대법은 화자가 청자를 대하는 언어적 태도라 할 수 있어, 가능하다면 화자가 동일인이어야 보다 객관적인 연구 결과에 도달할 수 있다는 생각 때문이었다. 이 장에서는 이와 같은 문제를 위시하여 15세기 존대법을 연구하고자 할 경우에, 유의해야 할 몇 가지 사항에 대해 살펴보기로 한다.

---

1) 여기서 『불경언해』 류라 함은, ① 간경도감에서 『불경』을 언해한 것이나, ② 『불경』을 근거로 하여 편찬한 문헌에 대한 총칭임을 밝혀 둔다. ①은 『법화경언해』나 『능엄경언해』 등과 같은 문헌을, ②는 『월인석보』와 『석보상절』을 말한다. 굳이 '류'라는 표현을 쓴 이유는 ②를 염두에 두었기 때문이다.

　논의가 진행되는 과정에서 알게 되겠지만, 필자가 연구 대상을 『불경언해』로 한정한 이유는, 간경도감에서 『불경』을 언해하는 과정에 수양대군이 원본에 구결한 사실을 주목하여, 그를 본고의 화자로 규정하려 함이다. 그런데 엄격히 말하면, 『월인석보』와 『석보상절』을 『불경언해』로 볼 수는 없다. 왜냐하면 이들은 수양대군이 직접 편찬한 문헌이기 때문이다. 그럼에도 불구하고 수양 대군을 진정한 화자로 규정할 수 있는 문헌은 바로 이 두 문헌이다. 따라서 본고는 '-류'라는 표현을 사용함으로써 이들을 연구 대상에 포함시키고자 한 것이다.

1. 15세기 존대법 연구에서의 화자 설정

15세기 『불경언해』류의 서술자는 '수양 대군'으로 일정하다고 할 수 있다. 『월인석보』나 『석보상절』은 '수양대군' 한 사람이 편찬함이 분명하고, 또 그는 간경도감의 『불경』 언해 작업에도 '간접적으로 참여'한 것으로 알려져 있다. 따라서 간경도감에서 간행된 『불경언해』나 『월인석보』와 『석보상절』의 화자만큼은 '수양대군'으로 총괄해도 큰 무리는 아닐 것이기 때문이다.2) 여기서 간접적으로 참여했다 함은, 수양은 『불경』 원전에 구결만을 달았음을 의미한다. 간경도감에서는 수양이 현토한 자료를 토대로 언해를 했던 것이다.3) 이런 사실은 다음을 비교하면 쉽게 알 수 있다.

(1) 가. 前에 法說一周에 身子ㅣ 於喩品之初애 領悟ㅎ야놀 佛이 於喩品에 述成ㅎ샤 與記ㅎ시고 喩說一周에 … (법화경 2, 174ㄱ-ㄴ)

　　　가'. 알픽 法說一周에 身子ㅣ 喩品 처서메 領悟ㅎ야놀 부톄 喩品에 述成ㅎ샤 記 주시고 喩說一周에 … (법화경 2, 174ㄴ-175ㄱ)

　　　나. 夫金剛經者ᄂᆞᆫ 無相ᄋᆞ로 爲宗ㅎ시고 無住로 爲體ㅎ시고 妙有로 爲用ㅎ시니 自從達磨西 來ㅎ야 爲傳此經之意ㅎ샤 (금강경, 서 1ㄱ)

　　　나'. 金剛經은 相 업수므로 宗사ᄆᆞ시고 住 업수므로 體 사ᄆᆞ시고 微妙ᄒᆞᆫ 有用 사ᄆᆞ시니 達磨ㅣ 西로 오샴브터 經ㅅᄠᅳᆮ들 위ㅎ야 傳ㅎ샤 (금강경, 서 5ㄴ)

---

2) 한재영(1994 : 147)에 의하면 간경도감에서 펴낸 불경언해는 『능엄경』, 『법화경』, 『선종영가집』, 『금강경』, 『반야심경』, 『아미타경』, 『원각경』, 『목우자수심결』 등이라 한다. 그러므로 『육조법보단경언해』라든지 『영험약초』 등과 같은 문헌은 비록 『불경언해』 류에 속한다 할지라도 수양이 구결을 달았다고 할 수 없다. 실제로 전자의 서문을 보면, 이 책은 '古筠比丘 德異'가 편한 것으로 되어 있다. 따라서 본고는 이런 문헌들을 연구 대상에서 제외키로 한다. 본고의 논지대로라면 이들의 서술자를 수양으로 볼 수 없기 때문이다.

3) 본고에서 다루려는 『불경언해』들을 먼저 세조가 구결을 달고, 이를 근거로 간경도감에서 간행하였다는 사실은 안병희(1973 : 75), 김문웅(1986 : 9), 한재영(1992 : 148), 한영균(1992 : 123) 등에서 찾아 볼 수 있다.

위 (가)와 (나)가 바로 수양이 한문 원전에 토를 단 형태이고, (가')와 (나')는 이를 바탕으로 간경도감에서 언해한 양식이다. 그런데 (가)와 (나)를 보면, 이 구결 형식에 존대소가 포함되어 있음을 알 수 있다. 더 나아가, 이 존대소를 (가')와 (나')에 비교해 보면, 존대 양상 역시 일치한다는 사실을 알게 된다. 여기서 우리는, 안병희(1973 : 75), 김상대(1993 : 251)의 지적처럼 간경도감은 수양의 현토를 철저히 존중하여 언해하였음을 알게 된다.4)

따라서 존대법을 연구하는 입장에서는 『월석』과 『석상』을 포함한 『불경언해』의 화자를 수양으로 총괄해도 무방하리라 생각한다. 이런 생각을 근거로 하여, 필자는 15세기 존대법의 연구 대상을 『불경언해』 류로 한정하였었다.5) 그 이유는 앞서 지적했던 바와 같이 동일 화자가 보인 존대 양상만을 분석하면, 훨씬 일관되고 객관적인 결과를 얻을 수 있을 것으로 기대하기

---

4) 먼저 안병희(1973 : 75)은, 중세국어의 자료는 "먼저 달아 놓은 구결에 의거하여 이루어지게 되어 있어서, 번역문에 나타나는 굴절어미는 원문 구결의 그것에 대체로 일치된다"는 점을 명시하면서, "언해가 원문에 구결을 다는 것으로부터 시작된다는 사실은 초기의 불경언해서, 가령 능엄경언해와 금강경언해의 跋文과 進箋文에 분명히 기록되어 있다"고 하였다.
김상대(1993 : 251) 역시 안병희와 같은 의견을 개진하고 있다. 여기서 그는 구결문과 언해문의 생성 과정을 논의하면서 "구결문의 제작은 원문의 句讀를 명확히 하여 讀法을 확정하는 것으로, 경전 이해의 정확한 길잡이를 제공하려는 데 그 목적이 있지만", 언해문은 "이미 확정된 讀法에 따라 한문과 국어 간에 어휘만을 교체하면서 굴절접사는 구결문의 그것을 그대로 가져다 씀으로써 이루어진 것"으로 보고 있다.
5) 여기서 수양이 비단 본문에서 거론된 문헌에만 구결을 단 것은 아니라는 사실을 지적해 둔다. 안병희(1976 · 1992 : 290)는 『周易傳義』(1446) 등도 '세조'가 구결한 것으로 추정된다고 하였다. 그러므로 본고의 입장에서 보면, 『주역전의』 또한 본고의 연구 대상에 포함시킬 만하다. 그러나 필자는 이 문헌을 연구 대상으로 고려치 않는다. 이를 연구 범위에 포함시키면 본 논의가 훨씬 타당하게 받아들여지기는 하겠지만, 본고에서 다루고자 하는 문헌과 내용이 너무 이질적일 뿐만 아니라 등장인물도 전혀 다를 것으로 생각되는 까닭이다. 이 점을 문제시하는 이유는 다음과 같다. 필자는 본고의 논의에 객관성을 부여하기 위하여, 이후에 살필 2.1에서 『불경언해』에 등장하는 인물들의 위계 정도를 수양의 시각에서 가늠하고자 하는데, 만약 위의 문헌까지를 고려하면 이 위계 판정에 일관되고 객관적인 근거를 마련하기가 어려울 것으로 생각되기 때문이다. 따라서 이 문헌은 이와 성격이 유사한 자료와 아울러 고찰하여, 그 후에 본고의 결과와 비교·대조해 보는 편이 더 합리적이라는 생각이다. 그런 까닭에 이와 같은 비교 작업은 훗날을 기약하기로 한다.

때문이다.

그렇다고 해서 우리의 연구 결과를 '수양'만의 존대 체계로 볼 수는 없다. 문헌을 대상으로 하는 모든 연구가 그렇듯, 본 논의 역시 수양을 15세기의 충실한 모국어 화자로 인정하고, 그가 사용한 언어에서 당대의 모습을 도출해 낼 수밖에 없는 까닭이다.

이상의 생각에서 선정한 자료를 시기별로 보이면 다음과 같다. 더불어 이들의 간행 연대와 본고에서 사용할 약호까지 함께 제시하기로 한다.

석보상절	1447	(석상)
월인석보	1459	(월석)
능엄경언해	1461	(능엄)
법화경언해	1463	(법화)
금강경언해	1464	(금강)
반야밀다심경언해	1464	(심경)
아미타경언해	1464	(아미)
선종영가집언해	1464	(영가)
원각경언해	1465	(원각)
금강경삼가해	1482	(금삼)[6]

---

6) 『금강경삼가해』는 간경도감에서 간행하지 않았다는 점에서 본문의 다른 자료와 차이를 보인다. 그리고 또 이 문헌의 완간 시기 또한 세조대라 할 수 없다. 심재완(1976・1981 : 6)에 의하면, 이 책의 抄譯은 세종(1448)에 시작되어 성종(1482)에 세조의 비인 慈聖大妃에 의해 완간되었다고 한다.

그러므로 이 책은 대략 5대 35년을 거쳐 완간된 것이란 말이 된다. 따라서 이상의 정황을 참작하면, 『금강경삼가해』의 화자를 수양으로 단정 지을 수는 없을 듯하다. 그럼에도 이 문헌을 본고의 연구 자료로 간주한 이유는 다음과 같다. 김주필(1992 : 187-188), 심재완(1976・1981 : 5)에 의하면, 『금강경삼가해』는 세종이 수양대군에게 번역을 명하여, 그 초고는 이미 세종대에 이루어졌다고 한다. 그렇다면 이 문헌에 구결을 단 인물이 수양일 가능성이 크다. 이 점은 『금강경삼가해』의 구결이 『금강경언해』의 것과 대체로 동일하다(김주필, 1992 : 189)는 사실로 미루어 볼 때, 상당히 개연성이 짙은 것으로 생각되는 까닭이다.

여기서 본문에 제시된 『불경언해』에 수양이 친히 구결을 달았다는 사실을 입증할 만한 약간의 자료를 아울러 제시하기로 한다.

(가) 이제 우리 聖上이 아러 勝因을 시므샤 世尊예 導師ㅣ 드외샤 … 이 經을 ㄱ장 미드샤 微

이쯤에서 안병희(1963 · 1992 : 24-26)의 견해를 살펴볼 필요가 있다. 여기서 그는 '주갸'의 의미를 구명하면서, "동일인물의 이야기도 번역자의 해석에 따라 존경의 대우가 다를 수 있음"을 지적하고, 그 예로『법화경』과『석상』을 들었다. 즉 이 논문의 주된 취지는 동일 인물에 대한 존대 양상이 다르기 때문에 존대법 연구에서는 번역자의 태도를 먼저 고려해야 한다는 것이다. 본 연구가 '수양대군'이 화자로 보이는 문헌만을 연구 대상으로 한정한 이유도 바로 이 때문이다.

그런데 문제는, 위에서 그의 논문에서는 본고에서 동일 화자로 상정한『법화경』과『석보상절』을 다른 화자로 보고 있다는 점이다. 우선 문제의 예부터 살펴보기로 하자.

> (2) 가. 그叫 彌勒菩薩이 … 文殊舍利끠 묻ᄌᆞᆸ샤ᄃᆡ … "文殊아 <u>아라라</u>
>   四衆이며 龍과 鬼神과 仁者ᄅᆞᆯ 보ᄂᆞ니 므슷 이ᄅᆞᆯ 닐오려 <u>ᄒᆞ시ᄂᆞ</u>
>   <u>뇨</u> (석상)
> 나. 그叫 彌勒菩薩이 … 偈로 묻ᄌᆞ와 술오샤ᄃᆡ "文殊하 반ᄃᆞ기 <u>아ᄅᆞ</u>
>   <u>쇼셔</u> 四衆龍神이 仁者ᄅᆞᆯ 보ᅀᆞᆸᄂᆞ니 엇던 말ᄃᆞᆯ홀 <u>니ᄅᆞ시리잇고</u>
>   (법화)
>   (위 예문은 필자가 필요한 부분만을 안병희(1963 · 1992 : 25)에
>   서 발췌한 것임. 밑줄도 필자의 것임)

그는, "석보상절에서는 미륵과 문수를 동일한 위치에 있는 것으로 이해하였는데, 법화경에서는 문수를 미륵보다 높은 위치에 있는 것으로 이해하였다"고 말한다. 위 예만을 보고는 이와 같은 결론을 내릴 수 없다. 아마도 그

妙ᄒᆞᆫ 理예 기피 마ᄌᆞ샤 親히 <u>입겻 一定ᄒᆞ시고</u> 儒臣 韓繼禧ᄅᆞᆯ 命ᄒᆞ샤 國語로 飜譯ᄒᆡ시고
(금강, 孝寧大君 跋 2ㄱ-ㄴ)
(나) … 上이 <u>입겨츨 ᄃᆞᄅᆞ샤</u> 慧覺尊者끠 마기와시ᄂᆞᆯ … 工曹參判 臣 韓繼禧 前 尙州牧事 臣 金
守溫ᄋᆞᆫ 飜譯ᄒᆞ고 … (능엄 10, 4 발)
(다) 이제 우리 聖上이 하ᄂᆞᆳ고장ᄒᆞ신 辯慧로 이대 달애샤ᄆᆞᆯ 힘뻐 … 이 禪經에 <u>親히 입겨츨</u>
<u>一定ᄒᆞ시고</u> 儒臣ᄋᆞᆯ 命ᄒᆞ시며 緇流를 블러 뫼호샤 仔細히 날로 사교ᄆᆞᆯ 더으샤 板시켜 流
通ᄒᆞ시니 (영가 跋 2)

는 다음의 예문까지를 고려했을 것이다.

(3) 가. ᄢᅴ 文殊舍利 彌勒菩薩摩訶薩와 諸大士 善男子 等ᄃᆞ려 니ᄅᆞ샤ᄃᆡ "내 혜여호니 이제 世尊이 큰 法을 니르시며 큰 法雨를 비흐시며 큰 法螺ᄅᆞᆯ 부르시며 큰 法鼓ᄅᆞᆯ 티시며 큰 法義ᄅᆞᆯ 펴려 ᄒᆞ시ᄂᆞ다" (석상 13, 26ㄱ-ㄴ)

나. "善男子ᄃᆞᆯ하 … 不可思議 阿僧祇劫에 그 ᄢᅴ 부톄 겨샤ᄃᆡ … 正法을 펴 니ᄅᆞ샤ᄃᆡ … 諸菩薩 爲ᄒᆞ샤 六波羅蜜ᄋᆞᆯ 應ᄒᆞ야 니ᄅᆞ샤 阿耨多羅三藐三菩提ᄅᆞᆯ 得ᄒᆞ야 一切 種智ᄅᆞᆯ 일우게 ᄒᆞ시더라 (법화 1, 91ㄱ-95ㄴ)

위는 앞서 살핀 예문 (2가)와 (2나)의 미륵에 대한 문수의 대답이다. 위 예문과 (2가), (2나)의 밑줄 친 부분을 비교해 보면, 『석상』에서는 문수와 미륵이 서로 'ᄒᆞ라'체를 사용하는 것으로 표현되었지만, 『법화경』에서는 미륵은 문수에게 'ᄂᆞ이다'체를 사용하고, 문수는 미륵에게 'ᄂᆞ다'체를 사용하는 것으로 표현되어 있음을 알 수 있다. 이 점만을 고려하면 안병희(1963 · 1992)의 판단이 옳다. 그러나 『석상』과 명백히 같은 화자로 생각되는 『월석』에는 다음과 같은 표현도 있다는 사실을 간과해서는 안될 것이다.

(4) 가. (미륵이 문수에게) "(석가가) 엇던 因緣으로 이 祥瑞 겨샤 神通相이 큰 光明 펴샤 東方 萬八千土ᄅᆞᆯ 비취시니 뎌 부텻 國界 莊嚴을 다 보ᄂᆞ니잇고" (월석 11, 40ㄱ)

즉 여기서는 미륵이 문수에게 'ᄂᆞ이다'체를 사용하는 것으로 표현되어 있다. 이는, 『석상』의 화자도 문수를 미륵보다 상위자로 파악할 가능성이 있음을 시사한다. 때문에 안병희(1963 · 1992)가 앞서 살핀 (2가), (2나)와 같은 표현만을 주목하여, 두 문헌의 화자가 문수와 미륵의 상하 관계를 다르게 파악하였다고 생각한 것은 성급한 감이 없지 않다.

이보다 우리는 앞서 살폈다시피, 『법화경』의 원본에 구결을 단 인물은 『석상』의 서술자인 수양이라는 점을 더 유념해야 할 것이다. 그리고 사실, 미륵과 문수에 대한 안병희(1963·1992)의 판단은 맞지 않다. 다음 장을 참조하면 알겠지만, 미륵과 문수는 '보살'이라는 대등한 신분이다. 그러므로 이들은 서로를 'ㄴ이다'체로 상대할 수도 있고, 'ㄴ다'체로 상대할 수도 있는 사이이다. 불교의 교리에 능통한 수양이 이 점을 모를 리 없다. 이런 정황을 고려할 때, 위에서 살핀 바 있는 예문 (1)의 (가)는, 수양이 미륵과 문수가 피차 'ㄴ다'체를 사용한 것으로 해석하고, (나)는 서로가 'ㄴ이다'체를 사용한 것으로 해석한 듯하다.

이렇게 생각할 경우, 문제 되는 것이 바로『법화경』의 미륵과 문수에 대한 표현이다. 위 예문 (2)와 (3)을 비교해 볼 때,『석상』에서는 피차가 'ㄴ다'체를 사용하는 것으로 표현되어 있기 때문에 별 문제가 없지만,『법화경』에서는 예문 (2)의 미륵은 문수에게 'ㄴ이다'체를 사용하는데도, 예문 (3)의 문수는 미륵에게 'ㄴ다'체를 사용하고 있기 때문이다. 곧 서로의 존대 양상이 같지 않다는 말이다. 그러나 예문 (3나)의 강조된 부분을 보면, 여기서 문수가 'ㄴ다'체를 사용할 수밖에 없었던 이유를 알 수 있다. 즉 예문 (2나)의 미륵은 문수에게 질문하였지만, 예문 (3나)의 문수가 답하는 상대는 미륵이 아니라 '선남자'로 표현된 '일반 대중'이다.

이를 좀 더 분명히 이해하려면, (2나)와 (3나)의 대화가 오가는 배경을 살필 필요가 있다. 이 두 예문의 상황은 석가가 여러 가지 신통력을 보이자, 미륵은 이를 '세존이 일반 대중에게 무엇인가를 보이기 위한 조짐'으로 해석하고, 문수에게 그 이유를 묻는다. 그러나 미륵이 그 이유를 몰라서가 아니다. 다음 자료를 보면, 미륵은 문수에게 그 이유를 물어 봄으로써 그 자리에 모인 '四衆 龍神'에게 석가의 신통력을 설명하려 함을 알 수 있다.

> (5) (미륵이 문수에게) "佛子[문수사리]ㅣ 이제 對答ᄒᆞ샤 疑心을 決ᄒᆞ야
> 깃게 ᄒᆞ쇼셔 … 文殊하 반ᄃᆞ기 아ᄅᆞ쇼셔 四衆龍神이 仁者[문수사리]
> 롤 보ᅀᆞᇦᄂᆞ니 엇던 말ᄃᆞᆯ홀 니ᄅᆞ시리잇고" (법화 1, 88ㄱ-89ㄴ)

위 예문을 보면, 미륵은 문수에게 '四衆 龍神이 그대의 말을 기다리고 있
다'는 암시를 주고 있음을 알 수 있다. 문수 또한 미륵의 이런 의도를 잘 아
는 까닭에, 예문 (3나)에서 '선남자들'을 상대로 석가의 신통력을 말하는 것
이다. 그러므로 문수는 (3나)에서 굳이 'ㄴ이다'체를 사용할 필요가 없었던
것이다. 이런 정황을 살피지 않고, 『법화경』의 번역자가 "문수를 미륵보다
더 상위자로 처리하였다"고 보는 것이나, 이를 근거로 『석상』과 『법화』의
화자가 다르다고 판단하는 것은 재고의 여지가 있는 것으로 생각된다.

요컨대 우리는 『석상』과 『법화』의 화자를 수양으로 간주함과 동시에 위
에서 거론한 문헌의 서술자 역시 수양으로 간주하고서 논의를 진행하였던
것이다.

2. 『불경언해』 류에 나타난 인물들의 화계

이상을 근간으로 하여 여기서는 『불경언해』 류에 등장하는 인물들의 화
계를 결정하기로 한다. 그러기 위해서는 무엇보다 이들 문헌의 '화자'에 대
한 사전 탐색이 우선되어야 할 듯하다. 반복하지만 거기에 나타나는 존대
양상은 서술자의 생각에서 비롯하였을 터이므로, 그의 위상이나 성향을 미
리 파악하고 있어야 자료를 올바르게 분석할 수 있겠다는 생각 때문이다.

이런 취지에서 필자는 『불경언해』 류에 나타난 등장인물들의 위계를, 서
술자의 입장에서 가늠해 보려 한다. 자료를 대하다 보면, 현재 필자의 처지
에서 등장인물의 존대 정도를 판정하기 쉬운데,[7] 그러면 다분히 주관적이고

---

7) 예컨대 김정우(1990 : 118)은 '보살'과 '석가 제자'를 동일한 계층으로 파악하고, 정진원
(1994 : 270)는 설화자가 '임금'을 존대하는 양으로 해석한다. 하지만 사실은 전혀 그와 같
지 않음이 다음 항에서 확인될 것이다.
이런 태도는 바람직하다고 할 수 없다. 이숭녕(1964 · 1984 : 280)도 지적했다시피, "신분의
높낮이에 대한 결정은 경어법 고찰의 전제"인 까닭에, 전제가 바르지 못한 연구는 출발부

임의적인 결과를 초래할 수 있기 때문이다. 따라서 이런 오류를 예방할 방법은 해당 자료를 서술한 사람의 입장에서 등장인물의 위계를 미리 판정하여, 이를 토대로 논의를 진행하는 것이라 생각한다.

2.1. 화자

화자로 먼저 생각해 볼 수 있는 인물이 『불경언해』류를 서술한 자인데, 우리는 이미 전항에서 그를 수양으로 상정한 바 있어, 그에 따르면 수양은 15세기 존대법 연구에서 화자로 결론짓기에 부족함이 없다.

그런데 서술자인 수양의 이야기에는 수많은 인물들이 등장한다. 우리가 관심을 보인 『불경언해』류는 주로 석가의 일대기를 서술하거나, 석가가 보살이나 제자들과 나눈 대화를 기록하고 있다. 따라서 이 문헌들에는 석가를 위시한 그의 주변 인물들이 등장하여 서로 대화를 나누는 장면이 많은데, 수양은 이들의 대화 내용을 객관적인 태도로 서술하고 있다.[8] 이와 같은 특성을 유념하면, 여기에 등장하는 인물들은 경우에 따라 화자의 역할을 한다고 할 수 있다. 따라서 필자는 이들 역시 화자로 간주하고, '등장인물로서의 화자'로 명명하기로 한다. 이는 '서술자'로서의 화자인 수양과 구별하기 위함이다.

결국 『불경언해』류의 화자는 '서술자'와 서술자의 이야기에 등장하는 '등장인물로서의 화자'로 이분된다. 화자를 이처럼 구별해야 하는 당위성은 논의를 진행하는 과정에서 밝혀질 것이다.

2.1.1. 서술자

본 자료에 등장하는 인물들의 존대 표현에 관한 한, 서술자인 '수양'의 영향력은 막강하다. 아무리 객관적으로 존귀한 인물일지라도 그가 존대할

터 문제의 소지를 안고 있다 해도 과언이 아니기 때문이다.

8) 이에 대한 자세한 설명은 다음 항으로 미룬다.

의사가 없으면, 존대하지 않을 수도 있기 때문이다. 다음 예문이 참조된다.

(6) 가. (원앙 부인이 왕에게) "내 비욘 아기 아들옷 나거든 일후믈 므
     스기라 흐고 쏠옷 나거든 일후믈 므스기라 흐리잇고 어버싀 ㄱ
     자 이신 저긔 일후믈 一定흐사이다" (월석 8, 96ㄴ)

  가'. (왕이 부인에게) " … 나거든 짜해 무더ㅂ료ㄷ더 흐리이다" (월석
     8, 97ㄱ)

  나. 그 ᄢᅴ 西天國 沙羅樹大王이 四百小國 거느려 겨샤 正흔 法으로
     다ᄉ리더시니 王位룰 맛드디 아니흐샤 妻眷이며 子息이며 보비
     룰 貪티 아니흐시고 샹녜 됴흔 根源을 닷ㄱ샤 無上道룰 求흐더
     시니 (월석 8, 90ㄱ)

  나'. 鴛鴦夫人이 말듫 金바리예 힌 쑬 ㄱᄃ기 다마 比丘ㅅ 알ᄑᆡ 나ᅀᅡ
     니거눌 (월석 8, 90ㄴ)

  다. 王이 太子끠 묻ᄌᆞᄫᆞ샤ᄃᆡ "지조룰 어루홇다" (석상 3, 12ㄱ)

  다'. 太子ㅣ (왕께) 니ᄅ샤ᄃᆡ "네 가짓 願을 일우고져 흐노니 … 흐노
     이다" (석상 3, 21ㄱ-ㄴ)

위 예문의 (가)와 (나)는 '沙羅樹國의 王'과 그의 '부인'에 대한 이야기이
다. (가)와 (가')에서 왕과 부인이 서로를 공손히 대하는 것으로 보아, 이들은
대등한 관계임을 알 수 있다. 그런데 수양의 이야기인 (나)와 (나')에서는 왕
만이 존대되어 있다. 곧 (나)에서 수양은, 사라수왕에 대해 이야기를 할 때
에는 '겨샤', '다ᄉ리더시니'처럼 존대표지 '시'를 사용하지만, (나')에서 왕
의 부인에 대해 이야기할 때에는 'ㄱᄃ기 다마', '니거눌'처럼 존대표지 '시'
를 사용하지 않고 있다. 이런 비교를 통해 우리는, 수양은 사라수왕은 존대
하지만 그의 부인은 존대하지 않는다는 사실을 추측할 수 있다. 그런데 그
의 이런 태도는 객관적인 사실과 무관하다는 것도 알게 된다. 왕과 부인의
대화 내용인 (가)를 참작해 볼 경우, 왕이 수양의 존대 대상이라면, 부인 역

시 그의 존대 대상이어야 마땅하기 때문이다.

이와 같은 상황은 (다)에서도 발견된다. (다)와 (다')의 '태자'는 석가의 전생 인물이고, '왕'은 석가 아버지의 전생 인물인데, 왕은 태자를 'ᄂ다'체로, 태자는 왕을 'ᄂ이다'체로 상대하고 있음이 " " 안에서 확인된다. 이는, 부자지간이라면 취해야 할 당연한 태도이다. 그런데 수양의 서술인 앞 부분을 보면, 아버지는 아들에게 겸양하지만(王이 太子끠 묻ᄌᆞᄫᅡ샤ᄃᆡ), 아들은 아버지에게 겸양하지 않는 것처럼(太子ㅣ 니ᄅᆞ샤ᄃᆡ) 표현되어 있다. 아버지는 아들을 존대하지만 아들은 아버지를 존대하지 않는다는 말이다. 이는 수양이, 왕과 태자가 부자지간이라는 객관적 사실도 무시하고, 태자를 존대하기 위하여 일부러 태자의 아버지인 왕을 태자에게 겸양시킨 것으로 해석할 도리밖에 없다. 그 이유야 물론 여기의 태자는 석가의 전생 인물이기 때문이다.

이상에서 살핀 바, 수양은 화제에 등장하는 인물들의 존대 정도를 자신의 입장에서 재해석하고 있음을 알 수 있다. 이 같은 존대 판단의 주관성이나 자의성은 화자만의 특권이기도 하려니와 존대법 연구에서는 매우 중요한 요인이다. 이런 맥락으로 보면, 서술자인 수양은 자신의 『불경언해』 류에 등장하는 인물들의 존대 정도를 적극적으로 결정하는 화자로 간주된다.[9]

2.1.2. 등장인물로서의 화자

『불경언해』 류에는 다양한 신분의 인물이 등장하여 대화를 나누는 장면이 종종 있는데, 다음 예문이 그 중 하나이다. 설명의 편의를 위해서 앞서 살핀 예문을 다시 인용하기로 한다.

> (7) 가. (원앙 부인이 왕에게) "내 비욘 아기 아돌옷 나거든 일후믈 므스기라 ᄒᆞ고 ᄯᆞᆯ옷 나거든 일후믈 므스기라 ᄒᆞ리잇고 어버ᅀᅵ ᄀᆞ자 이신 저긔 일후믈 <u>一定</u>ᄒᆞ사이다" (월석 8, 96ㄴ)

---

9) 수양대군은 이숭녕(1961)에서는 '집필자', 허웅(1962)에서는 '화자', 윤석민(1989)에서는 '텍스트 생산자', 정진원(1993)에서는 '설화자' 등으로 불려진다.

　가'.　(왕이 부인에게) "나거든 짜해 무더ᄇ료디 ᄒ리이다" (월석 8,
　　　97ㄱ)

　나.　王이 太子ᄭᅴ <u>묻ᄌᆞᄫᆞ샤디</u> "지조롤 어루ᄒᆞᆶ다" (석상 3, 12ㄱ)
　나'.　太子ㅣ (왕께) <u>니ᄅᆞ샤디</u> "네 가짓 願을 일우고져 ᄒᆞ노니 … ᄒᆞ노
　　　이다" (석상 3, 21ㄱ-ㄴ)

　위에서 필자가 " "로 표시한 부분이 바로 각 예문에 등장하는 인물들이
서로 대화한 내용이다. 그러므로 (가)의 원왕부인과 (가')의 왕은 위의 장면
에서는 화자라 할 만하다. 필자가 '등장인물로서의 화자'라 함은 이와 같은
유형의 인물들을 일컫는다.

　그런데 이들의 대화 내용이 객관적인 방식으로 기술되어 있음이 " " 안
에서 확인된다. 이는, 수양은 등장인물들의 대화를 기술할 경우, 관찰자의
입장에서 그들의 대화를 서술하고 있음을 말해준다. 그렇기 때문에, 앞서
살폈듯이 (가)에 등장하는 원왕부인과 사라수대왕이 서로를 대하는 태도와
수양이 이들을 대하는 태도가 다를 수밖에 없었던 것이다. 만약 수양이 자
신의 입장만을 중시하여 위 예문에 등장하는 원앙부인과 사라수대왕의 대
화를 기술하였다면, (가')의 왕이 원앙부인에게 'ᄒᆞ쇼셔'체를 사용하는 것으
로 표현하지 않았을 것이다. 예문 (6나)에서 살핀바 있듯이 수양은 왕만을
존대하기 때문이다.

　그렇다면 수양이 『불경언해』류를 서술하는 태도는 두 가지로 귀결된다.
등장인물들을 기술할 경우에 취하는 주관적인 태도와, 이들의 대화 내용을
기술할 경우에 취하는 객관적인 태도가 그것이다. 예컨대 (나)와 (나')의 앞
부분인 '王이 太子ᄭᅴ 묻ᄌᆞᄫᆞ샤디', '太子ㅣ 니ᄅᆞ샤디' 등이 전자의 태도에서
비롯된 표현이고, " " 안의 '지조롤 어루ᄒᆞᆶ다', '네 가짓 願을 일우고져 …
ᄒᆞ노이다' 등은 후자의 태도에서 비롯된 표현인 것이다.

　수양의 이와 같은 서술 태도는 본고의 논의 전개에 필요한 몇가지 중요
한 사실을 제공해 준다. 첫째, 우리로 하여금 등장인물들 간의 위계 정도를

객관적으로 판정할 수 있는 근거를 마련해 준다는 점이다. 만약 그가 등장 인물들의 대화 내용도 자신의 처지에만 근거하여 서술하였다면 그의 이야 기에 등장하는 인물들의 객관적 위계를 가늠할 방법이 없을 것이다. 그런데 다행히도 수양은 등장인물들의 대화 내용을 객관적으로 서술한 덕분에, 우 리는 등장인물들의 위계를 가늠해 볼 수 있다. 다음 장에서 논의할 내용은 그의 이런 서술 태도에 힘입은 것이다.

둘째, 그의 이런 태도 덕분에 필자는 15세기 국어의 존대 표지인 '시'와 '습', '이'를 모두 관찰할 수 있다는 점이다. 사실 서술자의 태도에서 관찰할 수 있는 존대 표지는 '시'와 '습'으로 한정될 수밖에 없다. 왜냐하면 '이'는 청자를 상대할 경우에만 실현되므로 수양이 자신의 이야기에 거론되는 인 물들과 직접 대화를 나누지 않는 한, '이'는 표지될 수 없기 때문이다. 그런 데 다행히 그가 등장인물들의 대화를 객관적으로 서술하여서, '이'의 기능 을 구명할 수 있는 것이다.

이 점이 바로 필자가 『불경언해』 류의 화자를 '서술자'와 '등장인물로서 화자'로 구별한 이유이다. 이상의 생각을 알기 쉽게 도시하면 다음과 같다.

    (8)   화자$_1$ ← [화자$_2$ ↔ 청자$_2$] → 청자$_1$

여기서 화자$_1$은 [　　]의 대화를 청자$_1$[10]에게 전달하는 서술자이고, 화자$_2$

---

10) 그렇다면 화자$_1$이 상대하는 청자 즉, 도표의 청자$_1$은 누구인가? 본고는 청자를 중시하지 않으므로, 굳이 그를 의식할 필요는 없다. 그러나 본문에 거론된 이상, 간략하게나마 그 에 대해 살피는 편이 좋으리란 생각이다. 수양이 생각하는 청자는 『월석』의 서문을 보면 알 수 있다. 즉, 거기에는 다음과 같은 언급이 있다.

이 經 닐긇 사ᄅ모 光明을 드르혀 제 비취요미 貴ᄒ고 숫가락 자ᄇ며 쏠 두미 ᄀ장 슬ᄒ니 라 … 西天ㄷ 字앳 經이 노피 사햇거든 봃 사ᄅ미 오히려 讀經을 어려비 너기거니와 우리 나랏 말로 옮겨 써 펴면 드릃 사ᄅ미 다 시러 키 울월리니 그럴씨 <u>宗親과 宰相과 功臣과 아숨과 百官 四衆과</u> 發願ㅅ 술위롤 석디 아니ᄒ매 미며 德本을 그지업소매 심거 神靈이 便 安ᄒ시고 百姓이 즐기며 … (월석 서, 22ㄴ–25ㄴ)

위의 밑줄 친 부분이, 수양이 염두에 둔 청자이다. 그는 왕족에서 일반 백성에 이르기까는 화자₁의 이야기 속에 등장하는 화자이다. 예컨대 예문 (6)의 '원앙부인', '사라수왕'과 같은 인물이다.

2.2. 등장인물의 위계

현시점에서 두 문헌에 등장하는 인물의 위계를 가늠할 방법은, 서술자의 입장에서 그들을 바라보는 것이다. 그러나 그가 존대하는 인물 간에도 서열 차가 있기 마련이다. 예컨대 서술자가 '보살'과 '부처'를 동일하게 '시'로써 존대했을지라도 이들의 위상이 같을 리 없다. 일반적인 생각으로도 '보살'보다 '부처'가 더 상위자일 것으로 판단되기 때문이다. 따라서 본고의 작업 역시 이런 차이를 적극 반영해야 할 터인데, 이 점에서는 등장인물들의 대화가 유효하게 사용된다. 즉 보살은 부처에게 'ㄴ이다'체를 사용하고 부처는 보살에게 'ㄴ다'체를 사용했다면, 보살보다 부처를 상위자로 판정할 수 있기 때문이다. 이와 같은 기준에서 등장인물의 존대 등급을 판정하면 다음과 같다.

2.2.1. 최상위자

2.2.1.1. 부처

편찬 동기나 주제 등을 고려할 때, 서술자가 극진히 존대할 인물은 당연히 '부처'이다. 본고의 자료에서는 '석가모니불'이 가장 많이 등장하고, '아미타불, 약사불, 대통지승여래'가 간혹 등장한다.[11] 먼저 서술자가 이들을 대하는 태도부터 살펴보기로 하자.

    지 실로 다양한 인물을 청자로 생각하고 있다.

11) 불교사전(1997 : 338)에 따르면 "불타는 석존[석가모니]뿐이었으나, 뒤에 불교의 교리가 발달함에 따라 과거·현재·미래의 모든 부처님이 있게 되고, 10방의 모든 부처님으로 발전하여 드디어 그 수가 한량없게 되었다" 한다.

(9) 가. 世尊이 文殊를 어마님끠 <u>브리샤</u> <u>請ᄒ야시놀</u> (석상 11, 2ㄱ)

　　나. 이 목숨 ᄆᆞ출 날애 阿彌陁ㅣ 聖衆 <u>ᄃ리샤</u> 갏 길흘 <u>알외시리</u> (월석
　　　　7 : 월곡 211, 61ㄱ)

　　다. 大通이 열 小劫을 <u>디내샤ᄃᆡ</u> 오히려 알퓌 現티 <u>아니ᄒᆞ샤ᄆᆞᆫ</u> 下根
　　　　을 <u>應ᄒ야 뵈실</u> ᄯᆞᄅᆞ미라 (월석 14, 11ㄴ)

　　라. 如來ㅣ 法身올 나토고져 <u>ᄒᆞ신</u> 젼ᄎ로 一切 諸相이 다 이 虛妄이
　　　　라 <u>니ᄅᆞ시니</u> (금강, 31ㄴ)

　　마. 그ᄢᅴ 世尊이 三昧로 <u>브트샤</u> ᄌᆞᆨᄌᆞ느기 <u>니르샤</u> 舍利佛ᄃ려 <u>니ᄅᆞ
　　　　샤ᄃᆡ</u> (법화 1, 134ㄱ-135ㄱ)

밑줄 친 부분을 보면, 서술자가 이들을 '시'로써 존대함을 알 수 있다. 이
점은 익히 예상한 바이다. 하지만 다음 경우는 다르다.

(10) 가. (마야가 세존에게) "죽사릿 어리예 버서낧 이롤 <u>알와이다</u>" (석상
　　　　11, 3ㄴ)

　　나. (정반왕이 세존에게) "如來 소늘 내 모매 다히샤 나롤 便安케 ᄒ
　　　　쇼셔 내 이제 世尊올 ᄆᆞᄌᆞ막 보ᅀᆞᄫ니 측혼 ᄆᆞᅀᆞ미 <u>업거이다</u>"
　　　　(월석 10, 8ㄴ)

　　다. 淨飯王이 울며 니ᄅᆞ샤ᄃᆡ "世尊이 샹녜 神通 <u>三昧ᄒᆞ샤</u> 天眼ᄋᆞ로
　　　　<u>ᄉᆞ뭇 보시며</u> 天耳로 ᄉᆞ뭇 <u>드르샤</u> 大慈悲心ᄋᆞ로 衆生올 <u>濟渡ᄒ
　　　　샤</u> … " (월석 10, 5ㄱ-ㄴ)

위 '마야'와 '정반왕'은 석가의 부모인데, 이들은 (가)와 (나)에서 석가에
게 공손 표지 '이'를 사용하는 한편, (다)에서는 그를 '시'로써 거론하고 있
다. 결국 부모가 자식을 존대한다는 말인데, 이는 석가를 자신의 아들이 아
니라 부처로서 대하고 있기 때문으로 풀이된다. 이유야 어찌됐든, 위와 같
은 예문은, 석가는 부모와 자식의 관계보다 앞선 지존의 신분임을 나타내는
것으로 풀이된다.

2.2.1.2. 정반왕과 마야부인

앞서 언급했다시피 정반왕과 마야는 석가의 부모이다. 때문에 서술자가
이들을 존대할 것은 자명하다.

> (11) 가. 淨飯이 <u>무러시놀</u> 占子ㅣ 判ㅎᄉ봍디 (월석 2 : 월곡 15, 17ㄴ)
>
> 나. (왕이) 病이 <u>便安커시놀</u> 王이 荒唐히 <u>너기샤</u> <u>니ᄅ샤디</u> (월석 10,
> 7ㄴ)
>
> 다. 夫人이 六度를 <u>修行ㅎ더시니</u> … 夫人이 <u>좌시고</u> 아모ᄃ라셔 오는
> 동 <u>모ᄅ더시니</u> (월석 2, 24ㄴ-25ㄴ)
>
> 라. 摩耶 夫人이 忉利天에 <u>겨샤</u> 五衰相이 現ㅎ시고 그낤 바미 다솟
> 가짓 머즌 ᄭ우믈 <u>ᄭ우시니</u> (석상 23, 26ㄱ)

위 (가), (나)는 정반왕에 대한 이야기이고 (다), (라)는 마야부인에 대한
이야기인데 밑줄 친 부분을 보면, 역시 그가 '시'로써 존대함을 알 수 있다.
그런데 다음을 보자.

> (12) 가. 世尊이 彌勒菩薩ᄃ려 <u>니ᄅ샤디</u> " … 波羅捺 大王온 이젯 내 아바
> 님 <u>閱頭檀이시고</u> 그 ᄢ읫 어마니몬 이젯 내 어마님 <u>摩耶ㅣ시고</u> 忍
> 辱太子ᄂ 이젯 내 모미라" (월석 21, 220ㄱ-ㄴ)
>
> 나. (석가가 자신의 아버지에게) 對答ㅎ샤디 "어루 <u>호리이다</u>" (석상
> 3, 12ㄱ)
>
> 다. (부처가 미륵에게) "(鹿母夫人이) 아니 오라 아기를 <u>빈여시놀</u> (석
> 상 11, 30ㄴ)
>
> 라. (세존이 마야부인에게) "모미 디내논 ᄲ히 苦樂과 ᄒᆞᆫ디 ᄃᆞ니ᄂ
> 니 涅槃올 닷가ᅀᅡ 苦樂올 기리 <u>여희리이다</u>" (월석 21, 7ㄱ-ㄴ)

위에서 석가가 자신의 부모를 '시'로써 존대하며, 자신을 공손하게 표현
함을 알 수 있다. 자식이 부모를 존대함은 당연하지만, 마야와 정반왕의 위
상을 어느 정도로 볼 것인가가 문제로 등장한다. 최상위자인 석가가 존대한

인물이라면 최소한 그와 같거나 그보다 상위자로 보아야 할 터인데, 그렇다면 최상위자의 윗 등급을 설정해야 하기 때문이다. 그러나 본고는 이들을 석가와 같은 등급으로 판정하기로 한다. 일단 최상위자 이상의 등급을 설정하는 것은 무의미하게 생각되며, 예문 (10)에서 정반왕과 마야가 석가를 존대한 점을 참작할 때, 이들을 석가보다 상위자로만 볼 수 없기 때문이다.

2.2.2. 상위자

상위자는 앞서 살핀 최상위자들이 존대하는 대상은 아니지만, 서술자인 수양대군이 존대하는 인물을 말한다. 여기에는 야수, 대애도, 보살등이 해당한다.

2.2.2.1. 야수다라, 대애도

야수는 석가의 부인으로, 서술자가 그녀를 어떻게 대하는가는 다음 예문을 보면 알 수 있다.

> (13) 가. 耶輸ㅣ <u>보시고</u> ᄒ녀ᄀ론 분별ᄒ시고 ᄒ녀ᄀ론 깃거 구쳐 니러 <u>절ᄒ시고</u> "안ᄌ쇼셔"ᄒ시고 (석상 6, 3ㄱ)
> 　　나. 耶輸ㅣ 이 말 <u>드르시고</u> ᄆᅀᆞ미 <u>훤ᄒ샤</u> … 目連이롤 블러 <u>懺悔ᄒ시고</u> (석상 6, 9ㄱ)
> 　　다. 俱夷 … 곳 닐굽 줄기롤 가져 <u>겨샤디</u> (월석 1, 9ㄴ)
> 　　라. 俱夷 <u>너기샤디</u> (월석 1, 11ㄱ)

위 (가)와 (나)의 '야수다라'는 석가가 출가하기 전에 부인으로 맞이한 인물이고, (다)와 (라)의 '구이'는 석가가 선혜였을 적에 만난 야수다라의 전생 인물이다. 위의 밑줄 친 표현을 보다시피, 서술자는 그녀를 존대한다.

> (14) 가. (석가가 야수에게) "네 디나건 네 넛 時節에 盟誓ᄒ노니 … 이제 엇뎨 羅睺羅롤 <u>앗기ᄂ다</u>" (석상 6, 8ㄱ-9ㄱ)

나. (정반왕이 대애도에게) "耶輸는 <u>겨지비라</u> 法을 <u>모롤씨</u> 즐굽 <u>드</u>
<u>리워</u> 둧온 뜨들 몯 쓰러 <u>브리느니</u> … " (석상 6, 6ㄴ)

그런데 예문 (14)를 보면, '석가'와 '정반왕'은 야수를 존대하지 않고 있
다. 이는 정반왕이 석가를 대하는 태도와 비교되는 한편, 야수의 위계는 석
가가 속한 최상위자일 수 없음을 알려 준다.

한편 야수와 같은 처지로 대애도가 있다. 그녀는 마야의 동생으로, 마야
가 죽은 후 석가를 기른 인물이어서 서술자의 존대 대상이 될 만하다.

(15) 가. 大愛道ㅣ 五百靑衣 <u>더브르시고</u> 耶輸끠 가아 種種 方便으로 두ㅿㅓ
번 <u>니르시니</u> (석상 6, 6ㄴ)
나. 大愛道ㅣ <u>드르시고</u> 혼 말도 몯ㅎ야 <u>잇더시니</u> (석상 6, 7ㄴ)
다. 大愛道ㅣ 여러 할미 <u>드리고</u> 부텨를 <u>미조쫍바</u> 河水ㅅ 우희 <u>가</u> 부
텻긔 <u>드러</u> 禮數ㅎ습고 ㅼㅗ 出家를 <u>請ㅎ슨바놀</u> (월석 10, 17ㄴ)
라. 大愛道ㅣ 깃거 <u>닐오디</u> (월석 10, 21ㄱ)

우선 주목되는 바는, 대애도를 대하는 서술자의 태도에 일관성이 없다는
사실이다. 즉 (가)와 (나)에서는 그녀를 존대하지만, (다)와 (라)에서는 존대
하지 않고 있다. 그 원인을 서술자가 다르기 때문으로 생각할 수도 있겠다.
다시 말하면, 『석상』의 서술자는 대애도를 상위자로 생각하지만, 『월석』의
서술자는 그녀를 하위자로 생각한다는 식이다. 그러나 이런 추측이 이치에
맞지 않음을 우리는 잘 안다. 두 텍스트의 서술자가 수양대군으로 같다는
사실을 익히 알고 있기 때문이다. 그런데 『월석』에는 다음과 같은 표현이
있어 주의를 요한다.

(16) 가. <u>大愛道ㅅ</u> 우룺 소릴 阿難이 感動홀씨 (월석 10, 16ㄱ)
나. 阿難이 나와 <u>大愛道끠</u> 술보디 (월석 10, 21ㄱ)

위에서 주목할 바는, 밑줄 친 '大愛道ㅅ'나 '大愛道끠'와 같은 표현이다.

안병희(1968·1992 : 52)의 지적대로 이 '-ㅅ'이 '존대의 속격'이라면, 서술자는 『월석』에서도 대애도를 존대한 경우가 있다고 해야 옳다. 그렇지 않다면 '대애도이'나 '대애도이그에'처럼 표현했을 것이기 때문이다. 그렇다면 그녀에 대한 서술자의 진심은 어느 쪽일까? 필자는 대애도를 존대하는 편으로 본다. 그녀를 존대할 때가 그렇지 않을 때보다 많기도 하지만, 대애도의 실제 위상이 그렇게 낮은 것만도 아니기 때문이다. 이 점은 다음을 보면 알 수 있다.

> (17) (야수가 대애도에게) "夫人[대애도]이 며느리 <u>어드샤몬</u> 溫和히 사라
>   千萬 뉘예 子孫이 니어가몰 <u>爲ᄒ시니</u> 太子ㅣ ᄒ마 나가시고 ᄯ 羅睺
>   羅롤 出家히샤 나라 니스리롤 긋게 ᄒ시니 <u>엇더ᄒ니잇고</u>" (석상 6,
>   7ㄱ-ㄴ)

밑줄 친 부분에서 야수가 대애도를 존대하는 한편, 자신을 공손하게 표현함이 확인된다. 앞서 살핀대로 야수는 서술자가 상위자로 인정한 인물이다. 그런 그녀가 대애도를 존대했다면, 서술자 역시 그녀를 존대하는 것으로 보아야 정당할 것 같다.

그렇다면 (15다)와 (15라)에서 보인 서술자의 태도를 어떻게 설명해야 할까? 필자는 '시'의 <u>생략</u>으로 보고자 한다. 어떤 인물을 존대하다가도 '시'를 생략한 경우가 종종 있는데, 위의 (15다)와 (15라)에서 보인 서술자의 태도를 이런 경우로 해석한다는 것이다. 그래야 설명하기도 용이하다. 왜냐하면 존대해야 할 인물에게 존대 표지를 생략한 경우는 많지만, 존대하지 않아도 될 인물을 존대하는 경우는 없기 때문이다. 유동석(1996 : 409)의 지적처럼 국어는, 존대 표지의 생략이 결코 무시할 수 없을 정도로 빈번한 언어이다. 이런 점을 감안한다면, 위와 같은 해석이 그렇게 무리는 아니라고 생각한다. 그러면 최상위자들이 대애도를 대하는 태도는 어떠한가?

> (18) 가. (석가가 대애도에게) "<u>말라</u> 겨지비 내 法律에 드러 法衣롤 니버

　　　도 죽두록 淸淨호 힝뎌글 스못 몯호리라” (월석 10, 16ㄴ-17ㄱ)

　나. (석가가 아난에게) “大愛道ㅣ사 眞實로 善호 뜨디 하며 내그에도
　　　恩惠 잇거니와 … 大愛道ㅣ내 德으로 三寶애 <u>歸依호야</u> 四諦롤 疑
　　　心 <u>아니호며</u> 五根을 <u>信호며</u> 五戒롤 受호야 <u>디니ᄂ니</u> … ” (월석
　　　10, 19ㄱ-ㄴ)

　다. (정반왕이 대애도에게) “ … 그듸 가아 아라 듣게 <u>니르라</u>” (석상
　　　6, 6ㄴ)

위의 석가와 정반왕은 그녀를 존대하지 않고 있다. 정반왕이 왕의 신분임을 감안하면, 그가 대애도를 존대하지 않은 점은 이해되는 바가 없지 않다. 그러나 석가의 경우는 다르다. 왜냐하면 대애도는 석가 자신을 길러 준 인물이어서 존대해야 당연할 것으로 생각되는 까닭이다. 어찌됐든 대애도는 최상위자인 석가나 정반왕의 존대 대상은 아니므로, 최상위자보다 낮은 층위로 간주할 수밖에 없다.

2.2.2.2. 보살

서술자가 상위자로 대하는 인물 가운데에는 보살이 있다. 보살은 “위로는 菩提 즉 깨달음을 구하고 아래로는 중생을 교화하는 이른바 대승의 이상적 인간상이다(학중, 1994 : 30)”. 즉 보살은 부처를 보좌하고 일반 백성과 부처를 이어주는 교량 역할을 하는 인물이다.[12]

서술자의 이야기에 등장하는 보살은 ‘관세음보살, 대세지보살, 문수사리, 지장보살, 보현보살, 미륵보살’ 등으로 아래의 예문에서 이들을 대하는 서술자의 태도를 살필 수 있다.

---

12) 『월석』에서는 보살을 다음처럼 규정하고 있다.

　(가) 菩薩온 菩提薩埵ㅣ라 혼 마롤 조려 니르니 菩提ᄂ 부텻 道롤 조려 니르니 菩提ᄂ 부텻
　　　道理오 薩埵ᄂ 衆生을 일울씨니 부텻 道理로 衆生濟渡호시ᄂ 사ᄅᄆᆯ 菩薩이시다 호ᄂ니
　　　라(월석 1, 5ㄱ)

　(나) 여듧 菩薩온 觀世音菩薩와 彌勒菩薩와 虛空藏菩薩와 普賢菩薩와 金剛藏菩薩와 文殊舍利菩薩
　　　와 除障礙菩薩와 地藏王菩薩왜라 (월석 9, 36하-37ㄱ)

(19) 가. 菩薩摩訶薩 八萬 사른미 다 阿耨多羅三藐三菩提예 므르디 아니ᄒ
샤 다 陁羅尼와 樂說辯才를 得ᄒ샤 므르디 아니 홇 法輪을 그우
리샤 無量百千 諸佛을 供養ᄒᅀᄫ 여러 부텨끠 한 德ㅅ 根源을
시므샤 샹녜 諸佛이 일ᄏ라 讚嘆ᄒ시며 慈悲心ᄋ로 몸 닷가 부
텻 智慧예 잘 드르샤 … ” (석상 13, 3ㄴ-4ㄴ)

나. 이 ᄢ 文殊舍利法王子ㅣ 모든 四衆을 어엿비 너기샤 大衆中에 겨
샤 곧 座로셔 니르샤 (능엄 2, 55ㄴ)

다. … 菩薩ᄋᆫ 智 기프샤 가줄 비건댄 큰 象이 ᄀᆮᄒ시니 … (영가 하,
61ㄱ)

라. 그 ᄢ 彌勒菩薩ㅣ ᄌᆞ개 疑心 決코져 ᄒ시며 ᄯᅩ 四衆 比丘 比丘尼
… 鬼神 等 모든 會옛 ᄆᅀᅮ몰 보시고 (법화 1, 66ㄴ)

곧 서술자는 보살을 ‘시’로써 존대하고 있다. 그가 불교를 숭상했다는 사
실을 미루어 볼 때, 위처럼 보살을 존대함은 당연한 사실로 인식된다. 때문
에 필자는 보살을 서술자로부터 ‘시’로써 존대해야 할 상위자로 인정하고자
한다. 그러나 이들은 석가보다는 낮은 신분으로 보인다.

(20) 가. (석가가 위제희에게) “ … 觀世音菩薩 像ᄋᆫ 왼녁 華座애 안자 金
色이 다르디 아니코 大勢至菩薩 像ᄋᆫ 올ᄒᆞ녁 華座애 안자 이 想
잃 저긔 부텨와 菩薩왓 像이 다 金色 光ᄋᆯ 펴샤 寶樹를 비취시
니 … ” (월석 8, 23ㄱ-ㄴ)

나. (석가가 위제희에게) “ … 버거 大勢至 菩薩ᄋᆯ 볼띠니 이 菩薩ㅅ
모미 大小ㅣ 觀世音과 ᄀᆮ고 圓光이 面마다 各各 一百 스믈 다ᄉᆺ
由旬이오 二百 쉰 由旬을 비취며 … ” (월석 8, 38ㄱ)

다. (大樂說 보살이 석가에게) “世尊하 엇던 因緣ᄋᆞ로 이 寶塔이 ᄯᅡ
홀 조차 소사나며 그 中에 이 音聲을 내시ᄂᆞ니잇고” (법화 4,
113ㄱ)

라. (석가가 威德自在菩薩에게) “됴타 됴타 … 如來ㅅ게 이 ᄀᆮᄒᆫ 方便
을 묻ᄂᆞ니 네 이제 仔細히 드르라 반ᄃᆞ기 너 爲ᄒᆞ야 닐오리라”
(원각 하 2-1, 7ㄱ)

석가는 이들을 거론할 경우에도 존대 표지를 사용하지 않음은 물론, 직접 상대할 경우에도 '느다'체를 사용하고 있기 때문이다. 따라서 위의 보살들은 최상위자보다 낮은 상위자라 할 수 있다.

2.2.3. 동위자

여기서 '동위자'라 함은 서술자가 자신과 대등한 관계로 파악한 인물을 일컫는다. '왕'과 '석가 제자'가 이에 해당한다. 이 두 인물을 이렇게 보는 이유는 다음 자료를 분석하는 과정에서 밝혀질 것이다.

2.2.3.1. 석가 제자

석가 제자로는 '사리불, 목건련, 대가섭, 아난다' 등이 있는데,[13] 이들을 대하는 서술자의 태도는 다음과 같다.

> (21) 가. 寶帳盖幢幡 아래 大目揵連이 <u>안자</u> 琉璃 <u>곧호야</u> 안팟기 <u>비취니</u>
> (월석 7, 20ㄴ : 월곡 184)
> 나. 雪山白玉堀애 舍利弗이 <u>앉고</u> 五百沙彌 七寶堀애 <u>안즈니</u> 舍利弗
> 金色身이 <u>金色放光호고</u> 法을 닐어 沙彌롤 <u>들이니</u> (월석 7, 20ㄴ
> -21ㄱ : 월곡 185)
> 다. 舍利弗온 智慧雙 <u>업서</u> 決定히 <u>아로미</u> 第一이오 大目連은 두려이
> <u>불가</u> 훤히 <u>스뭇차</u> 神通이 <u>第一이오</u> 拘絺羅는 根性이 <u>聰敏호야</u>
> (능엄 1, 27ㄴ-28ㄱ)
> 라. 目連돌히 모슴매 제 便安티 몯호묜 王ㅅ 차반 <u>맛나눌</u> … (법화
> 3, 64ㄱ)

---

13) 『월석』에서는 다음과 같이 제자들을 열거하고 그들의 신통력을 기술하고 있다.

弟子ㅣ 各各 한 德이 가조더 權으로 專門을 뵈야 큰 教化롤 돕스볼씨 大迦葉은 頭陁 第一이오 舍利弗은 智慧 第一이오 目揵連은 神通 第一이오 迦旃連은 論議 第一이오 阿那律은 天眼 第一이오 富樓那는 說法 第一이오 須菩提는 解空 第一이오 阿難온 多聞 第一이오 離婆多는 持律 第一이오 羅睺羅는 密行 第一이라 (解空온 空올 알씨오 持律은 律을 디닐씨오 密行온 비밀호 힝뎌기라) (월석 11, 19ㄱ)

마. 그쁴 舍利弗이 <u>合掌ᄒ야</u> 尊顔올 울워러 <u>보ᅀᄫ와</u> 이 부텻긔 <u>술오</u>
덕 (법화 2, 3ㄴ)

위에서 보여지는 바와 같이, 서술자는 '석가 제자'들에게 '시'를 사용하지
않는다. 때문에 수양이 석가 제자들을 존대하지 않은 것처럼 생각하기 쉽다.
그러나 그가 '억불숭유' 책을 폈던 당시의 왕족 신분으로 불교를 옹호했다는
사실을 감안하면,14) 이렇게 쉽사리 단정 지을 수만도 없는 것으로 생각된
다. 석가 제자들은 석가의 교리를 따르고 그를 가까이서 모시는 인물이므로,
불교의 신자라면 이들을 존대해야 마땅할 것으로 보이기 때문이다. 사실 다
음 예문을 보면, 석가 제자들의 객관적 위상이 그렇게 낮은 것도 아니다.

(22) 가. (야수가 목련에게) "<u>안ᄌ쇼셔</u>" … "<u>므스므라 오시니잇고</u>" (석상
6 3ㄱ)

　　가'. (목련이 야수에게) "太子 羅睺羅ㅣ 나히 ᄒ마 아호빌씨 出家ᄒ
여 … 네 가짓 受苦ᄅᆯ 여희여 涅槃 得호ᄆᆯ 부텨 ᄀᆮ시긔 <u>ᄒ리</u>
<u>이다</u>" (석상 6, 3ㄱ-4ㄱ)

　　나. (야수가 목련에게) "도라가 세존끠 내 ᄠᅳ들 펴아 <u>술ᄫᅧ쇼셔</u>" (석
상 6, 6ㄱ)

앞서 살핀 바와 같이, 야수는 석가의 부인으로 서술자가 상위자로 인정한
인물이다. 그런데 위를 보면, 그녀가 목련을 'ᄂᆞ이다'체로써 공손히 대하고
있음이 확인된다. 목련이 부처의 제자이기에, 야수가 그를 예우해 주는 것
으로 이해되지만, 어쨌든 그녀가 목련에게 보인 태도는 목련의 위상이 그렇
게 낮지만은 않을 것임을 암시해 준다. 그렇다면 위의 예문 (21)에서 보인
서술자의 태도를 어떻게 이해해야 하는가?

---

14) '억불 숭유' 정책을 폈던 당시에, 수양이 어떻게 불경을 언해하게 되었는가와 그가 얼마
　나 극진한 '숭불자'였는지는, 강신항(1991 : 246)에 자세히 언급되어 있다.

일반적으로 신분이 대등한 처지라면, 서로 'ᄂ다'체로 상대함이 보통이고, 격식을 차리거나 예우하려 할 경우에는 'ᄂ이다'체를 사용하기도 한다. 다음의 예가 이를 증언해 준다.

(23) 가. (미륵이 문수에게) "文殊舍利여 導師ㅣ 엇던 젼ᄎ로 眉間白毫앳 大光이 너비 비취시니 … 四部衆이 다 기꺼 몸과 ᄠᅳ쾌 훤ᄒᆞ야 네 업던 이룰 <u>얻ᄌᆞᄫᆞ뇨</u>" (석상 13, 16ㄱ-ㄴ)

가'. (문수가 미륵과 선남자에게) "내 혜여ᄒᆞ니 이제 世尊이 큰 法을 니르시며 큰 法雨를 비ᄒᆞ시며 큰 法螺를 부르시며 큰 法鼓를 티시며 큰 法義를 <u>펴려ᄒᆞ시ᄂ다</u>" (석상 13, 26ㄴ)

나. (보현보살이 지장보살에게) "仁者ㅣ 願ᄒᆞᆫ 天龍八部와 未來 現在옛 一切 衆生 爲ᄒᆞ야 娑婆世界와 閻浮提 罪苦 衆生이 이 報受ᄒᆞᄂ 짜 地獄 일훔과 구즌 報等엣 이룰 <u>니르샤</u> 未來世 末法 衆生이 이 果報를 알에 <u>ᄒᆞ쇼셔</u>" (월석 21, 73ㄱ-ㄴ)

나'. (지장보살이 보현보살에게) "仁者[보현보살]하 내 이제 부텻 威神과 大士ㅅ 히믈 바다 地獄 일훔과 罪報惡報앳 이룰 어둘 닐오리니 … 願ᄒᆞᆫ 仁者ㅣ 이 마룰 쟘간 <u>드르쇼셔</u> (월석 21, 74ㄱ-79ㄱ)

위는 신분이 같은 보살들의 대화이다. 그런데 (가)의 '미륵'과 '문수'는 서로를 'ᄂ다'체로 상대함에 비하여, (나)의 '보현'과 '지장'은 'ᄂ이다'체로 상대하고 있다. 동료간이라면 어느 경우나 가능하다. 다만 서로를 대하는 정도가 같아야 한다. 피차 'ᄂ다'체로 상대하든지 'ᄂ이다'체로 상대해야 한다는 말이다. 그렇다고 하여 (가)의 미륵과 문수가 서로를 하위자로 생각하는 것은 결코 아니다. 다만 격식이나 예를 갖춰 대할 필요가 없다고 생각한 것뿐이다.

서술자가 석가 제자들에게 보인 예문 (21)의 태도도 이런 맥락이라 생각한다. 서술자는 스스로를 석가의 가르침을 받고 따르는 제자로 간주하고서,

석가 제자들을 자신과 대등한 처지로 생각했으리란 것이다. 그렇기 때문에, 그는 특별한 경우가 아니라면 석가 제자들을 '-시-'로써 존대할 필요를 느끼지 못했던 것이다.

　그렇다면 텍스트에서 이들의 위상은 어느 정도인가? 결론부터 말하면, 하위자보다 높고 상위자보다 낮은 신분으로 생각된다. 이와 같은 결론은 다음을 참조할 때 더욱 분명해진다.

> (24) 가. (수달이 사리불에게) "世尊이 흐ᄅ 몃 里를 <u>녀시ᄂ니잇고</u>" (석상 6, 23ㄱ)
> 　　 나. (사리불이 수달에게) "흐ᄅ 二十 里를 녀시ᄂ니 轉輪王이 녀샤미 <u>ᄀ트시니라</u>" (석상 6, 23ㄱ)
> 　　 다. (수달이 사리불에게) "大德 [사리불]하 사ᄅ미 다 모다 잇ᄂ니 <u>오쇼셔</u>" (석상 6, 29ㄴ)

　본 논의가 진행되면서 차차 설명되겠지만, 위의 '須達'은 서술자가 하위자로 대하는 인물이다. 그런 수달은 석가 제자인 '舍利弗'을 존대하지만, 사리불은 그를 존대하지 않고 있다. 여기서 사리불로 대표되는 '석가 제자'는 수달로 대표되는 '일반 백성'보다 상위자임을 깨닫는다. 이는 다음의 예문에서 더욱 확연해진다.

> (25) 가. (아난이 구탈에게) "뎌 藥師琉璃光如來 恭敬 供養ᄒᅀᆞᄫᅩᆯ 엇뎨 ᄒᆞ며 續命幡과 燈과를 엇뎨 <u>밍ᄀᆞ리잇고</u>" (월석 9, 52ㄱ-ㄴ)
> 　　 나. (구탈이 아난에게) "大德 [아난]아 아뫼나 病ᄒᆞᆫ 사ᄅ미 病을 여희오져 ᄒᆞ거든 … 뎌 藥師琉璃光如來를 저ᅀᆞᄫᅡ 供養ᄒᅀᆞᄫᅡ … 뎌 如來ㅅ 像 닐구블 밍ᄀᆞ숩고 … 雜 숨튼 즁싱 마순 아호블 노ᄒ면 어려른 厄올 버서나며 모딘 귓거슬 아니 <u>자피리라</u>" (월석 9, 52ㄴ-53ㄴ)

　위 예문 (25)의 '구탈보살'은 석가 제자인 '아난'을 'ᄂ다'체로 상대하지

만, 아난은 구탈보살을 '느이다'체로 상대하고 있다. 곧 석가 제자는 보살을
상위자로 인정하지만 보살은 석가 제자를 하위자로 간주한다는 말이다. 따
라서 지금까지 살핀 자료들을 점검하여 보면, 석가 제자는 상위자인 보살보
다 낮고 하위자인 일반 백성보다 높은 신분으로 결론된다.

2.2.3.2. 왕

본고의 자료에 출현하는 '왕'은 서술자에게 석가 제자와 같은 대접을 받
는 것으로 보인다. 그가 왕을 자신과 대등한 신분으로 간주한다는 점에서
그렇고, 이들을 하위자보다 높고 상위자보다 낮게 보고 있다는 점에서 그러
하다. 우선 왕을 대하는 서술자의 태도부터 살피기로 하자.

> (26) 가. 녀느 나랏 王이 혼날 다 아돌 <u>나ᄒᆞ며</u> (월석 2, 45ㄴ)
>
> 　　나. 國王이 變化 <u>보ᅀᆞᄫᅡ</u> 됴ᄒᆞᆫ 므슴 <u>내니</u> 臣下도 ᄯᅩ 내니이다 (월석
> 　　　　7, 25ㄱ-ㄴ : 월곡 195)
>
> 　　다. 그 ᄢᅴ ᄯᅩ 遮頗國과 ⋯ 摩竭王 阿闍世왜 다 四兵 <u>니르받다 와</u> 香
> 　　　　姓엣 婆羅門ᄋᆞᆯ 狗尸城에 <u>브려</u> <u>安否ᄒᆞ고</u> <u>닐오ᄃᆡ</u> (석상 23, 52ㄴ
> 　　　　-53ㄱ)
>
> 　　라. 阿闍世王이 아니 <u>준대</u> (석상 23, 57ㄴ)
>
> 　　마. 舍衛國은 波斯匿 王이 <u>사논</u> 나라히라 (금강 서 2ㄴ)
>
> 　　바. 그ᄢᅴ 毗沙門天王 <u>世間擁護ᄒᆞᄂᆞ니</u> 부텻긔 <u>술오ᄃᆡ</u> (법화 7, 114ㄴ)

위에서 보다시피 서술자는 왕을 존대하지 않는다.[15) 왕이 한 나라의 지배

---

15) 서술자가 당시 인도에서 왕의 위치를 고려하여 존대하지 않은 것이 아닐까 하는 의문에
　　제기될 수도 있다. 주지하다시피 과거 인도의 신분 체계는 "바라문 · 찰제리 · 폐사 · 수다
　　라의 네 계급으로 나뉘어 혼인 · 직업 · 관습 등이 엄격하게 제한되어 있었는데(국어사전,
　　2050)", 왕은 위에서 찰제리의 신분에 해당한다. 그러므로 서술자인 수양은 이 점을 고려
　　하여 왕을 존대하지 않은 것으로 생각할 법하다는 말이다.
　　그러나 수양은 『불경언해』류에 등장하는 인물들을 당시 인도의 신분 체계 속에서 파악
　　하지 않고, 그가 속해 있는 조선의 신분 체계 속에서 재해석한 것으로 보인다. 이 점은
　　그가 '바라문'이나 '장자'를 대하는 태도로 충분히 짐작할 수 있다. '바라문'과 '장자'에

자임을 생각한다면 위에서 보인 서술자의 태도를 쉽게 이해할 수 없지만, 그의 신분을 고려하면 한편으로 이해되는 바가 없지 않다. 서술자는 스스로를 왕과 대등한 입장으로 간주하고서 다른 왕들을 평대하는 것으로 보이기 때문이다.16) 그런데 문제는 다음과 같은 경우이다.

> (27) 가. 周昭王 嘉瑞롤 蘇由ㅣ아라 술바눌 南郊애 돌흘 <u>무드시니</u> (월석 2, 47ㄱ)
>
> 나. 그저긔 東土앤 周 昭王이 <u>셔엣더시니</u> (월석 2, 48ㄴ)
>
> 다. (周) 穆王이 臣下ᄃ려 <u>무르신대</u> (석상 23, 22ㄴ)
>
> 라. 漢 明帝ㅅ 吉夢올 傳毅 아라 술바눌 西天에 使者 <u>보내시니</u> (월석 2, 47ㄴ : 월곡 27)
>
> 마. 首 楞嚴王이 미리 그러홇 둘 <u>아ᄅ샤</u> 秘密혼 經典올 크게 <u>펴샤</u> (능엄 서, 3ㄱ)
>
> 바. 須彌産王이 因緣 업디 아니ᄒ며 因緣 젹디 아니ᄒ야 뒤에 툿하야 般若敎 니ᄅ와ᄃ샴도 쏘 이 ᄀᆮᄒ야 한 因緣이 <u>ᄀ즈시니</u> (심경, 11ㄴ)

대한 수양의 태도는 차후에 알게 되겠지만, 그는 이들을 존대하지 않는다. 그러나 정작 인도에서 '바라문'은 최상의 계급에 속하며 '장자' 역시 '찰제리'의 위치에 해당한다. 따라서 수양이 인도에서의 이들의 위상을 고려하였다면, 당연히 존대해야 할 것이고, 또 왕이 바라문을 존대하는 것으로 서술해야 하겠지만, 전혀 그렇지 않다.

이런 점들로 볼 때, 수양은 왕 역시 조선의 왕과 대등한 위치로 대접한다고 해석해야 할 것 같다. 그렇다면 그는 당연히 왕을 존대해야 하는데, 본문의 예문에서는 왕을 존대하지 않았다는 말이다.

16) 이와 관련하여 서상준(1994 : 111)의 의견이 주목된다. 그는 평대의 범위를 화자와 대등한 관계에 있는 사람뿐만 아니라 일반적으로 하위자로 보는 인물들까지로 보고 있다. 곧 그는 '평대'를 "화자가 자신과 대등한 위치나 손아래의 위치에 있는 청자에게 특별히 높임이나 낮춤의 의도를 드러내지 않고 대우하는 말씨로서 소위 '해라'형을 가리키는 것."으로 정의하고 각주의 형식을 빌려 "'해라'는 친구나, 부모와 자식, 형제처럼 허물없는 사이에서 굳이 '높임'과 '낮춤'을 의식하지 않고 화자의 뜻을 전달하는 '평대'의 말씨이다."는 부연 설명을 하고 있다.

물론 평대의 관계를 '손아래'에까지 확대시킨 점은 필자와 다르지만, '화자가 자신과 대등한 위치의 인물에게 굳이 높임과 낮춤을 의식하지 않고' 쓰는 형식을 '평대'로 간주한 점은 필자와 같다.

서술자는, 위의 왕은 '시'로써 존대하고 있기 때문이다. 이는 분명 그가 예문 (26)에서 보인 태도와 상치된다. 이런 불일치를 어떻게 설명할 것인가? 그런데 공교롭게도 위 예문 (27)의 (가)~(마)에 등장하는 왕은, 모두 중국 왕이란 사실이 주목된다. 조선이 중국을 예우하여 그 나라 왕을 황제로 받들었다는 사실을 잘 아는 우리로서는, (27)과 같은 표현을 예사롭게 넘길 수 없다. 즉 위는 조선 왕인 수양이 중국 왕에게 보이는 예우적 태도로 짐작되기 때문이다.

그런데 (바)의 '수미산왕'은 중국의 왕이 아님에도 서술자는 그를 존대하고 있다. 이는, 수미산왕의 정체를 알면, 서술자가 그에게 보인 태도를 이해할 수 있는데, '수미산왕은 불교에서 제석천으로 불리는 왕으로, 불법과 불법에 귀의하는 사람을 보호하는 왕(불교 사전, 788)'이다. 그런 까닭에 서술자는 그를 존대할 수밖에 없었던 것이다.

그렇다면 텍스트에서 왕의 위치는 어느 정도인가? 이들의 직함만 보아도 일반 백성보다 높으리란 점을 쉽게 예측할 수 있다. 그러므로 상위자인 보살과의 관계만을 살피면 될 터인데, 불행히도 이들의 대화를 찾아볼 수 없다. 이런 상황에서는 보살의 하위자로 판명된 석가 제자와의 관계를 비교하는 것도 한 방법일 수 있다.

(28) 가. (優塡王이 阿難에게) "如來 어듸 겨시니잇고" (석상 11, 10ㄱ)
　　　가'. (阿難이 優塡王에게) "大王하 나도 如來 겨신 디룰 모르ᅀᆞᆸ바이다" (석상 11, 10ㄱ-ㄴ)

　　　나. (阿那律이 大王에게) "如來 요ᄉᆡ예 忉利天에 겨시더니 後ㅅ 닐웨예 閻浮提예 도라오시리이다" (월석 21, 194ㄱ)

위에서 보다시피 '아난'과 '왕'들은 서로 존대하는 처지이다. 그러므로 이들을 동등하게 간주해도 무방하리라 생각한다. 그렇다면 본 텍스트에 등장하는 '왕'은 '아난 아나률, 가섭' 등과 같은 '석가 제자'와 마찬가지로, '보살'이나 '정반왕·마야' 등으로 대표되는 상위자보다 낮고 이후에 살필 '바라문', '태자' 등과 같은 하위자보다 높다는 결론에 도달한다.

2.2.4. 하위자

하위자는, 서술자가 '시'로써 존대하지 않은 인물들이다. 그 점에서는 동위자와 같으나 서술자보다 낮은 계층이라는 점이 동위자와 차이를 보인다. 이에 해당하는 신분은 태자, 대신, 장자,[17] 비구니, 존자, 학자, 바라문 등으로, 이들을 상대하는 서술자의 태도를 굳이 확인할 필요도 없겠지만, 몇 예만을 제시하면 다음과 같다.

> (29) 가. 태자ㅣ 구쳐 쁘라눌 (석상 6, 25ㄱ)
>
> 나. 舍衛國 大臣 須達이 가ᅀᆞ며러 쳔랴이 그지 업고 布施ᄒᆞ기를 즐겨 艱難ᄒᆞ며 어엿븐 사ᄅᆞᆷ 쥐주어 거리칠씨 號ᄅᆞᆯ 給孤獨이라 ᄒᆞ더라 (석상 6, 13ㄱ)
>
> 다. 學者ㅣ 안 므슷 經을 디녀 볼기 제 보아 淸淨 佛心이 數量애 너머 (금강 서, 6ㄴ)
>
> 라. 大鑑 慧能과 圭峰 宗密와 … 傅大士와 宗鏡과 이 다ᄉᆞᆺ 大士ᄂᆞᆫ 다 사ᄅᆞᆷ과 하ᄂᆞᆯ히 尊ᄒᆞᄂᆞᆫ 배며 法海의 가ᄂᆞᆫ 배라 (금삼 아함서, 8ㄴ-9ㄱ)
>
> 마. 比丘ㅣ 누비 닙고 錫杖 디퍼 竹林國 디나아 紗羅樹 國王의 가 錫杖ᄋᆞᆯ 후ᄂᆞᆫ대 (월석 8, 92ㄱ)
>
> 바. 優婆趜多尊者ㅣ 一萬八千 阿羅漢 ᄃᆞ리고 오나눌 (석상 24, 34ㄱ)
>
> 사. 法藏이 長安 二年에 셔읋 淸禪寺애 經 飜譯 餘暇애 마초아 … 淸白ᄒᆞ며 簡略호미 性이 일며 孝忠ㅣ 므ᅀᆞ물 브트며 (심경 66ㄴ)

---

17) 그런데 사실 다음을 보면 '장자'의 객관적 신분이 그리 낮지도 않았던 듯하다.

長者ᄂᆞᆫ 위두ᄒᆞᆯ씨니 姓도 貴ᄒᆞ며 벼슬도 노ᄑᆞ며 가ᅀᆞ멸며 석석ᄒᆞ야 므싀여보며 智慧 기프며 니틀며 힝뎍 조ᄒᆞ며 禮法이 ᄀᆞᄌᆞ며 님그미 恭敬ᄒᆞ시며 百姓이브터 열가짓 이리 ᄀᆞᅀᅡ 長子ㅣ라 ᄒᆞᄂᆞ니라 (월석 2, 23ㄱ)

그럼에도 불구하고 『불경언해』류에서 하위자로 간주되는 이유는 화자가 왕의 입장에서 그들을 대하기 때문으로 풀이된다.

서술자가 왕에 버금가는 신분이므로 하위자의 범위는 자연히 넓어질 수밖에 없다. 객관적으로, 태자나 대신, 장자[18] 등은 그리 낮은 신분이 아님에도 불구하고 본고의 자료에서는 하위자로 대접받는다.

위 인물 중 비구나 바라문 등은 특정한 지위가 없는 까닭에 태자와 대신보다 더 하위자로 판정될 만하다. 그러나 이들은 불교에 입문한 사람이라는 사실 때문에 경우에 따라서는 왕에게도 예우를 받는 존재이다.

> (30) 가. (비구가 아육왕에게) " … 내 부텻 弟子ㅣ로니 諸漏 업수믈 得ᄒ
>   야 죽사릿 큰 저푸믈 이제 다 <u>버서나이다</u>" (석상 24, 16ㄴ)
>   가'. (아육왕이 바구에게 묻기를) "부톄 아래 므스기라 니르샨 마리
>   <u>잇ᄂ니잇고</u>" (석상 24, 16ㄴ-17ㄱ)
>
>   나. (왕이 비구에게 묻기를) "어드러셔 므슷 일로 <u>오시니잇고</u>" (월석
>   8, 92ㄴ)
>   나'. (비구가 대답하기를) "大王하 엇더 나롤 <u>모르시니잇고</u> … 聖人
>   이 쏘 나롤 브리샤 '大王 모롤 請ᄒᅀᄫᅡ 오나든 찻믈 기를 維那
>   롤 삼ᅀᄫ리라' ᄒ실ᄊᆡ 다시 <u>오ᅀᄫ이다</u>" (월석 8, 92ㄴ)

위의 예만을 보면, 비구를 왕과 대등한 신분으로 간주하기가 쉽다. 하지만 이는 특별한 상황일 뿐이고, 이들은 다음처럼 대우를 받음이 보통이다. 예컨대, 아래의 바라문과 비구는,[19] 왕보다 낮은 장자 신분인 호미에게도

---

18) 장자는 "인도에서 좋은 집안에 나서 많은 재산을 가지고 덕을 갖춘 사람(불교사전, 1997 : 763)"이므로, 우리나라로 보자면 대신에 비유됨 직하다. 『월석』에서는 '바라문'을 다음과 같이 설명하고 있다.

婆羅門은 조흔 힝뎌기라 ᄒ논 마리니 뫼해 드러 일 업시 이셔 힝뎌기 조흔 사르미라 (월석 1, 5ㄴ 협주)

19) 불교사전(1997 : 239)에 의하면, 바라문은 인도 4姓의 최고 지위에 있는 종족인 '승려'계급에 해당하고, 임금보다 윗자리에 있으면서 신의 후예라 자칭하고 정권을 陪審한다고 한다. 때문에 어찌보면 왕보다 더 상위의 대접을 받을 만 하지만 우리의 자료에서는 '비구'와 같은 대우를 받는 듯 하다. 이는 그 당시 조선의 실정에 맞춰 그들의 신분을 재 편성한 때문으로 생각된다.

존대 받지 못한다.

> (31) 가. (바라문이 호미에게) "舍衛國에 혼 大臣 須達이라 호리 잇느니
>   <u>아르시느니잇가</u>" (석상 6, 14ㄴ-15ㄱ)
>   나. (호미가 대답하기를) "소리쑌 <u>듣노라</u>" (석상 6, 15ㄱ)
>   다. (바라문 호미에게 말하기를) "(수달이) 舍衛國 中에 뭇 벼슬 놉
>   고 가슨며루미 이 나라해 그듸 ᄀᆞ티니 … 그듯 ᄯᆞ롤 <u>맞고져ᄒᆞ더</u>
>   <u>이다</u>" (석상 6, 15ㄱ)

　때문에 위의 상황을 고려하면, '바라문' 등은 앞서 살핀 하위자보다 더 하위자로 처리해야 마땅하겠지만, 이 등급을 더 이상 세분하는 것은 본 논의의 주된 관심사가 아니기에 하위자로 통괄하고자 한다.

　본장은 중세국어 존대 체계 수립을 위한 전제적 성격을 지닌다. 우선 연구의 성격상, '화자'의 존재가 매우 중요하게 생각되어, 먼저 본고의 연구 대상에 나타난 화자를 '서술자로서의 화자'와 '등장인물로서의 화자'로 구별하기로 하였다. 물론 전자는 수양대군을, 후자는 그의 이야기에 등장하는 인물을 일컫는다. 이처럼 화자를 구별한 이유는 다음과 같다.

　수양이 우리가 주목하는 연구 자료를 서술한 태도가 일정치 않기 때문이다. 즉 그는 등장인물들을 직접 서술할 경우에는 자신의 처지에 입각하여 그들의 위계 정도를 결정하는 다분히 주관적인 태도를 취한다. 그러나 이들의 대화 내용을 기술할 경우에는 철저히 관찰자적인 입장에서 객관적인 태도를 취하여 그들의 위계 정도를 결정한다. 따라서 동일 대상일지라도 서술자가 가늠한 위계와 등장인물 상호 간에 가늠하는 위계 정도가 같지 않은 경우가 많다. 필자는 이와 같은 수양의 서술 태도를 유념하여, 화자를 '서술자'와 '등장인물로서의 화자'로 구별하기에 이른 것이다.

　이상의 작업을 토대로 필자는 또 『불경언해』류에 나타난 등장인물들의 위계 정도를 가늠하였다. 그럼으로써 앞으로의 논의에 객관성을 부여하고자

한 것이다. 먼저 서술자가 취한 존대 양상을 중시하고, 그 다음 등장인물로서의 화자들이 서로를 대하는 태도를 참조하여, 다음과 같은 네 단계의 위계를 설정하였다.

- 최상위자 : 정반왕, 마야부인, 석가, 여러 부처(아미타불 약사불 대통지승 여래 등)
- 상위자 : 대애도, 야수다라, 보살(문수사리, 보현보살, 지장보살 등)
- 동위자 : 왕, 석가의 제자 (아난 가섭, 아난률, 수보제 등)
- 하위자 : 태자, 장자, 대신, 비구, 바라문, 존자

제3장 ┃ 15·16세기 존대법의 사회언어학적 접근 가능성 모색

본장에서는 15·16세기 존대법의 사회언어학적인 접근을 시도한다.[1] 국어 연구에서 존대법의 위상이나 필요성을 언급하는 것 자체가 새삼스러울 만큼, 이 분야는 그동안 연구자들의 많은 관심 속에서 다각도로 연구되었다.[2] 그럼에도 불구하고 중세국어 존대법을 사회언어학적 관점에서 해명하

---

[1] 본장에서는 이후 15·16세기 국어를 중세국어시기로 일컫기로 한다. 지금까지 필자는 이 두 세기를 독립적으로 간주해야 한다는 입장을 견지하였다. 그러나 여기서는 이 두 세기 존대법의 사회언어학적 접근을 시도하는 만큼, 굳이 이들을 나눌 필요가 없다고 생각하기 때문이다.

[2] 중세국어 존대법에 대한 연구는 김영욱(1997), 이숭녕(1962·1964), 안병희(1992), 성기철(1979), 허웅(1962·1989) 등이 대표적이고, 현대국어 존대법의 연구는 성기철(1984·1985), 이익섭(1974), 임홍빈(1986·1990), 임동훈(2000) 등이 대표적이다.

우선 중세국어 존대법 연구에서는 '시'를 '주체 존대법'으로 간주하는 데에는 이견이 없지만, '숩'에 대해서는 다음과 같은 몇 가지 유형으로 대별된다. 즉 그것을 '겸양' 표지로 이해하는 입장(안병희, 이숭녕 등)과 '객체 존대' 표지로 간주하려는 입장(허웅) 등이 그것이다. 이에 비해 현대국어 존대법에서는 주로 '공손법'의 위계 설정이 다루어졌는데, 대부분 초반기에는 '합쇼-하오-하게-하라'와 같은 4분 체계로 간주하다가 현대에 이르러서는 여기에 '해'와 '해요'체를 각각 '두루 낮춤'과 '두루 높임' 혹은 이들을 '비격식체'로 간주하는 2분법적 입장을 취하고 있다.

그러나 최근에는 이에 대한 사회언어학적 접근이 활발히 시도되고 있는데, 이정복(1998·2000·2001·2002), 박영순(1976·2004), 이기갑(1997), 유송영(1997) 등이 대표적이다. 이들은 존대법은 화자와 청자의 위계질서도 중요하지만 이외에 '힘'과 '유대' 혹은 '쓰이는 상황'에 따라 존대 방식이나 양상이 달라짐에 유의하여, 이러한 기능들을 존대법에서 찾아 보려는 시도를 하고 있다.

려는 시도는 전무하다고 해도 과언이 아니다. 이는, 당대 언어 자료가 문헌 형태로 존재하는 까닭에 발화 환경이나 대화자 간의 역학 관계를 명쾌하게 결정짓기 어렵다는 난제를 안고 있기 때문이 아닌가 한다. 그러나 존대법의 사용 양상이나 특성을 고려할 때, 많은 부분이 사회언어학적 관점을 필요로 한다는 점을 감안하면, 중세국어 존대법도 그 같은 관점에서 자유로울 수는 없을 듯하다.

본고는 위와 같은 취지에서 출발한다. 그래서 중세국어 존대법을 '상대 존대법'보다 '절대 존대법'이 우세했던 것으로 간주하고, 당시에도 '말 단계 바꾸기' 양상이 있었음에 주목하여 그 원인을 규명할 것이다. 그리고 상하 관계가 분명한 시대였던 만큼, '힘'의 원리가 강하게 작용하였을 듯한 당시의 존대법도 대화 참여자들의 '유대' 관계에 따라 달리 사용되었을 가능성도 배제할 수 없음을 밝힐 것이다.

어차피 여기서의 논지는 중세국어 존대법에 대한 깊이 있는 탐색보다는 지금까지와 다른 관점에서 그것을 조망하려는 의도에서 출발한 까닭에, 개괄적인 성격이 강할 수밖에 없을 터이다. 그러나 우리 논지가 중세 존대법에 대한 새로운 문제의식을 제공할 수 있다면, 나름대로 의의는 충분하지 않나 한다.

1. 존대 방식

이정복(1998)에 의하면, 존대법은 '참여자 요인'과 '상황 요인'에 따라 달리 사용된다고 한다. 여기서 '참여자 요인'은 화자, 청자, 제3자등과 같은 대화 참여자들이 가진 개별적 특성을, '상황 요인'은 대화가 이루어지는 상황이 화자들의 존대법 사용에 미치는 요소, 예컨대 '격식/비격식성', '제3자의 발화 현장 존재 유무'와 같은 특성을 일컫는다. 본 장은 이 같은 요소들을 중심으로, 중세국어 존대법에 대한 사회언어학적 접근 가능성을 시도한다.

위와 같은 맥락에서, 우선 중세국어는 '상대 존대법'보다 '절대 존대법'이 활발하게 사용되었음을 지적할 필요가 있겠다. "'절대 존대법'이란 화제에 거론되는 제3자와 청자의 관계를 고려하지 않고 화자 자신과 제3자만의 상하 관계를 유념하여 존대법을 구사하는 법칙이다"(신혜경, 1996 : 84).[3] 예컨대 시장 앞에서 자신의 직속상관인 과장을 거론할 경우, 자신과 직속상관의 위상만을 고려하여 그를 존대하는 방식이다. 학자마다 의견을 달리하지만, 한때, 이런 경우라면 제삼자를 낮추는 '더 낮춤법'을 사용해야 한다는 견해가 지배적이기도 하였다.[4]

그러나 중세에는 '화자와 제삼자'의 관계만을 고려한 '절대 존대법'이 상대적으로 우세하였음이 다음에서 확인된다.

---

3) 이에 반하는 개념이 '상대 존대법'인데, 청자에 대한 배려가 고려된 존대법이다. 즉 신혜경 (1996)에 의하면, 화제에 거론되는 인물이 화자와 관련되어 있는지, 청자와 관련되어 있는지에 따라 존대 용법이 달라지는 용법이다.

여기서 '절대 존대법'과 '상대 존대법'이 일본에서 통용되는 개념인데 이를 국어 문법에 그대로 적용할 수 있는지가 문제점으로 지적될 수 있겠다. 필자는 다음과 같은 이유에서 이들의 정의가 나름대로 타당하다고 판단하여, 이를 본 논지에 적용시켰다. 즉 존대법은 '사용 주체(화자)'와 그것의 '사용 대상(청자)'을 중심으로 운용되는 법칙이라 할 때, '절대 존대법'에서는, 사용주체가 상대를 고려하지 않고 자신과 제삼자의 조건만을 절대적으로 고려한 규칙이라는 해석이, '상대 존대법'에서는 '사용 대상' 즉 '사용 주체'의 '상대'를 배려한 규칙이라는 해석이 쉽게 도출되는 듯한데, 이처럼 그 정의가 비교적 뚜렷하게 다가온다면, 비록 그것의 시작이 일본에서부터였을지라도 우리 논지에 적용시키기에 충분하다고 생각한 것이다.

4) 주지하다시피 이런 현상은 '압존법'으로 명명되어 왔다. 한 때는 이 규정의 준수 여부가 교양 정도를 판가름하는 기준이 되기도 하였지만, 지금은 그렇게 강력하게 작용하지 않음이 사실이다. 필자의 개인적인 생각으로는 위와 같은 '압존법'은 일본의 '상대 존대법'의 영향에서 비롯한 듯한데, 그러나 아직 단정 짓기는 무리이다. 이를 밝히기 위해서는 중세국어뿐 아니라 근대국어 시기의 자료에 대한 정밀한 작업이 선행되어야 하기 때문이다. 따라서 여기서는 위와 같은 추정만을 제시하고, 이에 대한 면밀한 검토는 다음을 기약하기로 한다. 만약 이러한 작업이 원활하게 이루어지면, 일본 존대법의 사용 원리와 우리의 그것을 비교 대조하는 작업에도 기여할 것으로 생각된다.

(1) 가. (비구가 광유성인에게) 大王이 앗가혼 뜨디 곧 업더시이다 (월석
　　　8, 91ㄴ)

　　나. (定自在王 보살이 부처에게) 世尊하 地藏菩薩이 여러 劫브터 오
　　　매 각각 엇던 願을 <u>發ᄒ시관ᄃᆡ</u> 이제 世尊ㅅ 브즈러니 讚歎ᄒ샤
　　　ᄆᆞᆯ 닙습ᄂᆞ니잇고 (월석 21, 49ㄴ-50ㄱ)

　　다. (大樂說 보살이 석가에게) 世尊하 엇던 因緣으로 이 寶塔이 따홀
　　　조차 소사나며 그 中에 이 音聲을 <u>내시ᄂᆞ니잇고</u> (법화 4, 113ㄱ)

　　라. (성녀가 무독에게) 아바님 어마니미 다 <u>婆羅門種이시고</u> … 어마
　　　님 일후믄 <u>悅帝利러시니이다</u> (월석 21, 28ㄱ)

　(가)의 ‘광유성인’은 석가의 전생 인물이고, ‘비구’는 그를 모시는 인물이
다. 그리고 삼자인 ‘대왕’은 ‘광유성인’을 ‘스승’으로 모시는 ‘사라수국의 왕’
이다. 따라서 이들의 서열은 ‘광유성인 ＞ 대왕 ＞ 비구’의 순으로 이해된다.
그런데 (가)에서 비구는 광유성인 앞에서 사라수왕을 존대하고 있는바, 곧 서
열이 가장 높은 청자 앞에서 그보다 낮은 제삼자를 존대하고 있음이다.

　이런 양상은 (나)부터 (라)에서도 재현되고 있다. 예컨대 각 예문의 화자
인 ‘정자재왕보살’과 ‘대악설보살’ 역시 자신들이 지존으로 모시는 부처 앞
에서 그보다 하위자인 ‘지장보살’과 ‘보탑’을 존대하여 “ … 地藏菩薩이 엇
던 願을 <u>發ᄒ시관ᄃᆡ</u> … ”나 “ … 寶塔이 … 이 音聲을 <u>내시ᄂᆞ니잇고</u>”처럼 표
현하고 있다. 여기서 우리는 중세국어 존대법은 화자 자신과 제삼자의 위상
만을 가늠하는 ‘절대 존대법’이 우세하였음을 확인하게 된다. 다음 경우도
마찬가지이다.

(2) 가. (목련이 야수에게) 太子 羅睺羅ㅣ <u>道理를 得ᄒ야ᅀᅡ</u> 도라와 … 네
　　　가짓 受苦를 <u>여희여</u> 涅槃 得호물 부텨 <u>ᄀᆞᄐᆞ시ᄀᆞ</u> ᄒ리이다 (석상
　　　6, 3ㄱ-4ㄱ)

　　나. (석가가 아난에게) 大愛道ㅣᅀᅡ 眞實로 善ᄒᆞᆫ 뜨디 하며 내그에도
　　　恩惠 잇거니와 … 大愛道ㅣ 내 德으로 三寶애 <u>歸依ᄒ야</u> 四諦를 疑
　　　心 <u>아니ᄒᆞ며</u> 五根을 <u>信ᄒᆞ며</u> 五戒를 <u>受ᄒ야</u> <u>ᄃᆞ니ᄂᆞ니</u> … (월석

10, 19ㄱ-ㄴ)

　　다. (왕이 아들에게) 네 어마니미 날 <u>여희오</u> 시르므로 <u>사니다가</u> 이
　　　　제 쏘 너를 <u>여희오</u> 더욱 <u>우니누니</u> (월석 8, 101ㄱ)

　　라. (파라문이 호미에게) (파라문이 상위자로 모시는 수달의) 아기아
　　　　드리 양지며 지죄 혼 그티니 그릿 쓰롤 맛고져 흐더이다 (석상
　　　　6, 15ㄱ)

(가)의 화자인 '목련'은 석가의 제자이고, 청자인 '야수'는 석가의 부인이
어서 목련은 야수를 당연히 존대해야 할 처지이다. 그리고 화제에 거론되는
제삼자인 '나후라'는 야수와 석가의 아들이지만, 화자보다 나이는 적다. 이
런 상황이라면, 모국어 화자들은 '나후라'를 어떻게 언급해야 하는지를 놓
고 망설이기 마련이다. 상위자인 청자와 제삼자의 관계를 의식하지 않을 수
없기 때문인데, 대부분 '더 높임법'을 사용하여 나후라를 존대하지 않나 한
다. 그러나 (가)는 상황을 달리하는바, 밑줄 친 부분을 보다시피 '목련'은 나
후라를 전혀 존대하지 않고 있다.5) 이는, 청자를 의식하지 않고, 화자 자신
과 태자의 관계만을 비교하였기에 가능했던 표현으로, 여기서 우리는 다시
한번 중세에는 '절대 존대법'이 우세하였음을 엿볼 수 있다.

---

5) 이와 관련하여 다음 예문이 참조된다.

　　(야수가 목련에게) 안즈쇼셔. … 므스므라 오시니잇고 (목련이 야수에게) 太子 羅睺羅ㅣ 나
　　히 흐마 아호빌씨 出家히여 … 羅睺羅ㅣ 道理롤 得흐야아 도라와 … 네 가짓 受苦롤 여희여
　　涅槃 得호물 부텨 フ티시긔 흐리이다 (석상 6, 3ㄱ-4ㄱ)

　　본문에서 소개한 (가)는 위 대화의 일부분이다. 그런데 여기서 야수와 목련이 서로에게 '흐
　　쇼셔'체를 사용함이 목격된다. 그러므로 이들의 위상은 필자 생각과 달리 서로 대등하지
　　않느냐는 의문이 제기될 수 있다. 이는, 만약 이들의 관계가 그러하다면, 목련이 야수를 의
　　식해서 나후라를 존대할 이유가 없으므로 도리어 예문 (가)와 같은 표현이 정당하다는 생
　　각에서 제기된 의문일 것이다.
　　목련과 야수의 상하 관계에 대해서는 여러 가지 해석이 가능하겠지만, 우선 고려해야 할
　　점은, 야수는 목련이 지존으로 모시는 석가의 부인이자, 연장자라는 사실이다. 따라서 객
　　관적 서열은 야수가 더 높은 것으로 판단해도 무방하다. 다만 문제는, 야수가 목련을 대하
　　는 태도인데, 그것은 '부처의 10대 제자' 가운데 한 사람에게 보이는 예우 차원으로 풀이
　　된다. 이와 같은 맥락에 서면, 객관적 서열은 야수가 앞선다는 결론에 도달한다.

다음에 살필 (나), (다)는 (가)와 경우를 달리하지만, 결국 동일선상에서 이해해야 할 자료이다. (나)의 화제에 거론되는 '대애도'는 어렸을 적부터 석가 자신을 길러준 이모이자, 청자인 '아난'의 어머니이다. 그런데 (나)를 보면, 석가는 대애도를 전혀 존대하지 않고 있다. 물론 일반 대중에게 지존의 대상으로 추앙 받는 그이기에, 대애도를 평신도로 생각하여 위처럼 말한 것으로 추정할 수도 있다. 그러나 대애도가 청자의 어머니인 점을 고려하면 문제는 달라진다. 현재 우리 정서를 감안할 때, 청자가 아무리 화자 자신보다 하위자일지라도, 그 부모까지를 하대하지는 않기 때문이다. 이런 상황은 (다)에서도 그대로 재현되는데, 여기의 왕 역시 청자의 어머니를 존대하지 않고 있다. 만약 그가 청자를 조금이나마 의식했더라면 이런 표현을 삼갔을 터인바, 결국 이 역시 청자가 철저히 배제된 화자 자신과 제삼자만을 존대법이라 할 수 있다.

이 같은 우리 생각에 개연성을 부여해 줄 마지막 자료는 '숩'이다. 그것의 사용 환경에 대해서는 이견이 있지만,[6] 다음처럼 발화 장면의 '객체'가 '주체'보다 상위자일 때 사용된다는 점에서는 의견일치를 보인다.

(3) 가. 그저긧 燈照王이 普光佛을 <u>請ᄒᅀᄫᅡ</u> (월석 1, 9ㄱ)
　　나. 그 ᄢᅴ 善慧 부텻긔 가아 出家하샤 世尊ㅅ긔 <u>술ᄫᅢ샤ᄃᆡ</u> (월석 1, 17ㄱ)
　　다. 이 比丘ㅣ 주긇 時節에 虛空 中에 威音王佛이 아래 니르시던 法華經엣 二十千萬億 偈를 다 <u>듣ᄌᆞᆸ고</u> (석상 19, 31ㄴ)
　　라. 그 ᄢᅴ 忍辱太子ㅣ 깃거 어마넚긔 드러가 <u>술ᄫᅢᄃᆡ</u> (석상 11, 20ㄱ)
　　마. (장자들이 부처에게) '우리 … 부텻 敎化애 道 得호미 虛티 아니ᄒᆞ니라' ᄒᆞ야 '부텻 恩惠 <u>갑ᄉᆞ오몰</u> ᄒᆞ마 得호미 ᄃᆞ외야라' ᄒᆞ다이다 (법화 2, 251ㄱ)

------

6) 이에 대한 그간 입장은 김형규(1947·1948)로 대표되는 '겸양설'과 허웅(1961·1962·1963)으로 대표되는 '객체 존대설', 안병희(1961), 이숭녕(1962·1964)으로 대표되는 '주체 겸양설', 그리고 마지막으로 안병희(1982)로 대표되는 '화자·주체 겸양'설 등이 있다. 자세한 설명은 제1부 '숩'에 대한 항을 참조하기 바란다.

바. 勇猛 精進ㅎ야 晝夜 六時에 三寶롤 <u>禮拜ㅎ〈오며</u> 眞心으로 懺悔
ㅎ며 勸ㅎ야 <u>請ㅎ〈오며</u> … (영가 139ㄱ)

위 예문의 공통점은 주체가 객체보다 하위자라는 것이다. 예컨대 (가)의
주체인 '등조왕'은 객체인 '보광불'보다 하위자이며, (나)의 주체인 '선혜'
는 객체인 '세존'보다 하위자이다. '습'은 이런 상황에서 주체의 행위에 연
결되었던바, 지금까지 그것을 상위자인 객체를 존대할 목적에서 주체를 겸
양시킨 표지로 간주했던 이유도 여기에 있다. 결국, '습'을 제삼자(주체 : 객
체) 간의 관계 규정으로 파악했다는 말이다. 그러면 다음은 어떻게 해석해
야 하는가?

(4) 가. 王이 太子끠 <u>묻ㅈ보샤디</u> 지조롤 <u>어루홇다</u> (석상 3, 12ㄱ)

　　가'. 太子ㅣ(왕께) <u>니르샤디</u> 네 가짓 願을 일우고져 ㅎ노니 늘굼 모
　　　　르며 病 업스며 주금 모르며 여희욤 모르고져 ㅎ노이다 (석상
　　　　3, 21ㄱ-ㄴ)

　　나. 道士 六百 아훈 사르미 各各 靈寶眞文과 太上玉訣와 三元符 等
　　　　五百 아홉卷을 <u>자바</u> 西ㅅ녁 壇 우희 <u>엱고</u> 茅成子와 許成子와 老
　　　　子 等 三百 열다슷 卷으란 가온딧 壇 우희 <u>엱고</u> 됴훈 차반 밍ㄱ
　　　　라 버려 … 부텻 舍利와 經과 佛像과란 긼 西ㅅ 녀긔 <u>노습고</u>(월
　　　　석 2, 72ㄴ-73ㄴ)

　　다. 長者ㅣ 듣고 세흘ㄷ려 드러오라 ㅎ야 뜰헤 <u>안치습고</u> <u>묻ㅈ보디</u>
　　　　(월석 8, 94ㄴ 협주)

　　라. (부톄가 아난에게 말하기를) … 그 어미 이 쓰니몰 東山 딕희오
　　　　고 스싀로 가 밥 어더 스싀로 먹고 쓰님끠 … 아니 <u>받ㅈ바놀</u> 그
　　　　쓰니미 니르샤디(석상 11, 40ㄴ)

　　마. (비구ㅣ 대답ㅎ〈보디) … 聖人이 또 나롤 브리샤 '大王 모몰 <u>請</u>
　　　　<u>ㅎ〈바</u> 오나둔 찻믈 기를 維那롤 <u>삼〈보리라</u>' ㅎ실씨 다시 오〈
　　　　보이다(월석 8, 92ㄴ)

우선 (가)부터 보면, 여기서 '객체'로 표현된 '태자'는 부처의 전생 인물이

고, 주체로 표현된 '왕'은 부처 아버지의 전생 인물이므로, 주체가 객체보다 상위자임이 분명하다. 그런데 여기에 '습'이 실현되어 있다. 따라서 기존 입장에서 해석하면, 아버지는 아들을 존대하지만 아들은 아버지를 존대하지 않는다고 해야 하는데, 이는 무리한 해석이다.

그러나 중세국어 겸양법 역시 화자 자신과 객체와의 관계 설정을 위한 절대 존대법이었음을 상기하면 문제는 의외로 쉽게 해결된다. 예컨대 (가)의 화자는 제삼자간의 관계는 관심을 두지 않고 오직 자신과 객체의 관계만을 고려하여, 객체를 존대하기 위해 겸양법을 이용한 것으로 해석하면 되는 까닭이다.

(나) '道士 六百 아흔 사ᄅᆞ미 … 아홉卷을 자바 西ㅅ녁 우희 壇 엱고 … 부텻 사리와 經과 佛像과란 긼 西ㅅ녀긔 노ᄉᆞᆸ고' 역시 우리와 같은 입장에서 이해해야 할 예문이다. (나)는 後漢 '明帝'가 도교를 버리고 불교를 신봉하려 하자 '도사'들이 그에게 상소문을 올릴 준비를 하는 장면으로, '도사'가 주체로, 그들의 경전인 ' … 아홉卷'이 객체로 등장한다. 그런데 이를 기존 입장에서 해석하면, 여기 도사들은 자신들의 경전에는 존대하지 않고(밑줄 친 '엱고' 참조), 도리어 부처와 불교 경전에 존대하는 것(밑줄 친 '노ᄉᆞᆸ고' 참조)으로 해석해야 하는데, 어쩐지 석연치 않은 부분이 있다. 그러나 우리처럼 '절대 존대법'의 입장에 서면, 여기서 부처와 불교 경전을 존대한 이는 도사가 아니라 화자 자신이라는 결론에 도달하는데, 이 편이 훨씬 자연스럽지 않나 한다. 익히 알다시피 『월인석보』의 화자는 불심이 깊었던 수양대군이기 때문이다.

나머지 다른 예문들도 화자 자신과 객체간의 관계만을 중시하여 존대법을 구사한 것으로 해석되는바, 여기서 우리는 중세국어 겸양법 역시 '절대 존대'법이 우세하였다는 결론에 도달한다.[7]

---

7) 그러나 이렇게 단정 짓기 전에 다음과 같은 자료가 있음을 유념해야 할 것이다.

(가) 長者ㅣ 鴛鴦夫人끠 무로ᄃᆡ 이 두 사ᄅᆞ미 眞實로 네 항것가 (월석 8, 94ㄴ)
(나) 부톄 文殊舍利끠 니ᄅᆞ샤ᄃᆡ (석상 9, 2ㄴ)

2. 말 단계 바꾸기 양상

이정복(1998 : 248)에서는 "화자가 특정한 목적을 이루기 위해 언어 공동체의 규범과 다르거나 그것에 의해 예측되지 않은 방향에서 청자에 대한 경어법 사용 방식을 의도적으로 조정하는 것"을 '전략적인 경어법 사용' 또는 '경어법의 전략적 용법'으로 정의하였는데, 그 대부분은 말 단계 바꾸기 현상으로 드러난다. 그러면 중세국어 말 단계 바꾸기는 어떤 유형이 존재하는가.[8]

(다) 그 쁴 世尊이 金色 불홀 펴샤 … 地藏菩薩摩訶薩ㅅ 頂올 몬지시며 니르샤디 (월석 21, 31ㄴ)

만약 지금까지 우리 입장처럼 중세국어가 '절대 존대법'의 체제를 유지하였다면, 위의 밑줄 친 부분은 '술ᄫᅵ더'로 표현되어야 마땅하다. 여기의 서술자인 수양대군의 입장에서 보면, 가에서 존대 대상은 '원앙부인'이므로 그녀에게 자신의 존대 의향을 표명하기 위해서는 장자를 겸양시켜야 하는데, 그럼에도 위처럼 표현한 것은 '장자'와 '원앙부인'의 위계를 참작하였기 때문으로 풀이되는 까닭이다. 이 같은 상황은 (나)와 (다)에서도 발견된다. 여기의 객체인 '문수사리'와 '지장보살'은 '수양대군'이 존대 표지 '시'로써 존대하는 인물이어서, 우리 입장으로서는 이 역시 주체를 그들에게 겸양시켜 '술ᄫᅵ더'로 표현함이 마땅하다. 그런데 위처럼 표현한 이유는 이들과 주체의 관계, 즉 '부처'와의 관계를 우선시한 때문으로 파악된다.

따라서 위 예문들은 우리 논지의 반례로 작용할 가능성이 큰데, 필자가 조사한 바에 의하면 위와 같은 표현은 상대적으로 적지 않나 한다. 엄격하게 보면 (나)와 (다)는 (가)와 다른 차원으로 생각해 봄직하다. 즉 이들의 주체인 '부처(세존)'는 어느 누구보다 존대해야 할 강력한 인물인 점을 감안하면, 객체가 존대자라 하지만 세존을 이들에게 겸양시킬 수 없다는 화자의 의지가 내포된 것으로 간주하여, 우리 관점에 크게 벗어난 예문으로 처리하기도 어렵다. 이에 동의한다면, 중세국어 '상대 존대법' 예문은 더욱 줄어들 가능성이 높다. 그러나 위와 같은 유형이 발견된 이상, 이들을 수용함이 타당할 터여서 본 논의에서는 중세국어 존대법을 '절대 존대법'으로 단정 짓는 대신 '상대 존대법'에 비해 상대적으로 '절대 존대법'이 더 많이 활용되었다는 입장을 취하기로 한다.

더 나아가 여기서 생각해야 할 점은, 중세 존대법이 '절대 존대법'의 체계였다면, 그것이 당시 사회 계층적 구조나 사람들 사이의 다양한 관계에서 어떤 의미가 있는지, 국어사에서 '상대 존대법'이 나타났던 시기와 비교하였을 때 사회학적으로 해명해야 할 부분은 무엇인지가 규명되어야 할 것이다. 그러나 이 점은, 본 논지가 완성된 후에 진행되어야 할 문제가 아닌가 한다. '머리말'에서 밝혔듯이 우리는 우선 중세국어 존대법에 대한 사회 언어학적인 가능성을 점검해 보는 수준인 까닭이다. 따라서 이에 대해서는 차후를 기약하기로 한다.

8) 이 장의 '말 단계 바꾸기'의 분류와 개념은 이정복(1998 : 248-298)에 의한 것임을 미리

2.1. 정체성 바꾸기 전략

우선 고려되는 바는, 다음처럼 '화자가 청자에 대한 대우 수준을 변화시킴으로써 대화 상황에 유리한 정체성을 나타내기 위해' 말단계를 의도적으로 높이는 '정체성 바꾸기 전략'이다.

   (5) 가. 마왕 : 엇뎨 이 주거믈 내 모기 둔다?

         국다 : 쥬의겐 花鬘을 아니 엿는 거시어늘 네 연ᄌ니 네 모기 주거미 몯 밢 거시어늘 내 미요미 ᄀᆞ티니 … 네 엇뎨 佛子와 싸호는다. <마왕이 존자에게 항복함>

         마왕 : 尊者ㅣ 모ᄅ시ᄂᆞᆫ가 내 菩提樹 아래브터 涅槃ᄒᆞ시ᄃᆞ론 如來ᄭᅴ 여러 번 어즈리ᅀᆞᆸ다이다.

         국다 : 므슷 이를 ᄒᆞ던다?

         마왕 : (여래가) 耆闍堀山애 겨시거늘 變化로 큰 쇼 ᄆᆡᇰᄀᆞ라 五百 比丘의 바리를 ᄒᆞ야 ᄇᆞ료니 부텻 바리는 虛空애 ᄂᆞ라 오ᄅᆞᆯ씨 몯 ᄒᆞ야 ᄇᆞ료이다. (월석 4, 21ㄴ-27ㄴ)

    나. 선혜 : (꽃을) 사아지라.

        구이 : 부텻긔 받ᄌᆞᄫᅩᇙ 고지라 몯ᄒᆞ니라.

        선혜 : 五百 銀도ᄂᆞ로 다숫 줄기를 사아지라.

        구이 : 므스게 쓰시리?

        선혜 : 부텻긔 받ᄌᆞᄫᅩ리라.

        구이 : 부텻긔 받ᄌᆞᄫᅡ 므슴ᄒᆞ려 ᄒᆞ시ᄂᆞ니?

        선혜 : 一切種種智慧를 일워 衆生을 濟渡코져 ᄒᆞ노라. (월석 1, 10ㄱ-11ㄱ)

    다. 도적 : 그듸 엇던 사ᄅᆞ민다? 呪術힘가 龍鬼神가 ᄒᆞᆫ 사래 五百을 쏘니 셜ᄫᅮ믈 몯내 니르로다 우리ᄃᆞᆯ히 歸依ᄒᆞ노니 毒ᄒᆞᆫ 사ᄅᆞᆯ 내면 조차 順ᄒᆞ야 거스디 아니호리라.

        석가 : 베텨도 모디로미 업고 쏘아도 怒ㅣ 업소니 이 壯을 ᄲᅢ혀

밝혀둔다.

> 리 업스니 오직 해 드로몰 조차ᅀᅡ 덜리라. <석가가 제
> 모습으로 돌아옴>
> 도적 : 우리둘히 ᄒ마 發心ᄒ야 衆生둘홀 너비 利케 호리니 샹녜
> 恭敬ᄒᅀᄫᅡ 諸佛을 좃ᄌᄫᅡ <u>비호ᅀᆞ보리이다</u>. 부톄 慈悲力
> 으로 受苦애 빼혀 便安케 ᄒ시니 … 恩德이 다ᄅᆞ디 <u>아니</u>
> <u>토소이다</u>. (월석 10, 31ㄱ-ㄴ)

위 밑줄 친 부분과 강조한 부분을 비교하면, 전자의 화자는 상대에게 'ᄂ다'체로 말을 시작하다가 중간에 'ᄂ이다'체나 '니'체로 바꾸는 한편, 후자의 화자는 일관되게 'ᄂ다'체를 사용한다. 이유가 무엇일까.

우선 (가)는, '국다 존자'가 설법할 때마다 '바순 마왕'이 방해를 하므로, 존자가 이에 대한 보복으로 '마왕'의 목에 시체를 걸음으로써 정면 대결을 하다가 결국 마왕이 항복하는 장면이다. 이 과정에서 마왕의 말씨는 'ᄂ다'체에서 'ᄂ이다'체로 바뀐다. 즉 그는 "왜 내 목에 시체를 감았느냐"고 존자를 힐난할 당시에는 'ᄂ다'체를 사용하다가, 그에게 항복하면서부터는 'ᄂ이다'체를 사용한다.

이상을 참작할 때, 여기 마왕의 말단계 바꾸기는 존자에 대한 항복의 표시가 내재해 있음을 깨닫는다. 그럼으로써 자신에게 유리한 방향으로 상황을 전개시키고자 함이다. 이는 현대와 사뭇 다른 양상으로 간주되는데, 현재는 대등한 관계에게 복종할 경우가 드물기도 하지만, 설령 그런 상황에 처할지라도 평소 '니다'체를 사용하던 상대에게 갑자기 'ㅂ니다'체를 사용하지는 않을 듯하기 때문이다.

그럼에도 이런 유형은 중세국어 자료에서 자주 목격되는바, (나) 역시 같은 맥락에서 이해해야 할 예문이다. (나)는 석가의 전생 인물인 '선혜'가 '보광불'에게 꽃을 바치려는데, 몇 송이가 부족하던 터에, 야수의 전생 인물인 '구이'가 꽃을 지닌 것을 보고, "꽃을 팔아라"는 요구를 하니, 그녀가 'ᄒ라'체로써 "부처에게 바칠 꽃이라 그리 할 수 없다"고 응대하는 장면이다. 그런데 이후, 선혜가 '5백 은으로 다섯 송이를 사겠다'는 제안을 하자, 야수는

'무엇에 쓰시리'로 표현함으로써 직전의 '느다'체보다 높은 말 단계를 사용한다. 곧 선혜에 대한 그녀의 심경이 바뀐 것으로, 이제는 그의 제안을 받아들일 의사가 있음을 뜻한다. 요컨대 구이는 선혜에게 존댓말을 사용함으로써, 앞서 그에게 보인 거절을 무마시키는 한편 자신의 꽃을 '은돈'으로 바꿀 기회를 포착하고자 한 것이다.

이 같은 말단계를 바꾸기 전략은 (다)에서도 확인된다. 여기서 도적들은 처음에 석가를 '느다'체로 상대하다가, 그의 위력을 확인한 후에는 곧바로 '느이다'체를 사용하는데, 이유는 물론 석가에게 복종을 표함으로써 앞으로 자신에게 닥칠 재난을 피하기 위함으로 해석되는 까닭이다.

2.2. 거리 조정하기 전략

그런데 다음에서 목격되는 말단계 바꾸기는 청자와의 심리적 거리를 넓힘으로써 자신의 생각을 관철하려는 의도에서 비롯하는 듯하다.

> (6) 가. A : 뎌 금으로 훙븨 뿐 비단 폴리여 가져 오라 내 보리라 이 진
>   짓 陝西 짜호로셔 오니가?
>   B : 숨人이 됴훈 거슬 모르는 둣 호고나 밋 짜해셔 난 됴훈 <u>훙븨라</u> …
>   A : 네 엇디 우리 고렷 사롬을 소길다?
>   B : <u>몯호리이다</u> (번박 37, 145-146)
>
> 나. A : 네 이 뎜에 콩 딥 다 잇는가 업슨가?
>   B : 콩 딥 <u>다 잇다</u>.
>   A : 콩은 언머의 훈 마리며 딥픈 언머의 훈 뭇고?
>   B : 콩은 쉰 낫돈애 훈 마리오 딥픈 열 낫 돈애 <u>훈 무시라</u>.
>   A : 네 쏘 날 소기디 말오려.
>   B : 이 형님 므슴 <u>말오</u>. 너는 니기 듣니는 나그내니 우리 곧 내
>   집 훈 가지니 내 어듸쩐 간대엿 말 <u>호리오</u> 너옷 믿디 몯호야
>   호거든 다른 뎜에 의론호야 보라 <u>가듸여</u>. (번노 3, 56)

먼저 (가)는 비단을 구입하려는 고려인과 그것을 파는 중국 상인의 대화이고, (나)는 말의 사료를 사려는 나그네와 그것을 팔려는 여관 주인의 대화로, 처음 흥정은 '느다'체로 이루어진다. 그런데 갑자기 판매자인 중국 상인과 여관 주인이 각각 '느이다'체와 '니'체를 사용하기 시작한다(강조된 부분 참조).

이를 주목하여 다시 대화 장면을 점검해 보면, 이런 현상은 구매자들이 물건 값을 불신하면서부터 발생하기 시작하였음을 깨닫는다. 그런데 상인들은 왜 갑자기 말단계를 상향 조정한 것일까. 그것은 상대에게 말단계를 높임으로써 그와 심적 거리를 조장하여, 자신의 진실을 몰라준다는 억울함을 간접적으로 항변함과 아울러 애초 자신이 의도한 '값'을 받기 위한 심리적 전략이 아닌가 한다. 상대가 평소와 다르게 말 단계를 상향 조정하면, 대부분 심적 거리감을 느껴, 서로 소원해진 듯한 느낌을 받기 마련인데, 위 상인들은 이런 효과를 잘 이용하여, 도리어 고객으로 하여금 '믿지 못해서 미안하다'는 생각이 들도록 한 것이다. 그럼으로써 자신이 책정한 값을 그대로 받기 위함이다. 그렇다면 이 역시 말단계 바꾸기 전략이라 할 만하다.

2.3. 지위 드러내기 전략

중세국어 자료에는 다음처럼 갑자기 상대에 대한 대우 수준을 낮춤으로써 자신의 높은 지위를 드러내거나 강조하고, 결과적으로 청자의 태도 또는 행위의 변화를 유도하는 경우도 있다.

> (7) 용왕(아도세왕에게) 부텻 사리를 더러 주쇼셔 <아도세왕이 아니 주니> 그딋 나라홀 드러 팔만리 밧괴다가 더뎌 사기ᄫᅡ 디게 호리라 <아도세왕이 두려워 부처의 사리를 주니> 이 터리도 ᄠᅥ거이다 (석상 23, 58ㄱ)

위에서, 용왕이 아도세왕에게 석가의 사리를 나누어 줄 것을 처음 부탁할 시에는 '주쇼셔'라는 'ᄂᆞ이다'체를 사용한다. 그런데 아도세왕이 이를 거부하자, 곧바로 용왕은 '그대의 나라를 들어서 팔만 리 밖에다가 팽개치리라'는 협박을 하는데, 이때는 'ᄂᆞ다'체를 사용하고 있다. 피차 왕의 신분임을 감안하면, 용왕의 이런 태도는 무례할 수밖에 없다. 그럼에도 불구하고 이 같은 태도를 취한 이유는, 자신의 무력은 '그대 나라를 팔만 리 밖에다 던져 버릴 수' 있을 정도로 강력함을 강조한 장치로 이해된다. 그럼으로써 자신의 목적을 이루기 위함이다. 곧 위처럼 다분히 협박적인 내용을 'ᄂᆞ이다'체 대신 'ᄂᆞ다'체로 전달함으로써 그 효과를 극대화 하려는 것이다. 그리하여 그는 결국 '석가의 사리'를 얻게 되었고, 이후에는 바로 'ᄂᆞ이다'체(족거이다)로 환원하고 있다. 곧 자신의 전략대로 상대가 이루어진 까닭에 정상적인 말 단계로 복원한 것이라 할 수 있다.

2.4. 수혜자 공손 전략

마지막으로 살필 '말단계 바꾸기' 양상은 상대에게 고마움을 표현하기 위한 '수혜자 공손 전략'이다.

(8) 가. A : 우리 여러 길 녋 사ᄅᆞ미 이 ᄂᆞ즌 듸 일즉 아춤밥을 몯 머거 잇고 ᄇᆡ픠ᄂᆞᆫ ᄯᅩ 아ᄆᆞ란 뎜도 업슬시 우리 부러 오소니 아ᄆᆞ려나 져기 ᄡᆞᆯ롤 밧괴여 주어든 밥 지ᅀᅥ <u>머거지라</u>.

B : 므스므려 ᄡᆞᆯ롤 밧고려 ᄒᆞᄂᆛ 우리 바비 니거 잇ᄂᆞ니 나그내네 먹고 <u>디나가라</u>.

A : 이러 ᄒᆞ면 네 밥이 <u>쟈글ᄃᆞᆺᄒᆞ고나</u>.

B : 므던ᄒᆞ니 믄득 쟉거든 우리 다시 져기ᄒᆞ면 곧 긔어니 ᄯᅡ나 … 머구미 <u>브르녀</u> 아니 <u>브르녀?</u>

A : 우리 ᄀᆞ장 <u>부르이다</u>. … 쥬신 형님 허믈 마ᄅᆞ쇼셔 小人돌히 예 와 해자ᄒᆞ고 <u>널이과이다</u>.(번노 상 8, 87-90)

　나. A : 읍흥노이다 쥬쉰 형님. 내 나그내라니 오늘 졈그려 네 지븨
　　　　잘 뒤 <u>어더지이다.</u>
　　　B : 우리 지븨 조바 브릴 뒤 업세라 네 다론 뒤 잘 뒤 어드라
　　　　가라.
　　　A : 네 이리 큰 지븨 혜어든 우리 두 세 나그내를 쏘 엇디 브리
　　　　디 몯흐리라 <u>니르는다?</u> …
　　　B : 이 나그내 엇디 이리 간대로 싯고느뇨. … <결국 나그네들
　　　　을 재워주기로 함>
　　　A : 가쟝 깃게이다 쥬쉰 형님하 쏘 흔 마리 <u>이세이다.</u> (번노 상
　　　　10, 97-104)

　다. A : (의원을 청하여) 므슴 병고 <u>보라.</u>
　　　B : 네 믹이 부흐락 팀흐락 흐느다 네 렁므레 샹훈 **둧흐다.**
　　　A : 내 어제 촌 수울 만히 <u>먹고라.</u> (진료를 마치고 그 이튿날 의
　　　　원이 다시 옴)
　　　B : 네 져그나 <u>됴커녀?</u>
　　　A : 리실 병이 다 됴커든 의원끠 만히 은혜 갑고 샤례 <u>호리이다.</u>
　　　　(번노 하 14, 206-207)

　　위 (8)은 상대에게 은혜를 입은 후, 'ㄴ다'체를 'ㄴ이다'체로 바꾼 유형이
다. 먼저 (가)의 상인들은 저녁 무렵 민가에 들러 자신들의 물건을 '쌀'로
바꾸어 줄 것을 부탁하면서 처음에는 주인에게 'ㅎ라'체를 사용하였다(밑줄
친 부분 참조). 그런데 주인이 그들에게 직접 저녁을 준비해 준 후, "충분히
먹었느냐"는 질문에 답할 시는 '가쟝 부르이다, 널이과이다'와 같은 'ㅎ쇼
셔'체를 사용하고 있다. 여기서 우리는, 상인들의 주인에 대한 심경 변화를
읽을 수 있는데, 그것은 다름아닌 '감사'의 마음이다. 그들이 말 단계를 바
꾼 이유가 그런 심정을 표현하기 위해서라면, 예문 (8) 역시 화자의 의도된
'전략'이라 할 만하다.
　　이처럼 말 단계를 바꿈으로써 상대에 대한 화자 자신의 심정 변화를 표
현하는 전략은 (나)에서 더욱 뚜렷해진다. 보다시피 여기 상인들은 (가)와

달리 주인에게 먼저 ‘ᄂᆞ이다’체를 사용하여, “오늘 저녁 당신 집에서 쉬어 가고 싶습니다”는 생각을 전달한다. 그런데 주인이 거절하자, 바로 ‘어찌 그리 말하느냐’며 ‘ᄂᆞ다’체로 대응하다가 주인이 마지못해 상인들의 청을 들어 주니 이번에는 곧바로 ‘ᄂᆞ이다’체로써 감사의 마음을 전한다. 이는, 상대에 대한 화자의 감정 기복이 얼마나 빠르게 말단계 바꾸기로 이어지는지를 여실히 보여주는 사례이다. 여하튼 여기 상인들이 집 주인에게 보인 ‘ᄂᆞ이다’체는 상대에 대한 감사를 표하기 위해 사용한 전술임이 분명하다.

(다)의 화자 역시 이런 장치로써 상대에게 자신의 마음을 전달하고 있음이 밑줄 친 부분에서 확인된다. 즉 위 화자는 의원을 처음 대할 때는 ‘ᄂᆞ다’체를 사용하였지만, 자신의 건강이 회복되자 ‘ᄂᆞ이다’체를 사용하는데, 그럼으로써 감사의 마음을 전달하려는 것이다.

3. 힘과 유대

지금까지 중세문헌에 나타나는 ‘말단계 바꾸기’ 양상에 대한 사회언어학적 접근 가능성을 시도하여, 그것을 유형화하기에 이르렀다. 본 항에서는 ‘힘’과 ‘유대’의 관점에서 중세국어 존대법을 조망하기로 한다. “일반적으로 ‘힘(power)’은 ‘나이, 지위, 계급 등의 높낮이 관계’를, ‘유대(solidarity)’는 ‘친소 관계’를 뜻한다”(이정복, 2002 : 202).

필자가 생각하는 한, 중세국어 존대법은 전자만을 고려한 문법이었다. 그것은, 당시 자료가 문헌으로 존재하다 보니, 대화 장면을 상정하기 어려울 뿐 아니라, 대화 참여자들의 내적 정서로 작용하는 ‘친소 관계’를 파악하기가 쉽지 않은 까닭으로 풀이되는데, 그렇더라도 후자를 고려할 여지는 전혀 없는가. 아닐 것이다. ‘ᄒᆞ(시)니, ᄒᆞ야쎠’체의 공손 등급 설정이 그동안 끊임없는 논란거리였다는 사실 자체가 우리에게 시사하는 바가 적지 않기 때문이다.9) 이쯤에서 우리는, 지금까지 연구가 한편으로 치우친 탓에, 그들의 본질을 정확히 규명할 수 없어, 그 같은 현상을 자초한 것은 아닌가를 반성해 봄직하다.10)

이상의 맥락에서 본항에서는 15세기 '후야쎠'와 '후(시)니'체를 '유대'의 관점에서 재조명하고자 한다. 그럼으로써 그간 연구에서 간과했던 특징들을 찾아보려는 것이다.

3.1. '후야쎠'체

먼저 '후야쎠'체부터 살피기로 하자. 사실 15세기 자료에서 이 형이 출현한 예는 다음이 전부이다시피 한다.

> (9) 가. 수달 : "主人이 므슴 차바눌 손소 돋녀 <u>밍フ노닛가</u> 太子룰 請호
> 　　　　 ᄉᆞᄫᅡ 이받ᄌᆞᄫᆞ려호노닛가 大臣을 請호야 이바도려 <u>호노</u>
> 　　　　 <u>닛가</u>"
> 　　　 호미 : "그리 <u>아닝다</u>" … " 그리 아니라 부텨와 즁과룰 請호ᄉᆞᄫᅩ

---

9) 이런 점에서 본다면, 16세기의 '후니'체 역시 여기서 살필 대상이다. 그러나 이에 대해서는 차후를 기약하기로 한다. 우선은 동시대에 사용되었던 '후야쎠'와 '후(시)니'체를 비교함이 우리 입장을 전달하기가 용이할 뿐 아니라, 논지 전개의 지루함도 피할 수 있기 때문이다.

10) '후야쎠'체에 대한 입장부터 정리하기로 하자. 먼저 허웅(1995), 성기철(1985) 등은, 이들의 출현 빈도가 희소함을 이유로 들어 자립 등분으로 인정하지 않는다. 이에 비해 안병희(1965·1992), 고영근(1981)은 이 말씨를 '후라'보다 높고 '후쇼셔'보다 낮은 등급으로 간주한다. 현재 대부분의 연구자들은 후자의 입장을 취하지만, 김정수(1984)는 '후쇼셔'체와 동급으로 파악하기도 한다. 결국 '후야쎠'체에 관해서는 '후라'와 동급으로 간주하자는 입장만 제기되지 않았을 뿐, '등급 무용설'부터 시작하여, '후쇼셔'와 동급인 '아주 높임설', '후라'체와 '후쇼셔체의 중간설' 등의 다양한 의견이 제시되었다고 할 수 있다.
상황은 '후니'체도 마찬가지이다. 우선 허웅(1995)는 '후쇼셔'체의 '생략형'으로 간주하지만, 고영근(1981)은 '-니, -리'를 종결형으로 간주하고 이를 현대국어의 '반말'에 대응시켰다. 이에 비해 안병희(1965·1992)는 '후라'보다 높고 '후쇼셔'보다 낮은 등급으로, 김영욱(1997)은 '예사높임형'으로 규정하고 있어, '후니'체 역시 '후라'와 동급으로 간주하는 입장을 제외하고는 거론할 만한 모든 의견들이 제시되었던 것으로 보인다.

려ᄒᆞᆼ다” (석상 6, 16ㄴ-17ㄴ)

나. 용왕 : “釋迦文 佛이 겨싫 저긔 내 부텨끠 말ᄊᆞ물 ᄒᆞᅀᆞᄫᆞ디 ‘涅槃
ᄒᆞ신 後에 劫 다ᄋᆞᇙ 時節에 經과 袈裟와 바리와ᄅᆞᆯ 내 다 가
져다가 이 塔애 녀허뒷ᅀᆞᆸ다가 彌勒이 나거시든 내야 받ᄌᆞ
ᄫᆞ리이다’ ᄒᆞᅀᆞᄫᆞ이다”
아육왕 : “내 그런 ᄠᅳ들 몰라ᄒᆞ댕다” (석상 24, 31ㄴ-32ㄱ)

다. 바라문 : “그듸 아바니미 잇ᄂᆞ닛가”
호미 ᄯᆞᆯ : “잇ᄂᆞ니이다”
바라문 : “내 보아져 ᄒᆞᄂᆞ다 ᄉᆞᆲᄫᅧ쎠” (석상 6, 14ㄴ)

이들의 ‘공손 등급’에 대해서는 의견이 분분하지만,[11] ‘공손 표지’ ‘이’를
보유한 형으로 간주하는 점에서는 의견 일치를 보이는바, 이로써 ‘ᄒᆞ야쎠’
체는 일단 ‘이’를 보유한 ‘공손형’으로 분류된다. 15세기 공손법에 관한 한,
연구자가 신뢰해야 할 표지는 ‘이’인 만큼 그것의 존재 유무에 따라 공손형
을 등분해야 할 것인데, 이 관점에 따르면 당시 공손법은 ‘이’를 보유한 ‘공
손형’과 그렇지 않은 ‘비공손형’으로 이분되어, ‘ᄒᆞ야쎠’체는 전자에 속하게
되는 까닭이다.

이상을 기반으로, ‘ᄒᆞ야쎠’체가 사용되었던 실제 환경을 추정해보자. 우선
(가)는 장차 사돈이 될 사이에 주고받은 대화임을 주목할 필요가 있다. 위
예문이 15세기 ‘ᄒᆞ야쎠’체의 전부임을 감안할 때, (가)가 차지하는 비중은
상당하다고 할 수 있다. 여기서 우리는, ‘ᄒᆞ야쎠’체는 (가)와 같은 관계에서
가장 자연스럽게 사용되었을 것이라는 생각에 도달한다. 그렇다면 ‘사돈’은
어떤 사이인가. 피차 부담스러울 수 있지만, 위의 호미와 수달은 다르게 보
아야 할 듯하다. 이들은, 결혼 당사자들보다 먼저 사돈을 맺기로 한 사이여
서 누구보다 친밀한 관계로 짐작되는 까닭이다. ‘ᄒᆞ야쎠’체는 이런 사이에

---

11) 이에 대해서는 이미 살핀 바 있어, 여기서는 자세한 언급을 피한다.

서 가장 활발히 사용되었던 말씨로 추정된다. 그렇다면 이 말씨에는 [+친밀]의 자질이 부여되어야 할 것이다.

(나)와 (다)는 대화 참여자 가운데 한편만이 '호야쎠'체를 사용한다는 점에서 (가)와 다르다. 따라서 우리 입장에 근거하면, 여기 화자와 청자들은 서로를 생각하는 친밀도가 같지 않다고 해석해야 한다. (나)는, 용왕이 부처의 사리를 빼앗아 갔다는 말을 들은 아육왕이 용왕을 헤치려 하자, 선수를 쳐 아육왕의 궁전을 수미산 아래로 옮겨 놓고, 자신은 부처의 유언을 지키기 위해 그리했음을 밝히는 장면이다. 이때 용왕은 아육왕에게 '호쇼셔'체를 사용하고 있다. 그는 아육왕을 두려워하는 처지여서 감히 아육왕을 친근하게 생각할 여지가 없을 것이다. 그러나 아육왕은 다를 수 있다. 일단 용왕에 대한 오해가 풀렸을 뿐 아니라, 그 역시 절실한 불교 신자임을 확인까지 한 만큼 동지적 친밀감을 가질 법하기 때문이다. '아육왕'의 '호야쎠'체는 이런 맥락에서 사용된 듯하다. 그렇다면 여기 '호야쎠'체에도 [+친밀]의 정서를 부여함이 마땅하다.

(다)는 (나)와 같은 맥락에서 설명이 가능하다. (다)는, 수달의 부탁으로 호미 집에 도착한 바라문이 호미 딸에게 '그대 아버지가 안에 계시는가'를 묻는 장면으로, 바라문은 그녀를 이미 수달의 '며느리 감'으로 점지한 상태에서 상면하고 있다. 그런 만큼, 그는 그녀에게 남다른 친밀감을 느끼는 입장이다. 그러나 '호미의 딸'에게 그는 생면부지의 인물일 따름이다. 이런 상황이라면, '바라문'은 '호미 딸'에게 '호야쎠'체를 사용하겠지만, '호미 딸'은 그에게 '호쇼셔'체를 사용할 수밖에 없을 것이다.

이상을 종합할 때, '호야쎠'체는 친밀한 사이에서 통용되었던 공손형으로 결론된다. 그런데 예문 (9)를 보면, 이 말씨는 '왕(나)'이나 '장자(가)', '바라문(다)' 같은 장년층에서 주로 사용하였던 듯하여, 현재 장년 이상에서만 사용되는 '하오'나 '하게'체와 비견된다. 만약 이 같은 생각이 어느 정도 타당하다면, '호야쎠'체는 [+성인], [+친근] 등의 자질이 고려될 때, 한층 올바르게 이해될 것이다.

3.2. '흐(시)니'체

'흐(시)니'체는 그동안 '흐야쎠'체와 '흐라'체의 중간을 오가는 '반말(고영 근, 1981)'로 규정되었던 형식으로, 다음 예문이 여기에 해당한다.

> (10) 가. 태자 : "그듸는 王ㄱ 쏘리오 나는 빌머긇 사르미어니 어듸쩐 서
> 르 <u>恭敬흐시리</u>"
> 공주 : "엇더닛가 그듸 나룰 <u>미드시누니</u> 몯 <u>미드시누니</u>" (월석
> 22, 56ㄱ-57ㄱ)
> 나. 구이 : "므스게 <u>쓰시리</u>"
> 선혜 : "부텻긔 받즈봉리라"
> 구이 : "부텻긔 받즈바 므슴 호려 <u>흐시누니</u>" (월석 1, 10ㄴ)
>
> 다. 태자 : "그듸 龍王ㅅ 각시 <u>아니시니</u>"
> 옥녀 : 龍王 中門ㅅ 자븐 죠이로라. 그듸 <u>엇더니시니</u> (월석 22,
> 44ㄱ-ㄴ)

앞서 살핀 '흐야쎠'와 달리 위 어형에는 공손 표지 '이'가 확인되지 않는 다.[12] 그럼에도 불구하고 이들을 '흐라'체보다 높은 등급으로 간주했던 이 유는 '-니 / -리'에 선행하는 존대표지 '시'에서 비롯되었을 터이나,[13] 그동 안 이 어형을 '흐야쎠'체보다 낮게 판정한 근거는 사실 정확치 않다. 이를 '반말'로 처음 규정한 고영근(1981 : 9)조차도 '형태적 상이성'이라는 다소 애

---

12) 그러나 허웅(1995)는 이 어형을 '이니다'의 생략형으로 간주하는데, 안병희(1992), 김영욱 (1997), 장윤희(1998), 고영근(1997) 등에서 이에 대한 문제점을 지적하였다. 그리고 이들 은 '니', '리' 자체를 종결어미로 간주해야 한다는 의견을 제시한 바, 본고 역시 같은 입 장을 취하기로 한다.

13) 이런 맥락에서 기존 입장이 이들을 '흐라'체보다 높은 등급으로 판정했다면, 여기서 우리 는, 지금까지 주체 존대 표지로만 인식했던 '시'가 '청자 존대' 표지로 사용될 가능성을 시사받는 한편, 엄격하게 말하면 '흐(시)니'체는 공손형이 아닌 존대형으로 명명해야 한다 는 결론에 도달한다. 주지하다시피 '시'는 '공손'이 아닌 '존대' 표지인 까닭이다. 그러나 이에 대해서는 자세한 언급을 피하기로 한다. 우리는, '흐(시)니'체가 '친근한 사이에서 통용되던 말씨'였음을 밝히는 데 주력해야 하기 때문이다.

매한 기준을 제시할 따름이다.14) 따라서 무엇보다 이 형에 대한 정확한 위상 설정이 우선 되어야 할 것이지만, 이 문제는 차후를 기약하고, 여기서는 일단 '흥(시)니'체를 '흥라'체보다 높은 말씨로 설정한 기존 입장을 수용하여, 그것이 사용되었던 실제 상황을 추적하는 데 주력하기로 하자. 이미 목격했듯이 어떤 대상에 걸맞은 공손형의 선택은 '나이, 직위, 항렬' 등과 같은 객관적 기준 이외에도 '친소 관계'나 '세대' 등과 같은 개인적 요인들이 참작되는 경우가 허다한데, 지금까지는 전자만을 중시했던 관계로, 여기서는 후자와 '흥(시)니'체 간의 관련성을 규명하는 데 충실해야 하기 때문이다.

먼저 (가)부터 보기로 하자. (가)는 선우태자가 '거렁뱅이'가 되어 떠돌이 생활을 할 때, 이사발 공주가 그에게 청혼하자, "그대는 공주고 나는 비렁뱅이인데, 어떻게 나를 공경할 수 있겠는가"를 묻는 장면인데, 이들은 피차 '흥(시)리'체로써 상대하고 있다. 만약 선우태자가 자신의 현재 처지와 공주의 객관적 서열만을 참작했다면 당연히 '흥쇼셔'체를 사용해야 할 것이다. 스스로 '자신은 비렁뱅이임'을 자처한 바에는 더욱 그러하다. 그럼에도 불구하고 '흥(시)니'체를 사용할 수 있었던 것은, 상대가 자신의 연배와 비슷하다는 데서 비롯한 친근감 때문이 아닌가 한다. 일반적으로 같은 또래에게 친근함을 더 느낀다는 사실이 참조된다. 그와 결혼을 자청한 공주 입장에서야 남다른 친밀감을 느꼈을 것임은 물론이다. 이런 관점에 입각하면, '흥(시)니'체는 친근한 사이에서 통용되던 존대형으로 귀결된다.

(나)의 '흥(시)니'체 역시 (가)의 연장선으로 풀이되는데, 이 상황은 앞선 예문 (7나)에서 이미 살핀 바 있다. 거기서 우리는, 구이가 선혜에게 처음 말할 당시에는 '흥라'체를 사용하다가 '흥(시)리'체로 바꾸었음을 확인하였

---

14) 그의 견해를 제시하면 다음과 같다.

"중세어의 [i] 계통의 어미는 화자가 청자를 아주 낮출 수도 없고 그렇다고 썩 높일 수도 없는 처지일 때 쓰이므로 흥야쎠체와 비슷한 점이 많다. 그러나 흥야쎠체와는 형태적 특성이 다른 바가 많고 외현되지 않은 어미 [i]의 석출 가능성을 고려하면 흥라체와 흥야쎠체의 중간을 왕래하는 반말 정도의 가치를 띈 것이 아닌가 한다."

는데, 이유야 어떻든 구이는 선혜에게 상당한 호감과 친밀감을 가지고 있었음이 분명하다. 그것은 (나) 이후에 이어지는 대화에서, 선혜에게 '당신의 각시가 되고 싶다'는 염원을 하고, '그 원을 들어주어야 꽃을 주겠다'는 협박 아닌 협박을 하는 정황을 참작할 때 그러하다. 선혜에 대한 구이의 정서가 그렇다 보니, 그에게 '흐(시)리'체를 사용하였을 것이다.

이처럼 '흐(시)니'체에 상대에 대한 정서가 반영되어 있음은, 구이의 끈질긴 애정 공세에도 불구하고, '자신은 결혼보다 중생을 구제해야 함'을 강조하면서, 처음부터 끝까지 '흐라'체로 응수한 선혜의 태도에서도 여실히 드러난다. 그는 자신에게 보이는 구이의 친절과 호감이 귀찮을 따름이어서 그녀에게 '친근한 말씨'를 사용할 의사가 없었던 것이다.

마지막으로 (다)는 '선우태자'가 용궁에 도착하여 문지기인 옥녀에게 '흐(시)리'체를 사용하는 장면이다. 그로서는 천신만고 끝에 당도한 용궁에 대한 감정이 남달랐을 것인데, 그 심경으로 첫 대면한 인물이 바로 '옥녀'이다. 따라서 어느 누구보다 그녀가 반가웠을 것이다. 그가 사용한 '흐(시)리' 체에는 이런 그의 정서가 그대로 반영되어 있다. 그렇지 않았다면 선우태자는 그녀를 '흐라'체로 상대했을 가능성이 많은바, 객관적 위상은 자신이 훨씬 높기 때문이다. 결국 여기서도 '흐(시)리'체에는 청자에 대한 화자의 심적 정서가 반영되었을 가능성이 많음을 확인한 셈이다.

그런데 이 말씨는 앞서 살핀 '흐야쎠'체와 달리 젊은 층에서 사용되었던 것으로 짐작된다. 위에서 보다시피 이를 사용하는 대부분이 '태자'나 '공주', '용왕의 하녀' 등과 같은 나이 어린 층으로 파악되는 까닭이다.

이상을 종합할 때, '흐(시)니'체는 젊은 층들이 상대에게 친밀감을 표할 때 사용하는 존대형으로 결론된다. 따라서 이를 정확히 파악하기 위해서는 [−성인], [+친밀] 등의 자질이 고려되어야 할 것이다.

4. 맺음말

본고는 중세국어 존대법의 사회언어학적인 접근을 시도하였다. 그 결과를 정리하면 다음과 같다.

1) 중세국어 존대법은 '상대 존대법'보다 '절대 존대법'이 우세하였다. 이는, 중세에는 화제에 거론되는 제3자와 청자의 관계를 고려하지 않고 화자 자신과 제3자만의 상하 관계를 유념하여 존대법을 구사하였음을 뜻한다. 예컨대 '부처' 앞에서 '보살'을 거론할 경우, 부처와 보살의 상하 관계를 고려치 않고 화자 자신과 보살의 관계만을 고려하여, 그를 존대하였다.

2) 중세국어 시기의 말 단계 바꾸기 양상은 다음과 같다. 첫째 '정체성 바꾸기 위한 전략'이다. 이는, 자신이 불리한 입장에 처했을 때나, 앞서 취한 행동이 자신에게 불리하게 작용할 경우, 갑자기 말 단계를 높여, 상대에게 복종을 표함으로써 자신에게 유리한 상황으로 바꾸는 전략이다. 둘째, '거리 조정하기 전략'이다. 이는, 주로 흥정 과정에서 고객이 물건값을 불신할 때, 상인들이 지금까지 사용하던 말 단계보다 높은 단계를 사용함으로써, 상대와의 심적 거리를 조정하여 자신의 물건 값이 정당함을 역설적으로 피력하는 방식이다. 셋째, '지위 드러내기 전략'으로, 갑자기 상대에 대한 대우 수준을 낮춤으로써 자신의 높은 지위를 드러내거나 강조하고, 결과적으로 청자의 태도 또는 행위의 변화를 유도하는 것이다. 넷째, '수혜자 공손 전략'으로, 이는 상대방에게 은혜를 입었을 경우, 말단계를 높여서 고마움을 표현하는 방식이다.

3) 중세국어 공손법을 '유대' 관점에서 보면, 'ㅎ아쎠'체와 'ㅎ(시)니'체는 '친밀한 사이에 통용하는 공손(존대)형'이라는 점에서 공통되는 한편, 전자는 주로 성인들이, 후자는 젊은이들이 사용하였다는 점에서 차이를 보인다.

4) 본 장에서는 중세국어 존대법에 대한 깊이 있는 탐색보다는 지금까지와 다른 관점에서 그것을 조망하려는 의도에서 출발하였다. 그런 만큼, 개

괄적인 성격이 강할 수밖에 없을 터여서, 이 점이 한계로 지적될 수 있겠다. 그러나 본 논지가 중세 존대법에 대한 새로운 문제의식을 제공하였다면, 나름대로의 의의는 충분하지 않나 한다.

참고문헌

강신항(1991), 『훈민정음 연구』, 성균관대 출판부.

고영근(1961), 「월인석보와 석보상절의 한 비교」, 『한글』 128, 한글학회.

고영근(1974), 「현대국어의 존비법에 대한 연구」, 『어학연구』 10권 2호(82), 서울대 언어교육원.

고영근(1981), 『중세국어의 시상과 서법』, 탑출판사.

고영근(1989), 『국어 형태론 연구』, 서울대학교 출판부.

고영근(1993ㄱ), 『우리말의 총체서술과 문법체계』, 일지사.

고영근(1993ㄴ), 『석보상절·월인천강지곡·월인석보』, 『국어사 자료와 국어학의 연구』, 문학과 지성사.

고영근(1995), 『단어 문장 텍스트』, 한국문화사.

고영근(1997), 『표준 중세국어 문법론 (개정판)』, 집문당.

고영근(1998), 「석독구결의 국어사적 가치」, 『구결연구』 3.

고영근(1999), 『텍스트 이론-언어문학통합론의 이론과 실제』, 아르케.

고영근·남기심(2002), 『표준국어문법론』, 탑출판사.

고영근(2006), 『표준중세국어문법론』, 집문당.

권재일(2003), 『한국어 통사론』, 민음사.

김상대(1993), 『구결문의 연구』, 한신문화사.

김석득(1977), 「더낮춤법과 더높임법」, 『언어와 언어학』 5, 외국어대학교 언어연구원.

김영욱(1997), 『문법형태의 연구 방법』, 박이정.

김웅배(1991), 『전라남도 방언연구』, 학고방.

김일근(1991), 『언간의 연구』, 건국대 출판부.

김정수(1980), 「17세기 초기 국어의 높임법, 인칭법, 주체·대상법을 나타내는 안맺음씨 끝에 대한 연구」, 『한글』 167호.

김정수(1984), 『17세기 한국말의 높임법과 그 15세기로부터의 변천』, 정음사.

김정아(1984), 「15세기 국어의 대명사에 관한 연구」, 『국어연구』 62.

김정아(1985), 「15세기 국어의 '-ㄴ가' 의문문에 대하여」, 『국어국문학』 94.

김정아(1998), 『중세국어의 비교구문 연구』, 태학사.

김정우(1990), 「15세기 불경언해의 문체와 어휘」, 『팔리대장경 우리말 옮김 논문 모음』 1.

김종운 편(1984), 『국어 경어법 연구』, 집문당.

김종택(1981), 「국어 대우법 체계를 재론함」, 『한글』 172호.

김주필(1992), 「금강경삼가해」, 『국어사자료와 국어학의 연구』, 문학과 지성사.

김충회(1970), 「후기중세어의 겸어법 연구」, 『국어연구』 24.

김충회(1990), 『국어연구 어디까지 왔나』, 동아출판사.

김현주(2006), 「후기 중세국어 {-습-}의 기능」, 『한국어학』 31, 한국어학회.

김형규(1947), 「겸양사의 연구(1)」, 『한글』 102, 한글학회.

김형규(1948), 「겸양사의 연구(2)」, 『한글』 103, 한글학회.

김형규(1960), 「경양사와 '가' 주격 토 문제」, 『한글』 126, 한글학회.

김형규(1962), 「경양사 문제의 재론」, 『한글』 129, 한글학회.

김형규(1975), 「국어 경어법 연구」, 『동양학』 5.

김혜숙(1987), 「현대국어의 대우 체계 연구」, 『최세화 화갑 기념 논문집』.

남기심(1996), 「국어 존대법의 기능」, 『국어 문법의 탐구 Ⅱ』, 한국문화사.

남기심(2002), 『표준 국어문법론』, 탑출판사.

노대규(1996), 『한국어의 입말과 글말』, 국학자료원.

박금자(1994), 「15세기 불경언해의 협주에 관한 연구」, 서울대 박사학위논문.

박금자(1997), 『15세기 언해서의 협주 연구』, 집문당.

박나리(2004), 「한국어 교육문법에서의 종결어미 기술에 대한 한 제안」, 『이중언어학』
        26, 이중언어학회.

박부자(2005), 「선어말어미 '-습-' 통합순서의 변화에 대하여」, 『국어학』 46, 국어학회.

박양규(1994), 「존대와 겸양」, 『국어사 자료와 국어학의 연구』, 문학과 지성사.

박영순(1976), 「국어경어법의 사회언어학적 연구」, 『국어국문학』 72·73합집, 국어국문
        학회.

박영순(2004), 『한국어의 사회언어학』, 한국문화사.

박영준(1994), 『명령문의 국어사적 연구』, 국학자료원.

박영준(1999), 「호격조사 '-이여'와 감탄문 종결어미」, 『어문논집』 39, 안암어문학회.

박재연(1998), 「현대국어 반말체 종결어미 연구」, 『국어연구』 152.

배석범(1996), 「용비어천가의 독특한 질서를 찾아서」, 『국어학』 27, 국어학회.

백두현(1995), 「고려시대 석독구결의 경어법 선어말어미 '-ᄂ-', '-ᄇ-'의 분포와 기능
        에 관한 연구」, 『어문논총』 29.

서상준(1994), 「현대국어 상대높임법 연구」, 전북대 박사학위논문.

서울대학교 대학원 편(1990), 『국어연구 어디까지 왔나』, 동아출판사.

서정목(1983), 「명령법 어미와 공손법의 등급」, 『관악어문 연구』 8, 서울대 국어국문학과.

서정목(1987ㄱ), 「경남 방언의 의문문에 대한 연구」, 서울대 박사학위논문.

서정목(1987ㄴ), 『국어의문문연구』, 탑출판사.

서정목(1993), 「국어 경어법의 변천」, 『한국어문』 2, 한국정신문화연구원.

서정목(1994), 『국어 통사 구조 연구 Ⅰ』, 서강대 출판부.

서정수(1977), 「주체대우법의 문제점」, 『배달말』 2, 배달말학회.

서정수(1989), 『존대법의 연구』, 한신문화사.

서정수(1996), 『국어문법』, 한양대학교 출판원.

서태룡(1985), 「국어의 명령형에 대하여」, 『국어학』 14, 국어학회.

성기철(1970), 「존비법의 한 고찰」, 『어문학』 23, 한국어문학회.

성기철(1979), 「15세기 국어의 화계 문제」, 『서울산업대논문집』 2, 서울산업대.

성기철(1984), 「현대국어 주체대우 연구」, 『한글』 133, 한글학회.

성기철(1985), 「국어의 화계와 격식성」, 『언어』 10-1, 한국언어학회.

손희하(1991), 「새김어휘 연구」, 전남대 박사학위논문.

신창순(1964), 「존대어론」, 『한글』 133호, 한글학회.

신창순(1984), 『국어문법연구』, 박영사.

신혜경(1993), 「한국과 일본 직장 남성들의 대우표현 비교 연구」, 『사회언어학』 창간호, 한국사회언어학회.

신혜경(1996), 「한국과 일본 대학생의 대우표현 비교 연구」, 『사회언어학』, 사회언어학회.

심재완(1976), 「금강경삼가해의 문헌적 연구」, 『강수복 박사 회갑기념』, 강수복 화갑기념논문집 간행위원회.

심재완 역주(1981), 『금강경삼가해』, 영남대 출판부.

안귀남(2004), 「서북방언의 문장종결조사 '-여'」, 문학과 언어 26, 문학과 언어학회.

안병희(1961), 「주체겸양법의 접미사 '-습-'에 대하여」, 진단학보 22, 진단학회.

안병희(1965), 「15세기 국어 공손법의 한 연구」, 『국어국문학』 28, 국어국문학회.

안병희(1968), 「중세 국어의 속격어미 '-ㅅ-'에 대하여」, 『이숭녕박사 송수기념논총』, 을유문화사.

안병희(1973), 「중세국어 연구자료의 성격에 대한 연구, 『어학연구』 9-1호, 서울대 어학연구소.

안병희(1976), 「구결과 한문훈독에 대하여」, 『진단학보』 41, 진단학회.

안병희(1982), 「국어 겸양법에 대한 반성」, 『국어학』 11, 국어학회.

안병희(1983), 「중세국어경어법의 한 두 문제」, 『정병욱선생 환갑기념논총』, 신구문화사, 안병희(1992ㄱ) 재수록.

안병희(1992ㄱ), 『국어사 연구』, 문학과 지성사.

안병희(1992ㄴ), 『국어사 자료와 국어학의 연구』, 문학과 지성사.

안병희·이광호(1992), 『중세국어문법론』, 학연사.

양명희(1992), 「내훈」, 『국어사 자료와 국어학의 연구』, 문학과 지성사.

양영희(1999), 「중세국어 공손법 등분을 위한 시론」, 『한국언어문학』 43, 한국언어문학회.

양영희(2000), 「15세기 국어존대법에 대한 새로운 접근 방식의 필요성 제언」, 『한국언어문학』 45, 한국언어문학회.

양영희(2001), 「중세국어 공손법 등급에서의 '-닝다'체의 위상」, 『국어학』 38, 국어학회.

양영희(2004), 「16세기 '습'의 기능에 대한 고찰」, 『우리말글』 31, 우리말글학회.

양영희(2005ㄱ), 「15세기 '하닝다'체와 16세기 '하니'체의 기능 비교를 통한 관련 여부 탐색」, 『한국언어문학』 55, 한국언어문학회.

양영희(2005ㄴ), 「중세국어 존대법의 사회언어학적 접근 가능성 모색」, 『사회언어학』 13, 한국사회언어학회.

양영희(2007ㄱ), 「16세기 국어 공손법 등분 설정을 위한 시론」, 『사회언어학』 15, 한국사회언어학회.

양영희(2007ㄴ), 「16세기 청자존대법의 특징 고찰」, 『인문학연구』 34, 충남대학교 인문과학연구소.

양영희(2007ㄷ), 「15세기 국어 '하라'체 의문문의 격식성과 비격식성」, 『언어과학』 14, 한국언어과학회.

양인석(1980), 「한국어말끝말씨의 간소화」, 『언어와 언어학』 6집, 한국외대.

염선모(1981), 「현대국어의 존대법」, 『배달말』 5, 배달말학회.

오영두(1984), 「중세국어 명령법의 신 고찰」, 국민대 석사학위논문.

운허 용하(1997), 『불교사전』, 동국 역경원.

유동석(1992), 「중세국어 객체 높임법에 대한 통사론적 접근(Ⅱ)」, 『어문교육논집』 12.

유동석(1993), 「중세국어 주어-동사 일치」, 『국어사 자료와 국어학의 연구』, 문학과 지성사.

유동석(1996), 「보조용언구문의 높임법」, 『이기문교수 정년퇴임 기념 논총』, 신구문화사.

유송영(1997), 「국어 청자 대우 어미의 교체 사용」, 고려대 박사학위논문.

유창돈(1973), 『이조국어사 연구』, 선명문화사.

윤석민(1989), 「국어의 텍스트언어학적 연구 시론」, 『국어연구』 92, 서울대 국어국문학과.

윤용선(1986), 「중세국어 경어법 연구」, 『국어연구』 71호, 서울대 국어국문학과.

윤평현 외(1999), 『국어학의 이해』, 태학사.

이경우(1998), 『최근세국어 경어법 연구』, 태학사.

이관규(1998), 「'-시-'의 의미와 통사」, 『추상과 의미의 실제』, 박이정.

이기갑(1978), 「우리말 상대높임 등급체계의 변천 연구」, 서울대 석사학위논문.

이기갑(1997), 「대우법 개념체계에 대한 연구」, 『사회언어학』 5-2, 한국사회 언어학회.

이기문(1988), 『국어사 개설』, 태학사.

이기문(1994), 『새국어 사전』, 동아출판사.

이돈주 선생 화갑 기념 논총 위원회 편(1997), 『국어학 연구의 새지평』, 태학사.

이돈주(1990), 「향가 用字 중의 '사(賜)' 字에 대하여」, 『국어학』 20, 국어학회.

이돈주(1992), 『한자학 총론』, 박영사.

이숭녕(1962), 「겸양법 연구」, 『아세아 연구』 5-2(통권 10), 고려대학교 아세아문제 연
　　　구소.

이숭녕(1964), 「경어법 연구」, 『진단학보』 25 · 26 · 27 합병호, 진단학회.

이숭녕(1966), 『국어학논총』, 동아출판사.

이숭녕(1981), 『개정 증보 중세국어문법』, 을유문화사.

이승재(1997), 「조선 초기 이두문의 어중 '-叱-'에 대하여」, 『국어학 연구의 새지평』,
　　　태학사.

이승희(2004), 「국어의 청자 높임법에 대한 통시적 연구」, 서울대 박사학위논문.

이시형(1983), 「존대 형태소 {-시-}에 대한 연구」, 서강대 석사학위논문.

이영경(1992), 「17세기 국어의 종결어미에 대한 연구」, 『국어연구』 108호, 서울대 국어
　　　국문학과.

이익섭(1974), 「국어 경어법의 체계화 문제」, 『국어학』 2, 국어학회.

이익섭(1994), 『사회언어학』, 민음사.

이익섭 외(2005), 『한국의 언어』, 신구문화사.

이정민(1981), 「한국어 경어 체계의 제문제」, 『한국인과 한국문화』, 심설당.

이정복(1996), 「국어경어법의 말단계 변동 현상」, 『사회언어학』 4-1, 사회언어학회.

이정복(1998ㄱ), 「국어 경어법의 사회언어학적 분석을 위한 개념 도구에 대하여」, 『방
　　　언학과 국어학』, 태학사.

이정복(1998ㄴ), 「국어 경어법 사용의 전략적 특성」, 서울대 박사학위논문.

이정복(2000), 「머리말 텍스트 속의 감사 표현과 객체 표현법」, 『국어학』 36, 국어학회.

이정복(2001), 『국어 경어법의 전략적 특성』, 태학사.

이정복(2002), 『국어 경어법과 사회언어학』, 월인.

이현희(1982), 「국어의 의문법에 대한 통시적 연구」, 『국어연구』 52호, 국어연구회.

이현희(1994), 『중세국어 구문 연구』, 신구문화사.

이호권(1998), 「석보상절의 국어학적 연구」, 서울대 박사학위논문.

임동훈(1994), 「중세국어 선어말 어미 {-시-}의 형태론」, 『국어학』 24, 국어학회.

임동훈(2000), 『한국어 어미 '-시-'의 문법』, 태학사.

임홍빈(1985), 「{-시-}와 경험주 상정의 시점」, 『국어학』 14, 국어학회.

임홍빈(1986), 「청자등급의 명명법에 대하여」, 『국어학 신연구』, 탑출판사.

임홍빈(1990), 「존경법」, 『국어연구 어디까지 왔나』, 동아출판사.

장경희(1977), 「17세기 국어의 종결어미 연구」, 『사대논총』 16, 서울대 사범대학.

장석진(1973), 「화의 생성 연구」, 『어학연구』 9-2, 서울대 어학연구소

장석진(1989), 『화용론 연구』, 탑출판사.

장소원(1986), 「문법연구와 문어체」, 『한국학보』 43집.

장윤희(1997), 「중세국어 종결어미 '-(으)이-의 분석과 그 문법사적 의의」, 『국어학』
　　　30, 국어학회.
장윤희(1998), 「중세국어 종결어미에 대한 통시적 연구」, 서울대 박사학위논문.
전재관(1958), 「'숩따위' 경양사의 산고」, 『경북대학교 논문집』 2, 경북대학교.
조준학(1980), 「화용론과 공손의 규칙」, 『어학연구』 16-1, 서울대 어학연구소.
조항범(1998), 『주해 순천김씨 간찰』, 태학사.
최기호(1981), 「청자존대법 체계의 변천 양상」, 『자하어문논집』 1.
최명옥(1997), 「16세기 한국어의 존비법 연구」, 『조선학보』 164, 조선학회(일본).
최현배(1937·1987), 『우리말본』, 정음문화사.
학　중(1994), 『이 기쁜 만남』, 도서출판 여래.
한　길(1991), 『국어 종결 어미 연구』, 강원대 출판부.
한동완(1988), 「청자 경어법의 형태 원리」, 『말』 13, 연세대 한국어 학당.
한재영(1993), 「원각경 언해」, 『국어사 자료와 국어학의 연구』, 문학과 지성사.
한재영(1996), 『16세기 국어 구문의 연구』, 신구문화사.
한재영(1998), 「16세기 국어의 대우 체계 연구」, 『국어학』 31, 국어학회.
허　웅(1961), 「서기 15세기 국어의 '존대법'과 그 변천」, 『한글』 128, 한글학회.
허　웅(1962), 「존대법 문제를 다시 논함」, 『한글』 130, 한글학회.
허　웅(1963ㄱ), 「또 다시 존대법의 문제를 논함」, 『한글』 131, 한글학회.
허　웅(1963ㄴ), 『중세국어 연구』, 정음사.
허　웅(1989), 『16세기 우리 옛말본』, 샘문화사.
허　웅(1995), 『우리옛말본』, 샘문화사.
허원욱(1988), 「15세기 우리말 매김마디 연구」, 『한글』 200, 한글학회.
황문환(2002), 『16, 17세기 언간의 상대경어법』, 태학사.
황문환(1998), 「'ᄒ니·ᄒ리' 류 종결형의 대우 성격에 대한 통시적 고찰」, 『국어학』
　　　32, 국어학회.
황적륜(1976), 「한국어 대우법의 사회언어학적 기술」, 『언어학』 4집, 서울대 언어연구소
S. E. Martin(1996), 「The Middle Korean of politeness -ngi」, 『이기문교수 정년퇴임 기
　　　념 논총』, 신구문화사.

찾아보기